가장 쉬운 독학
캔바 첫걸음

가장 쉬운 독학 캔바 첫걸음

초판 인쇄 2025년 7월 10일
초판 발행 2025년 7월 17일

지은이 원정민, 조영진, 신명진, 이상수
발행인 김태웅
기획 김귀찬
편집 유난영
표지 디자인 남은혜
본문 디자인 고희선
마케팅 총괄 김철영
온라인 마케팅 김은진
제작 현대순

발행처 (주)동양북스
등록 제 2014-000055호
주소 서울시 마포구 동교로22길 14(04030)
구입 문의 전화 (02) 337-1737 팩스 (02) 334-6624
내용 문의 전화 (02) 337-1763 이메일 dymg98@naver.com

ISBN 979-11-7210-935-6 13000

ⓒ원정민, 조영진, 신명진, 이상수, 2025

본 책은 저작권법에 의해 보호를 받는 저작물이므로 무단 전재와 복제를 금합니다.
잘못된 책은 구입처에서 교환해드립니다.
(주)동양북스에서는 소중한 원고, 새로운 기획을 기다리고 있습니다.
http://www.dongyangbooks.com

국내 최초 캔바 무료 강의 제공

가장 쉬운 독학

Canva

원정민, 조영진,
신명진, 이상수 지음

자영업자, N잡러, 크리에이터, 마케터, 교사는 물론 일반 직장인까지
캔바를 활용하면 누구나 쉽고 빠르게 전문가처럼 디자인할 수 있다!

캔바 첫걸음

동양북스

후기

저자들의 캔바 강의 수강 후기
출처 티처빌 쌤동네(현직 교사들의 강의 플랫폼)

★★★★★

---

dlt****

— 캔바에 대해서 관심만 있고 평소에는 사용해볼 생각을 못했습니다. 간편하고 쉬운 방법을 알려주셔서 도전해보게 되었습니다. 감사합니다~

kjy****

— 캔바 들어는 봤지만 사용해본 적이 없었는데 기초 기본을 잘 짚어주셔서 일단 처음 시작할 수 있을 듯합니다. 열정적으로 꼭 필요한 기본 요소를 잘 가르쳐주셔서 감사합니다. 늦은 시간까지 열정적으로 강의해주신 강사님의 열정에 박수를 보냅니다. 감사합니다.^^

yhe***

— 선생님 강의가 좋아서 노션 강의부터 다 따라다니면서 듣고 있습니다 ㅎㅎ 캔바 이전부터 쓰고 있었지만 이번 강의를 통해 몰랐던 부분을 새롭게 알게 돼서 너무 좋았습니다. 설명도 정말 꼼꼼하고 친절하게 잘 해주시구요!!! 다음번 강의는 어떤 주제인가요? 또 따라갑니다 ㅎㅎㅎ

vmf***

— 캔바를 거의 모르는 초보에게도 딱 맞도록 기초부터 차근차근 배울 수 있어 좋았습니다. 1시간 안에 유익한 엑기스를 전수해주셔서 감사합니다!^^

ill****

— 감사합니다. 친절하고 알기 쉬운 설명까지.

저자들의 캔바 강의 수강 후기
출처 지식샘터(현직 교사들의 강의 플랫폼)
★★★★★

- "지금까지 들어본 캔바 연수 중 최고입니다."

  - "캔바를 수업에 활용할 수 있는 다양한 방법을 많이 알려주셔서 유용했습니다. 학생들이 좋아할 것 같습니다."

  - "canva의 모든 기능을 총 망라하여 자세하게 설명해주셨습니다. 프레젠테이션 기능만 조금씩 사용하고 있었는데 캔바의 만랩을 보는 듯 다양한 기능과 활용 방법에 놀랐습니다. 질문 하나하나에 세심한 답변과 이해하기 쉬운 예시, 설명을 전해주셔서 감사합니다."

- "학생들을 초대하여 실제로 수업할 수 있도록 강의해주셔서 유익했습니다."

  - "교사 입장에서 캔바를 활용할 수 있는 방법을 알려주셔서 좋았습니다."

- "평소 캔바를 사용하면서 애매하게 알고 있던 것들을 오늘은 정리가 된 듯하여 좋습니다."

  - "캔바 프로그램의 유익한 기능들을 사용할 수 있도록 자세히 설명해주셔서 유익한 실습 시간이 되었습니다. 감사합니다!!!"

- "꼼꼼하고 자세하게 알려주셔서 넘 유익했습니다."

  - "캔바를 좀 사용할 수 있을 것 같네요. 유익한 내용으로 열심히 강의해주셔서 감사드립니다!!!"

머리말

아이디어를 현실로 만드는
마법 같은 도구,
캔바!

디자인은 어렵다는 생각이 있지 않으신가요? 디자인을 하려면 포토샵이나 일러스트레이터 같은 전문적인 프로그램을 배우기 위해선 많은 시간과 노력이 필요하고, 그 복잡함 앞에서 좌절했던 분들도 적지 않을 것입니다. 이렇듯 디자인 작업에는 시간적, 심리적 진입 장벽이 있었습니다.

캔바는 이러한 디자인 작업의 장벽을 허물고, 누구나 쉽고 빠르게 디자인 결과물을 만들어 낼 수 있도록 돕는 혁신적인 도구입니다. 직관적인 인터페이스와 방대한 디자인 템플릿을 통해 갖고 있던 아이디어를 시각적으로 구현할 수 있게 해 줍니다. 마음에 드는 캔바의 템플릿에서 요소 몇 개만 수정해도 원하는 디자인이 뚝딱 만들어집니다.

캔바의 가장 큰 장점은 바로 직관성과 접근성입니다. 수많은 전문가가 만든 템플릿과 고품질의 이미지, 아이콘, 폰트 등을 자유롭게 활용할 수 있으며, 드래그 앤 드롭 방식의 간편한 조작을 통해 디자인 경험이 전혀 없는 사람도 멋진 결과물을 만들어 낼 수 있습니다. 프레젠테이션, 숏폼 영상, 인스타그램 게시물, 카드 뉴스, 유튜브 썸네일, 로고 등 종류를 불문하고 상상하는 모든 것을 디자인할 수 있습니다.

캔바는 다양한 AI 기능도 지원합니다. 텍스트 입력만으로 AI가 이미지를 생성할 수도 있고, AI가 이미지 속 요소를 선택해서 지우거나 추가하는 등 디자인에 꼭 필요한 AI 기능들이 굉장히 많습니다.

팀 단위 협업은 물론
교육 자료 제작, 비즈니스 활동까지
캔바로 충분!

캔바는 협업 또한 간편합니다. 디자인 작업 시 여러 사람의 협업이 필요한 경우가 많습니다. 캔바는 여러 명이 동시에 하나의 디자인을 편집하고, 실시간으로 의견을 주고받는 것이 가능합니다. 이 외에도 다른 앱과의 연결, 대량 제작, 학생들과 수업하기 등 캔바로 가능한 것은 무궁무진합니다.

본 도서는 캔바의 기능을 활용한 디자인 방법을 풍부한 사례와 함께 안내드리며, 이를 실습 중심으로 집필했습니다. 게다가 템플릿 활용법부터 텍스트, 이미지, 요소 추가 및 편집, 브랜드 키트 활용법까지 캔바를 유용하게 쓸 수 있는 노하우를 듬뿍 담았습니다. 또한 디자인 시 활용할 수 있도록 4장과 5장에서 저자가 만든 디자인 템플릿도 25종을 드립니다.

본 도서는 가장 쉬운 독학 첫걸음이라는 이름에 걸맞게 쉽게 독학으로 실습하며 캔바를 익힐 수 있도록 안내드리고자 노력했습니다. 특히 책 속에 중간 중간 들어가 있는 작가들의 꿀팁과 영상 QR을 통해 컴퓨터에 익숙하지 않은 분, 디자인에 익숙하지 않은 분들도 쉽게 실습하실 수 있을 겁니다.

본 도서를 통해 캔바를 교육 자료 제작이나 개인 브랜딩부터 비즈니스 활동에 이르기까지 다양한 영역에서 활용하시길 기대합니다.
감사합니다.

저자 일동 드림

저자들의 캔바 강의 수강 후기 — 4   머리말 — 6

CHAPTER 1 　 캔바 시작하기

1 캔바는 무엇인가요? 　 14
쉽고 빠른 최고의 디자인 툴 　 14
검색과 클릭만으로 디자이너가 될 수 있는 가장 쉬운 만능 툴, 캔바 　 14
협업에 최적화된 캔바 　 17

2 AI 도구로 디자인 퀄리티는 높이고, 시간은 줄여 주는 캔바 　 19
마법 같은 캔바 AI 도구들 　 19
시간을 줄여 주는 캔바 　 20

3 캔바 로그인하기 　 22
캔바 로그인 　 22

4 캔바 요금제 　 26
캔바 요금제 살펴보기 　 26
무료 요금제와 Pro 요금제의 차이 　 28
디자인별 요금제 차이 　 28
요소별 요금제 차이 　 29
폰트별 요금제 차이 　 30
기능별 요금제 차이 　 30

5 캔바 저작권 　 32
원본 그대로는 상업적 활용 NO 　 32
상업적 활용 시 주의사항 　 33
토막 꿀팁 ① 캔바 앱 활용하기 　 35

CHAPTER 2 　 쉽게 배우는 캔바 기본기

1 캔바 홈 살펴보기 　 38
캔바 홈 　 38

2 다양한 템플릿 활용하기 　 41
템플릿 　 41
템플릿 검색하기 　 44

3 요소와 텍스트로 완성하는 SNS 게시물 　 46
템플릿 검색하기 　 47
디자인 편집 화면 살펴보기 　 50
제목 변경하기 　 52
요소 삭제하기 　 53
요소 복사 및 붙여넣기 　 54
요소 정렬하기 　 54
디자인 색상 변경하기 　 55
텍스트 디자인 변경하기 　 56
텍스트 추가하기 　 60
요소 추가하기 　 61
디자인 다운로드 　 64

4 가이드라인 활용하기 　 68
가이드라인 시작하기 　 68
가이드라인 배치하기 　 69
가이드라인 잠금 　 71
가이드라인 삭제 　 71
가이드라인 활용하기 　 73

5 프로젝트 및 폴더 관리하기 ──────────────────────── 75
　　프로젝트 75
　　폴더 만들기 77
　　폴더에 디자인 분류하기 77

6 공유 및 협업에 최적화된 캔바 ─────────────────── 80
　　디자인 공유 80
　　디자인 협업 83
　　디자인 협업 - 댓글, 멘션하기 84
　　다양한 공유 방법 85
　　토막 꿀팁 ② 캔바 크리에이터 템플릿 활용하기 89

CHAPTER 3　PPT & 숏폼 제작에도 최적화된 캔바

1 초간단 고퀄리티 PPT 제작하기 ─────────────────── 92
　　PPT 제작 준비 92
　　검색 필터 적용하여 원하는 템플릿 찾기 93
　　템플릿 편집하기 95
　　폰트 변경하기 95
　　배경 이미지 변경하기 99
　　AI 활용 레이아웃 설정하기 100

2 시선을 끄는 애니메이션 뽀개기 ─────────────────── 103
　　캔바 애니메이션의 종류 103
　　썸네일 보기로 전환하기 104
　　전환 효과 추가하기 105
　　요소 애니메이션 추가하기 107
　　애니메이션 제거하기 110
　　PPT 중간 점검하기 111
　　완성한 PPT 다운로드하기 113
　　녹화 기능 이용하여 프레젠테이션 영상 촬영하기 114

3 그래프로 PPT 퀄리티 높이기 ────────────────── 117
　　그래프 및 차트 기초 편집 기능 알아보기 117
　　그래프 및 차트 완성하기 121
　　Magic Chart와 Magic Insights로 더 스마트하게 차트 활용하기 124

4 영상 & 숏폼 제작하기 ──────────────────────── 129
　　캔바로 만드는 고퀄리티 영상 129
　　영상 편집 시작하기 132
　　컷 편집의 다양한 방법 알아보기 135
　　영상의 분위기를 만드는 음악 넣기 139
　　텍스트 기능으로 자막 넣기 143
　　AI로 자동 자막 넣기 146
　　장면 전환 효과 넣기 148
　　영상 재생 및 다운로드하기 149
　　토막 꿀팁 ③ 캔바 라이브로 청중들과 소통하기 152

CHAPTER 4　디자인에 최적화된 캔바

1 기본 도형 제대로 활용하기 ───────────────────── 156
　　도형 편집 방법 156
　　도형 변경해 활용하기 158
　　도형 테두리 설정하기 159
　　투명도 설정으로 특별함 더하기 162

도형의 투명도, 테두리 조절하여 감각적인 썸네일 만들어 보기 — 166

2 프레임과 그리드로 매력적인 게시물 만들기 — 169
프레임과 그리드 — 169
프레임에 이미지 넣어 광고 포스터 만들기 — 170
Frame Maker — 174
Pro Microsoft 365의 Word 활용 — 176
그리드로 다양한 썸네일 만들기 — 177
그리드로 네컷사진 프레임 만들기 — 180

3 각종 효과로 감성 게시물 만들기 — 184
Pro 빠르게 배경 제거하기 — 184
그림자 효과로 개성 있는 썸네일 만들기 — 186
듀오톤 효과를 사용하여 감각적으로 이미지 보정하기 — 188
흐리기(모자이크) 효과로 만드는 카드뉴스 — 190
'자동 초점 기능'과 'face retouch' 기능의 활용 — 198

4 색알못도 쉽게 색감 맞추기 — 200
색감 맞추기의 기초 — 200
색 조합의 팁 — 201
캔바에서 색 조합 바로 하기 — 204
Pro 시간 단축! 브랜드 키트 활용하기 — 209

5 목업(Mockups)으로 디자인이 적용된 제품 사진 빠르게 만들기 — 213
목업(Mockups)이란? — 213
목업(Mockups) 사용하기 — 214

6 링크로 완성하는 홈페이지, 포트폴리오, 청첩장 — 218
홈페이지의 기본 템플릿 만들기 — 218
홈페이지에 링크 삽입하기 — 221

토막 꿀팁 ④ 원하는 글꼴 추가해서 캔바 활용하기 **Pro** — 225

CHAPTER 5 캔바 AI로 디자인 능력 200% 올리기

1 캔바의 Magic Studio 살펴보기 **Pro** — 228
Magic Studio 기능 살펴보기 — 228

2 알아서 추출해 주고 분리해 주는 Magic Grab, 텍스트 추출(Text Grab) **Pro** — 232
개체를 배경과 분리하고 싶을 땐 Magic Grab — 232
이미지 속 텍스트를 수정하고 싶을 땐 텍스트 추출 — 235

3 알아서 지워 주고, 만들어 주고, 고쳐 주는 Magic Eraser, Magic Expand, Magic Edit & 배경 생성 **Pro** — 238
마법처럼 지우는 Magic Eraser — 238
없는 것도 만들어 주는 Magic Expand — 240
내 마음대로 수정하는 Magic Edit — 243
배경을 만들거나 바꾸고 싶다면 '배경 생성' — 249

4 말하는 대로 나만의 디자인을 만들어 주는 Magic Media **Pro** — 254
Magic Media로 이미지 생성하기 — 254
Magic Media로 만드는 동영상과 그래픽 — 258
매직 스튜디오의 기능들 이용하여 이미지 완성하기 — 262

5 Canva AI의 코드 생성으로 원하는 콘텐츠 만들기 — 269
캔바 AI 코드 생성 시작하기 — 269
캔바 AI 코드 생성 실습하기 – '룰렛 게임' — 270
웹사이트에 게시하기 — 272

토막 꿀팁 ⑤ 캔바 AI 제품의 약관 — 278

CHAPTER 6 캔바 AI와 스마트한 활용법으로 생산성 업그레이드

1 Magic Write로 초안 작성하기 — 282
  어조 변경 — 282
  원하는 텍스트로 변환 `Pro` — 284
  텍스트 생성 — 286

2 단순 반복 작업을 캔바로 자동화하기 `Pro` — 288
  SNS 게시물 대량 제작 — 288

3 SNS에 쉽게 업로드하기 — 295
  [인스타그램] 업로드 방법 — 295
  [인스타그램] – 모바일 앱에서 바로 게시 — 296
  [인스타그램] – 데스크톱에서 게시 일정 예약 — 297
  [X, 트위터] 업로드 방법 — 298

4 크기 조정으로 디자인 쉽게 바꾸기 `Pro` — 300

5 자동 번역으로 외국어 안내문/게시물 빠르게 만들기 `Pro` — 303

6 활용하면 좋은 캔바 앱 소개 — 308
  캔바 앱 — 308
  캔바 앱 만나기 — 308
  프레젠테이션 추천 앱 — 310
  디자인 추천 앱 — 313
  생산성 향상 추천 앱 — 323
  음악, 소리 생성 앱 — 324

토막 꿀팁 ⑥ 문서/시트 작업도 가능한 올인원 툴, 캔바 — 329

CHAPTER 7 수업에서 캔바 활용하기

1 교사 인증하고 캔바 `Pro` 기능 무료 이용하기 — 334
  교사 인증 신청하기 — 334

2 캔바 활용 수업하기 — 339
  캔바가 학습 도구로 사랑받는 이유는? — 339
  교육용 팀으로 학생 초대하기 — 340
  학급별 그룹(또는 수업) 생성하기 — 344
  캔바를 활용한 수업 진행 방법 비교 — 345
  [방법 1] 프로젝트 – 폴더 만들어 전체 학생 작품 관리하기 — 347
  학생 입장에서 폴더에서 디자인을 만드는 방법 — 349
  [방법 2] 개별 작품 제작 후 결과물만 공유하기 — 351
  템플릿 링크 만들어 배포하기 `Pro` — 352
  팀원 역할 관리하기 — 355

3 교실 속 캔바 활용 사례 알아보기 — 357
  캔바 활용 수업 계획하기 — 357
  캔바 활용 수업 지도를 위한 팁 — 358
  캔바 활용 수업 사례 살펴보기 — 361
  캔바 활용하여 수업 자료 제작하기 — 366

토막 꿀팁 ⑦ 캔바에서 편리하게 명함·전단지 등 인쇄물 제작하기 — 370

CHAPTER 1
캔바 시작하기

시작이 반이다! 1장에서는 캔바가 무엇인지, 캔바가 왜 쉽고 훌륭한 디자인 도구인지 알아보고 캔바 로그인부터 요금제, 저작권 등 캔바를 시작할 때 알아야 할 사항들을 살펴보겠습니다.

1 캔바는 무엇인가요?

쉽고 빠른 최고의 디자인 툴

PPT, SNS 게시물, 숏폼, 썸네일 모두는 핵심적인 내용이 중요하지만 디자인 역시 매우 중요합니다. 그렇다고 감각적인 디자인을 위해 오랜 시간 공부하고 연구하기에는 너무 많은 시간과 노력이 들겠죠. 캔바는 디자인 감각과 공부하기에는 시간이 부족한 우리에게 **정말 빠르고 쉽게 맞춤형 디자인을 제공할 수 있는 최고의 툴**입니다. 디자인에 감각이 없더라도 가능합니다. 단순히 활용하고 싶은 디자인 종류(포스터, PPT, 숏폼 등)를 클릭하거나 제작하고 싶은 테마를 검색하여 마음에 드는 템플릿을 활용해 맞춤형 디자인을 매우 빠르게 만들 수 있습니다. 예시를 통해 바로 확인해 볼까요?

검색과 클릭만으로 디자이너가 될 수 있는
가장 쉬운 만능 툴, 캔바

다음 예시처럼 프레젠테이션, 썸네일, 제품 소개, 포스터 및 홍보물, 카드뉴스, 숏폼 영상 등 캔바로 만들 수 있는 것은 무궁무진합니다.

프레젠테이션 · 썸네일 · 제품 소개

포스터 혹은 홍보물 · 카드뉴스(게시물) · 숏폼 영상

캔바는 맞춤형 디자인 툴이기 때문에 위의 예시 외에도 여러분이 원하는 형태의 어떠한 디자인이든 쉽게 완성할 수 있습니다.

캔바는 '템플릿'과 '요소'의 종류가 정말 다양합니다. 16쪽의 왼쪽 그림은 템플릿에 '겨울'이라고 검색한 결과로, 겨울 느낌이 물씬 나는 템플릿이 정말 많이 나왔습니다. 원하는 템플릿을 선택한 후에 글자만 바꾸어도 멋진 디자인이 될 것 같습니다. 오른쪽 그림은 요소에 '겨울'이라고 검색한 결과입니다. 참고로 캔바에서 '요소'는 캔바의 디자인에 사용되는 모든 그래픽, 도형, 사진, 영상, 텍스트 등을 의미합니다. 캔바는 템플릿이나 디자인에 마음에 들지 않는 요소가 있으면 삭제하고, 원하는 요소가 있다면 추가할 수 있습니다. 요소의 종류도 매우 많습니다. 귀여운 눈사람이나 펭귄을 추가하면 겨울 느낌이 나는 귀여운 디자인이 될 것 같습니다.

특히 캔바는 캔바에서 제공하는 다양한 템플릿뿐만 아니라 **전 세계에서 캔바를 활용하는 크리에이터들이 지속적으로 새로운 템플릿 디자인과 요소들을 만들어 업로드하기 때문에 템플릿이 정말 다양합니다.** 다양한 템플릿과 요소들을 활용하면 디자인이 쉽고 빠르겠죠? 이것이 캔바가 갖는 핵심 치트 키입니다.

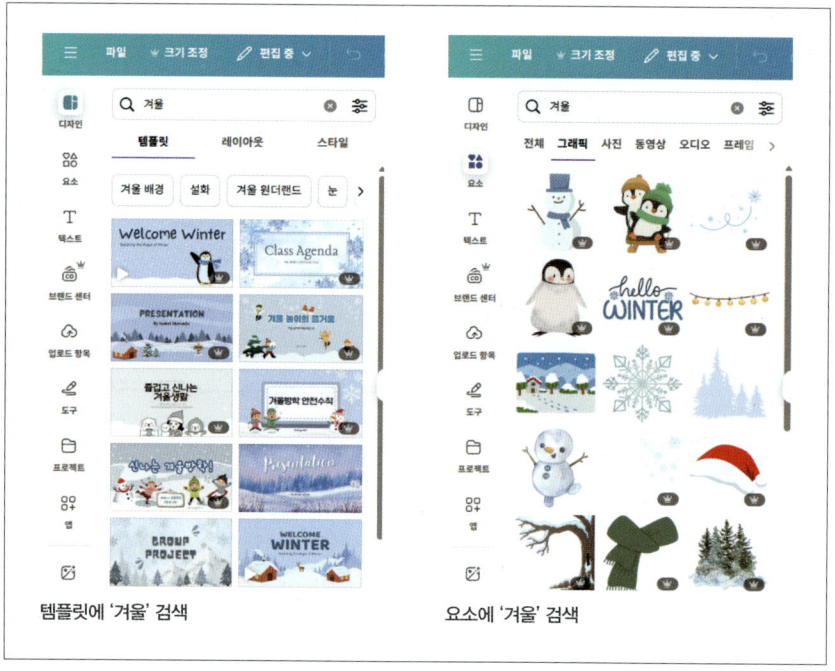

템플릿에 '겨울' 검색   요소에 '겨울' 검색

다음은 왼쪽의 템플릿을 활용해 '휴무'라는 안내를 '정상 영업' 안내로 바꾸고, 3.1절에 어울리는 태극기 요소 1개를 추가한 것입니다. 그리고 왼쪽 템플릿은 글씨가 작아 가독성이 떨어진다고 생각해 글씨 크기도 크게 바꾸었습니다.

이처럼 캔바를 활용하면 정말 쉽게 일상에 필요한 것들을 제작하거나, PPT, SNS 게시물, 숏폼 등을 만들 수 있습니다. 상업적인 용도로 홍보물, 명함 등을 만들기도 너무 좋고요.

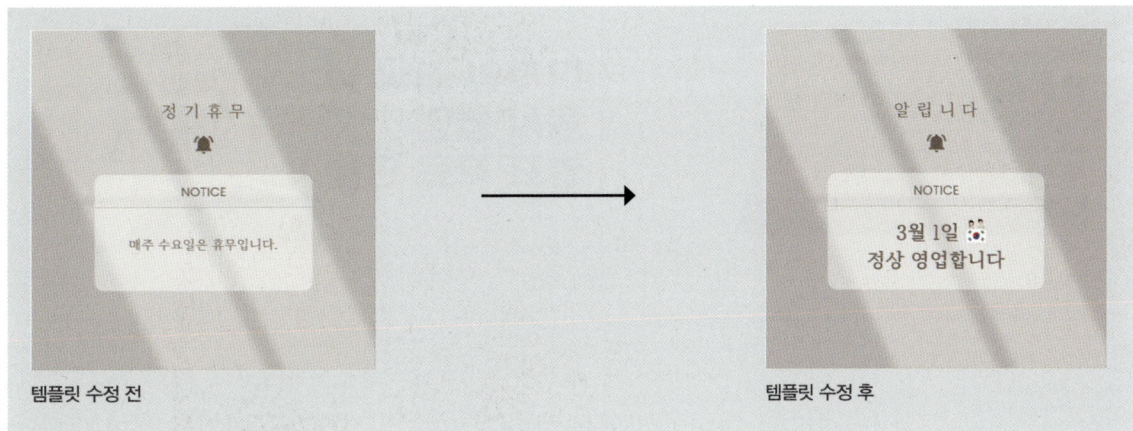

템플릿 수정 전 → 템플릿 수정 후

캔바를 활용하면 디자인의 장벽이 많이 낮아질 것 같지 않나요? 자세한 캔바 활용 방법과 꾹꾹 눌러담은 꿀팁들은 2장부터 배워 보겠습니다.

협업에 최적화된 캔바

캔바는 여러 명의 사용자들이 **실시간으로 협업**할 수 있습니다. 특히 다른 사용자가 수정한 내용과 같은 **변경 사항이 즉각 반영되기 때문에 협업하기에 적합**합니다. **협업하는 방법도 간단**한데요. '구글 드라이브'를 이용할 때처럼 편집 권한이 있는 링크를 공유받은 사용자들은 해당 링크에 들어갔을 때 공유된 디자인을 편집할 수 있습니다. 공유 시 접근 권한을 수정할 수 있기 때문에 협업을 하는 사용자들이 보기만 가능하게 할지, 수정도 가능하게 할지도 설정할 수 있습니다.

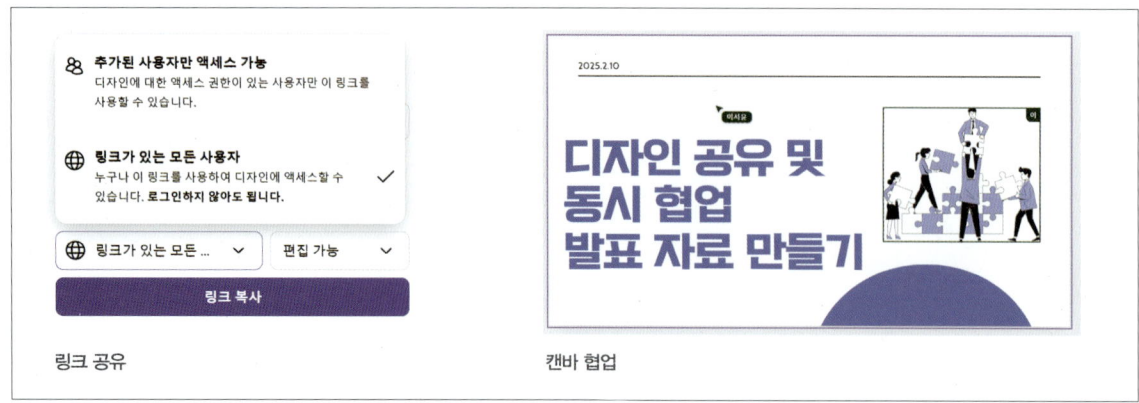

링크 공유 / 캔바 협업

협업을 하며 디자인을 하다 보면 수정 전으로 돌아가는 것이 필요할 때가 있습니다. 이를 위해 캔바에서는 **이전으로 돌아갈 수 있는 '버전 기록' 기능**이 있습니다. 캔바 편집 화면에서 ❶좌측 상단 [파일] - ❷[버전 기록]에서 ❸돌아갈 시점을 클릭한 뒤 ❹[복원하기]를 클릭하면 됩니다. 버전 기록은 Pro 버전만 가능한 기능입니다.

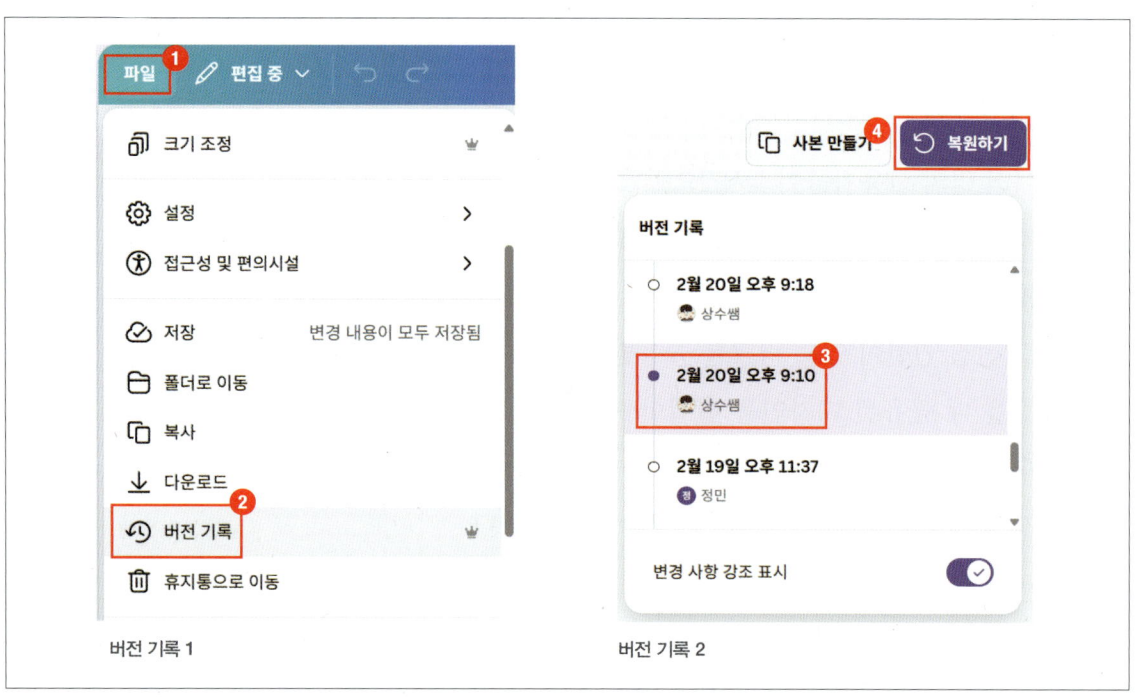

버전 기록 1 / 버전 기록 2

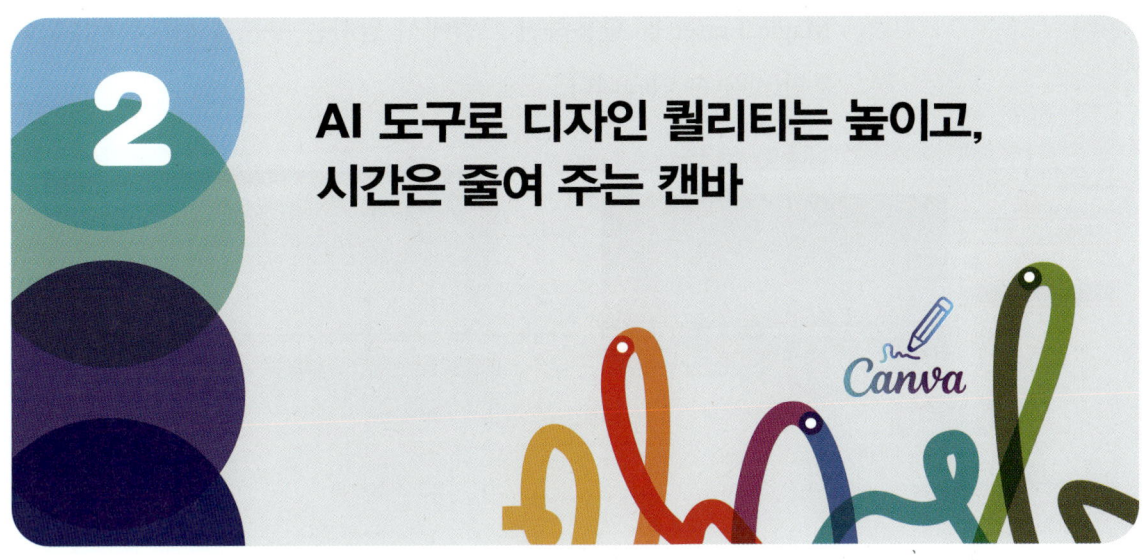

2 AI 도구로 디자인 퀄리티는 높이고, 시간은 줄여 주는 캔바

캔바에는 다양한 AI 도구들이 있어 디자인의 퀄리티를 높여 줍니다. 자세한 사용 방법과 활용 사례들은 5장과 6장에서 다룰 예정이며, 대표 사례 몇 가지만 먼저 살펴보겠습니다.

마법 같은 캔바 AI 도구들

'Magic Media'는 텍스트 프롬프트를 입력하면 그에 맞는 그림이나 동영상을 생성해 주는 기능입니다. '하늘을 날며 불을 내뿜는 푸른 용'이라는 텍스트 프롬프트를 입력하면 아래와 같은 이미지가 바로 생성됩니다.

매직 미디어 결과_포토   매직 미디어 결과_수채화

'Magic Eraser'를 활용하면 그림에서 원하는 부분을 선택해서 그 부분만 지울 수 있습니다.

매직 이레이저 실행 전   매직 이레이저 실행 후

'Magic Edit'를 활용하면 특정 부분을 원하는 색으로 자연스럽게 바꿀 수 있습니다.

매직 에디트 실행 전   매직 에디트 실행 후

시간을 줄여 주는 캔바

AI 도구는 아니지만, 작업 시간을 대폭 줄여 주는 기능들도 많습니다. 그중 '데이터 연결' 기능은 표에 입력한 데이터가 각각의 게시물에 반영되게 할 수 있습니다. 같은 디자인에 내용만 달라질 때 작업 시간을 많이 줄여 줍니다.

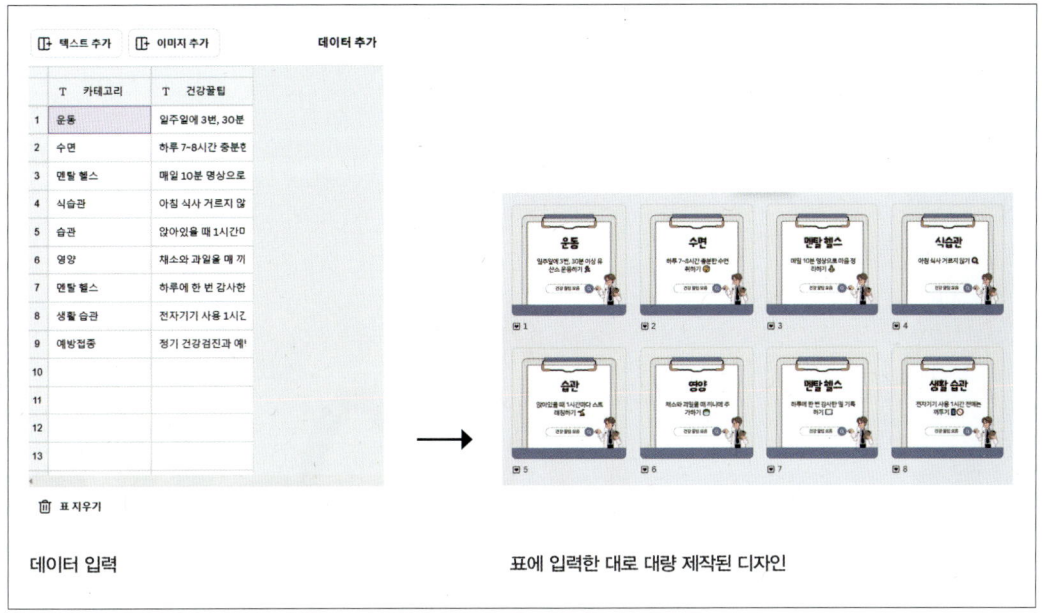

데이터 입력 → 표에 입력한 대로 대량 제작된 디자인

이 외에도 ChatGPT처럼 명령한 대로 텍스트를 생성해 주는 'Magic Write', 다국어 게시물을 만드는 경우 영어, 스페인어, 중국어 등 다양한 언어로 빠르게 바꿔 주는 '자동 번역' 등 유용한 기능들이 많습니다. 이에 대해서는 본 도서 5장과 6장에서 자세히 다룰 예정입니다.

→ 저자 직강 영상 과외

캔바 소개, 캔바의 장점

3 캔바 로그인하기

캔바 로그인

누구나 쉽게 디자인을 할 수 있는 캔바에 로그인해 볼까요?

❶ Chrome 브라우저에 들어온 다음, 포털 검색창에 '캔바'라고 검색하거나 주소 검색창에 https://www.canva.com/을 입력하여 캔바에 접속할 수 있습니다.

포털사이트 캔바 검색

❷ 캔바에 처음 접속하면 하단에 쿠키 허용 안내 메시지가 나옵니다. 캔바 웹사이트 실행을 위해 [모든 쿠키 허용]을 클릭해 줍니다.

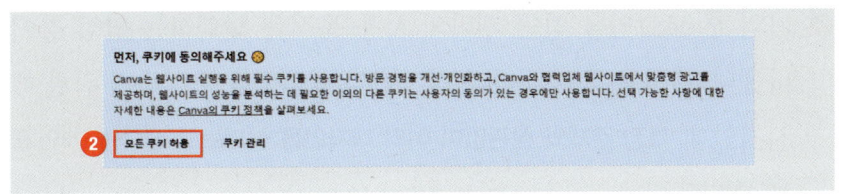

쿠키 허용

❸ 캔바 홈페이지에서 우측 상단 [로그인]을 클릭합니다.

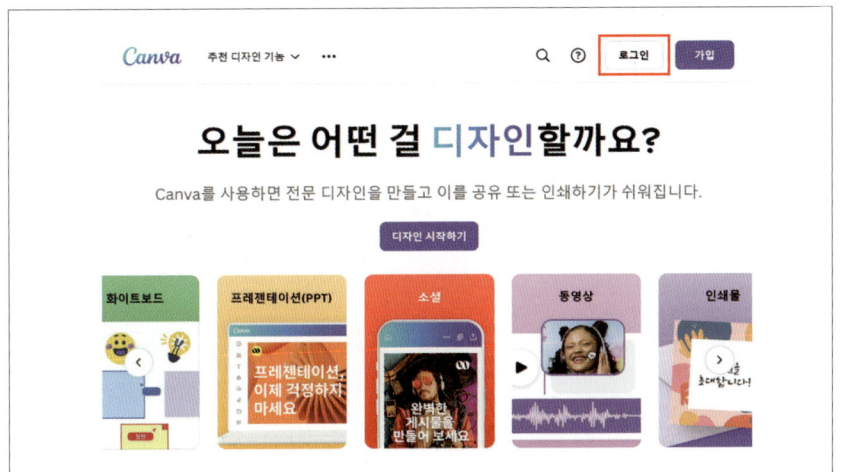

캔바 홈페이지

❹ 약관 동의 후 [Google로 계속하기]를 클릭하면 간편 로그인 또는 회원 가입을 할 수 있는 창이 뜹니다. 로그인된 Google 계정이 있는 경우 가장 쉽게 시작할 수 있습니다. Google 외의 이메일을 사용하려면 [이메일로 계속하기]를 클릭합니다.

CHAPTER 1 캔바 시작하기

❺ 가입 후 로그인을 하면 캔바의 사용 목적을 선택하는 팝업 창이 나옵니다. 사용 목적에 따라 디자인과 템플릿을 추천하기 위한 메시지인데, ==특정 주제와 상관없이 여러 디자인을 살펴보고 싶다면 '개인'을 선택합니다.==

사용 용도

❻ 다음으로는 Canva Pro (유료 버전)를 30일간 무료 체험할 수 있는 팝업 창이 보입니다. 가입 후 바로 캔바 유료 버전을 체험하는 것도 좋지만, 유료 버전과 무료 버전의 차이를 느끼기 위해 ==무료 버전을 먼저 경험해 보고 나중에 유료 버전을 체험해 보는 것을 추천드립니다. 유료 버전 무료 체험은 추후 언제든지 시작할 수 있으므로 [나중에 하기]를 클릭합니다.==

무료 체험 설정

여기까지 하면 캔바 가입 및 로그인이 됩니다.

4 캔바 요금제

캔바 요금제 살펴보기

요금제를 살펴보기 위해 캔바 메인 페이지에서 ❶좌측 하단 본인의 계정을 클릭하고 ❷[요금제]를 클릭합니다.

캔바를 이용하는 방법을 크게 두 가지로 나누면 무료 요금제(무료 Canva)와 유료인 Pro 요금제(Canva Pro, 단체[팀]용 Canva, 기업용 Canva)로 나눌 수 있습니다.

핵심적인 기능에서는 차이가 없지만 제공하는 템플릿과 요소, 추가 기능의 제공 여부에서 무료 요금제와 Pro 요금제의 차이가 있습니다. 먼저 무료로 캔바를 충분히 체험해 보신 다음 30일 무료 체험을 통해 캔바 Pro 요금제를 경험해 보시고 이후 유료 이용 여부를 선택하시는 것을 추천드립니다. 2025년 7월 기준으로 <mark>개인 캔바 Pro 요금제는 연 99,000원 / 단체[팀]용 캔바(3명)이 연 330,000원입니다. 3명이 팀을 이루면 1인당 110,000원</mark>으로, 팀원 초대, 팀원 권한 관리 등이 가능하여 팀 관리에 최적화되어 있습니다. <mark>참고로 캔바는 유사한 디자인 툴 대비 요금제가 저렴한 편입니다.</mark>

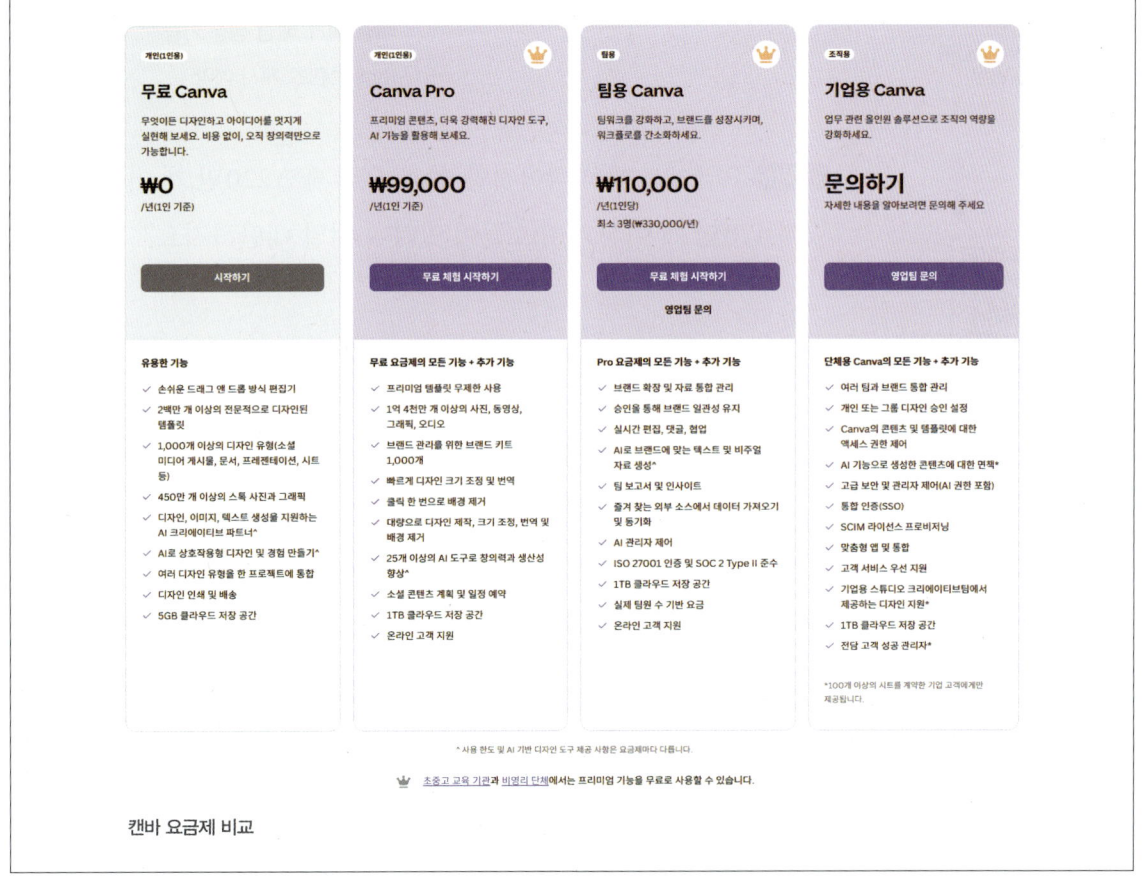

캔바 요금제 비교

CHAPTER 1 캔바 시작하기

무료 요금제와 Pro 요금제의 차이

2025년도 7월 기준으로 무료 요금제와 Pro 요금제의 구체적인 차이를 살펴볼까요?

캔바 무료 요금제	캔바 Pro 요금제
220만 개 이상 템플릿(계속 추가되는 중) 470만 개 이상 요소들 PDF, JPG, PNG, GIF 등 형식에 맞게 파일 내보내기 실시간 협업 및 댓글, 링크 공유 5GB 클라우드 스토리지 일부 AI 기능 사용 가능하나, Pro 요금제보다 크레딧이 적거나 사용 제한	500만 개 이상 템플릿(계속 추가되는 중) 1억 4100만 개 이상의 요소들 PDF, JPG, PNG, GIF 등 형식에 맞게 파일 내보내기 및 인쇄용 디자인(CMYK) 내보내기 실시간 협업 및 댓글, 링크 공유 1TB 클라우드 스토리지 Magic Eraser, Magic Grab 등 각종 AI 기능 색상, 로고, 글꼴을 간편하게 저장 가능한 브랜드 키트 기능 배경 제거, 배경 생성 기능 소셜 콘텐츠 게시 예약

Pro 요금제도 매력적이지만, 무료 요금제도 220만 개 이상의 템플릿과 470만 개 이상의 요소들이 있다니 정말 대단하지요?

디자인별 요금제 차이

요금제의 차이를 디자인을 통해 살펴보겠습니다. 캔바 메인 페이지 검색창에 템플릿을 검색하면 여러 가지 형태와 주제의 템플릿이 검색됩니다(템플릿 검색의 자세한 방법은 다음 장에서 다룸). 오른쪽 템플릿처럼 우측 하단에 왕관 모양 아이콘이 있는 템플릿은 Pro 요금제만 사용할 수 있습니다. 반면에 왼쪽 템플릿처럼 **왕관 모양 아이콘이 없는 템플릿**은 Pro **요금제뿐만 아니라 무료 요금제도 사용할 수 있는 템플릿**입니다.

TIP

Pro 요금제 무료 사용

27쪽 그림의 가장 하단 안내에서 확인할 수 있듯이, 초중고 교사나 비영리 단체는 Pro 요금제를 무료로 사용할 수 있습니다. 초중고 교사의 경우 교사용 Pro 요금제 신청 방법은 7장 334쪽을 참고해 주세요.

저자 제공 막강 링크

교사용 Pro 요금제 신청 링크

캔바 비영리 단체[팀]용 신청하기

캔바 Pro를 위한 비영리 단체 자격 요건 가이드라인

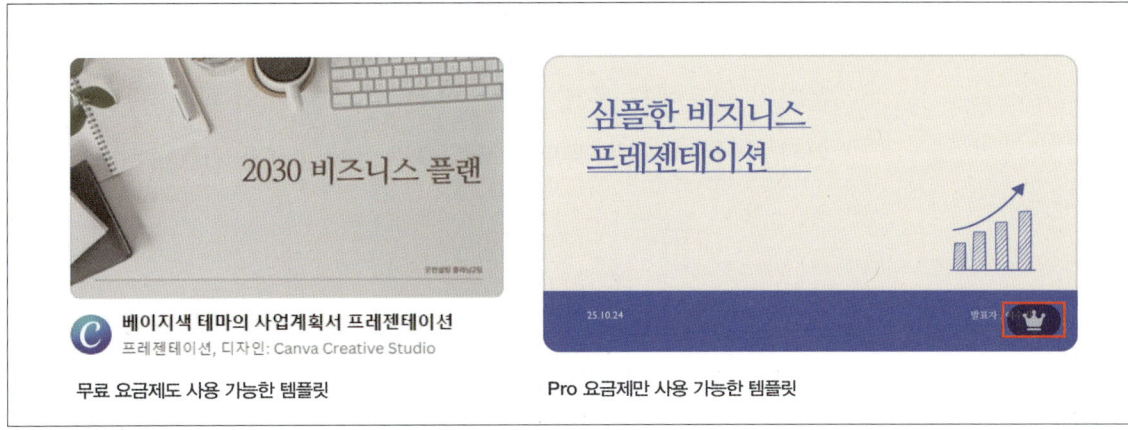

무료 요금제도 사용 가능한 템플릿 | Pro 요금제만 사용 가능한 템플릿

요소별 요금제 차이

앞서 살펴봤듯이, 캔바의 디자인에 사용되는 모든 그래픽, 도형, 사진, 영상, 텍스트 등을 '요소'라고 부릅니다. 다양한 요소를 활용할 수 있다는 것이 캔바의 장점이었죠.

무료 이용자와 유료 이용자는 사용할 수 있는 요소의 종류가 다릅니다. 똑같은 사과 그래픽 이미지이지만 오른쪽 사과 이미지는 왕관 모양 아이콘이 있기 때문에 유료 버전 이용자만 사용할 수 있습니다.

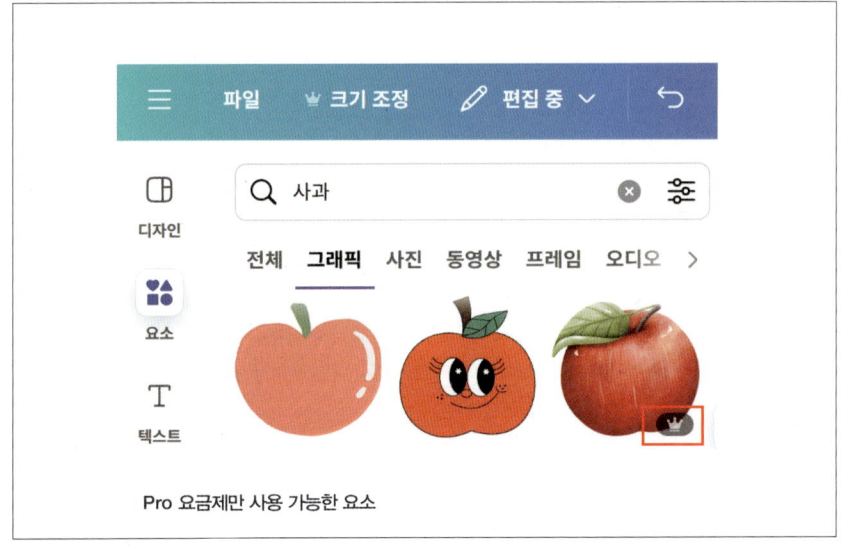

Pro 요금제만 사용 가능한 요소

폰트별 요금제 차이

폰트의 경우에도 무료 요금제와 Pro 요금제의 차이가 있습니다. 왕관 아이콘이 있는 폰트는 Pro 요금제만 사용 가능합니다.

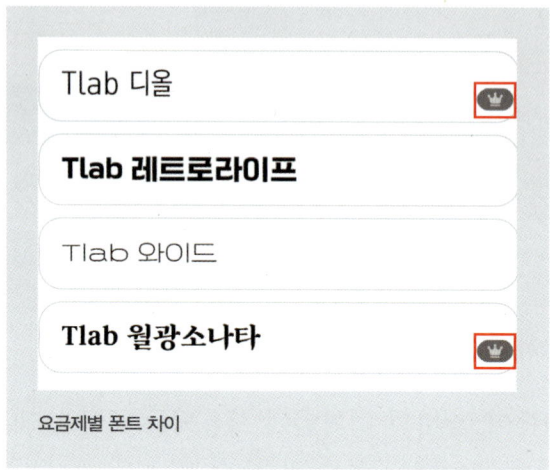

요금제별 폰트 차이

기능별 요금제 차이

템플릿, 요소, 폰트 등 디자인적인 항목뿐만 아니라 기능적인 부분에서도 무료 요금제와 Pro 요금제의 차이가 있습니다. 예를 들어 디자인의 크기를 변경하는 '크기 조정' 기능이나 4장에서 다룰 브랜드 키트가 포함된 '브랜드 센터' 기능 등은 왕관 모양이 있기 때문에 Pro 요금제에서만 사용이 가능합니다.

Pro 요금제만 사용 가능한 기능 1   Pro 요금제만 사용 가능한 기능 2

이렇게 무료 요금제와 👑Pro 요금제는 다양한 부분에서 차이점이 있습니다. **다만 앞서 요금제 비교에서 보았듯이 캔바는 무료로 사용할 수 있는 템플릿과 요소도 매우 많기 때문에 무료로 캔바를 먼저 활용해 보시고, 기능이나 디자인 요소의 부족함을 느낄 때 30일 무료 체험 후 👑Pro 요금제를 사용하길 추천합니다.**

본 도서에서는 👑Pro 요금제만 가능한 부분은 👑Pro 라고 표시할 예정입니다. 👑Pro 표시가 없으면 무료 버전도 가능한 기능들입니다.

5 캔바 저작권

캔바는 (https://www.canva.com/ko_kr/learn/copyright/)를 통해 캔바 저작권에 대한 안내를 자세하게 하고 있습니다. 해당 페이지에 작성된 내용 중 핵심을 살펴보겠습니다.

원본 그대로는 상업적 활용 NO

캔바 저작권 안내 페이지에서는 **캔바로 만든 디자인은 원본 그대로 사용하는 것이 아니면 상업적으로 이용 가능**하다고 언급하며, 요금제에 관계없이 별도의 출처 표시가 필요하지 않다고 합니다.

앞에서 살펴봤던 템플릿을 다시 볼까요? 왼쪽 그림처럼 템플릿에 아무것도 수정하지 않고 디자인을 그대로 사용하면 안 됩니다. 조금이라도 텍스트와 색상, 배경을 변경 및 추가 하거나, 요소 등을 추가해 소재를 조합해야 합니다. 혹은 도형과 선을 추가 및 변경 하는 것도 가능합니다. **상업적으로 활용 시, 원본 그대로 사용하면 안 된다는 것, 꼭 기억하세요!**

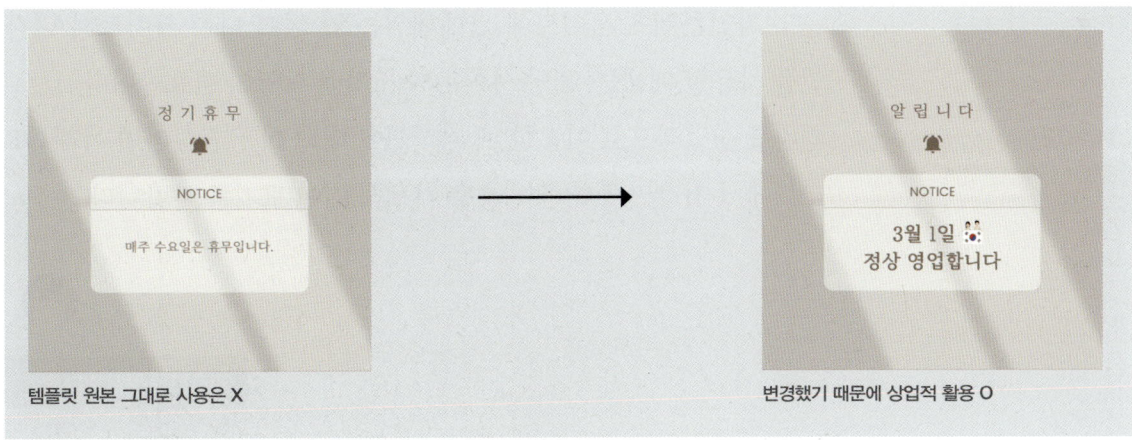

템플릿 원본 그대로 사용은 X → 변경했기 때문에 상업적 활용 O

상업적 활용 시 주의사항

상업적으로 이용할 때 캔바에서 주의하라고 언급한 4가지 포인트는 아래와 같습니다.

[Canva(캔바)로 만든 디자인을 상업적으로 이용할 때 주의해야 할 4가지 포인트]

❶ Canva(캔바)에 있는 디자인 콘텐츠(디자인 템플릿을 포함한 디자인 요소를 통칭)를 변형하지 않은 원본 그대로 판매, 재배포하거나 크레딧을 취득할 수 없습니다.

❷ Canva(캔바)에서 만든 디자인을 사용하여 상표를 등록할 수 없습니다 로고 등에 사용할 때는 주의하시기 바랍니다.

❸ Canva(캔바)의 디자인 콘텐츠(디자인 템플릿을 포함한 디자인 요소를 통칭)를 스톡 사진 서비스와 같은 사이트에서 판매할 수 없습니다.

❹ Canva(캔바) 이외의 다른 사이트의 디자인 콘텐츠(디자인 템플릿을 포함한 디자인 요소를 통칭)를 추가로 사용할 때는, 각 사이트에서 이용 규약이나 저작권을 직접 확인해야 합니다.

캔바 상업적 이용 시 주의할 점(출처: https://www.canva.com/ko_kr/learn/copyright/)

핵심을 요약 및 반복 하자면, 원본 그대로 판매하면 안 되며, 캔바에서 디자인한 로고를 상표 등록 할 때 주의해야 합니다. 스톡사진과 같은 디자인콘텐츠 사이트에 판매해서는 안 되며 다른 사이트의 디자인을 사용할 때에는, 해당 사이트의 저작권 확인이 필요합니다.

캔바를 상업적으로 이용할 때 저작권에 대해 더 궁금하다면 아래 QR 코드에서 저작권에 대한 내용을 자세히 읽어 보기를 바랍니다.

POINTS

- 캔바는 빠르고 쉽게 맞춤형 디자인을 제공할 수 있는 최고의 툴!
- 캔바는 '템플릿'과 '요소'의 종류가 다양하고 다른 디자인 툴 대비 요금제 저렴!
- 캔바는 변경 사항이 즉각 반영되기 때문에 협업하기에 적합!
- 캔바로 만든 디자인은 원본 그대로 사용하는 것이 아니면 상업적으로 이용 가능!

토막 꿀팁 ① 캔바 앱 활용하기

캔바 앱을 활용하면, 웹사이트에서 캔바를 들어가는 것보다 더 빠르게 접속할 수 있겠죠?

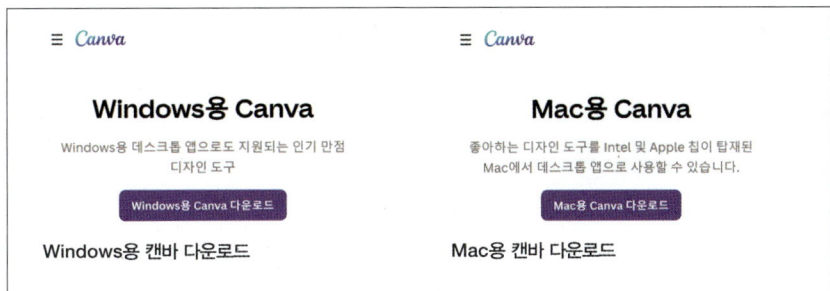

Windows 컴퓨터는 https://www.canva.com/ko_kr/download/windows/ 에서 다운로드가 가능하고,
Mac 컴퓨터는 https://www.canva.com/ko_kr/download/mac/ 에서 다운로드가 가능합니다.
혹은 Windows 컴퓨터는 Microsoft store에서 캔바를 검색해 캔바 앱을 다운로드 받을 수 있고, Mac 컴퓨터는 App store에서 캔바를 검색해 캔바 앱을 다운로드 받을 수 있습니다.
캔바 앱은 캔바 웹사이트와 인터페이스가 같습니다.

Windows 캔바 앱 다운로드   Mac 캔바 앱 다운로드

태블릿, 스마트폰에서도 앱을 다운로드 받아 캔바 활용이 가능합니다. Android, iOS 모두 가능하니 편한 환경에서 캔바를 활용해 보세요!

Android 캔바 다운로드   iOS 캔바 다운로드

CHAPTER 2
쉽게 배우는 캔바 기본기

캔바는 누구나 쉽게 사용할 수 있도록 구성되어 있습니다. 2장에서는 SNS 게시물을 만들며 캔바 사용을 위해 꼭 알아야 하는 기본기를 꼼꼼하고 쉽게 배워 보겠습니다.

1 캔바 홈 살펴보기

이번 장에서는 새롭게 개편된 **캔바의 필수적인 기능들을 활용하여 SNS 게시물을 완성**해 보면서 홈, 템플릿, 프로젝트 탭에 대해 알아보겠습니다. 먼저 캔바를 시작하면 만나게 되는 캔바 홈을 살펴볼까요?

캔바 홈

캔바에 접속하면 좌측 탭에 여러 메뉴들이 보입니다. 사용자마다 노출되는 메뉴는 조금씩 다릅니다. 본 도서에서는 핵심적인 부분 위주로 차근차근 설명해 드리겠습니다. 메뉴 옆에서는 최근에 작업했던 디자인들을 확인하여 빠르게 디자인에 접근할 수 있습니다.

캔바 홈 좌측 탭

좌측에 '홈' 탭을 눌러 어떤 기능들이 있는지 살펴보겠습니다.

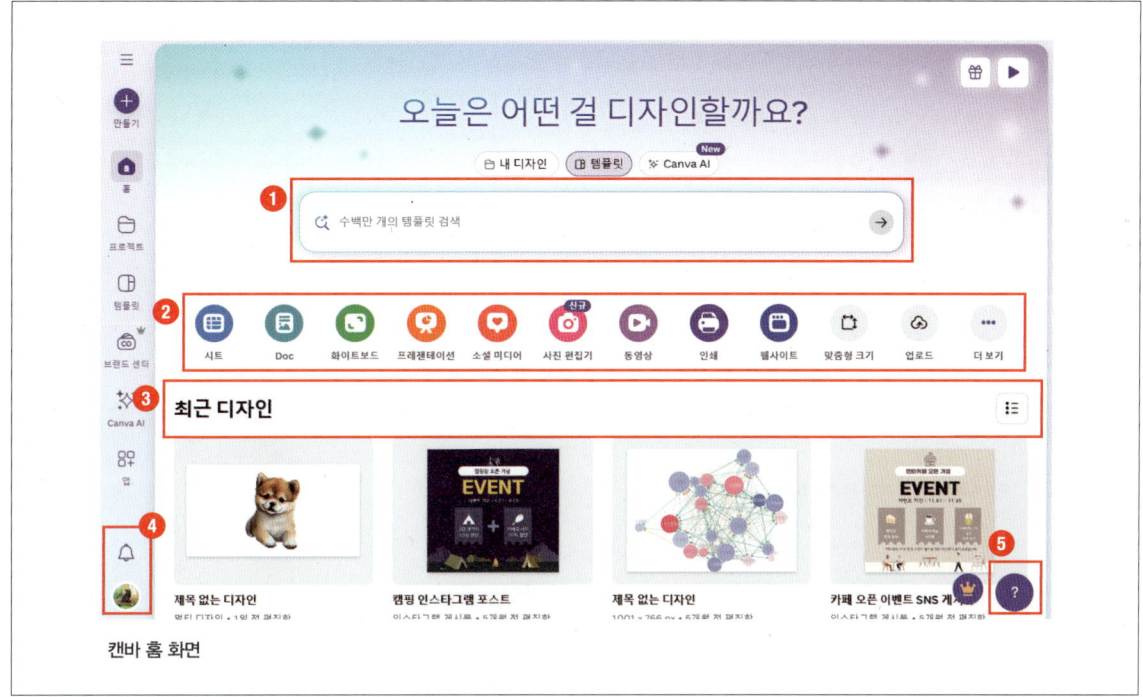

캔바 홈 화면

❶ 검색창: 내가 제작한 콘텐츠 혹은 주제에 맞는 Canva 템플릿을 검색할 수 있습니다.

❷ 디자인 만들기: 프레젠테이션, 동영상, 인스타그램 게시물, 유튜브&블로그 썸네일 등 사용자가 원하는 디자인의 형태를 빠르게 선택할 수 있습니다.

❸ 최근 디자인: 가장 최근에 작업한 디자인부터 확인할 수 있습니다. 또한, 우측 상단의 그리드형 [🔠], 목록형 [☰] 버튼을 눌러 보기 형식을 선택할 수 있습니다.

❹ 알림 [🔔]: 다른 사용자와 공유된 템플릿을 확인하거나 댓글, 멘션 등의 알림을 확인할 수 있습니다.
계정: 계정을 추가, 변경, 로그아웃하거나 피드백, 앱 다운로드 등의 기능을 선택할 수 있습니다.

> **TIP**
> '맞춤형 크기'를 선택하면 가로, 세로의 크기를 px, in, mm, cm 단위로 선택할 수 있습니다.

CHAPTER 2 쉽게 배우는 캔바 기본기

❺ 캔바에게 질문하기: Canva 기능 사용 방법, 편집, 청구 등과 관련한 문제를 AI에게 질문할 수 있습니다.

> **TIP**
> 좌측 상단 Canva 로고를 클릭하면, 항상 캔바 홈 화면으로 이동합니다.

POINTS

- 홈 화면에서는 나의 콘텐츠와 캔바에서 제공하는 콘텐츠를 모두 검색 가능!
- 내가 만들고자 하는 디자인의 형식을 클릭하여 신속하게 디자인 편집 가능!
- 나의 최근 디자인들을 확인할 수 있어 언제 들어와도 빠르게 접근!

템플릿

템플릿이란 사용자가 쉽게 원하는 디자인을 할 수 있도록 미리 제작되어 있는 양식을 말합니다. 템플릿 디자인의 종류에는 프레젠테이션, 포스터, 이력서, 소셜 미디어, 동영상, 웹사이트, 전단지, 초대장, 로고 등이 있어 굉장히 다양한 분야의 디자인을 선택할 수 있습니다.

프레젠테이션 템플릿   이력서 템플릿   포스터 템플릿

1장에서 잠깐 살펴봤듯이 템플릿을 이용하면 마음에 드는 템플릿을 선택하고 글자를 변경하거나 일부 요소를 변경하는 것만으로도 원하는 디자인을 빠르고 쉽게 할 수 있습니다.

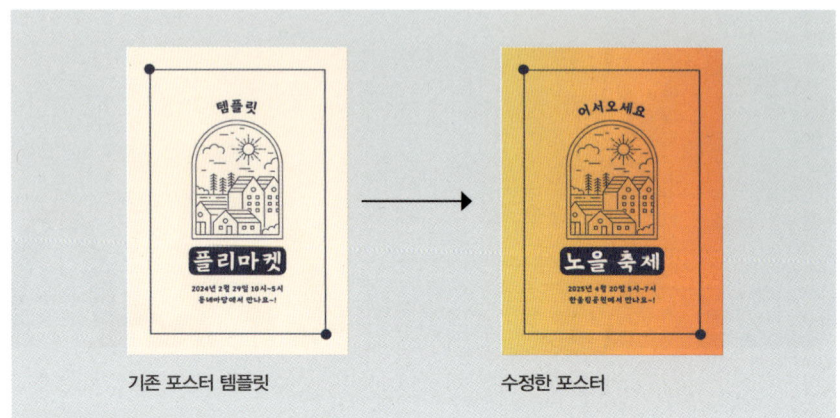

기존 포스터 템플릿 → 수정한 포스터

2장에서는 위의 예와 같이 원하는 템플릿을 선택해 알맞게 수정하는 실습을 해 볼 예정입니다. 실습을 위해 템플릿에 대해 자세히 알아볼까요? 적절한 템플릿을 찾는 것이 캔바 디자인의 첫걸음이라 볼 수 있죠. 먼저, 캔바 홈 좌측 메뉴에서 [템플릿] 탭을 클릭합니다. 여기에서는 주제와 디자인 양식에 맞는 다양한 템플릿을 볼 수 있습니다.

템플릿 화면

❶ 템플릿 검색창: 원하는 디자인 양식이나 주제에 맞는 템플릿을 검색할 수 있습니다.
❷ 템플릿 카테고리: 디자인 양식이 분류되어 있어 사용자가 원하는 카테고리를 선택하여 고를 수 있습니다.
❸ 템플릿 미리보기: 디자인 양식을 이미지의 형태로 미리 볼 수 있습니다. 밑으로 스크롤하면 사용자에게 추천하는 디자인 항목들이나 각 디자인별로 예시들을 볼 수 있습니다.

TIP
템플릿 이외에도 사용자가 필요한 사진, 아이콘을 검색해 볼 수 있습니다.

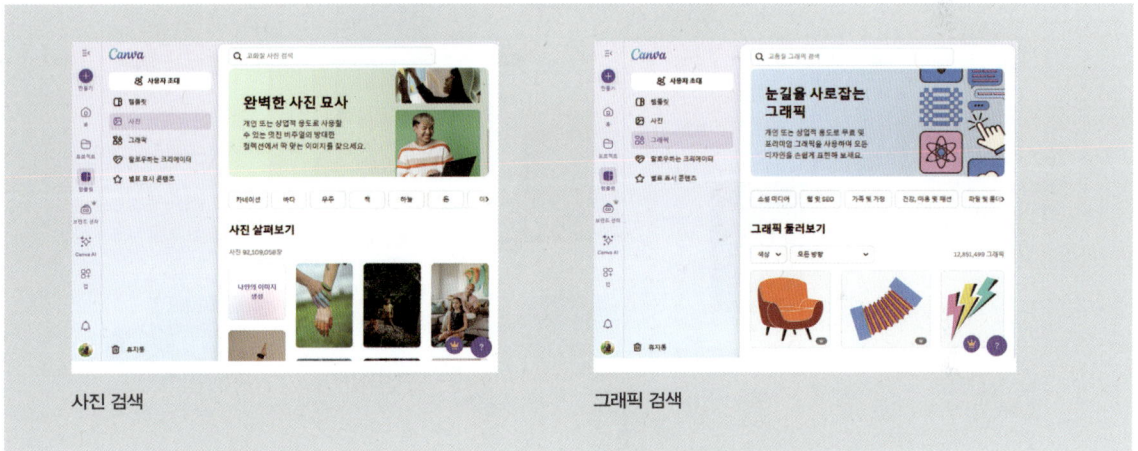

사진 검색　　　　　　　　　　　그래픽 검색

TIP
크리에이터란 템플릿, 사진, 아이콘 등을 제작하여 다른 사용자들에게 제공하는 분들입니다. 특정 크리에이터를 팔로우하면 팔로우한 크리에이터의 제작물만 따로 모아서 확인할 수 있습니다. 크리에이터 팔로우 방법은 2장 토막꿀팁 89쪽에서 확인해 보세요!

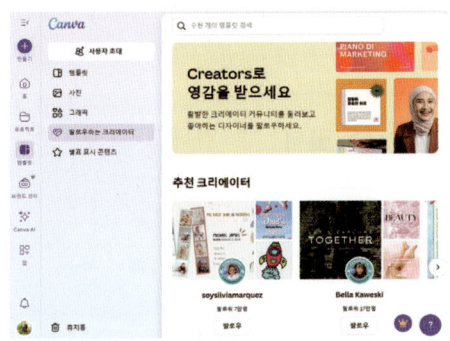

팔로우하는 크리에이터

템플릿 검색하기

템플릿 검색창에 필요한 디자인의 주제(가을, 발표, 노란색 등)나 디자인 형식(프레젠테이션, 동영상)을 검색합니다. '주제 + 디자인(예. 가을 포스터)'으로 검색하면 더 쉽게 원하는 템플릿을 확인할 수 있습니다.

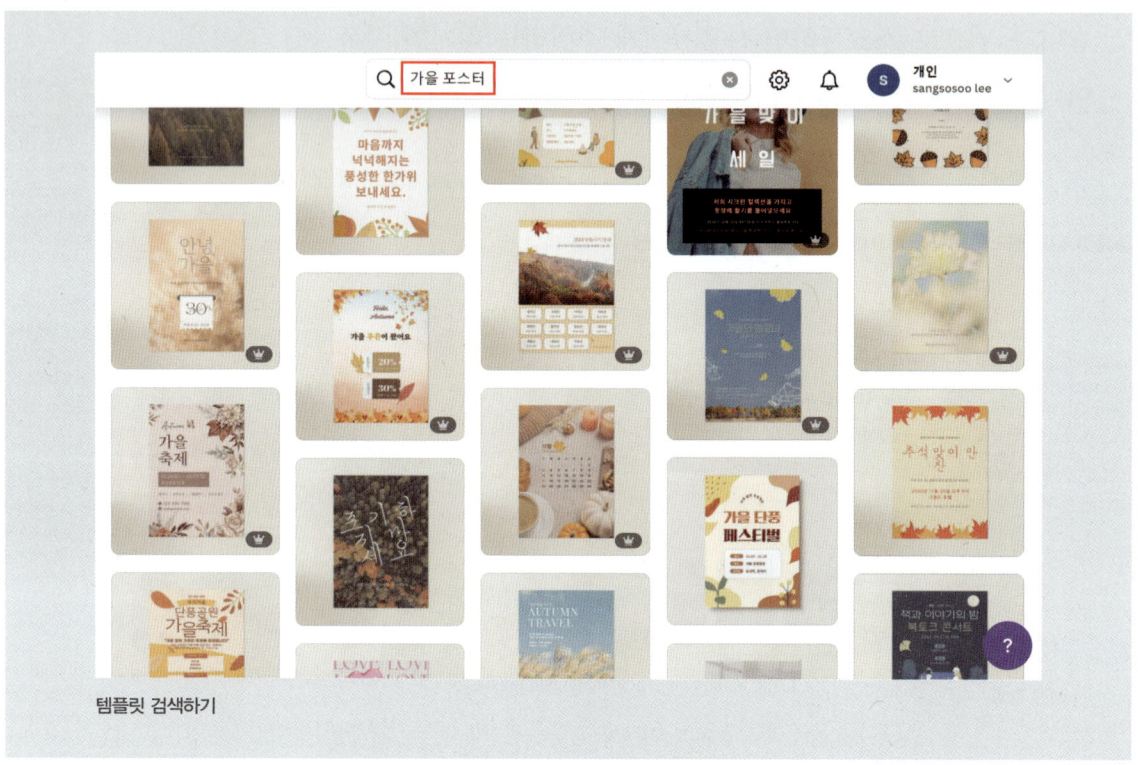

템플릿 검색하기

또한, [모든 필터]를 클릭하면 디자인 카테고리, 스타일(모던, 미니멀리스트 등), 테마(세일, 이벤트 등), 기능(동영상, 오디오 등), 주제(환경, 문학, 독서), 색상 등을 구별하여 상세하게 검색할 수 있습니다.

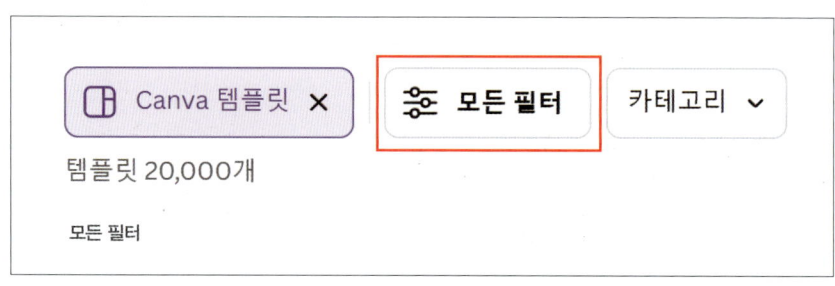

TIP

자주 활용하는 템플릿을 [별] 표시를 눌러 즐겨찾기 설정을 할 수 있습니다. 해당 템플릿들은 [별표 표시 콘텐츠]에서 확인할 수 있습니다.

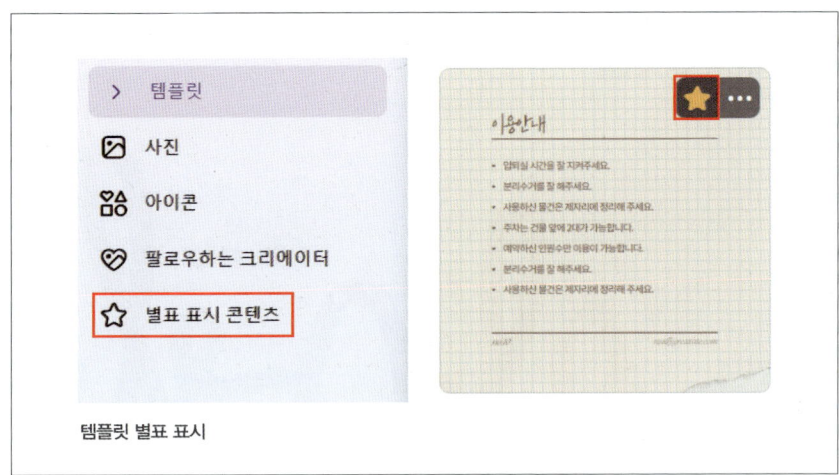

템플릿 별표 표시

POINTS

- 템플릿을 이용하여 쉽고 간편하게 원하는 결과물로 디자인이 가능!
- 템플릿 탭 화면에서는 다양한 종류의 템플릿과 추천 디자인을 확인!
- 원하는 템플릿을 검색할 때는 '주제 + 디자인(예. 가을 포스터)'처럼 검색하는 것을 추천!

3. 요소와 텍스트로 완성하는 SNS 게시물

앞서 살펴봤던 템플릿 검색 방법을 활용해 SNS 게시물을 만드는 실습을 해 보겠습니다. 템플릿을 활용하면 쉽고 빠르게 퀄리티 있는 디자인을 아래 그림들처럼 제작할 수 있습니다.

기존 템플릿 (3)　　　　　변경한 디자인 (3)

위 예시 중, 첫 번째 '캠핑장 오픈 이벤트' 템플릿을 활용해 '카페 오픈 이벤트' 게시물을 만들어 볼까요?

템플릿 검색하기

먼저, 템플릿 화면에서 제작 의도에 맞게 템플릿을 검색합니다.

템플릿 검색　　　　　편집 시작하기

템플릿 검색창에 '캠핑'을 검색하여 원하는 템플릿을 클릭합니다.
[이 템플릿 맞춤 편집하기]를 클릭해 편집을 시작합니다.
이 방법은 검색어가 포함된 모든 크기의 양식(유튜브, 인스타그램,

블로그 등)이 나오기 때문에 **템플릿 선택 범위가 매우 넓어진다는 장점이 있습니다. 다만, 선택한 디자인이 원하는 양식이 아닐 경우에는 선택 후 원하는 크기로 조정을 해야 하며**, 크기 조정은 👑Pro 버전에서만 가능합니다. 두 가지의 템플릿 선택 방법을 아래 TIP에서 자세하게 비교하여 설명해 드리겠습니다.

TIP

템플릿 선택 방법 비교

(방법 1) 템플릿 메인 화면에서 검색하기 + 👑Pro 크기 조정[원하는 크기가 아닌 경우]
1. 실습 예시처럼 템플릿 메인 화면에서 템플릿을 검색하여 마음에 드는 디자인을 고릅니다.
2. 선택한 디자인이 원하는 크기의 양식이 아닌 경우, ❶좌측 상단 👑Pro [크기 조정]을 클릭합니다.

디자인 크기 조정

3. ❶인스타그램, 블로그, 유튜브 등 업로드를 원하는 SNS를 검색한 뒤, ❷크기를 선택합니다. 혹은 [맞춤형 크기]를 선택하면 원하는 가로, 세로 px를 선택할 수 있습니다.

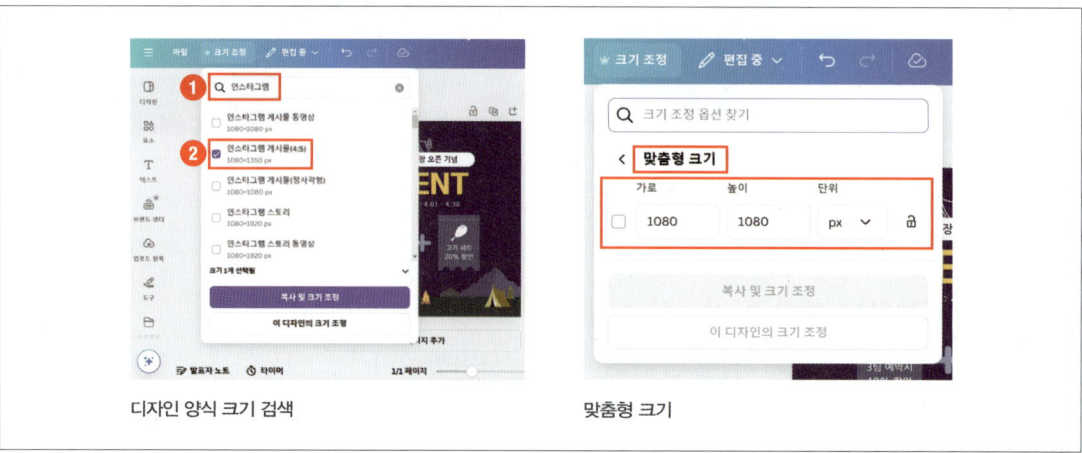

디자인 양식 크기 검색   맞춤형 크기

[양식 변경 전/후 비교]

(전) 인스타그램 게시물(정사각형)   (후) 인스타그램 게시물(4:5)

(방법 2) 템플릿 양식 선택 후 디자인 찾기
무료 버전을 사용하거나, 위의 방법이 번거롭다면 다음과 같이 합니다.
1. [만들기]를 클릭합니다.

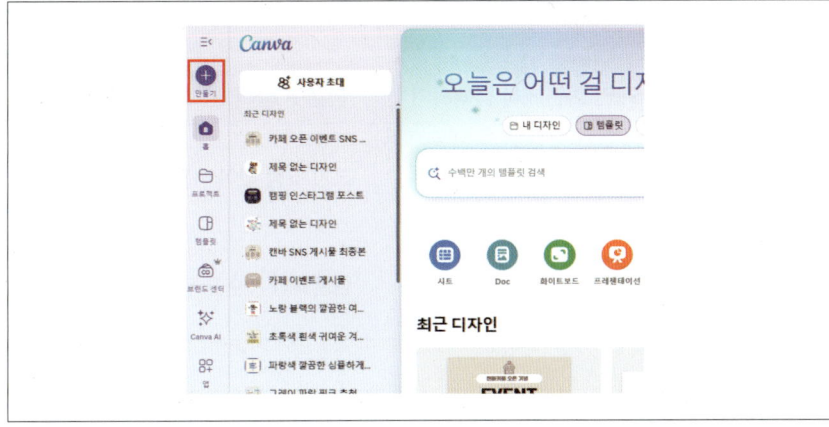

[만들기] 클릭

2. ❶인스타그램, 블로그, 유튜브 등 업로드를 원하는 SNS를 검색한 뒤, ❷원하는 크기의 양식을 선택합니다.

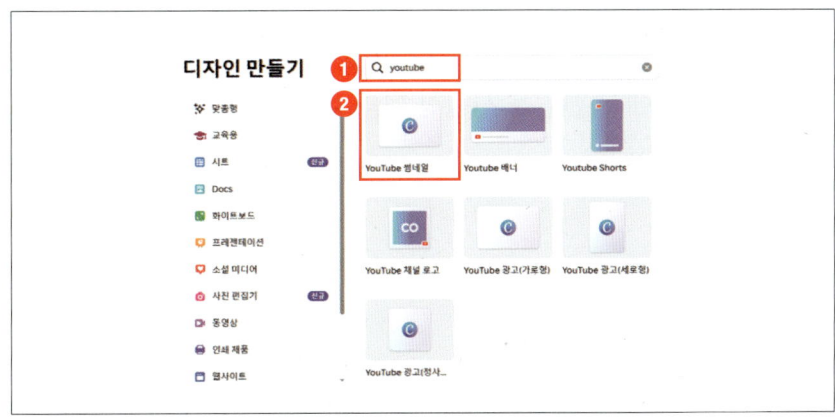

원하는 크기의 양식 검색 및 선택

3. ❶[디자인]에서 ❷템플릿 검색 후 ❸원하는 템플릿을 선택합니다. 이때, 템플릿은 기존에 선택한 크기 내에서만 검색이 됩니다. 따라서 (방법 1)보다 템플릿의 양은 적지만, 캔바 템플릿이 워낙 많기 때문에 충분합니다.

디자인 검색하기

(방법 1)과 (방법 2) 장단점 비교

	(방법 1) 템플릿 메인 화면에서 검색하기	(방법 2) 템플릿 양식 선택 후 디자인 찾기
장점	검색어와 관련된 수많은 템플릿을 볼 수 있음.	크기 조정 없이 사용 가능
단점	크기 조정(Pro 버전 사용 가능)이 필요할 수도 있음.	템플릿의 개수가 제한적일 수 있음.

본 도서에서는 정사각형 카드 뉴스를 제작하였습니다. 독자께서는 원하는 크기와 원하는 디자인을 선택하길 바랍니다.

디자인 편집 화면 살펴보기

47쪽 하단 그림에서 편집을 시작한 뒤의 화면입니다. 디자인 편집 화면을 살펴보겠습니다.

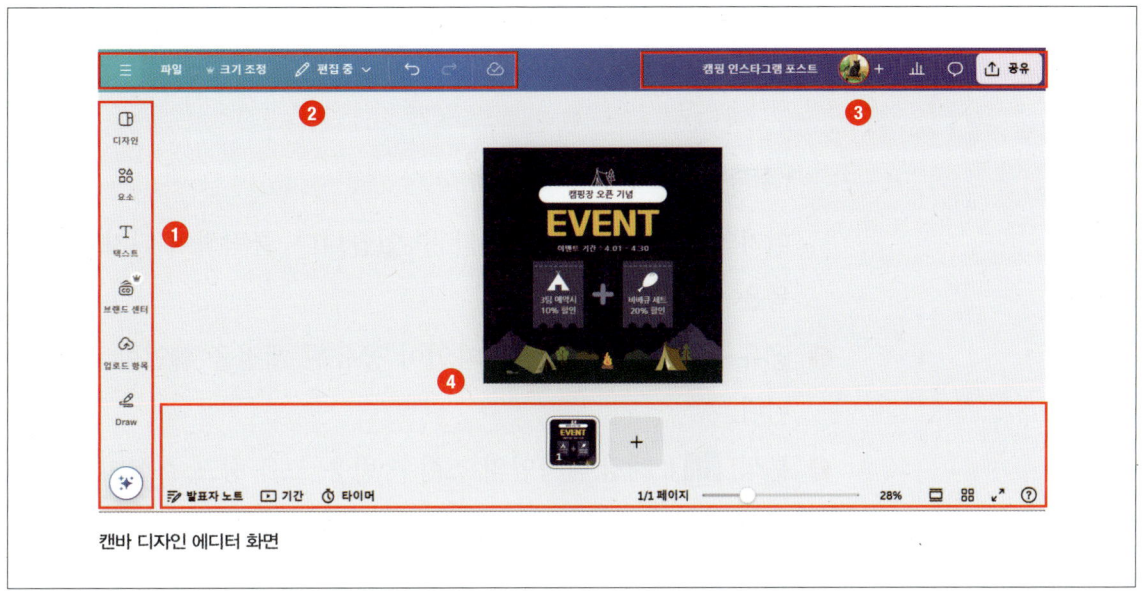

캔바 디자인 에디터 화면

디자인 도구 모음: 디자인(템플릿, 스타일 설정), 요소(도형, 그래픽 등), 텍스트, 브랜드 센터, 업로드 항목, Draw(그리기 도구), 프로젝트, 앱을 확인할 수 있습니다. 디자인 편집에 기본이 되는 도구들을 선택할 수 있습니다.

* **좌측부터 설명되어 있습니다.**

❶ 메뉴 열기[☰]: 앞에서 살펴본 '캔바 홈' 메뉴를 확인할 수 있습니다.

❷ 파일: 해당 디자인 파일에 대한 설정, 저장, 복사, 이동, 새로운 디자인 만들기 등이 가능합니다.

❸ 크기 조정[🗗]: 편집한 디자인의 크기를 다른 양식으로 변경하거나 Magic switch 기능을 활용할 수 있습니다. 👑Pro 버전에서 사용 가능하며 300쪽에서 자세히 다룹니다.

❹ 편집 상태: 해당 디자인의 상태를 확인할 수 있습니다. [편집 중], [댓글 달기], [보기 전용]이 있습니다.

❺ 실행 취소, 다시 실행[↶ ↷]: 작업 내용을 실행 취소하거나 다시 실행할 수 있습니다.

❻ 변경 사항 저장[🔄]: 변경 사항이 자동으로 저장되었는지 확인할 수 있습니다.

＊ 좌측부터 설명되어 있습니다.

디자인 제목: 제목을 확인할 수 있습니다. 클릭하여 디자인의 제목을 수정할 수 있습니다.

❶ 공유 상태[👥]: 해당 디자인이 공유된 계정을 확인할 수 있습니다.

❷ 분석[📊]: 해당 디자인의 조회수, 반응, 고유 링크, 소셜미디어 공유 상태를 확인할 수 있습니다.

❸ 댓글[💬]: 페이지에 대해 달린 댓글을 확인할 수 있습니다.

❹ 공유[⬆]: 디자인을 다른 사용자들에게 공유하거나 저장할 수 있습니다. 자세한 내용은 80쪽에서 다룹니다.

❺ 페이지 편집 설정: 디자인 페이지의 정보를 확인할 수 있습니다. 생성된 페이지 모음을 확인하거나 배율 확인, 보기 설정, 전체 화면 프레젠테이션 등이 가능합니다.

제목 변경하기

템플릿 선택 후 제일 먼저 해야 할 일은, 디자인의 제목을 바꾸는 일입니다. 디자인의 제목이 제대로 설정되어야 캔바 홈 화면에서 작품 관리가 수월하기 때문입니다. 우측 상단 [제목 없는 디자인]을 클릭해 제목을 '카페 오픈 이벤트 SNS 게시물'로 변경합니다.

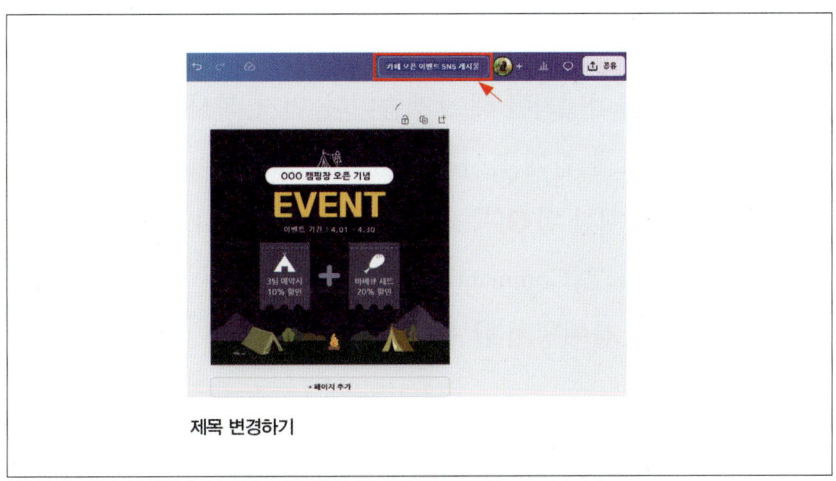

제목 변경하기

요소 삭제하기

다음은 필요 없는 요소를 삭제해 보겠습니다. 먼저 요소를 삭제하기 위해서는 ❶삭제할 요소를 선택한 뒤 ❷[쓰레기통 모양]을 클릭합니다. 혹은 키보드의 [Backspace] 나 [Delete]를 눌러 삭제할 수 있습니다. 카페와 관련되지 않은 요소들을 삭제해 줍니다. 텍스트들은 편집하여 사용하기 위해 삭제하지 않습니다.

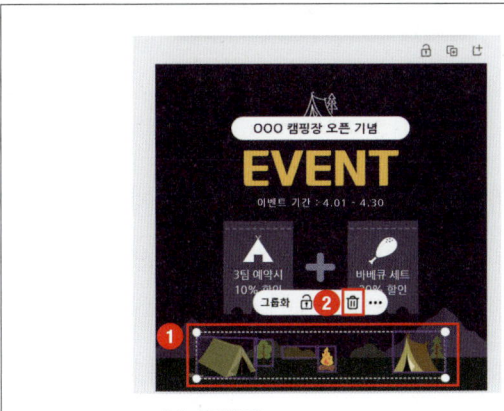

요소 삭제하기

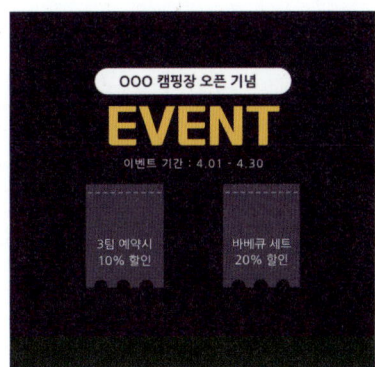

요소 삭제 후 디자인

TIP
여러 개의 요소를 한 번에 삭제하고 싶을 때는 [Shift] 버튼을 누른 채로 여러 요소들을 선택한 뒤 삭제하면 편리합니다.

요소 복사 및 붙여넣기

요소를 복사 및 붙여넣기를 해 보겠습니다. 먼저, 복사할 요소를 선택합니다. 여러 요소를 함께 복사하고 싶다면 [Shift] 버튼을 누른 채로 ❶여러 요소를 선택한 뒤 ❷[복제] 버튼을 클릭합니다. 단축키를 활용하여 [Ctrl+C(Mac은 Command+C)]로 복사한 후에 [Ctrl+V(Mac은 Command+V)]로 붙여넣기 할 수도 있습니다.

요소 복제하기

요소 정렬하기

기존에 있던 요소와 새로 복제한 요소를 전체적인 균형에 맞게 정렬합니다. 캔바에는 요소들을 이동할 때 아래와 같이 자동으로 다른 요소와의 정렬을 직관적으로 확인할 수 있도록 도움을 주는 기능이 있습니다. 요소를 선택한 후 이동을 위해 상하좌우로 드래그하면 아래 그림처럼 요소 간 간격이 자동으로 보입니다. 이 기능을 적극 활용하면 정렬된 디자인을 만들 수 있겠죠?

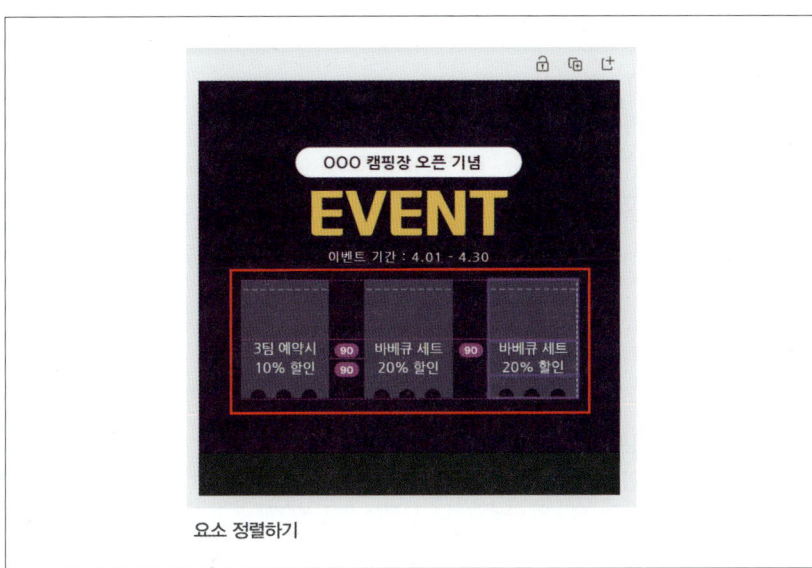

요소 정렬하기

디자인 색상 변경하기

전체적인 느낌을 좌우하는 디자인의 색상을 변경해 보겠습니다. 분위기를 바꾸기 위해 배경의 색상을 먼저 변경해 볼까요? ❶배경을 클릭합니다. 이때, 다른 디자인 요소를 클릭하지 않도록 주의합니다. ❷색상 버튼을 눌러 줍니다. ❸원하는 색상을 클릭하여 배경색을 변경합니다. 실습에서는 색상 검색창에 '#eee4d8'를 검색하여 바꿔 줍니다.

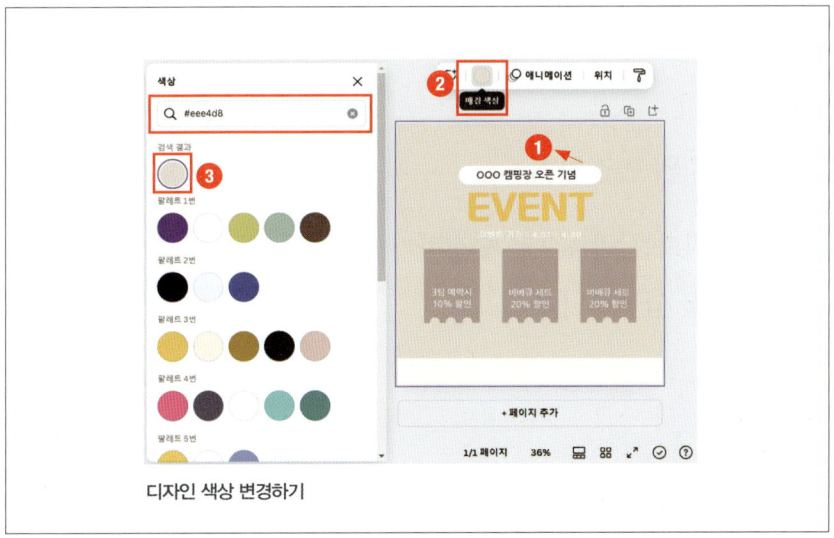

디자인 색상 변경하기

CHAPTER 2 쉽게 배우는 캔바 기본기

마찬가지로 각각의 요소들을 클릭하여 위의 예시와 같이 색상을 바꿔 주도록 합니다.

> **요소 색상 정보**
> '할인쿠폰'– #bca6a0, #d8c1bb
> '바닥'– #fefff8

TIP
- 요소 간 색 조합 방법은 4장 201쪽에서 자세히 다룹니다.
- 요소에 다양한 색상이 들어 있는 경우 아래 그림처럼 색상마다 선택하여 바꿀 수 있습니다. 예를 들어, 아래 예시에서는 요소의 ❶배경색과 ❷점선 색을 선택할 수 있습니다.

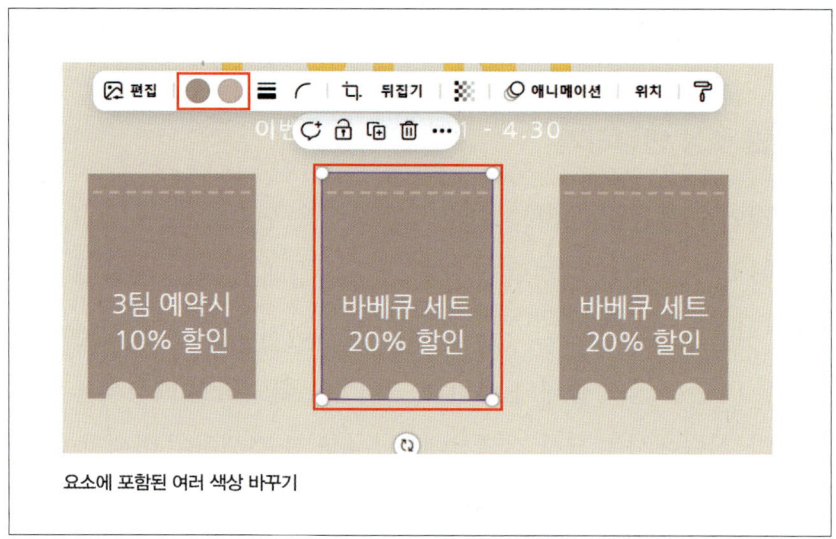

요소에 포함된 여러 색상 바꾸기

텍스트 디자인 변경하기

텍스트를 원하는 내용으로 수정하기 위해 텍스트 상자를 두 번 클릭한 후 내용을 입력합니다.

텍스트 내용 수정하기

이제 텍스트의 글꼴을 변경해 보겠습니다. 먼저 ❶ 변경할 텍스트 상자를 클릭한 뒤 ❷ 좌측 상단 글꼴을 클릭하고 ❸ 원하는 글꼴로 변경합니다. 실습에서는 [TDTD 와이드]를 검색하여 변경해 보겠습니다.

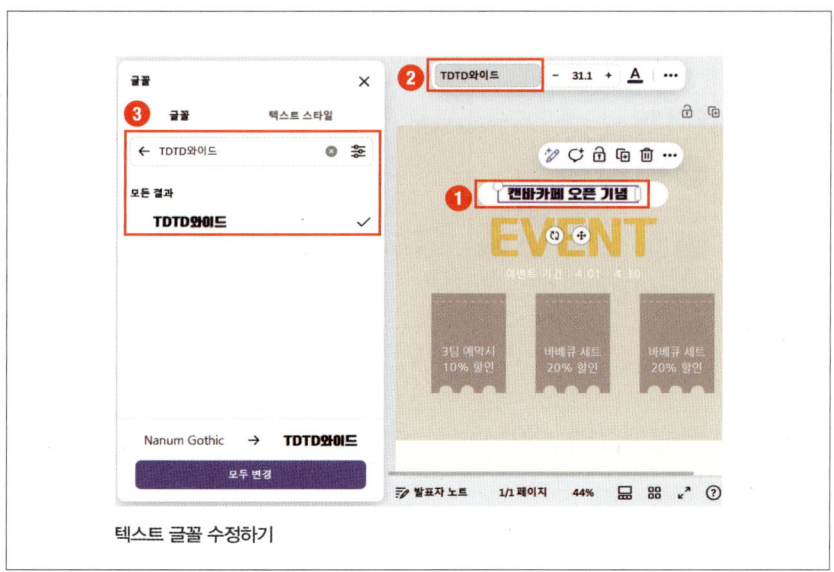

텍스트 글꼴 수정하기

CHAPTER 2 쉽게 배우는 캔바 기본기

TIP

글꼴을 변경할 때 아래쪽에 나오는 [모두 변경]을 누르면 모든 텍스트 요소의 글꼴이 바뀝니다.

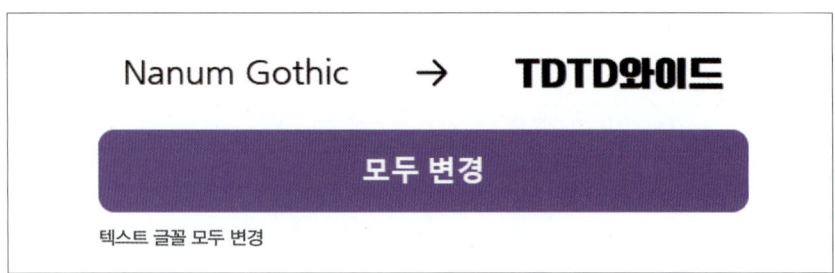

텍스트 글꼴 모두 변경

다음은 텍스트의 색상을 변경해 보겠습니다. 먼저 ❶상단에 있는 글자의 색상 변경 버튼을 누른 뒤 ❷원하는 색을 골라 색상을 변경하면 됩니다.

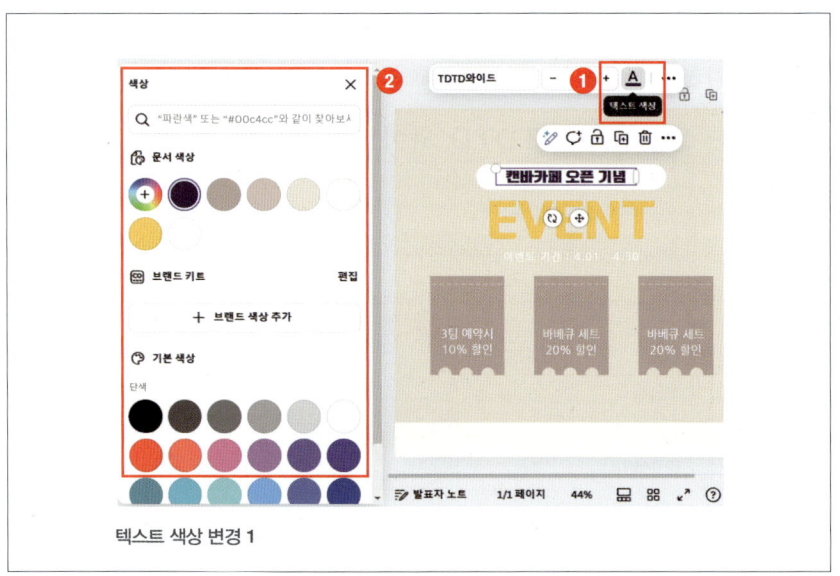

텍스트 색상 변경 1

실습에서는 검색창에 '#805e5f'를 검색하여 색상을 설정하겠습니다.

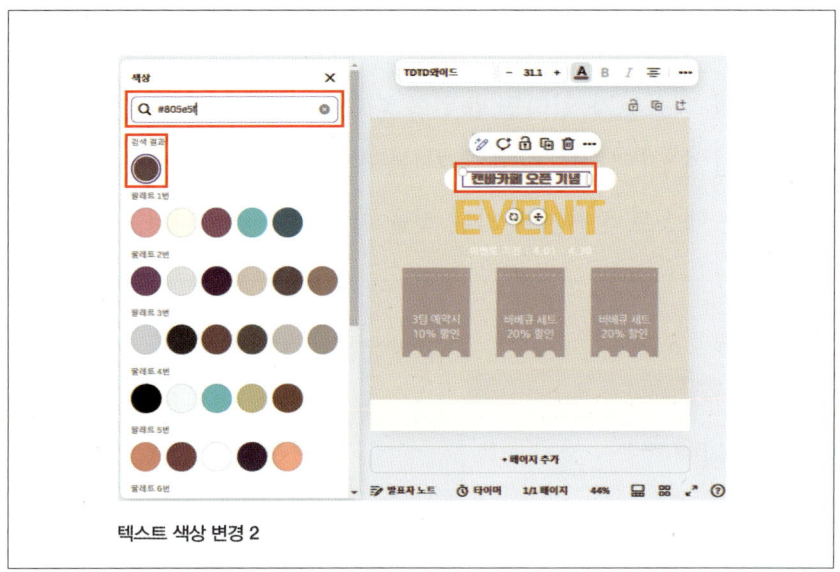

텍스트 색상 변경 2

다른 텍스트들도 다음과 같이 내용, 글꼴, 색상을 변경해 보도록 하겠습니다.

> **텍스트 정보 - 글꼴, 색상**
>
> 'EVENT' - [TDTD 와이드], #332116
>
> '이벤트 기간: 11.01. - 11.30.' - [TDTD갬성명조], #3d2e2e
>
> '할인 내용'- [TDTD갬성명조], #fefff8

텍스트 디자인 변경 후

CHAPTER 2 쉽게 배우는 캔바 기본기

텍스트 추가하기

더 필요한 텍스트가 있다면 ❶왼쪽 디자인 편집 도구에서 [텍스트]를 클릭하여 ❷[텍스트 상자 추가]를 선택합니다. 디자인 편집 창에 ❸새로운 텍스트 상자가 추가된 것을 확인할 수 있습니다.

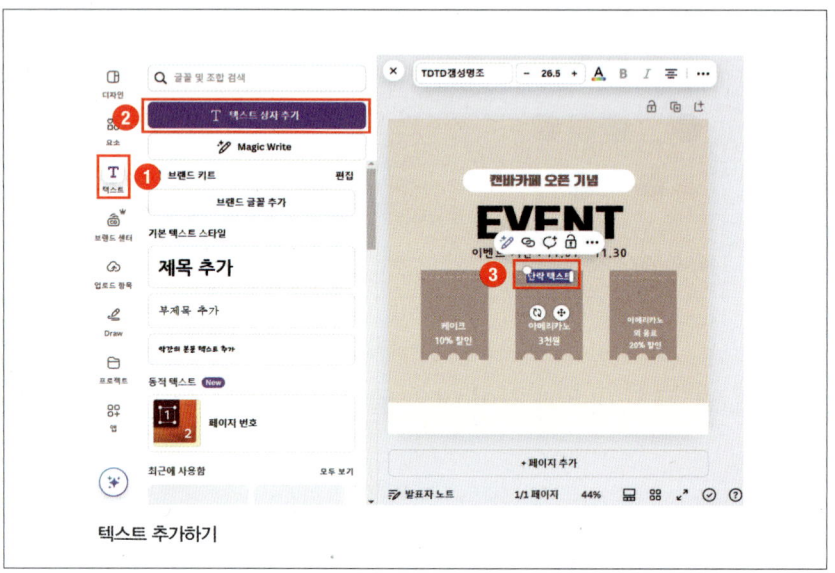

텍스트 추가하기

내용을 '케이크는 하루 한정 수량이 떨어질 경우 이벤트가 조기 종료됩니다.'로 작성한 뒤, 글꼴은 [TDTD 갬성명조], 색상은 [#805e5f]로 변경합니다. 위치는 쿠폰 아래에 다음과 같이 위치시켜 줍니다.

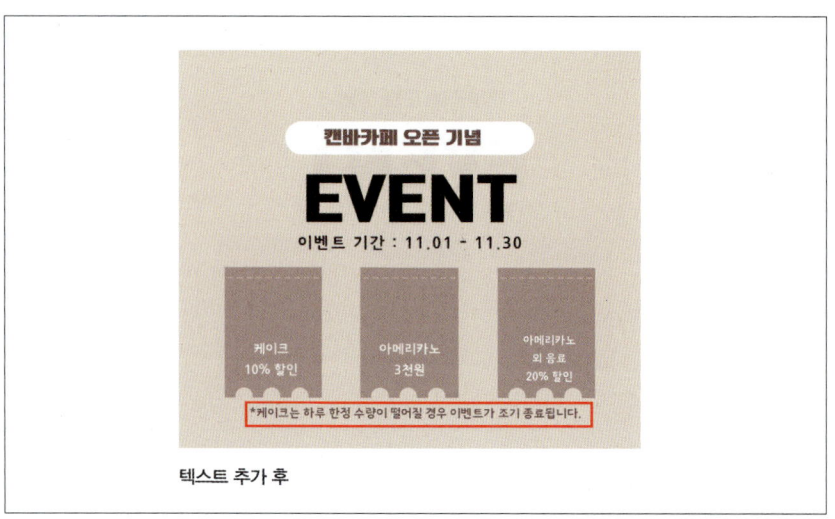

텍스트 추가 후

TIP

- [텍스트] 탭에서 볼 수 있는 [글꼴 조합]을 통해 다양한 디자인의 텍스트를 제작할 수 있습니다.
- 감성적인 텍스트 디자인은 4장 193쪽에서 다룹니다.

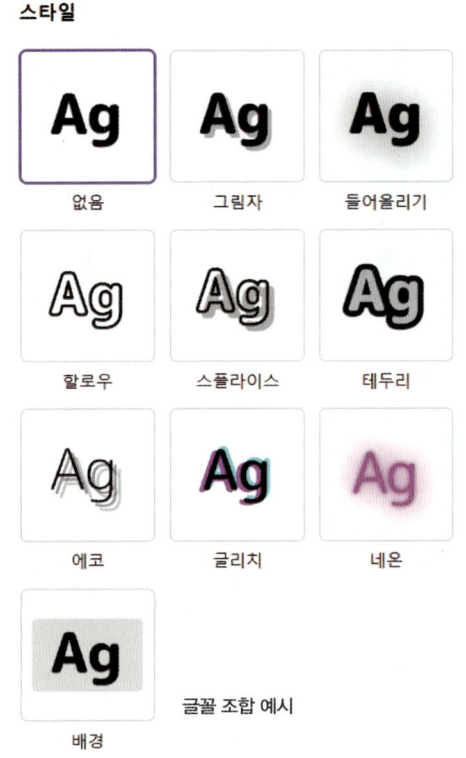

요소 추가하기

디자인에 필요한 그림 요소를 추가해 보겠습니다. ❶ 왼쪽 디자인 편집 도구에서 [요소]를 클릭한 후, ❷ '카페'를 검색합니다. 요소에는 그래픽, 사진, 동영상, 오디오 등이 있습니다. 추천 항목이 마음에 들지 않는다면 ❸ [모두 보기]를 클릭하면 더 많은 요소들을 확인할 수 있습니다. 저는 제일 상단에 있는 '그래픽'의 [모두 보기]를 클릭했기 때문에 카페 그래픽 디자인이 나온 것입니다. 만약 아래에 사진이나 동영상에서 [모두 보기]를 클릭하면 해당 항목에 맞는 카페 디자인이 나옵니다.

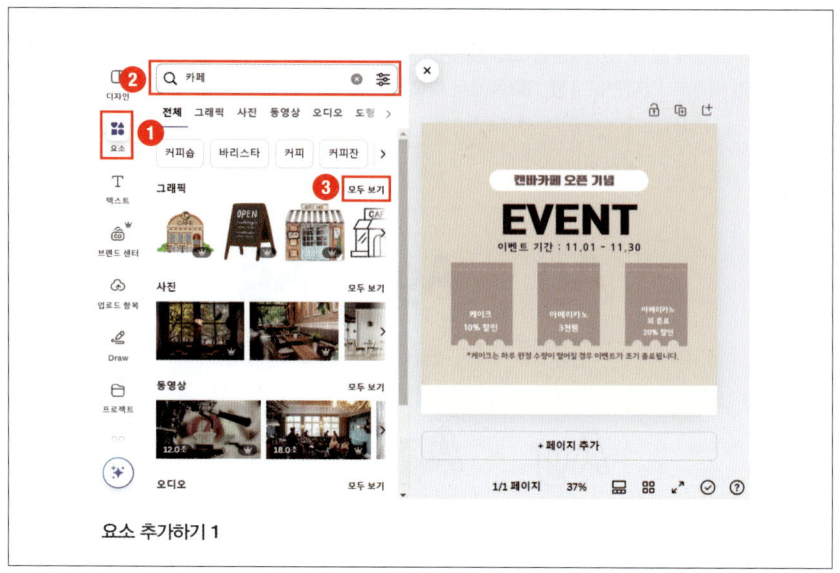

요소 추가하기 1

마음에 드는 요소를 찾아 클릭해 디자인 편집 창에 요소를 삽입합니다. 본 실습에서는 다음과 같이 카페와 관련된 요소를 넣고 배치해 보도록 하겠습니다. 요소의 색상을 바꾸는 것은 텍스트 색상을 바꾸는 방법과 동일합니다.

요소 추가하기 2

TIP

[요소] 역시 왕관 표시가 있는 것들은 👑Pro 요금제에서만 사용이 가능합니다.

필요한 요소를 검색하여 적절하게 배치해 줍니다. 본 실습에서 사용한 요소들은 '케이크', '커피', '음료', '카페테이블', '걸어가는 사람', '카페 간판'을 검색한 후 색상을 바꾸어 배치하였습니다. 아래에 사용된 요소들은 👑Pro 요금제에서 사용할 수 있는 요소가 많으니 무료 요금제를 사용하실 경우 적절한 요소를 사용하시면 됩니다.

디자인 완성본

TIP

겹쳐 있는 요소들을 쉽게 선택하여 편집하기

여러 요소가 겹쳐 있을 때 간단하게 [마우스 우클릭] – [레이어]에서 요소 간 앞뒤 정렬을 손쉽게 편집할 수 있습니다.

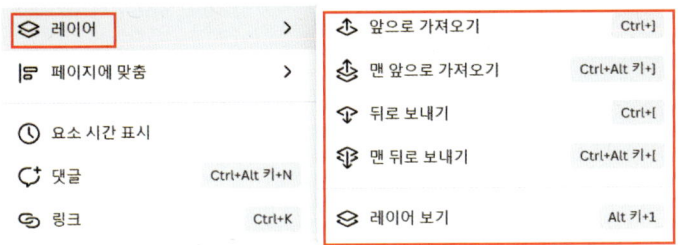

요소 간 앞, 뒤 정렬

여러 요소들이 겹쳐 있어 특정한 요소를 선택하기 어렵다면 아무 요소나 클릭하여 ❶[위치]를 누른 후, ❷레이어 화면에서 원하는 요소를 쉽게 선택할 수 있습니다. 단축키 [ALT(Mac은 Option)] + [1]를 눌러 레이어 화면을 띄울 수도 있습니다.

레이어 활용하기

디자인 다운로드

완성한 디자인을 원하는 파일 형식으로 저장해 보겠습니다. 우측 상단에 ❶[공유] - ❷[다운로드]를 클릭합니다.

디자인 다운로드 1

❸원하는 파일 형식(PNG, JPG, PDF 표준, MP4 동영상 등)을 선택한 후, ❹[다운로드]를 선택합니다.

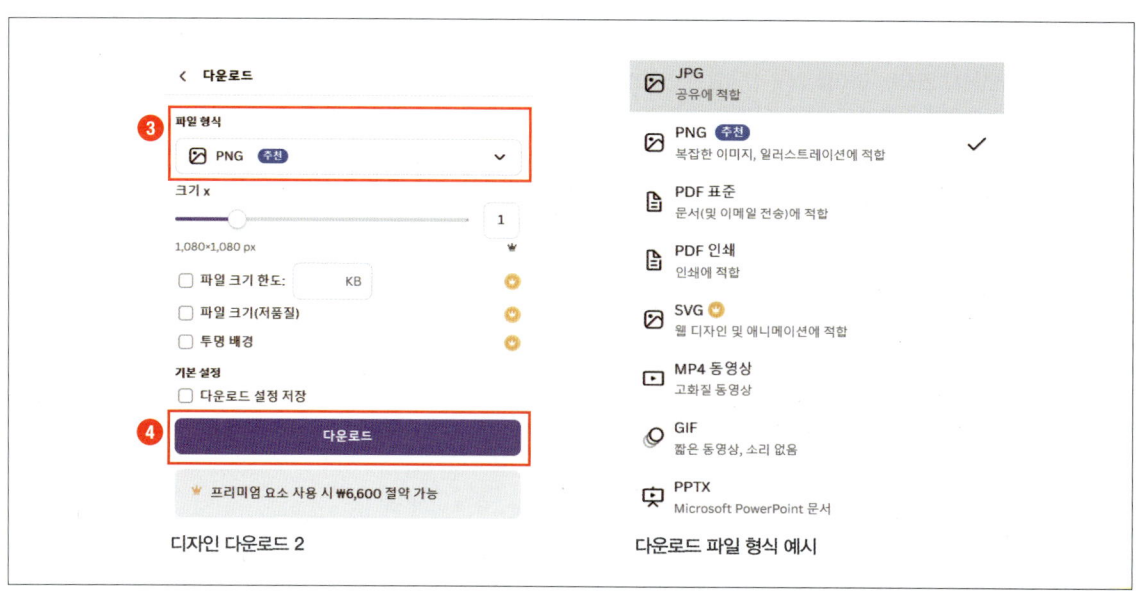

디자인 다운로드 2   다운로드 파일 형식 예시

TIP

업로드 항목

디자인을 편집할 때, 캔바에서 제공하는 요소들뿐만 아니라 개인이 소유하고 있는 이미지, 동영상, 오디오 등의 파일도 추가하여 디자인에 활용할 수 있습니다. 또한, 구글 드라이브, 구글 포토, 페이스북, 인스타그램 등의 계정을 연동하여 미디어를 디자인에 사용할 수 있습니다.

업로드 항목

TIP

🜲Pro 하나의 디자인에서 다양한 크기로 페이지 작업하기

캔바에서는 하나의 디자인 안에서 다양한 크기의 페이지를 만들 수 있습니다. 예를 들어, 카드뉴스처럼 정사각형 디자인과 PPT처럼 가로형 디자인을 한 디자인에서 작업할 수 있습니다.

(방법 1) 기존에 만들어진 페이지 크기 변경하기

1. 크기를 변경하고 싶은 페이지를 [우클릭] 후 메뉴에서 ❶ 🜲Pro [페이지 크기 조정]을 클릭합니다.

페이지 크기 조정 선택

2. ❷원하는 페이지 크기를 선택한 뒤, ❸복사 및 수정된 결과를 확인합니다.

CHAPTER 2 쉽게 배우는 캔바 기본기

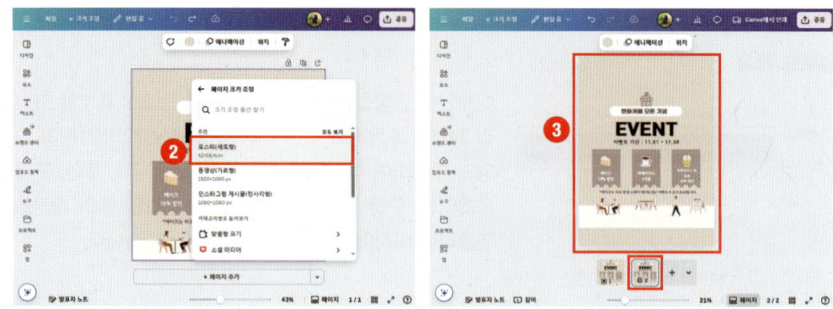

페이지 크기 선택하기   페이지 크기 조정

(방법 2) 새로운 페이지 크기 변경하여 생성하기

1. 페이지 추가(+) 버튼 옆 ❶ [페이지 유형 추가]를 클릭합니다.

[페이지 유형 추가] 선택

2. 원하는 페이지 ❷ 크기를 선택합니다.

페이지 크기 선택하기

3. 새롭게 생성된 ❸페이지를 확인합니다.

선택한 크기에 맞는 페이지 생성

 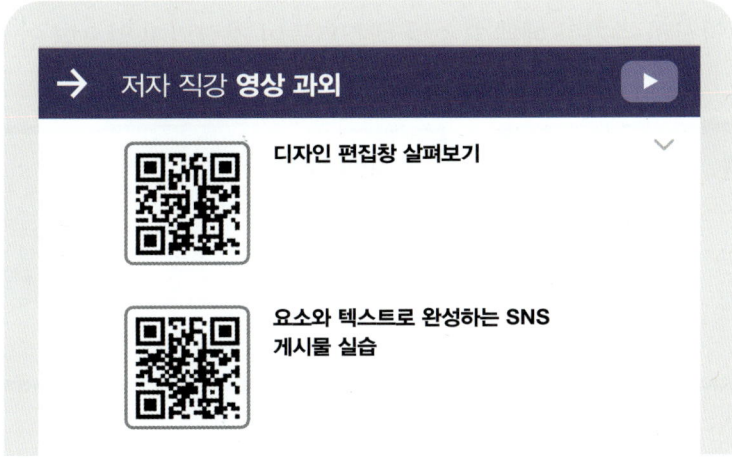

- 캔바의 다양한 템플릿을 수정하는 것만으로도 멋진 디자인 제작 가능!
- 수십, 수백 개의 글꼴, 요소, 색상을 활용할 수 있는 캔바!
- 디자인을 원하는 파일 형식으로 다운로드도 가능!

4 가이드라인 활용하기

열심히 추가한 예쁜 요소나 텍스트들이 정렬되지 않으면 안 되겠죠?

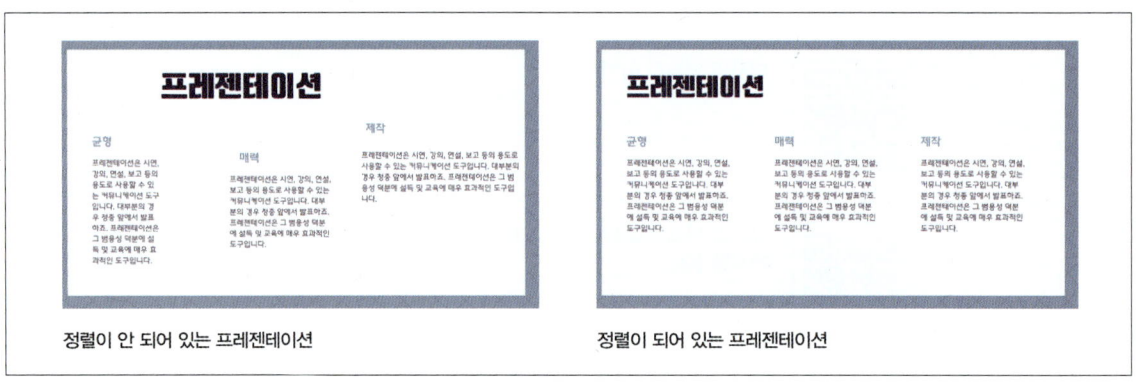

정렬이 안 되어 있는 프레젠테이션   정렬이 되어 있는 프레젠테이션

디자인을 더 정확하고 깔끔하게 만들기 위하여 눈금자에 맞춰 가이드라인(선)을 디자인 화면에 표시해 놓을 수 있습니다. 지금부터 가이드라인 활용 방법을 알아볼까요?

가이드라인 시작하기

가이드라인 기능을 시작하기 위해서 ❶[파일] - ❷[설정] - ❸[눈금자 및 가이드 표시]를 클릭합니다. 클릭하면 디자인 편집 화면에 눈금자가 활성화됩니다. 단축키 [Shift] + [R]을 눌러서 간편하게 활성화할 수도 있습니다.

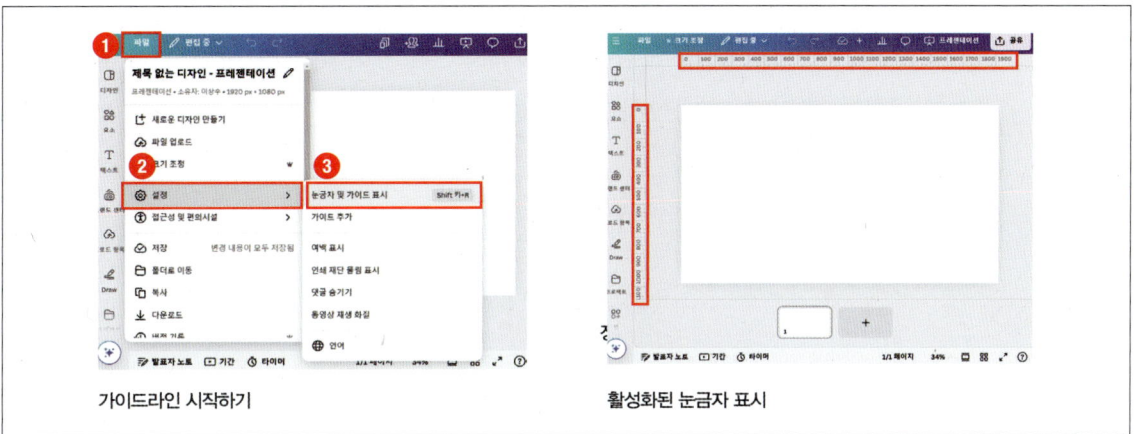

가이드라인 시작하기   활성화된 눈금자 표시

가이드라인 배치하기

이제 본격적으로 편집을 위한 가이드라인을 배치해 보겠습니다. 방법은 두 가지가 있습니다.

1. 선택형, 맞춤형 가이드라인

❶[파일] - ❷[설정] - ❸[가이드 추가]를 클릭하여 제시되어 있는 12개 열, 열 3개, 3x3 그리드 가이드를 선택하거나 [맞춤형] 가이드를 추가하여 사용자에게 맞는 가이드라인을 사용할 수 있습니다.

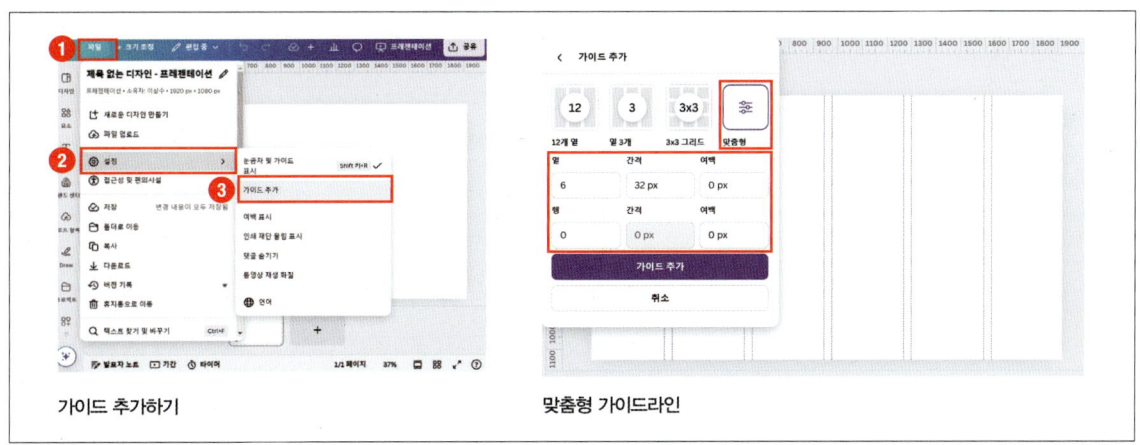

가이드 추가하기   맞춤형 가이드라인

2. 개별 가이드라인 추가

가이드라인을 하나씩 사용자가 원하는 위치로 추가할 수도 있습니다. 눈금자를 클릭하여 디자인 화면 중 원하는 위치로 끌어오면 가이드라인이 추가되는 것을 확인할 수 있습니다. ❶가로선을 추가하고 싶다면 위쪽 눈금자를, ❷세로선을 추가하고 싶다면 왼쪽 눈금자를 클릭 후 드래그하면 됩니다.

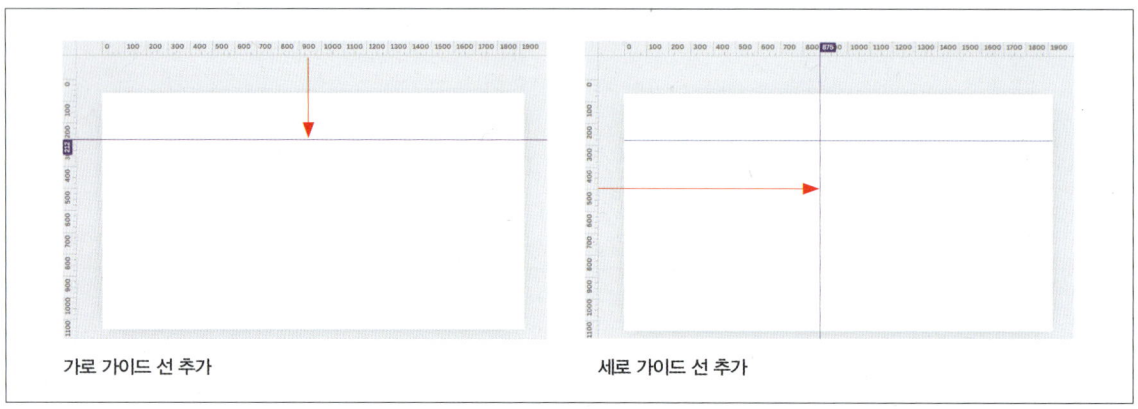

가로 가이드 선 추가 / 세로 가이드 선 추가

또한, 디자인 편집 화면에서 ❶마우스 우클릭 후 ❷[가이드]를 클릭한 후 ❸수평, 수직 가이드라인을 추가한 후 이동할 수도 있습니다.

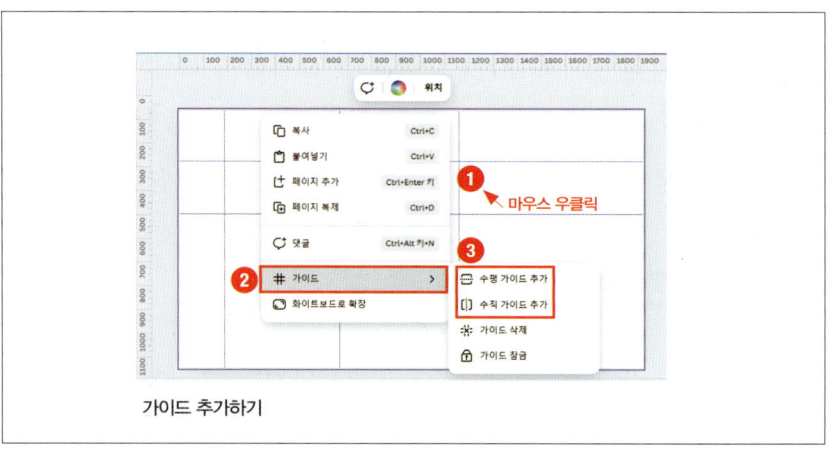

가이드 추가하기

가이드라인 잠금

디자인을 편집할 때, 가이드라인이 계속 선택되게 되면 불편함이 있을 수 있습니다. 가이드라인을 정하게 되면 ❶[파일] - ❷[설정] - ❸[가이드 잠금]을 클릭하여 가이드라인이 고정되고 편집되지 않도록 설정합니다. 단축키 [Ctrl+Alt+; (Mac은 Command+Option+;)]를 눌러 가이드 잠금을 간편하게 활성화하거나 디자인 편집 창을 우클릭하여 [가이드] - [가이드 잠금]을 클릭합니다. 가이드 잠금을 풀 때도 방법은 같습니다.

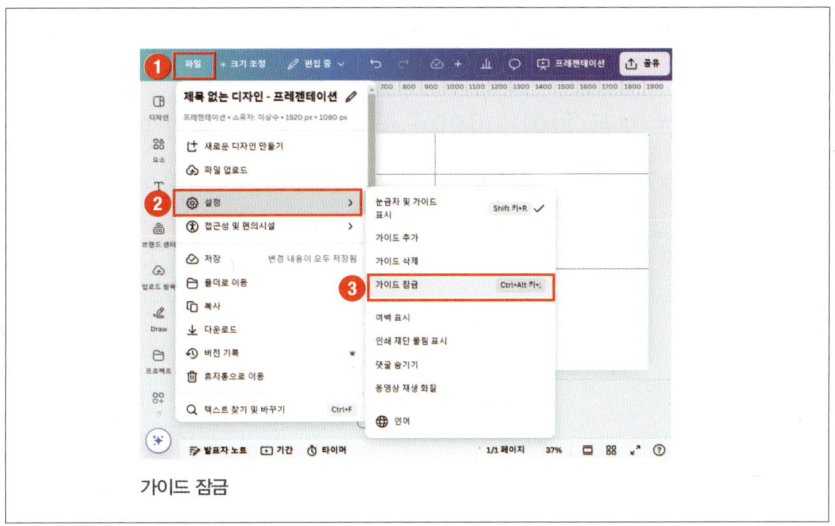

가이드 잠금

가이드라인 삭제

디자인 편집이 끝난 후, 가이드라인을 삭제하기 위해서는 ❶[파일] - ❷[설정] - ❸[가이드 삭제]를 클릭합니다. 쉽게 디자인 편집 창을 우클릭하여 [가이드] - [가이드 삭제]를 클릭할 수도 있습니다.

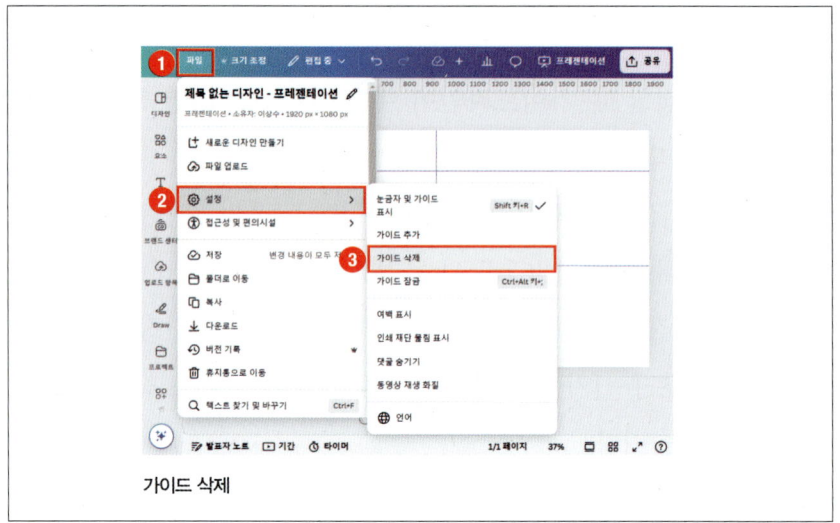

가이드 삭제

위 방법에서는 모든 가이드라인이 삭제됩니다. 그렇기 때문에 특정 가이드라인을 삭제하기 위해서는 가이드라인을 선택하여 디자인 편집 창 바깥으로 드래그해야 합니다.

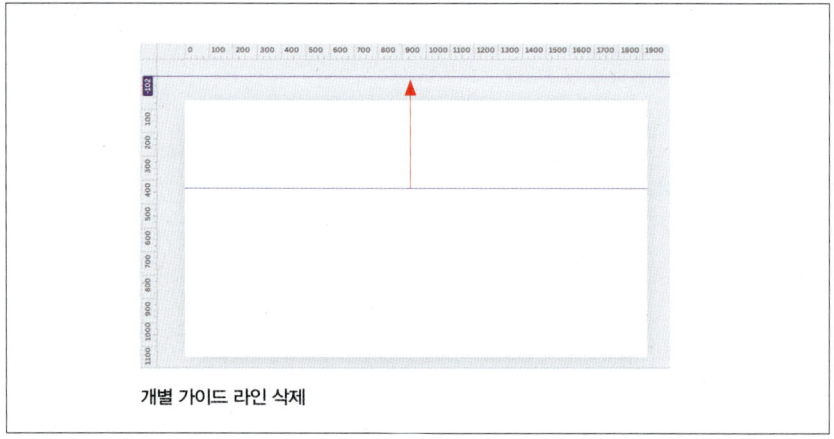

개별 가이드 라인 삭제

가이드라인 활용하기

가이드라인을 활용하는 예시를 살펴볼까요?
먼저, 디자인의 균형을 위해 사용될 수 있습니다. 예를 들어, 이력서, 홍보지 혹은 프레젠테이션 자료를 제작할 때, 균형 잡힌 깔끔한 디자인은 더 매력적일 수 있고 보는 이에게 신뢰감을 줄 수 있습니다.
다음 예시와 같이 디자인 제작 시 가이드라인을 활용할 수 있습니다.

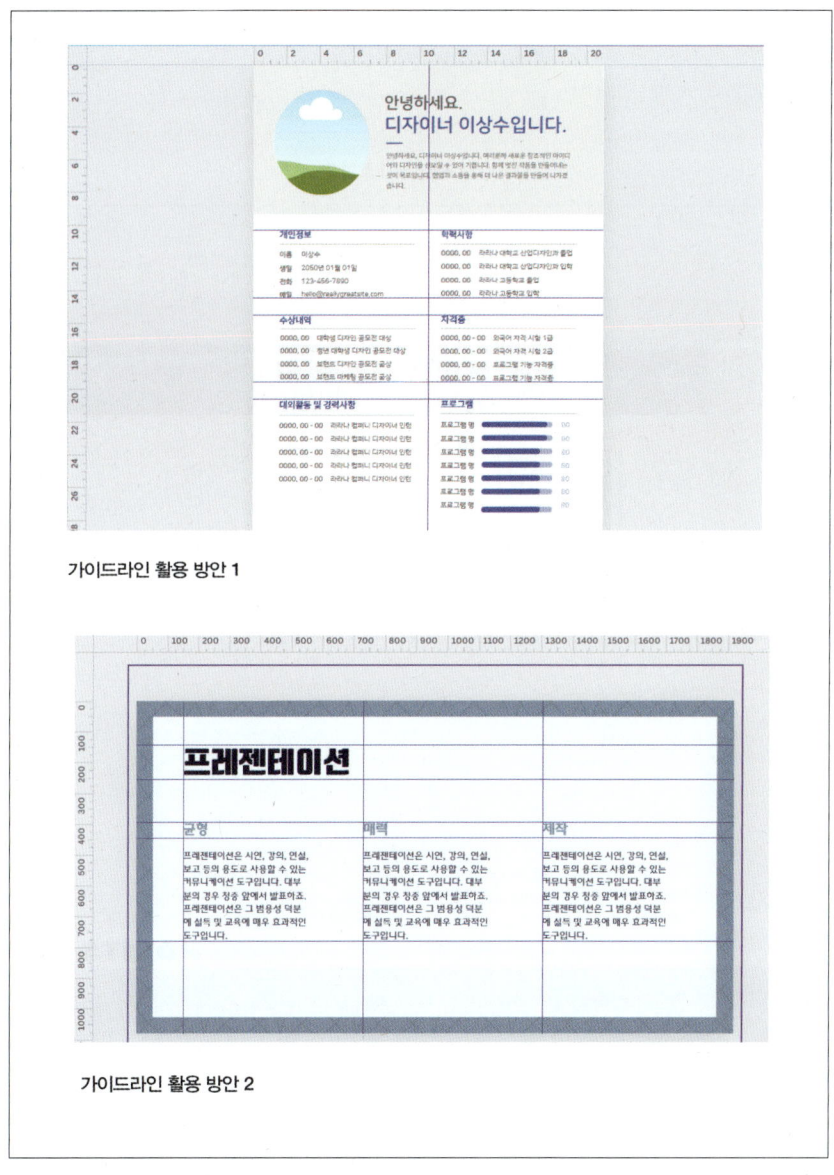

가이드라인 활용 방안 1

가이드라인 활용 방안 2

두 번째로, 가이드라인은 기준선 표시 외에도 요소를 배치할 때 기준이 되어 크기를 늘리거나 이동할 때에 가이드라인에 맞게 크기가 자동 조절 되는 기능이 있습니다.

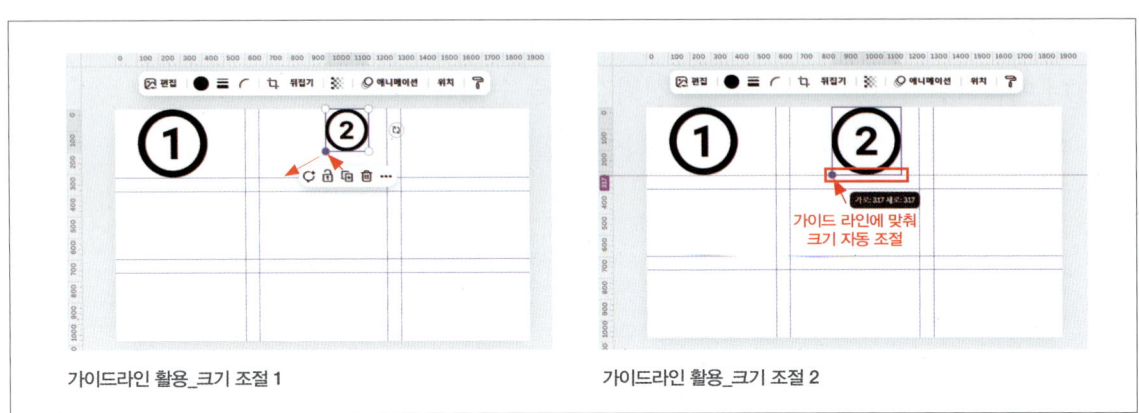

가이드라인 활용_크기 조절 1   가이드라인 활용_크기 조절 2

저자 직강 **영상 과외**

가이드라인 활용 방법

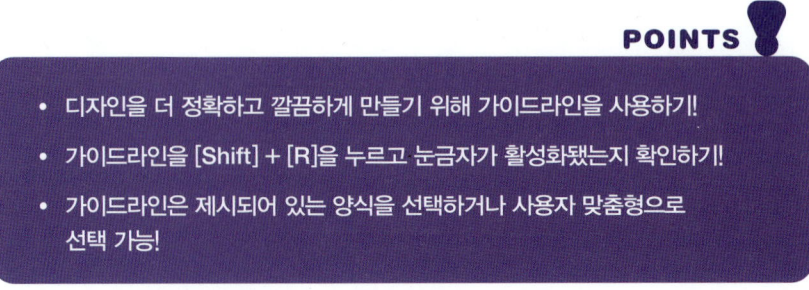

POINTS

- 디자인을 더 정확하고 깔끔하게 만들기 위해 가이드라인을 사용하기!
- 가이드라인을 [Shift] + [R]을 누르고 눈금자가 활성화됐는지 확인하기!
- 가이드라인은 제시되어 있는 양식을 선택하거나 사용자 맞춤형으로 선택 가능!

5 프로젝트 및 폴더 관리하기

프로젝트

홈 화면 왼쪽 메뉴에서 '프로젝트'를 클릭합니다. 이곳에서는 사용자가 제작한 디자인들을 모아 확인할 수 있습니다. 또한, **폴더를 생성하여 디자인들을 분류하여 효율적으로 관리**할 수 있고, 소유자, 카테고리, 날짜를 지정하여 사용자가 제작한 디자인을 쉽게 검색할 수 있습니다.

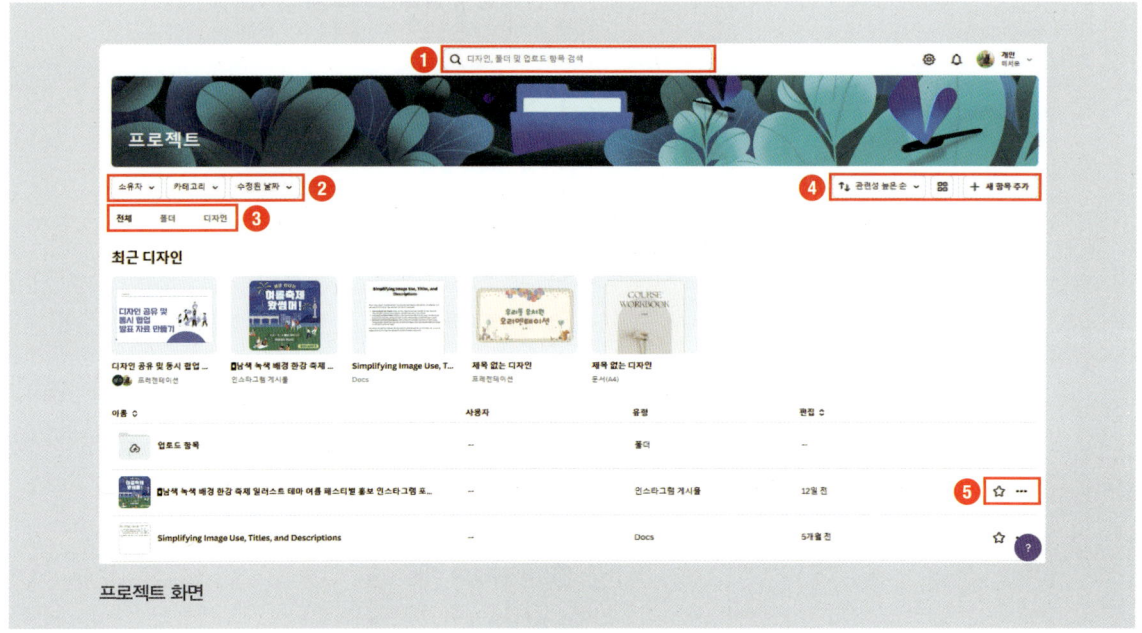

프로젝트 화면

TIP

'업로드 항목'이란 사용자가 디자인을 만들 때 업로드한 사용자의 이미지, 동영상, 오디오 등을 말합니다.

❶ 검색: 사용자가 만든 디자인, 폴더 및 업로드 항목을 검색할 수 있습니다.

❷ 소분류: 소유자(본인, 타인, 공유 여부 등), 카테고리(포스터, PPT 등 디자인), 수정된 날짜(오늘, 어제, 작년 등)에 따라 분류합니다.

❸ 대분류: 폴더, 디자인, 이미지, 동영상 등 사용자가 만들거나 활용한 요소들을 종류별로 분류합니다.

❹ 정렬 기준: 최신순, 과거순, 관련성 높은 순, 알파벳순으로 정렬 기준을 설정합니다.

보기 방법: 그리드형, 목록형 중 보기 방법을 설정합니다.

새 항목 추가: 폴더, 강좌, 파일 업로드를 할 수 있습니다. 구글 드라이브, 원드라이브, 드랍박스의 앱에서도 항목을 가져올 수 있습니다.

❺ 별표 표시: 자주 보는 중요한 디자인을 즐겨찾기 하여 좌측 탭에 고정합니다.

자세히 보기[…]: 각 디자인의 세부 내용을 작성할 수 있습니다. 예시는 '프레젠테이션' 디자인의 세부 내용입니다.

```
파란색 흰색 심플한 비즈니…    ✏
연구 과제 • 프레젠테이션 • 제공: 이상수 • 2일 전 편집함

+  태그 추가
↗  새 탭에서 열기
⤢  전체 화면 프레젠테이션
▭  사본 만들기
🗂  폴더로 이동                  >
⭳  다운로드                     >
👥  공유
🔗  링크 복사
✓  항목 선택
🗑  휴지통으로 이동
   자세히 보기
```

폴더 만들기

디자인을 분류 및 관리 할 수 있는 '폴더'를 만들기 위해 ❶[새 항목 추가]를 선택한 후 ❷[폴더]를 클릭하면 [폴더 만들기] 창이 뜹니다. 폴더 이름을 작성한 후 [계속]을 클릭하면 새로운 폴더가 추가됩니다. 만들어진 폴더는 목록에서 확인할 수 있습니다.

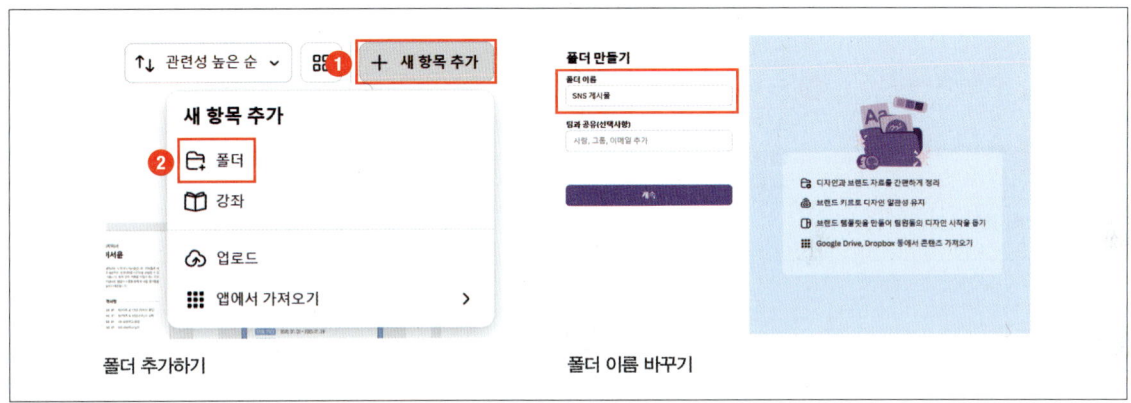

폴더 추가하기   폴더 이름 바꾸기

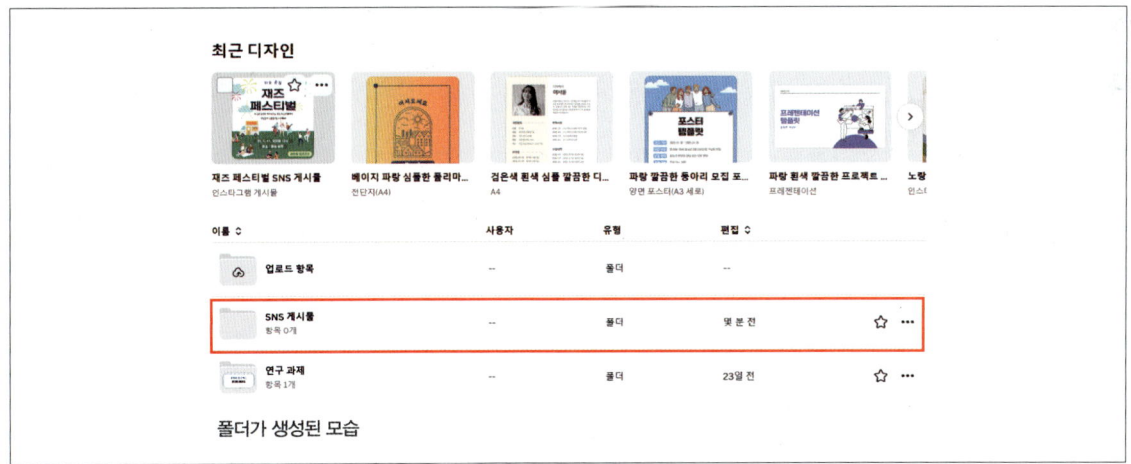

폴더가 생성된 모습

폴더에 디자인 분류하기

디자인을 원하는 폴더에 분류해 보겠습니다. 방법은 두 가지가 있습니다.

먼저 ❶디자인 자세히보기 […] 버튼을 누른 후, ❷[폴더로 이동]을 클릭하여 원하는 폴더를 지정합니다.

디자인을 폴더에 분류하기 1   디자인을 폴더에 분류하기 2

또 다른 방법은 디자인을 드래그하여 폴더에 넣는 방법입니다. 옮기고자 하는 디자인을 클릭한 채로 폴더에 드래그하면 폴더 내부 화면이 나오며 디자인을 넣을 수 있습니다. 폴더에 분류한 후 디자인 제목 밑에는 분류된 폴더 이름이 적혀 있는 것을 확인할 수 있습니다.

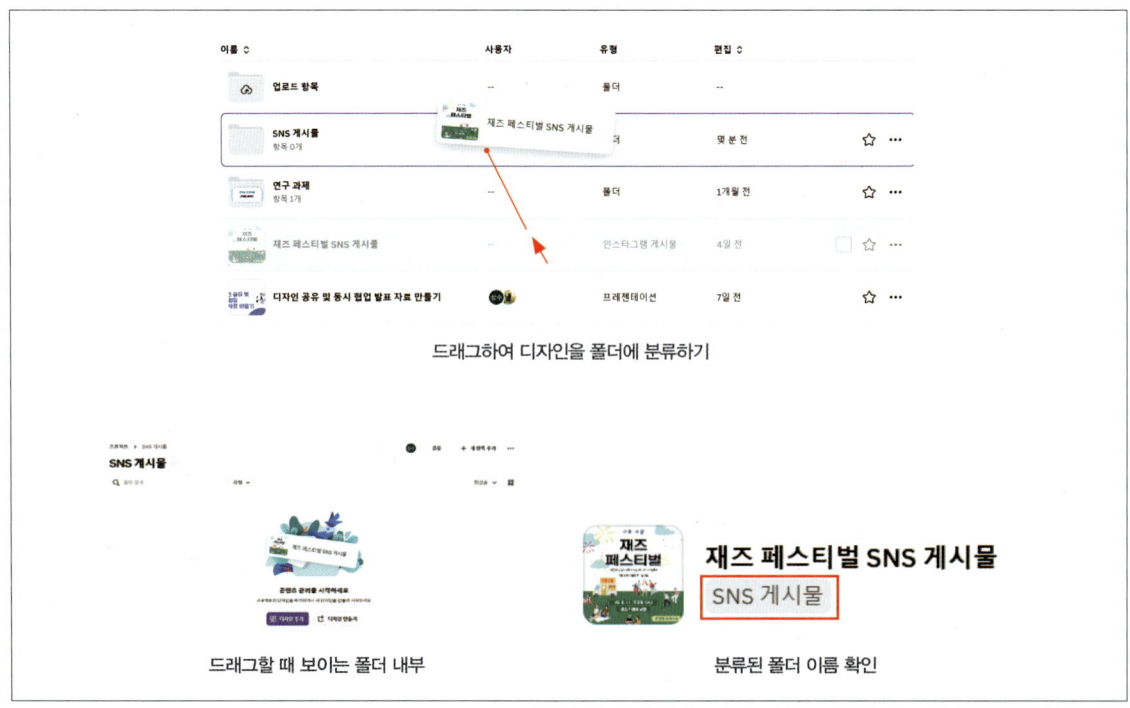

TIP

자주 활용하는 폴더는 ❶[별]표시를 눌러 즐겨찾기 설정을 할 수 있습니다. 해당 폴더들은 ❷왼쪽 [별표 표시 항목]에서 확인할 수 있습니다.

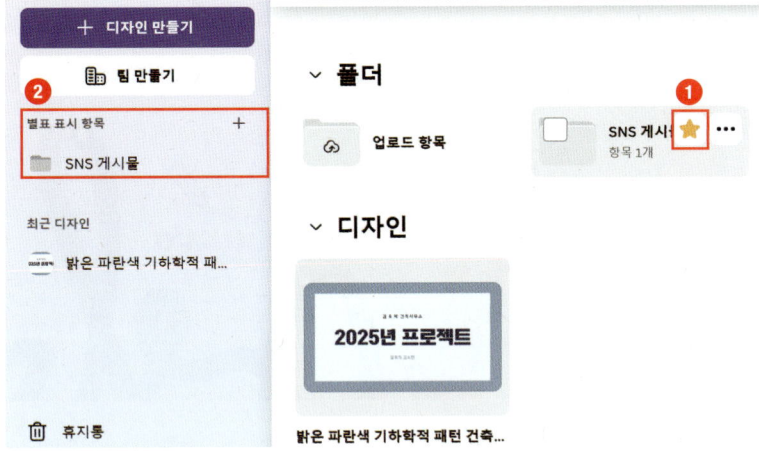

자주 사용하는 폴더 설정

POINTS

- 프로젝트 탭에서 디자인을 폴더에 분류하여 편하게 관리하기!
- 디자인뿐만 아니라 사용된 동영상, 사진, 이미지도 관리 가능!

CHAPTER 2 쉽게 배우는 캔바 기본기

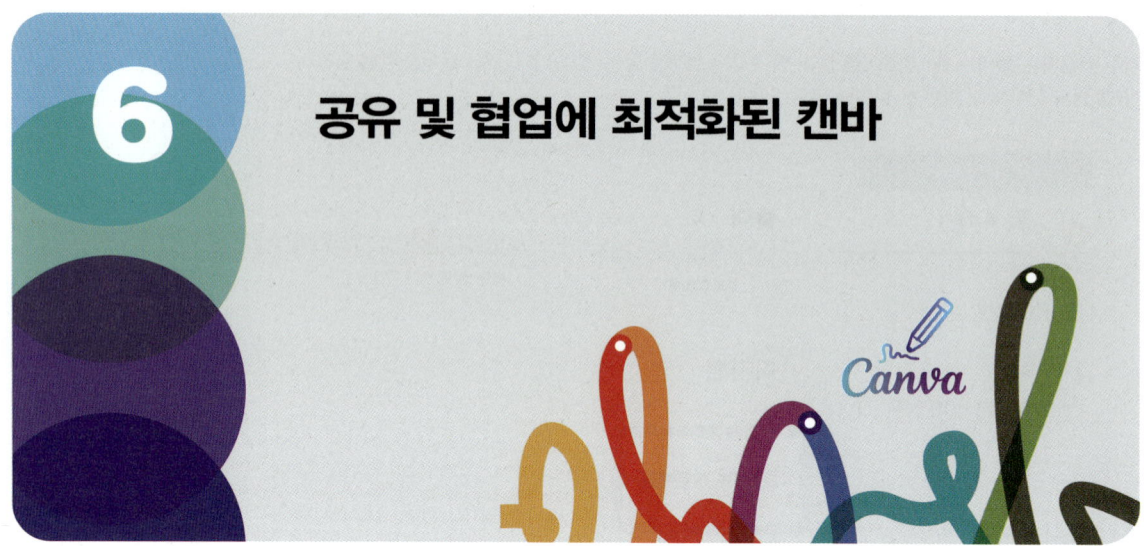

6 공유 및 협업에 최적화된 캔바

캔바에서는 디자인을 다른 사람들과 쉽게 공유할 수 있어 자료를 공유하거나 서로 도움을 주고받을 수 있습니다. 또한, 하나의 디자인에 여럿이 동시에 접속하여 협업할 수 있어 팀원과 함께 발표 자료를 만들거나 함께 하나의 목표를 가지고 디자인을 수정하며 회의할 수도 있습니다. 지금부터 디자인을 공유하고 협업하는 방법에 대해 알아볼까요?

디자인 공유

가장 간단한 방법은 협업 링크를 공유하는 것입니다. 해당 링크에 들어가면 동시에 편집이 가능(편집 가능 권한을 부여했을 때)합니다. 조작이 간단하기 때문에 가장 많이 사용하는 방법입니다.

우측 상단에서 ❶[공유] 클릭 후 ❷[본인만 액세스 가능]을 클릭해 협업 링크를 ❸[링크가 있는 모든 사용자]로 변경합니다.

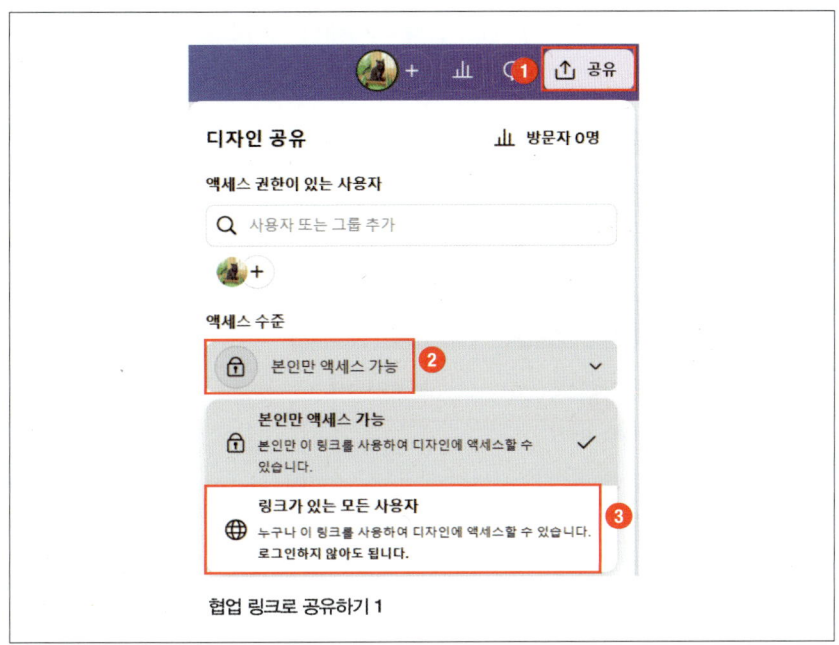

협업 링크로 공유하기 1

❹편집/댓글/보기 가능 권한 중 한 가지를 선택합니다. 아래 그림에서는 [편집 가능] 권한을 선택해 링크가 있는 사용자는 편집이 가능하도록 했습니다. 마지막으로 ❺[링크 복사]를 클릭해 다른 사람에게 공유하면 누구든지 접근해 동시에 편집(권한에 따라 보기만 하게도 가능)할 수 있습니다.

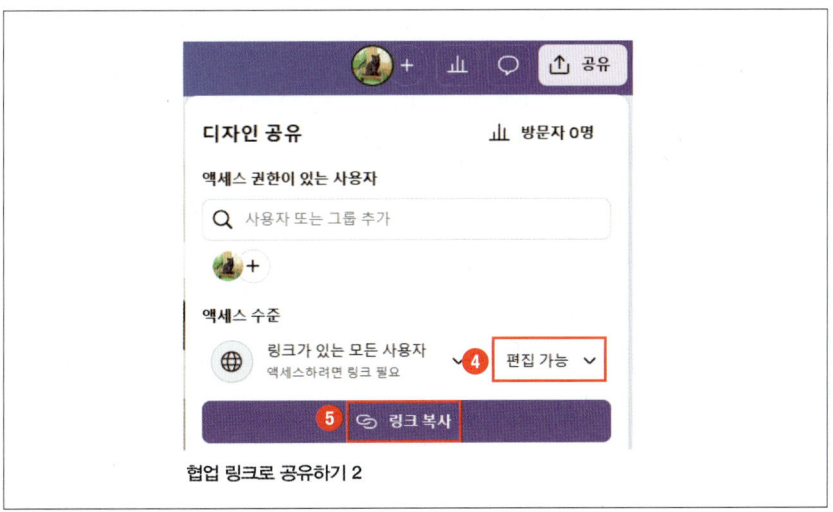

협업 링크로 공유하기 2

두 번째 방법은 특정 사용자나 그룹, 팀을 초대해서 디자인을 공유하는 방법입니다. 불특정 다수에게 링크가 공유되는 것이 걱정되는 경우 사용하는 방법입니다. 우측 상단 ❶[공유] 클릭 후 ❷[사용자 또는 그룹 추가]를 클릭합니다.

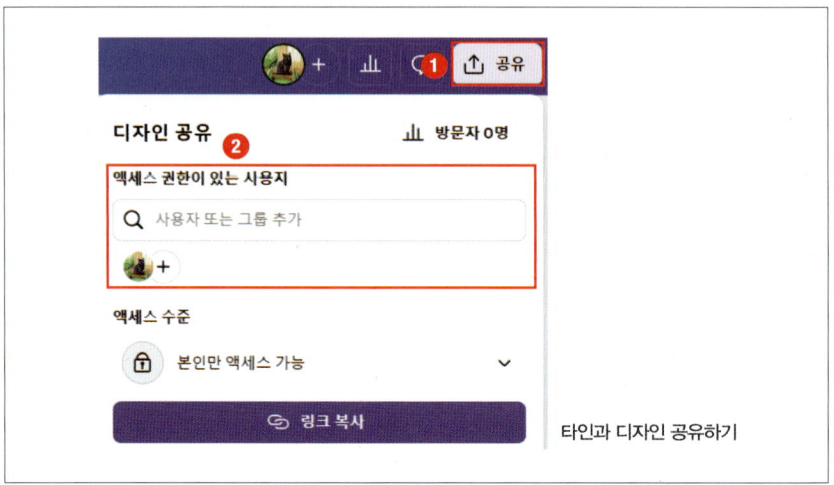

타인과 디자인 공유하기

다음 화면은 초대하고 싶은 특정 사용자에게만 편집, 보기 등의 권한을 부여하는 과정입니다. ❶특정 사용자의 캔바 계정을 추가하고 ❷앞에서 제시한 공유 방법과 같이 사용자에게 편집이나 보기 권한 등을 부여할 수도 있습니다. 만약 [보기 가능]을 선택했다면 초대받은 사용자는 링크에서 자료를 볼 수만 있고, [편집 가능]을 선택했다면 초대받은 사용자도 함께 편집이 가능하겠죠. ❸권한까지 선택한 후 [공유]를 클릭하면 추가한 사용자에게 알림이 갑니다.

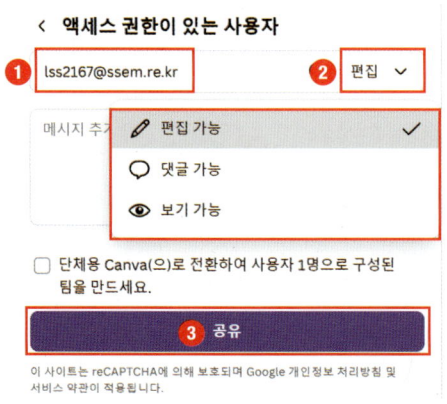

특정 사용자와 공유하기

가장 쉬운 독학 캔바Canva 첫걸음

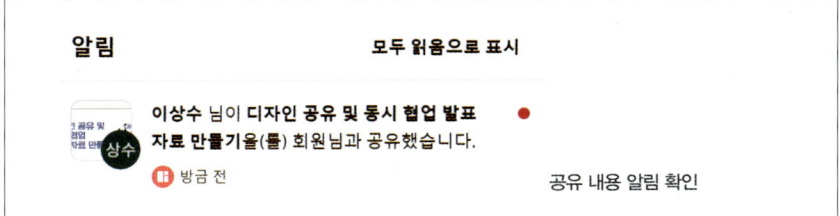

TIP Pro

단체[팀]용 요금제나 교사 인증을 받은 교사는 팀원이나 그룹을 초대하여 프로젝트 폴더별로 협업할 수 있습니다. 홈 화면의 프로젝트 탭에서 폴더 옆 ❶[...] - ❷[공유]를 클릭하면 팀원이나 그룹 초대가 가능합니다. 팀원이나 그룹 설정은 7장에서 팀원과 그룹 설정을 참고해 주세요.

또한 무료 요금제나 Pro 요금제를 활용하면 프로젝트 폴더별 공유는 어렵지만, 바로 뒤의 내용처럼 개별 디자인을 공유하여 협업할 수 있습니다.

디자인 협업

앞에서 제시한 방법으로 디자인을 공유하여 편집 권한을 부여받으면 여러 사람이 동시에 협업하여 디자인을 제작할 수 있습니다. 다음은 디자인을 공유하였을 때, 다른 사용자가 접속한 디자인 편집 화면 모습입니다.

❶다른 사용자의 마우스 포인터가 이름과 함께 보이고 ❷현재 다른 사용자가 클릭하여 편집하고 있는 요소에 사각 테두리가 표시됩니다.

공유된 디자인에서 다른 사용자가 편집하는 모습

디자인 협업 - 댓글, 멘션하기

 디자인을 협업하여 제작할 때, 소통이 실시간으로 이루어지기 힘든 상황에서는 디자인에 대한 의견을 남기고 그 의견이 반영될 수 있도록 하는 것이 효과적입니다. 이를 위해 캔바에서는 소통할 수 있는 댓글, 멘션이 가능합니다.

먼저, 페이지나 요소를 클릭한 후 위에 보이는 ❶[댓글]을 클릭합니다. 그리고 ❷하고자 하는 말을 추가하거나 ❸이모티콘, 스티커를 추가할 수 있습니다.

페이지, 요소에 댓글 추가하기 　　　내용 입력 및 이모티콘, 스티커 추가

이때 디자인을 공유하고 있는 특정 사용자를 멘션하기 위해서는 [@'사용자 이름']을 입력합니다. 최종적으로 댓글을 달면 요소 옆 말풍선 모양 안에 댓글을 단 사용자의 이름이 보입니다.

사용자 멘션하기 　　　댓글을 단 사용자 표시

다양한 공유 방법

캔바에는 앞에서 설명한 다른 사용자와의 공유 외에도 네 가지 공유 방법이 더 있습니다. 지금부터 살펴볼까요? 먼저, 디자인 편집 화면에서 [공유]를 클릭하면 아래에 네 가지 공유 방법들이 나오는데, 이를 선택할 수 있습니다.

다양한 공유 방법

1. 다운로드 및 저장

먼저, 만든 디자인을 원하는 형식으로 다운로드할 수 있습니다. ❶디자인에 따라 원하는 형식(PDF, PNG 등)을 선택할 수 있고 ❷다운로드를 하기 원하는 페이지를 선택할 수도 있습니다.

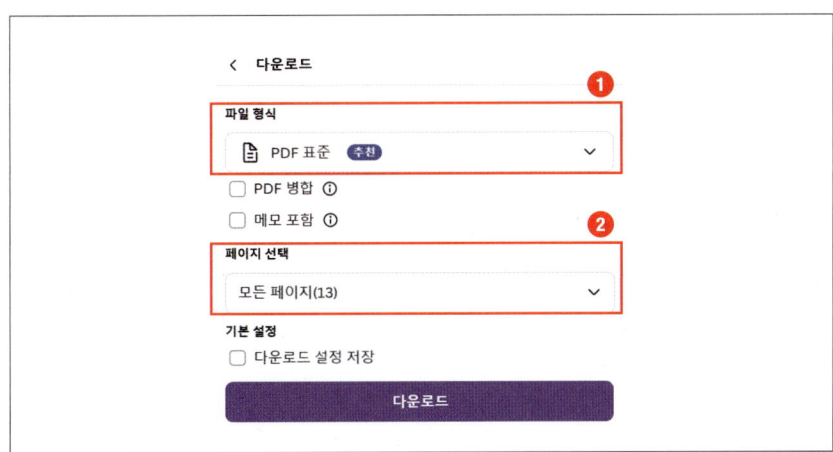

다운로드

그리고 구글 드라이브, 원드라이브 등의 공유 드라이브와 연동하여 디자인을 바로 저장할 수도 있습니다.

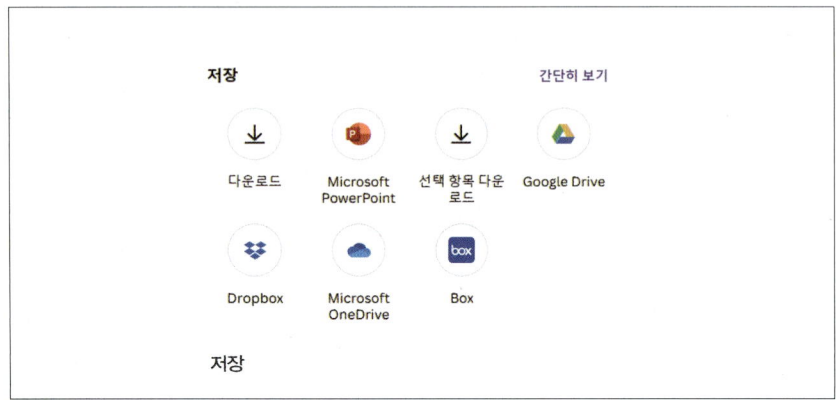

2. 프레젠테이션

만든 디자인을 컴퓨터 화면에서 프레젠테이션할 수 있습니다. [발표자 보기], [프레젠테이션 및 녹화], [자동 재생]을 선택하여 원하는 형식으로 발표할 수 있습니다. 해당 기능은 3장에서 자세히 다루겠습니다.

프레젠테이션 화면

3. 공개 보기 링크

공개 보기 링크를 활용하면 디자인이 공개적으로 공유되어 링크가 있으면 보기 전용 버전의 디자인을 누구나 로그인 없이 쉽게 접근하여 볼 수 있습니다. 이때, 링크를 공유받은 사용자는 편집이 불가능하며 보기만 가능합니다.

4. 소셜미디어 공유

인스타그램, 틱톡, 페이스북 등 SNS 계정과 연동하여 만든 디자인을 쉽게 게시할 수 있습니다.

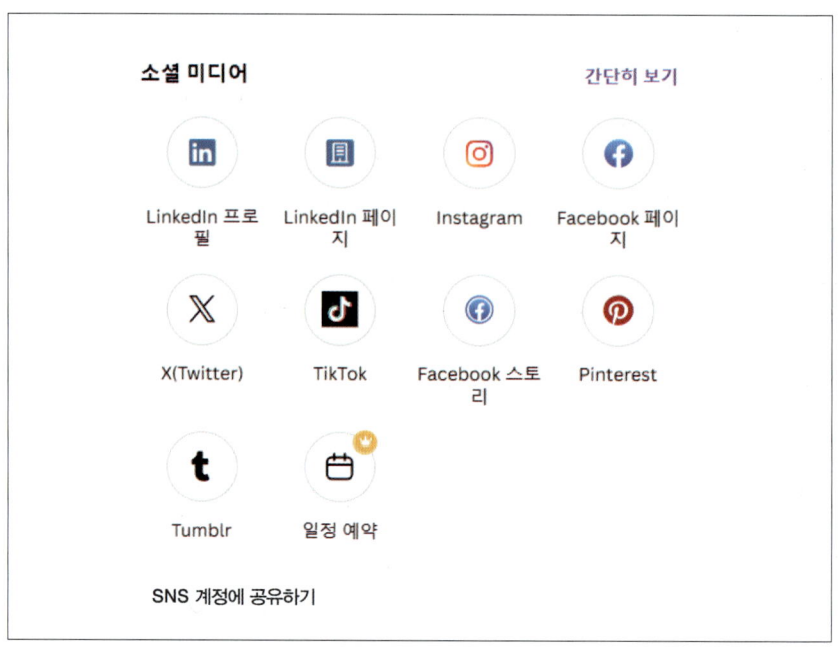

이 외에도 웹사이트 게시, QR코드 만들기, 이메일 전송 등 다양한 공유 방법이 제시되어 있으니 확인해 보시기 바랍니다.

POINTS

- 디자인을 다른 사용자와 공유할 수 있는 기능에 최적화된 캔바!
- 특정 사용자를 추가하여 공유하거나 링크를 통해 다수에게 공유 가능!
- 다수의 사용자가 동시에 협업하여 디자인 편집 가능!
- 공유 드라이브, SNS 등 다양한 경로를 통해 만든 디자인을 손쉽게 공유!

토막 꿀팁 ② 캔바 크리에이터 템플릿 활용하기

캔바 크리에이터 확인하기

캔바에서 다양한 템플릿을 활용할 수 있는 이유는 '캔바 크리에이터'가 있기 때문입니다. 캔바 크리에이터가 만든 템플릿을 선택 및 수정 하여 개성 있는 디자인을 편집할 수 있습니다. 내가 어떤 캔바 크리에이터의 템플릿이 마음에 든다고 가정해 보겠습니다. 캔바 크리에이터는 유사한 템플릿을 많이 제작하는 경향이 있기 때문에, 내가 원하는 디자인의 템플릿을 만든 캔바 크리에이터의 다른 템플릿들도 내가 원하게 될 가능성이 높겠죠? 이때 캔바 크리에이터를 팔로우하거나 캔바 크리에이터가 제작했던 템플릿만 모아 보면 편리할 겁니다.

캔바 크리에이터가 이전에 제작한 템플릿을 확인하고 팔로우하기 위해서는 ❶템플릿 화면에서 ❷마음에 드는 템플릿을 클릭하여 다음과 같이 ❸캔바 크리에이터를 확인하고 팔로우할 수 있습니다.

캔바 크리에이터 확인하기 1

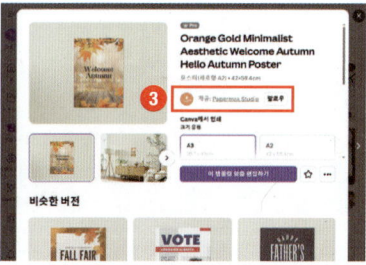
캔바 크리에이터 확인하기 2

캔바 크리에이터 작품 확인하기

캔바 크리에이터를 확인하여 닉네임을 클릭하면 크리에이터가 만든 콘텐츠들과 소개를 확인할 수 있습니다.

캔바 크리에이터 디자인 확인하기

캔바 크리에이터 팔로우

캔바 크리에이터를 팔로우하면 캔바 홈 화면에서 ❶[템플릿] – ❷[팔로우하는 크리에이터]에서 확인하여 ❸해당 크리에이터들의 템플릿을 모아 볼 수 있습니다.

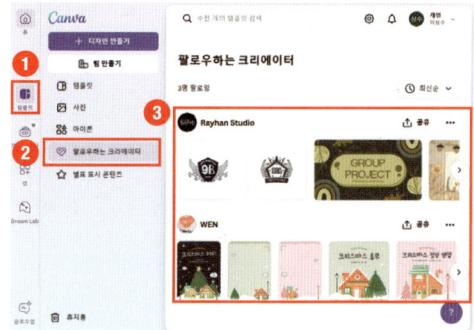
캔바 크리에이터 팔로우 확인하기

CHAPTER 3

PPT & 숏폼 제작에도 최적화된 캔바

캔바가 제공하는 수백만 개의 템플릿으로 쉽고 빠르게 멋진 PPT를 제작해 봅시다. 3장에서는 PPT 템플릿을 편집하는 방법과 함께 차트 요소의 활용법, 영상 편집 기능까지 알아보도록 하겠습니다.

1 초간단 고퀄리티 PPT 제작하기

PPT 제작 준비

우리는 일상생활에서 PPT를 사용할 일이 정말 많습니다. 회사에서 프레젠테이션을 할 때도, 학교 과제를 할 때도, 또 강의나 수업 등에서 각종 발표를 할 때도 PPT를 사용하죠. PPT 제작 시 내용과 별개로, PPT의 디자인이나 가독성 때문에 고민해 본 경험이 있으실 겁니다. 높은 가독성과 매력적인 디자인의 PPT는 청중의 관심을 끄는 데 도움이 되지만, 만드는 것은 꽤 어려운 일입니다.

하지만 캔바를 활용하면 고민을 덜 수 있습니다. 앞서 1, 2장에서 배운 것처럼 기존에 만들어져 있는 템플릿을 편집하여 내가 원하는 디자인의 PPT를 간단하게 완성할 수 있기 때문입니다. 결과물 자체도 훌륭하지만 가장 큰 장점은 '시간'입니다. 캔바에서 자체 제공하거나 캔바 크리에이터들이 제작한 ==템플릿의 텍스트와 요소를 편집하는 일만으로도 고퀄리티 PPT를 완성하는 데 걸리는 시간을 획기적으로 줄일 수 있습니다==. 본 장에서는 회사에서 진행하는 프레젠테이션을 예시로 PPT를 제작하는 과정을 실습해 보겠습니다.

검색 필터 적용하여 원하는 템플릿 찾기

회사에서 사업계획 제안을 위한 프레젠테이션에 사용할 PPT 템플릿을 검색해 보겠습니다. 검색창에 'business proposal'이라고 검색해 보겠습니다. <mark>영어로 검색하면, 보다 많은 검색 결과를 볼 수 있습니다.</mark> 검색어를 입력한 후에 상단의 [템플릿]을 선택한 후 키보드에서 [Enter]를 눌러 검색합니다.

템플릿 검색

검색을 완료하면 다음 그림과 같이 'business proposal'이라는 키워드와 관련된 여러 가지 디자인 템플릿을 살펴볼 수 있습니다.

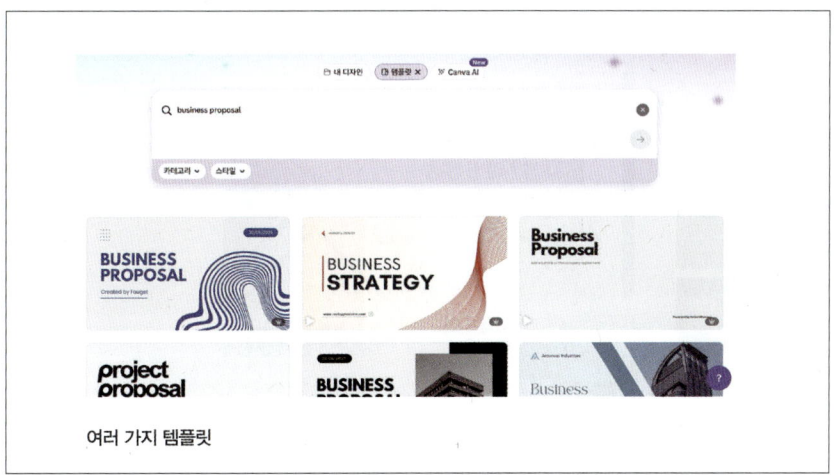

여러 가지 템플릿

이 중에서 프레젠테이션 템플릿을 모아 보기 위해 ❶[카테고리]에서 ❷[프레젠테이션]을 선택합니다. 캔바를 활용해 기초적인 PPT 제작을 연습하기 위해 ❸[스타일]은 ❹미니멀리스트로 설정해 보겠습니다.

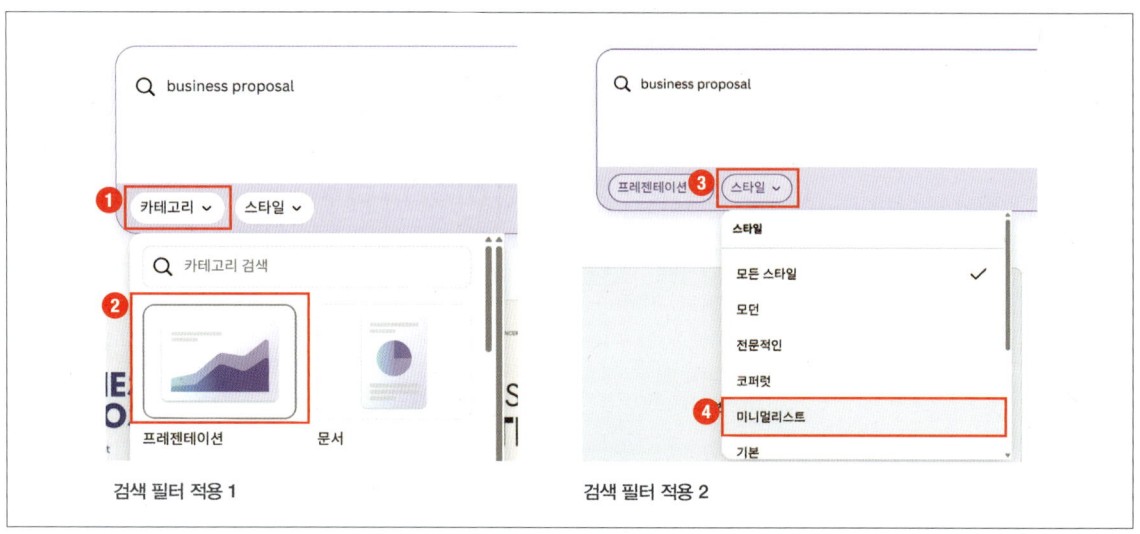

검색 필터 적용 1   검색 필터 적용 2

이렇게 캔바의 수많은 템플릿 중에 내가 원하는 카테고리와 스타일에 해당하는 디자인 템플릿만 모아 볼 수 있습니다. 가장 마음에 드는 템플릿을 선택한 후 [이 템플릿 맞춤 편집하기]를 클릭합니다.

필터가 적용된 템플릿 검색 화면   편집할 템플릿 선택하기

템플릿 편집하기

편집할 템플릿을 선택하였다면 PPT 디자인을 시작해 볼까요? PPT의 각 페이지를 빠르게 훑어 보며 전체적인 느낌과 폰트, 레이아웃 등을 살펴봅니다. 영어 템플릿이어도 상관없습니다. 원하는 한글 폰트로 바꾸면 매력적인 PPT로 만들 수 있습니다.

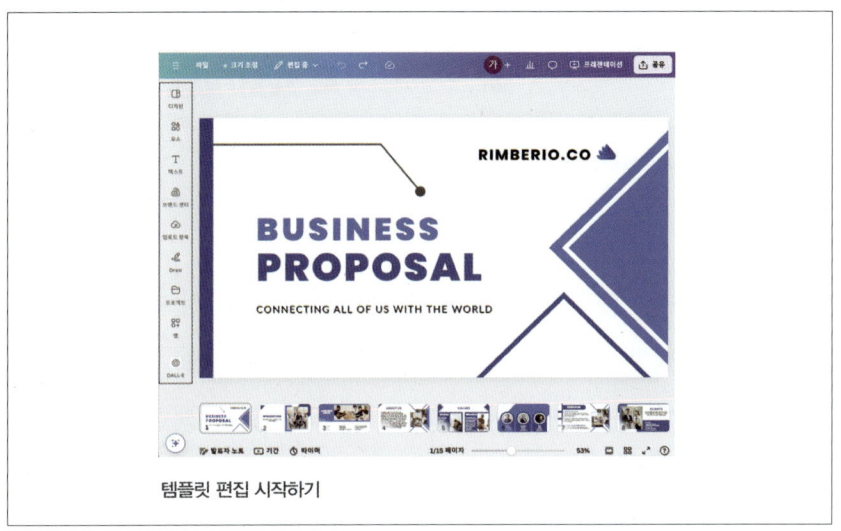

템플릿 편집 시작하기

폰트 변경하기

2장에서 배웠던 텍스트 편집 기능을 사용해 폰트부터 변경해 볼까요? 만약 위처럼 영어 템플릿을 선택하고 텍스트를 한국어로 입력하게 되면, 한국어를 지원하지 않는 폰트일 경우에는 다음 그림과 같이 기본 폰트로 보입니다. 이를 가독성이 높은 다른 폰트로 변경해 보겠습니다.

페이지 텍스트 글꼴 변경하기

변경할 텍스트를 클릭한 뒤 상단 메뉴에서 [폰트 설정 탭]을 클릭하고 ❶폰트 검색창 오른쪽의 [필터]를 클릭합니다. 글꼴 언어를 선택해 보겠습니다. 글꼴 언어 선택 창에 ❷'한국어'를 검색한 뒤, ❸지원 언어를 한국어로 설정합니다. 그러면 검색 결과 상단에 한국어를 지원하는 폰트가 우선으로 보입니다.

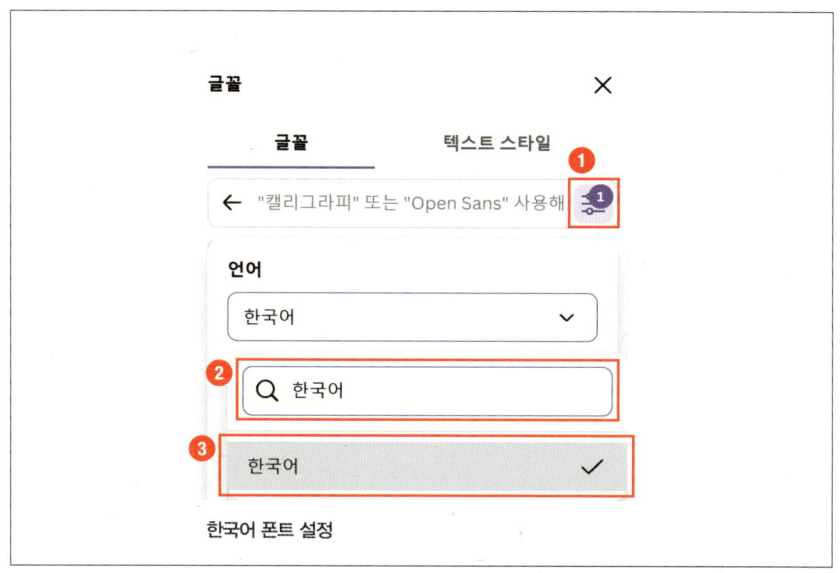

원하는 느낌의 폰트를 모아서 보는 방법을 알아볼까요? 폰트 검색창 하단에 있는 '필기체' 등의 키워드를 클릭해도 되고 아래 그림처럼 'sans' 등의 키워드를 검색해도 됩니다. 깔끔한 느낌의 폰트를 찾기 위해 'sans'라고 검색하겠습니다.

'sans' 검색

TIP

폰트의 선택 기준

일반적으로 사용하는 폰트는 크게 두 종류로 나눌 수 있습니다. 명조체(세리프)는 끝이 살짝 휘어 있는 형태의 폰트이고, 고딕체(산스 세리프)는 끝부분에 휘어진 부분이 없는 폰트입니다. 일반적으로 책이나 보고서 등의 인쇄물에서는 명조체를 사용하는 것이 좋고, PPT처럼 화면을 통해 글자가 보이는 경우에는 고딕체를 사용하는 것이 좋습니다. 캔바에서 제공하는 고딕체 중에서 필자가 추천하는 폰트는 나눔고딕, Noto Sans, Seol Sans(👑Pro 요금제에서만 사용 가능) 등이 있습니다.

나눔명조 **나눔고딕**

명조체와 고딕체 비교하기

필자가 추천하는 폰트 중 하나인 'Noto Sans'를 선택해 보았습니다. 템플릿에 있는 폰트를 변경하면 **폰트 검색창 하단의 [모두 변경]을 클릭해 PPT에 있던 기존의 폰트에서 새로 설정한 폰트로 일괄 변경할 수 있습니다.** 제목 폰트인 만큼 볼드체(굵게)로 설정되어 있는지도 확인해 봅시다.

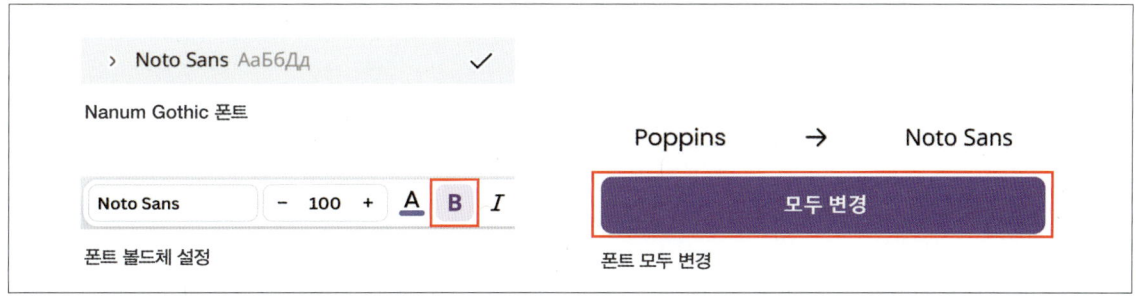

폰트 볼드체 설정   폰트 모두 변경

TIP

PPT에 사용되는 글꼴을 정할 때는 다른 무엇보다 '가독성'을 우선해야 합니다. 지나치게 화려하거나 PPT의 전체적인 분위기와 어울리지 않는 폰트는 가독성을 크게 떨어뜨릴 수 있습니다. 같은 원리로 하나의 PPT 안에 너무 다양한 폰트를 사용하는 것 역시 가독성을 떨어뜨리게 됩니다.

또한 빔프로젝터를 사용해 프레젠테이션을 하는 상황을 고려하면, 폰트는 적당히 굵은 것을 선택하는 것이 좋습니다. 특히 표지에 들어가는 제목 폰트는 본문보다 굵은 폰트를 선택하는 것을 추천합니다.

폰트 설정이 끝나면 텍스트 내용도 적절하게 변경해 아래와 같이 표지를 완성합니다.

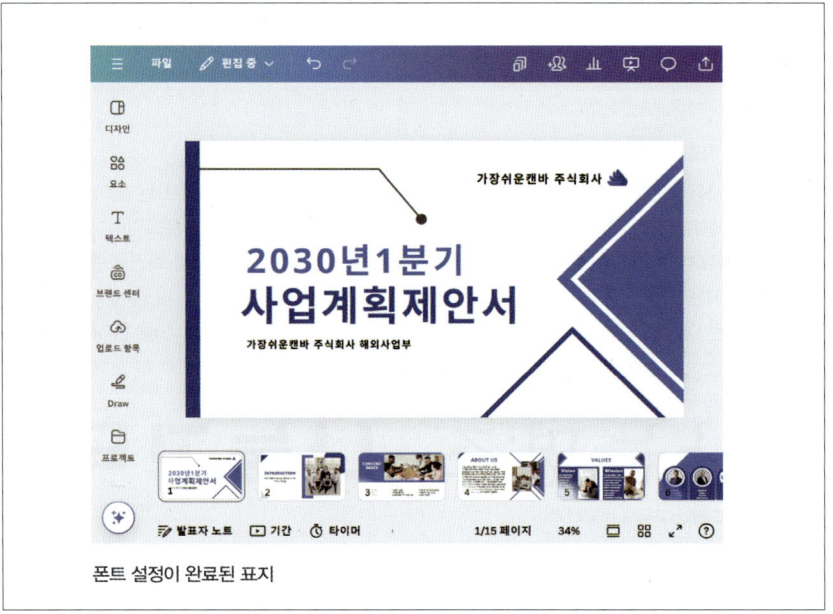

폰트 설정이 완료된 표지

TIP

캔바에서 사용하는 폰트는 폰트를 직접 다운로드를 받는 형태가 아니기 때문에 상업적 이용이 가능합니다. 각 폰트 제작사에서도 캔바 내에서 사용 시 캔바의 정책을 따릅니다. 따라서 캔바 측의 안내대로 만일의 상황을 대비해 해당 작업물이 캔바로 제작되었다는 증거를 남기기 위해, 작업했던 디자인은 남겨 놓으시길 바랍니다.

배경 이미지 변경하기

PPT에서 사용할 폰트를 선택했으면, PPT 표지의 배경을 변경해 볼까요? 회사의 외관 사진을 넣어 보겠습니다. [업로드 항목]에서 배경으로 삽입할 사진을 찾아 가져옵니다. 만약 적절한 사진이 없다면 [요소] 탭에서 '회사 외관' 사진을 검색해서 넣으면 됩니다. ❶삽입한 사진을 클릭해 [더 보기(…)]를 누른 후 ❷[이미지를 배경으로 설정]을 선택하겠습니다.

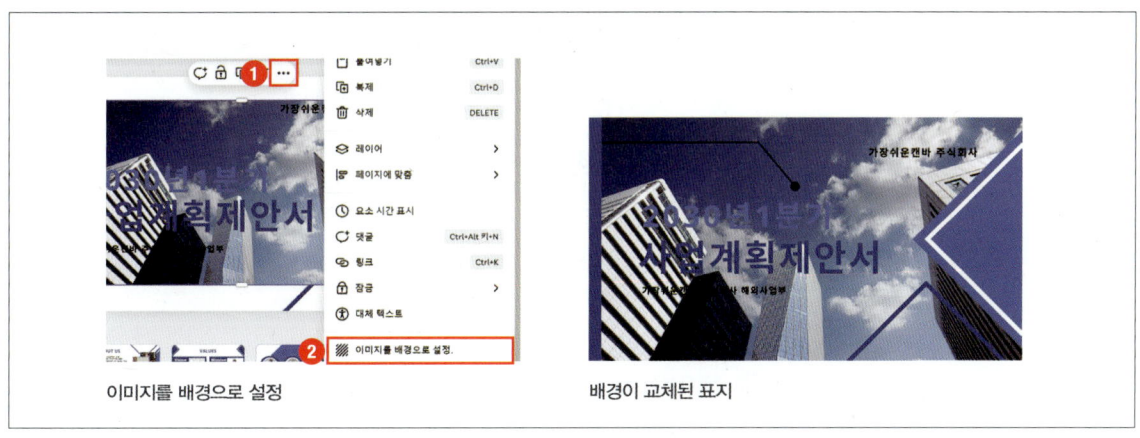

이미지를 배경으로 설정 　　　　　　　　　배경이 교체된 표지

배경으로 들어가는 이미지가 너무 선명하면 텍스트의 가독성이 떨어집니다. [투명도 조절] 기능으로 이 현상을 해결해 보겠습니다. ❶배경 이미지를 클릭한 뒤 ❷상단 바에서 투명도 아이콘을 클릭합니다. ❸그리고 투명도를 줄여 주면 배경 이미지가 조금씩 흐릿해지면서 텍스트가 돋보이는 효과를 줄 수 있습니다.

이미지 투명도 조절 　　　　　　　　　배경 투명도 조절이 완료된 표지

같은 방법으로 표지뿐만 아니라 PPT 전체 페이지의 배경을 변경할 수 있습니다.

> **TIP**
> 투명도 조절 기능은 사진 요소와 도형 요소뿐만 아니라 그래픽 요소와 텍스트 요소 등 모든 요소에 적용됩니다. 투명도 조절을 적절하게 사용해서 창의적인 디자인을 완성할 수 있습니다. 4장 162쪽에서 다양한 활용 사례를 살펴볼 수 있습니다.

AI 활용 레이아웃 설정하기

PPT에서 배경보다 더욱 중요한 것은 '레이아웃'입니다. **레이아웃은 '한 페이지 안에 콘텐츠를 배열하는 방식'**을 말합니다.

PPT 제작에 능숙하신 분들은 직접 다양한 레이아웃으로 PPT를 구성할 수 있지만 그렇지 않은 분들은 템플릿에서 제공되는 레이아웃을 참고하거나 캔바 AI의 추천을 받을 수 있습니다.

먼저 레이아웃을 변경할 왼쪽 도구 바에서 ❶[디자인]을 선택하고 ❷[레이아웃]을 클릭합니다. ❸AI가 페이지의 내용을 파악한 뒤, 페이지에 어울리는 레이아웃을 추천해 줍니다. 레이아웃뿐 아니라 텍스트 내용과 어울리는 사진도 AI로 생성하여 보여 줍니다. 이 기능을 사용하면 간단한 콘텐츠와 텍스트만 넣어서 페이지를 구성한 후 AI

가 추천하는 레이아웃을 참고하여 레이아웃을 완성할 수 있습니다.

자동 레이아웃 설정

TIP

레이아웃 자동 설정 기능은 현재 계속 업데이트가 진행 중인 기능입니다. 일부 디자인의 경우 AI가 추천 레이아웃을 생성하지 못할 수 있습니다.

레이아웃 추천 불가 메시지

TIP

페이지 번호 넣기

캔바에서는 아주 빠르고 간단하게 PPT의 각 페이지에 페이지 번호를 넣을 수 있습니다. 왼쪽 탭에서 ❶[텍스트] 탭을 누르고 아래쪽의 ❷[페이지 번호] 버튼을 누르면 모든 페이지에 페이지 번호가 자동으로 입력됩니다. 설정 창에서 페이지 번호의 표시 형식과 번호를 넣을 페이지를 설정할 수 있습니다. ❸페이지 번호 중 하나의 텍스트 위치, 텍스트 모양 등을 수정한 뒤 [모든 페이지에 속성 적용]을 클릭하면 ❹설정한 위치와 모양대로 모든 페이지 번호가 변경됩니다.

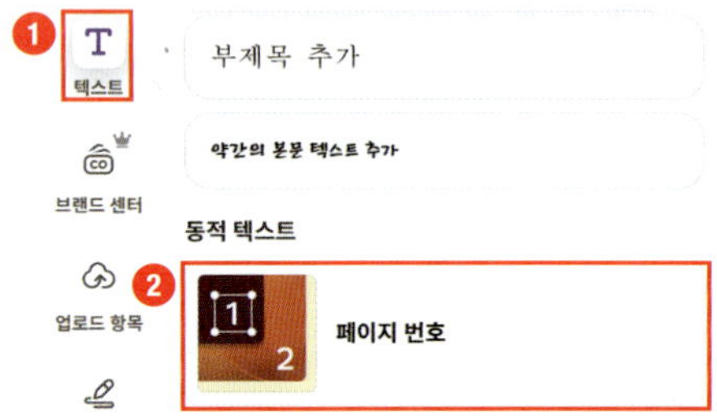

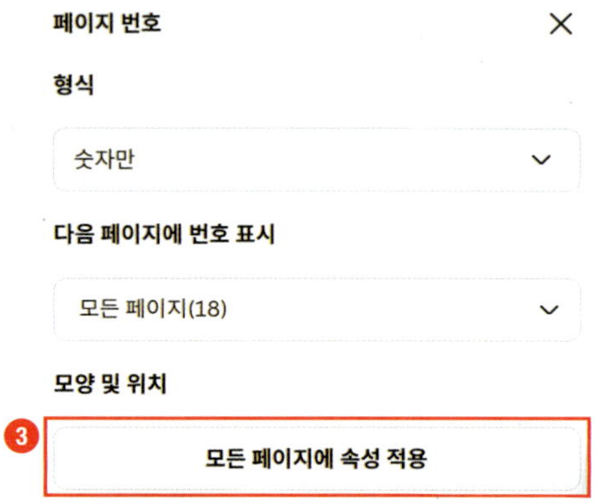

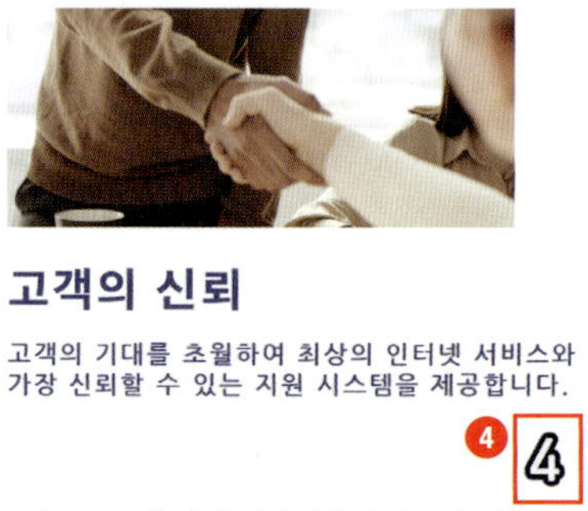

POINTS

- 마음에 드는 템플릿을 고르고 한글을 지원하는 고딕 폰트로 설정하여 깔끔한 PPT를 만들 수 있다!
- 이미지를 배경으로 넣고 투명도를 조절하면 멋진 배경 완성!
- 다양한 레이아웃을 설정하고 싶을 땐 AI의 도움을 받을 수 있다!

2 시선을 끄는 애니메이션 뽀개기

캔바 애니메이션의 종류

성공적인 프레젠테이션에서 높은 퀄리티의 PPT는 필수입니다. PPT의 완성도 측면에서 빠질 수 없는 중요한 요소 중 하나가 바로 '애니메이션' 효과입니다. 애니메이션 효과는 PPT에서 어떤 효과를 줄 수 있을까요?

① 시각적 집중 유도: 중요한 텍스트나 이미지에 애니메이션 효과를 넣음으로써, 청중의 집중을 유도할 수 있습니다.
② 정보의 단계적 제공: 전달해야 하는 정보가 많을 때 청중들이 순차적으로 정보를 받아들일 수 있게 도움을 줄 수 있습니다.
③ 발표의 리듬 조절: 페이지 사이에 애니메이션을 넣어 다양한 전환 효과를 줌으로써, 발표의 리듬을 적절하게 조절할 수 있습니다.

캔바에서 애니메이션은 세 가지로 분류됩니다. ①페이지가 전환될 때 간단한 효과를 넣는 '전환 효과' ②각 요소에 따로 애니메이션을 넣는 '요소 애니메이션' ③페이지에 있는 모든 요소에 같은 애니메이션 효과를 넣는 '페이지 애니메이션'입니다.

썸네일 보기로 전환하기

먼저 가장 간단한 애니메이션인 '전환 효과'를 추가해 볼까요? 전환 효과를 넣기 위해서는 여러 페이지를 한눈에 보는 **'페이지 썸네일 표시'로 설정**해야 합니다. '페이지 썸네일 표시'로 설정하면 화면 하단에 여러 페이지가 가로로 정렬되고, '페이지 썸네일 숨기기'를 하면 페이지들이 세로로 나열되는 형태입니다. 편집 화면 우측 하단에 있는 페이지 썸네일 표시/숨기기 버튼으로 썸네일 표시 여부를 설정할 수 있습니다.

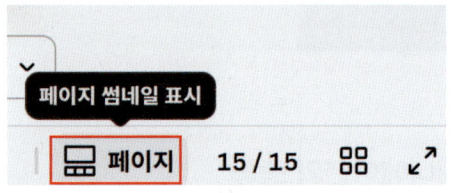
페이지 썸네일 표시 / 숨기기 전환 버튼

페이지 썸네일 표시
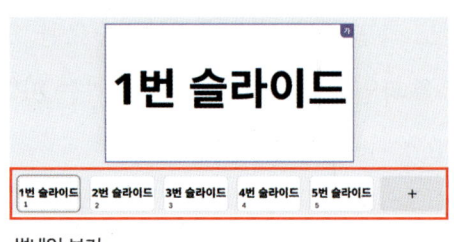
썸네일 보기

썸네일 숨기기
(스크롤 뷰)
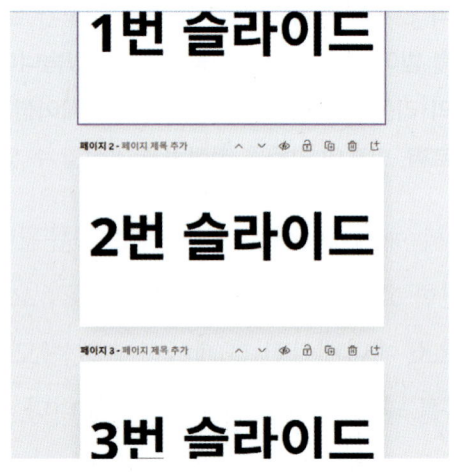
스크롤 뷰

TIP

PPT 제작 과정 중에는 페이지 썸네일 표시로 전환해 놓는 것이 훨씬 편리합니다. 전환 효과나 페이지 애니메이션을 넣을 때도 마찬가지지만, 페이지 썸네일에서는 아래 그림처럼 드래그&드롭으로 간단하게 페이지 순서를 바꿀 수 있습니다. 다만 여러 페이지가 있는 디자인의 전체 내용을 훑어 볼 때는 썸네일 숨기기(스크롤 뷰)가 편리합니다. 디자인의 종류와 상황마다 편리한 보기 방식이 다르니 전환 방법을 기억해 두길 바랍니다.

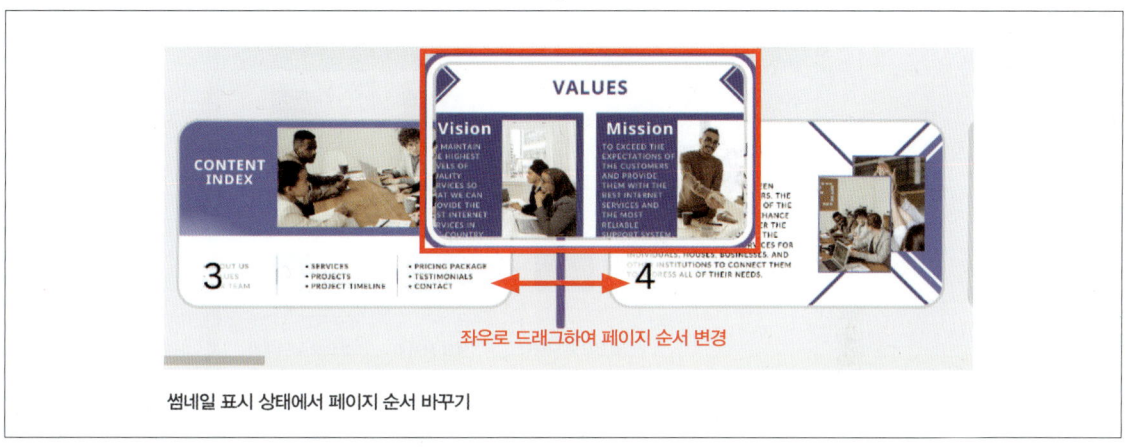

썸네일 표시 상태에서 페이지 순서 바꾸기

전환 효과 추가하기

1   페이지 썸네일에서 페이지 사이에 커서를 갖다 대면 [전환 효과 추가]가 활성화됩니다. 활성화된 버튼을 클릭하면 페이지 전환 효과를 넣을 수 있습니다.

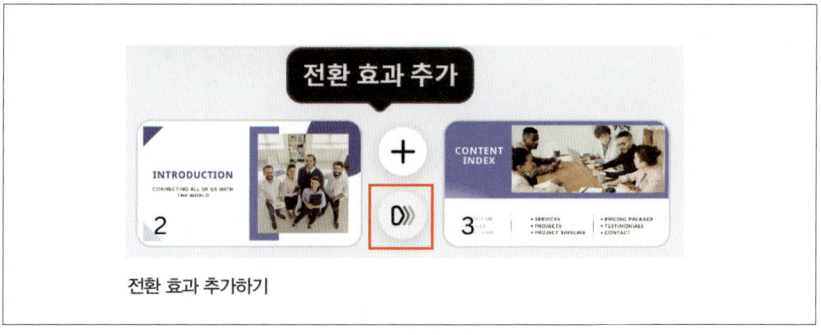

전환 효과 추가하기

2 페이지 전환 효과로는 [디졸브], [잘라내기] 등의 다양한 효과가 있습니다. 한 번씩 눌러 보며 어떤 효과인지 확인해 봅시다.

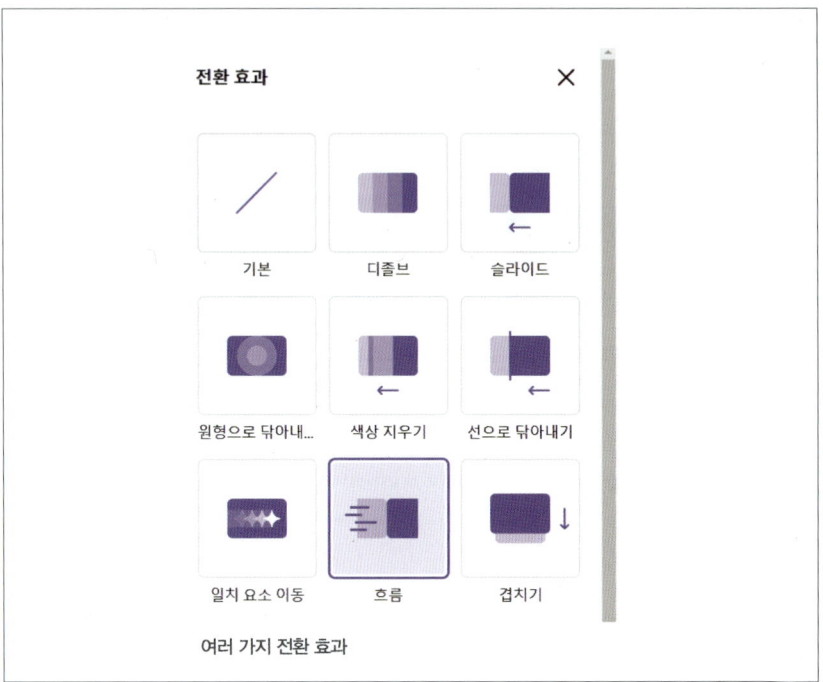

여러 가지 전환 효과

3 스크롤을 내려 하단의 [모든 페이지에 적용]을 누르면 전체 PPT 의 전환 효과가 일괄 적용됩니다.

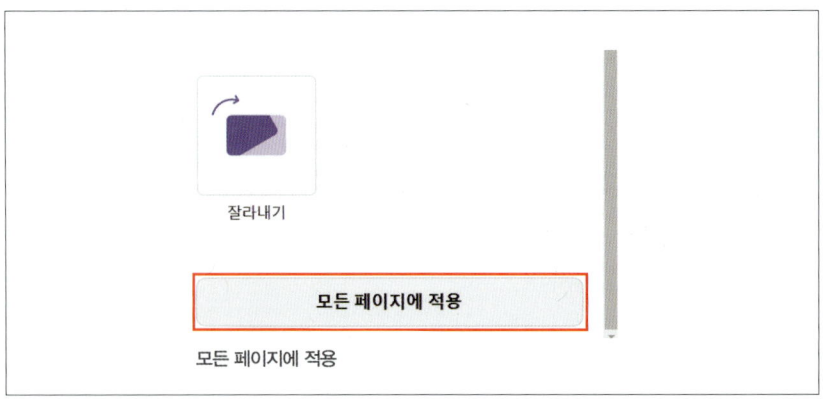

모든 페이지에 적용

TIP

전환 효과를 삭제하기 위해서는 가장 첫 번째 효과인 '기본'을 선택하면 됩니다.

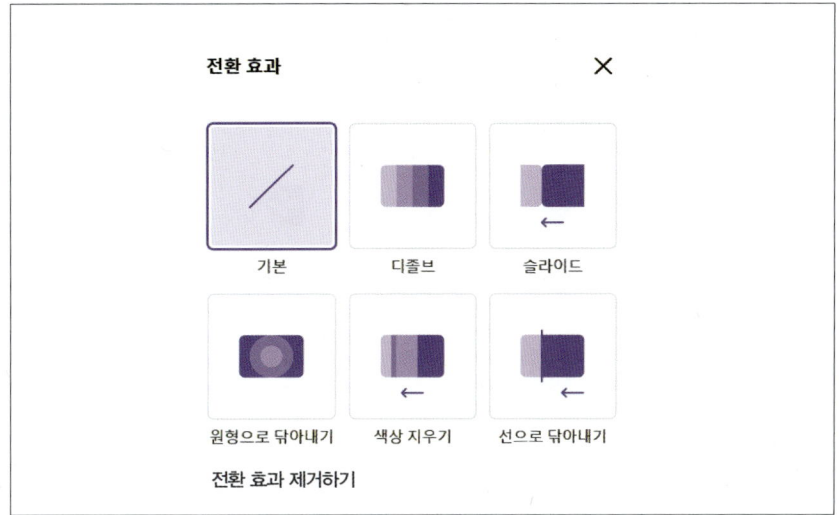

요소 애니메이션 추가하기

다음은 개별 요소에 따라 애니메이션을 적용해 볼까요?

1 ❶애니메이션을 적용할 요소를 선택한 후 ❷상단 바에서 [애니메이션]을 클릭합니다.

요소 애니메이션 넣기

2 왼쪽 메뉴에 여러 효과가 보입니다. 하나씩 눌러서 적용해 보겠습니다.

요소 애니메이션의 종류

3 <kbd>Pro</kbd> 요소 애니메이션과 페이지 애니메이션에서 애니메이션 효과를 하나 선택하면 애니메이션의 방향과 스피드, 또는 스타일을 설정할 수 있습니다. (해당 설정은 <kbd>Pro</kbd> 요금제에서만 가능합니다.)

애니메이션 스피드 및 방향 설정

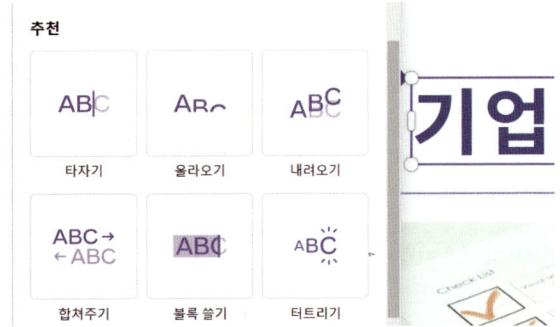

> **TIP**
> 요소 애니메이션은 사진, 그래픽, 텍스트 등 요소의 종류마다 적용할 수 있는 효과가 조금씩 다릅니다. 각 요소별로 어떤 효과를 적용할 수 있는지 확인해 봅시다.

'텍스트' 요소 애니메이션의 종류

> **TIP**
>
> **[페이지 애니메이션] 추가하기**
>
> [페이지 애니메이션]은 전체 요소에 같은 애니메이션 효과를 적용하는 기능입니다. ❶애니메이션을 넣을 페이지의 배경을 클릭하고 ❷상단 바에서 [애니메이션]을 클릭하면 전체 요소에 같은 애니메이션 효과를 줄 수 있습니다.

페이지 애니메이션 넣기

페이지 애니메이션 효과의 종류

CHAPTER 3 PPT & 숏폼 제작에도 최적화된 캔바

애니메이션 제거하기

요소 애니메이션에서 좌측 하단의 [애니메이션 제거]를 선택하면 적용한 애니메이션을 초기화할 수 있습니다. 또 페이지 애니메이션에서 [모든 애니메이션 제거]를 클릭하면 페이지 내에 있는 모든 요소의 애니메이션 효과를 한 번에 제거할 수 있습니다.

> **TIP**
>
> **애니메이션 순서 설정하기**
>
> 요소 애니메이션을 설정했다면 한 페이지 안에서 요소들이 등장하는 순서도 조절해야 합니다. ❶ 요소 애니메이션 적용 시 [클릭 시 표시]를 클릭하면 페이지가 전환되었을 때는 보이지 않던 요소가 등장합니다. [클릭 시 표시]를 누른 순서대로 요소가 등장하게 되고, ❷[클릭하여 정렬]을 클릭하면 요소의 등장 순서를 조정할 수 있습니다.
>
>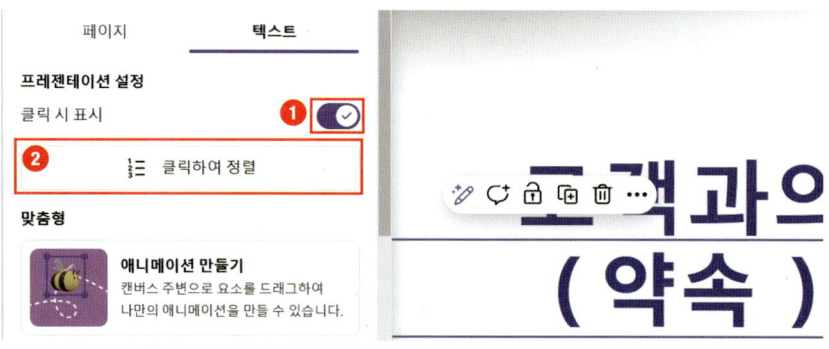
>
> 클릭 시 표시

→ 저자 직강 **영상 과외**

PPT 애니메이션 추가하기

PPT 중간 점검하기

여러 애니메이션을 넣다 보면 애니메이션 효과들이 어떻게 보이는지 궁금할 겁니다. 화면 우측 상단의 [프레젠테이션]이나 우측 하단의 [전체 화면 프레젠테이션]을 클릭하여 실제 프레젠테이션에서 PPT 페이지들이 어떻게 보이는지 확인할 수 있습니다.

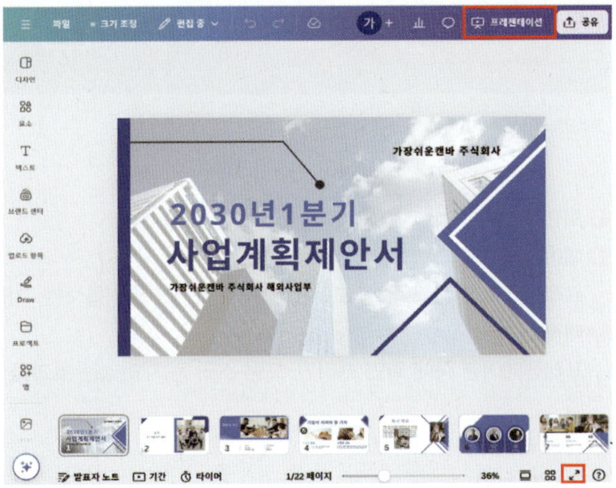

프레젠테이션 보기

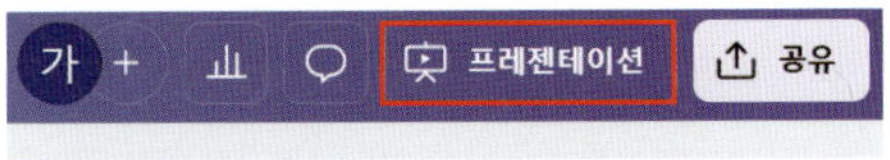

PPT 프레젠테이션 보기

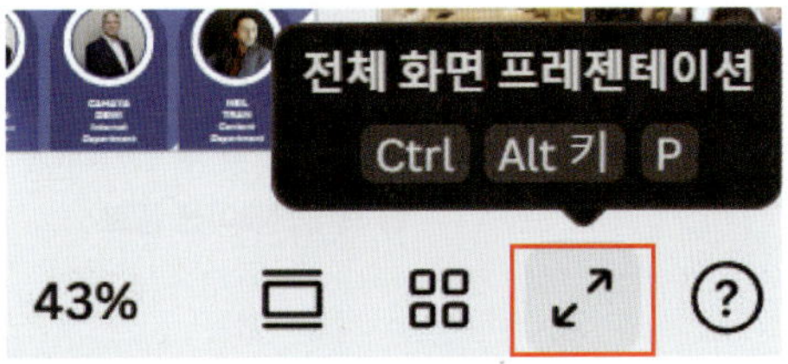

우측 하단 전체 화면 프레젠테이션 보기

TIP

프레젠테이션 화면

프레젠테이션은 항상 보고 있는 페이지부터 실행됩니다. 프레젠테이션을 실행하면 화면 우측 하단 버튼으로 다양한 부가 기능을 사용할 수 있습니다.

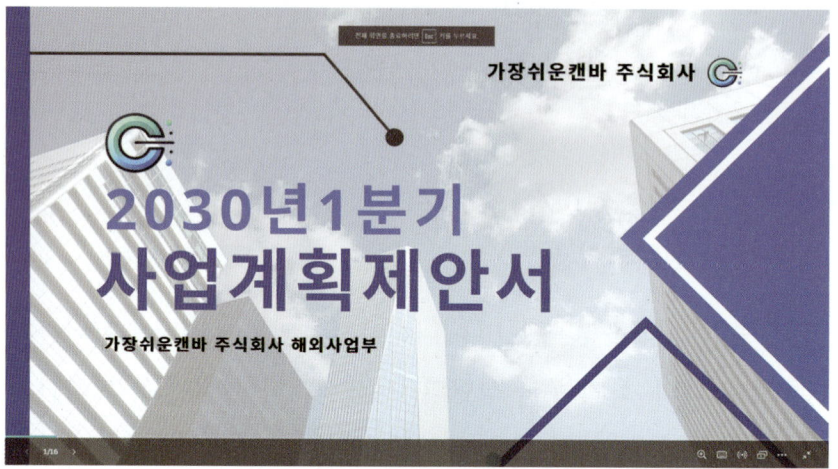

프레젠테이션

프레젠테이션 부가 기능

❶ 화면 확대

❷ 페이지에 그리기
　프레젠테이션 진행 중 펜 도구를 활용해 화면에 필기를 하는 기능입니다.

❸ 매직 단축키
　프레젠테이션 중에 화면 흐리기, 드럼 소리 등 재미있는 효과를 넣을 수 있는 단축키 목록입니다.

❹ 캔바 라이브 – 152쪽에서 소개

❺ 발표자 보기
　듀얼 모니터를 활용하는 상황에서 발표자가 참고할 수 있는 메모 등을 띄울 수 있는 창을 엽니다. 발표자 보기 창은 152쪽(토막 꿀팁 – 캔바 라이브)를 참고하시기 바랍니다.

❻ 자동 재생, 매직 커서 등의 부가 기능
　시간이 흐르면서 슬라이드가 자동으로 넘어가도록 하거나, 마우스 커서를 잘 보이게 하는 설정을 켜고 끌 수 있습니다.

❼ 프레젠테이션 종료

완성한 PPT 다운로드하기

PPT의 애니메이션 효과나 각 요소를 편집한 그대로 보여주기 위해서는 캔바에서 직접 프레젠테이션을 하는 것이 가장 좋습니다. 하지만 파일 다운로드가 꼭 필요할 때는 ❶공유 - ❷모두 보기 ❸스크롤 내리기 - ❹Power Point를 눌러 파워포인트에서 편집 가능한 파일로 다운로드할 수 있습니다.

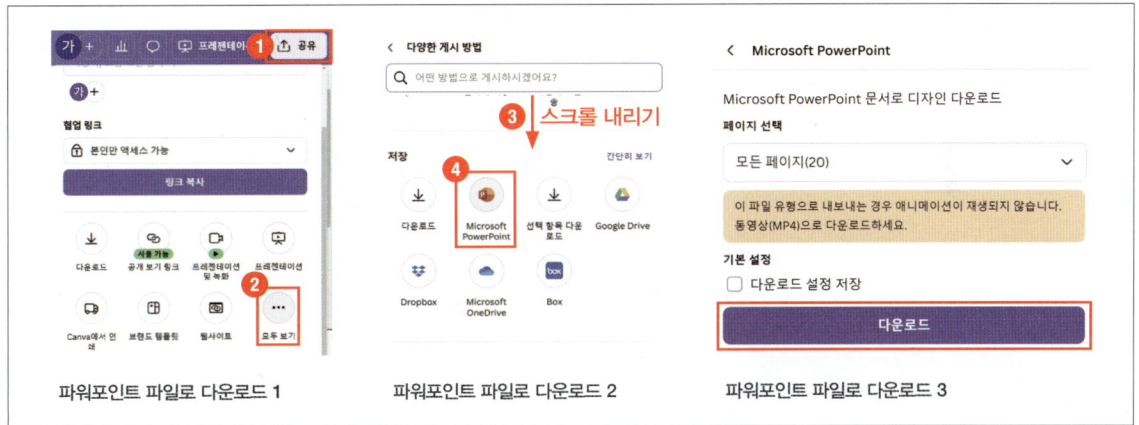

파워포인트 파일로 다운로드 1   파워포인트 파일로 다운로드 2   파워포인트 파일로 다운로드 3

그런데 이렇게 (.pptx) 파일로 다운로드하면 폰트나 이미지가 깨지는 현상이 발생합니다. 이때는 PDF로 다운로드하여 파일이 깨지는 현상을 예방할 수 있습니다.

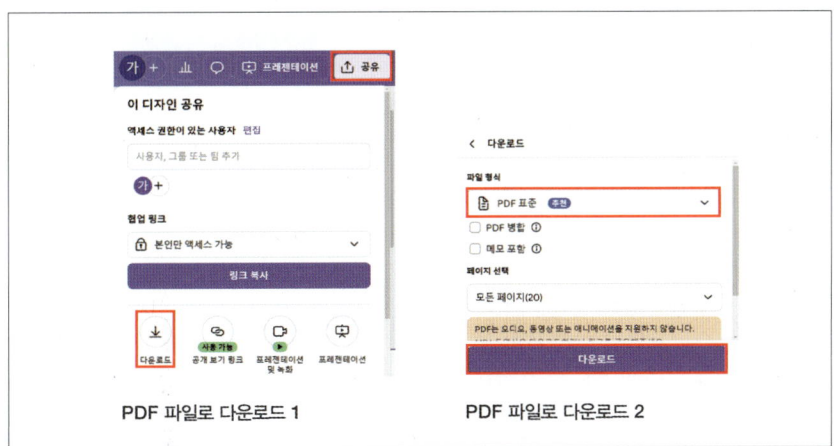

PDF 파일로 다운로드 1   PDF 파일로 다운로드 2

하지만 PDF 파일이든 (.pptx) 파일이든 다운로드한 파일에서는 캔바 애니메이션이 실행되지 않습니다. 따라서 앞서 언급했듯이 **캔바에서 직접 프레젠테이션을 실행하는 것이 제일 좋습니다.**

녹화 기능 이용하여 프레젠테이션 영상 촬영하기

프레젠테이션이나 여러 주제의 강의를 녹화본으로 제공하는 경우가 있습니다. 캔바를 이용하면 프레젠테이션 과정을 손쉽게 녹화하고 공유할 수 있습니다.

❶화면 우측 상단에서 [프레젠테이션]을 클릭하고 ❷[프레젠테이션 및 녹화]를 선택합니다. 이어서 ❸[다음] - ❹[녹화 스튜디오로 이동]을 선택하여 프레젠테이션 녹화 화면으로 이동합니다.

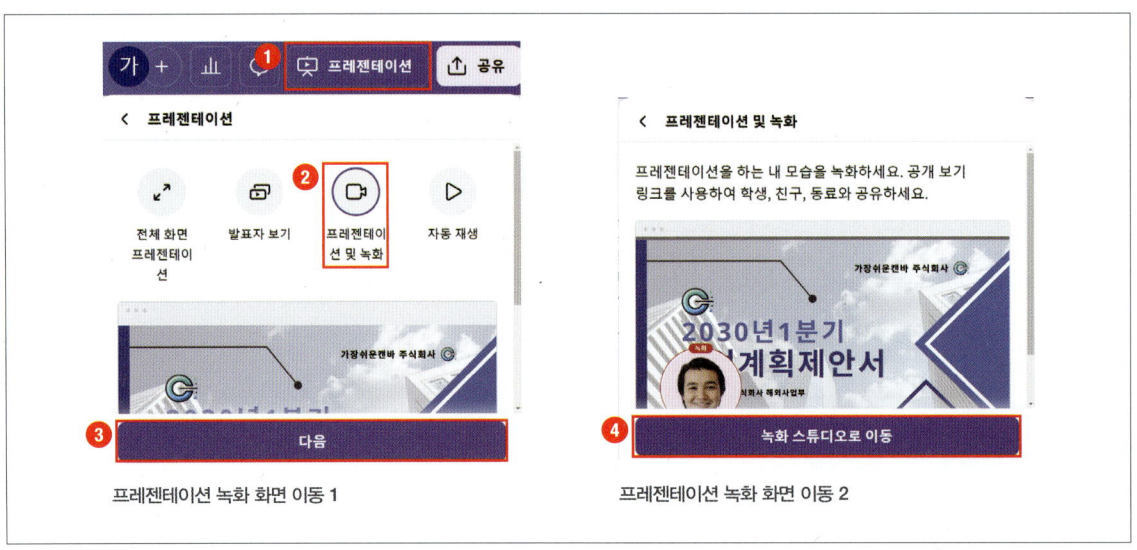

프레젠테이션 녹화 화면 이동 1   프레젠테이션 녹화 화면 이동 2

녹화 화면으로 이동 후 카메라와 마이크를 설정해 줍니다. 카메라 설정 시 '카메라 없음'으로 설정하게 되면 프레젠테이션 녹화 시에 얼굴이 나오지 않게 할 수 있고, **컴퓨터에 카메라가 연결되었거나 내장된 경우 해당 카메라를 선택하면 녹화 화면에 자신의 얼굴이 함께 비춰지게 됩니다.**

[녹화 시작]을 클릭하면 녹화가 시작됩니다.

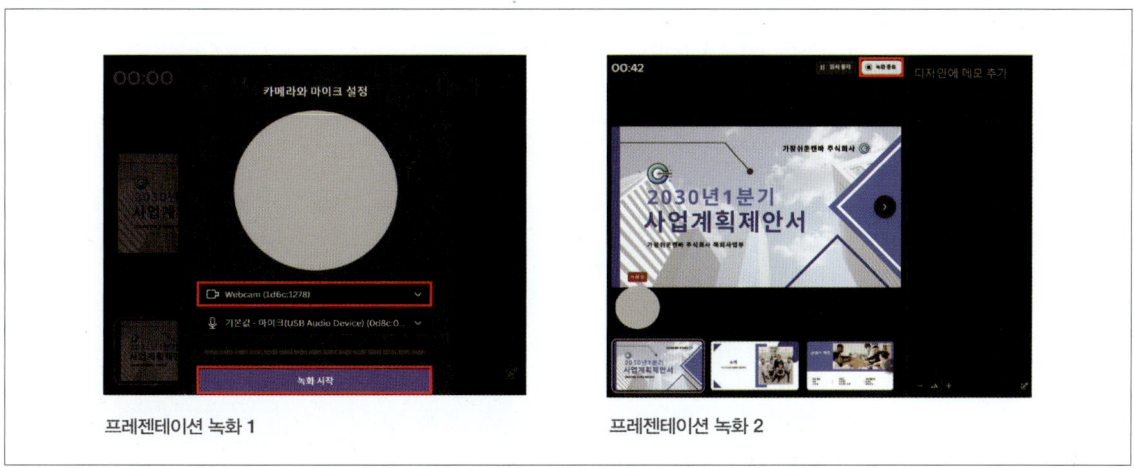

프레젠테이션 녹화 1　　　　　　　프레젠테이션 녹화 2

프레젠테이션이 끝나면 우측 상단의 [녹화 종료]를 눌러 녹화를 마칩니다.

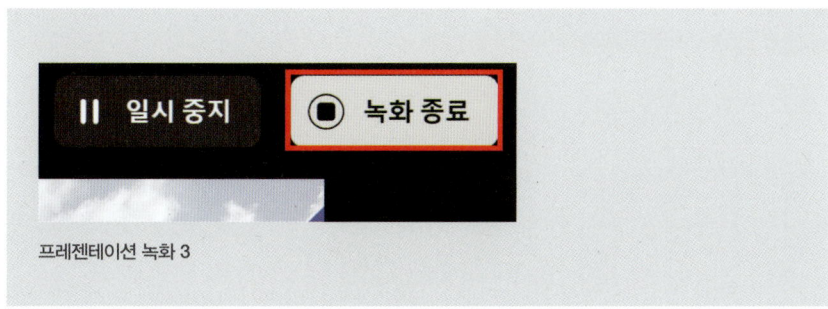

프레젠테이션 녹화 3

녹화한 영상을 공유하는 방법은 크게 2가지 방법으로 나누어집니다.

1　❶[복사]를 클릭하면 파일 다운로드 및 업로드 과정 없이 링크를 통해 영상 공유가 가능합니다. 이때 영상을 공유받는 사람은 캔바 계정이 필요하지 않습니다. 다운로드 및 업로드 하는 데 걸리는 시간을 절약할 수 있다는 장점이 있습니다.

2　❷[다운로드]를 눌러 파일로 다운로드받고 파일을 공유하는 형식으로 공유할 수 있습니다.

❸[저장 및 종료]를 누르면 일단 공유하지 않고 내 프로젝트에 편집한 디자인만 저장이 됩니다. ❹[삭제]를 클릭하면 녹화본을 삭제할 수도 있습니다.

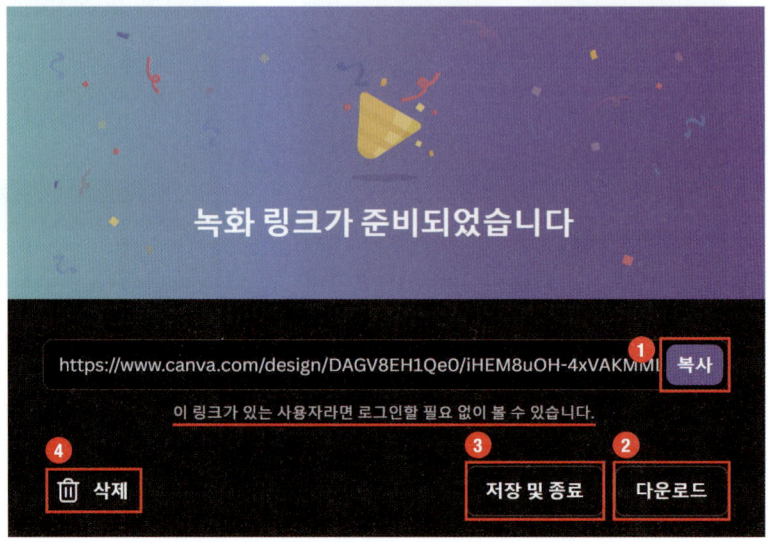

프레젠테이션 녹화본 공유

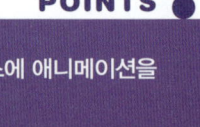

- 전환 효과와 페이지 애니메이션을 통해 페이지 전체 요소에 애니메이션을 넣을 수 있다!
- 요소별로 다른 애니메이션을 적용할 수 있고 [클릭 시 표시]로 등장 타이밍을 설정할 수 있다!
- [공유]-[다운로드]에서 다양한 형식으로 PPT를 다운로드할 수 있다!
- 녹화 기능으로 프레젠테이션 영상 제작 가능!

3 그래프로 PPT 퀄리티 높이기

그래프 및 차트 기초 편집 기능 알아보기

PPT를 제작할 때 빠질 수 없는 요소는 무엇이 있을까요? 바로 그래프와 차트입니다. 그래프와 차트를 통해 정보를 제시하면 글로 제시할 때보다 정보를 훨씬 더 빠르고 직관적으로 전달할 수 있습니다. 판매 실적 현황이나, 고객 만족도 조사 결과, 시장의 흐름 등을 나타내는 것이 그 예입니다. 보통 차트나 그래프를 만들 때는 엑셀을 많이 활용합니다. 하지만 엑셀은 숙달하는 데도 오랜 시간이 걸리고, 멋진 디자인을 원한다면 배워야 할 기능이 많습니다. 하지만 캔바에서는 훨씬 더 쉽고 빠르게 멋진 디자인의 차트와 그래프를 제작할 수 있습니다.

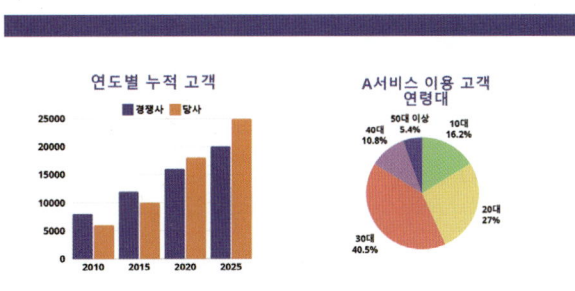

여러 가지 차트 예시 1

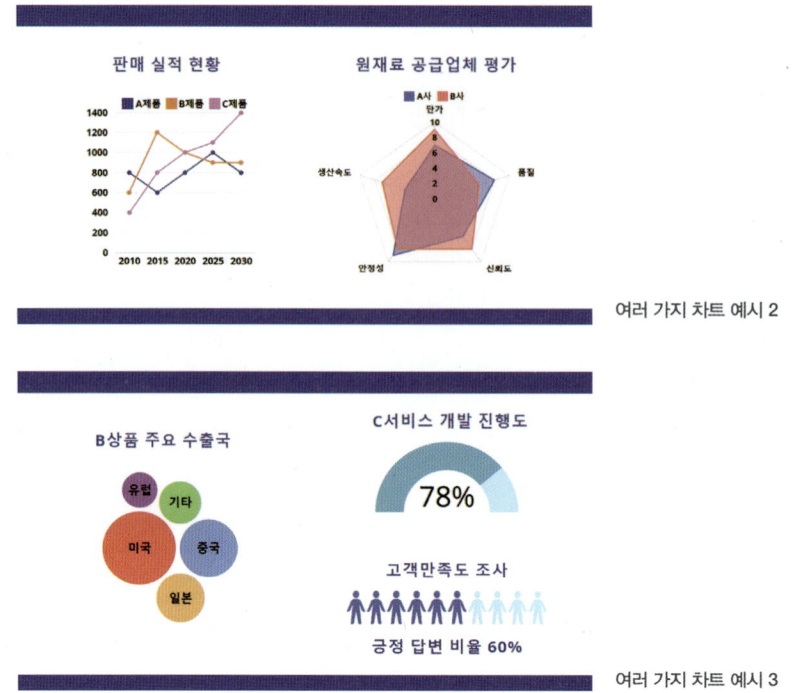

여러 가지 차트 예시 2

여러 가지 차트 예시 3

1. ❶먼저 [요소] 메뉴에서 ❷스크롤을 내려 [차트] 항목을 찾습니다. [차트] 항목을 찾았다면 ❸[모두 보기]를 눌러 여러 형태의 차트를 확인합니다. 하나를 선택해 봅시다. 본 도서에서는 원형 차트를 선택하였습니다.

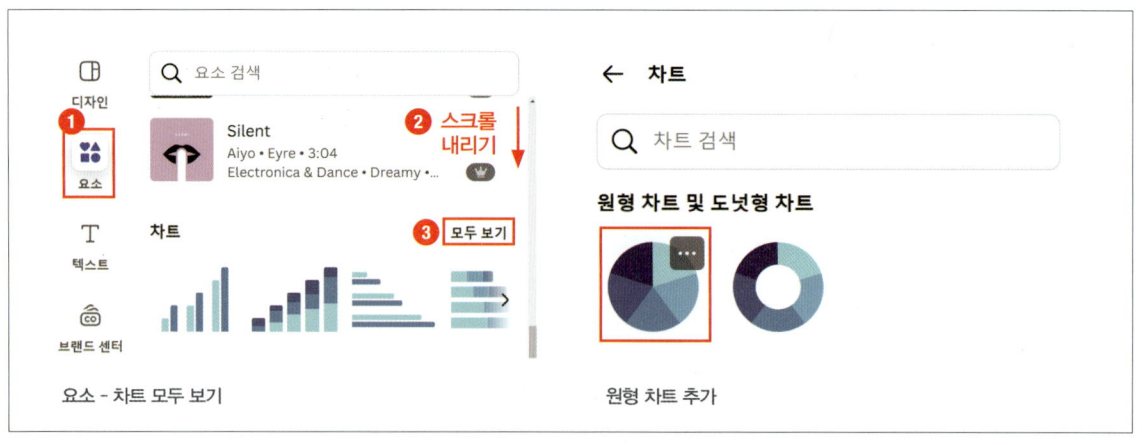

요소 - 차트 모두 보기 　　　　　　　　원형 차트 추가

2 ❶차트를 선택하고 ❷상단 바에 [편집] 메뉴를 누릅니다.

> **TIP**
> 차트는 모든 요소가 무료 이용자도 사용이 가능합니다. 여러 종류의 차트를 추가하면서 어떤 형태인지 확인해 보시길 바랍니다.

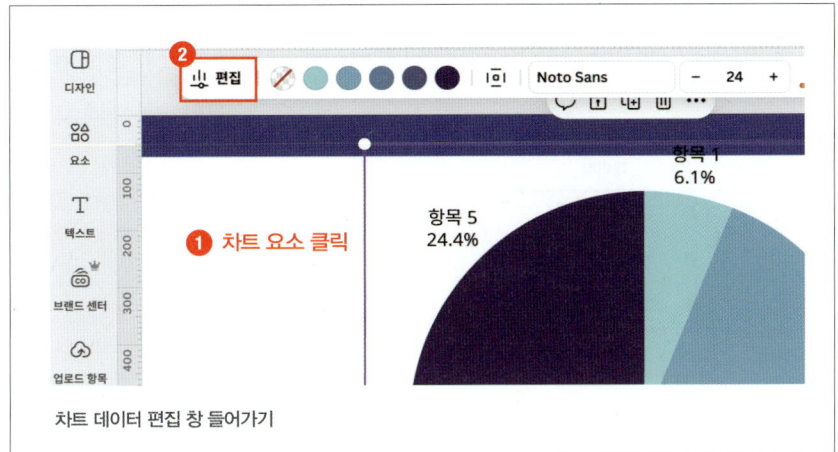

차트 데이터 편집 창 들어가기

3 [편집]을 클릭하면 왼쪽 메뉴에 데이터를 입력할 수 있는 표가 생깁니다. 먼저 [계열 1] 열에 있는 숫자, 즉 데이터값을 바꾸어 보도록 하겠습니다. 숫자를 변경하면 입력한 숫자에 따라 다음의 오른쪽 그림(데이터값 변경이 반영된 차트)처럼 그래프의 모양이 실시간으로 변하는 것을 확인할 수 있습니다.

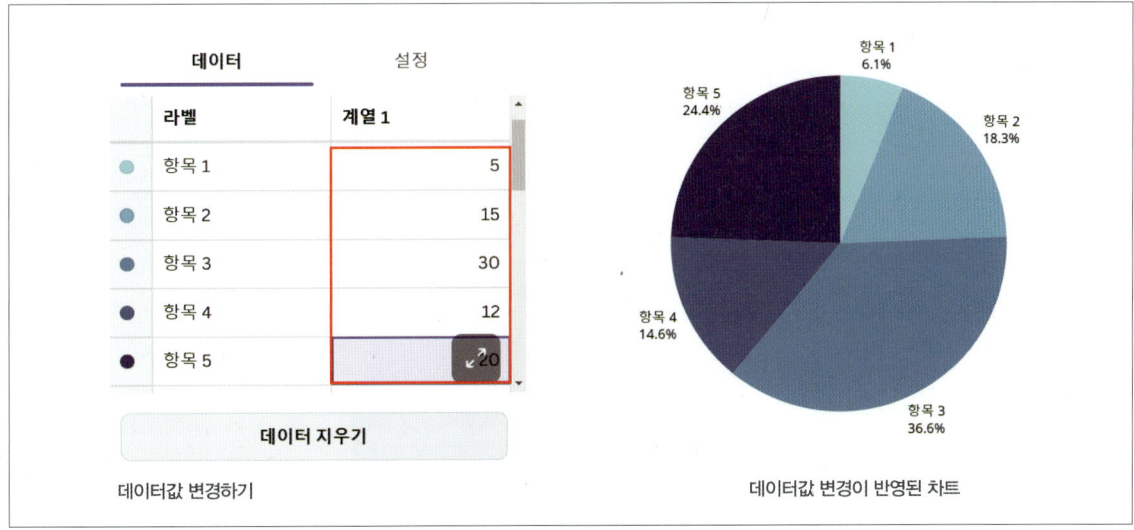

데이터값 변경하기 　　　　　　　　　　데이터값 변경이 반영된 차트

4 차트에 항목을 추가하기 위해선 마지막 행 아래에 있는 행을 클릭하고 내용을 입력하면 됩니다. 라벨은 '항목 6'이라고 쓰고 다음 열에 임의의 데이터값을 입력해 봅니다(다음 그림에서는 17을 입력함).

항목 이름과 데이터값 입력

5 열을 추가하고 데이터를 입력했더니 5칸 원형 차트가 6칸 차트로 바뀌었네요! 정리해 보면, 데이터 표에서 행이 한 줄씩 채워질 때마다 차트에서 항목이 하나씩 늘어나는 거겠죠?

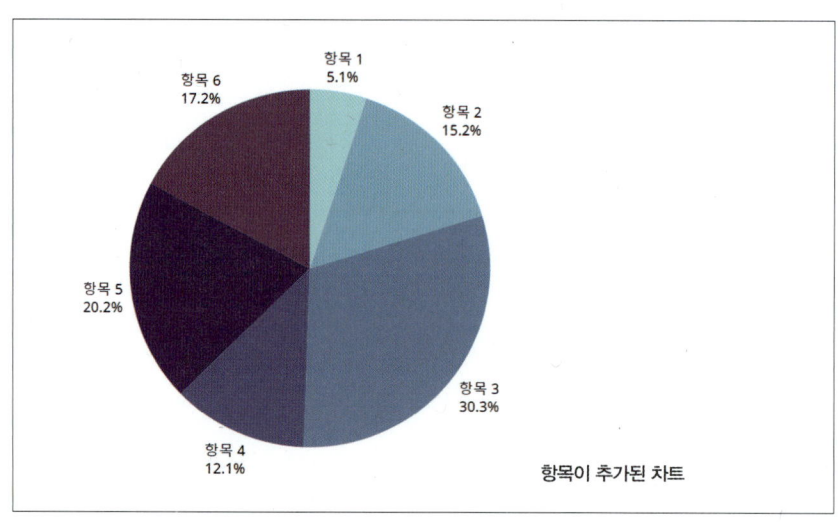

항목이 추가된 차트

6 반대로 ❶삭제할 행의 첫 번째 열(색상 열)을 클릭한 뒤 ❷휴지통 모양 [1개 행 삭제] 아이콘을 누르면 행이 삭제되면서 항목도 지워집니다.

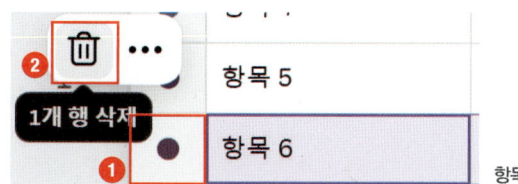

항목 삭제하기

TIP

하단의 [데이터 가져오기]를 누르면 [Google Sheets] 또는 [데이터 업로드]를 클릭해 구글 시트나 엑셀 자료를 불러와 차트로 만들 수도 있습니다.

엑셀, 구글 시트 데이터 추가 1   엑셀, 구글 시트 데이터 추가 2

그래프 및 차트 완성하기

차트의 데이터를 편집하는 기본적인 방법을 알아보았으니, 실제 PPT에 사용할 차트 제작 실습을 해 볼까요? 회사에서 운영하는 특정 서비스를 이용하는 고객의 연령 분포를 차트로 제작해 보겠습니다.

1 먼저 [라벨] 열의 각 항목들의 이름을 10대, 20대 등 연령층으로 바꾸어 줍니다.

항목 이름 변경

2 이번엔 ❶차트를 누르고 상단 바에서 ❷[편집]을 클릭해 볼까요? [편집] 메뉴 가장 윗부분에서 데이터를 입력한 상태로 차트의 종류를 변경할 수 있습니다. ❸[∨]를 클릭하고 ❹[도넛 차트]로 변경해 보겠습니다.

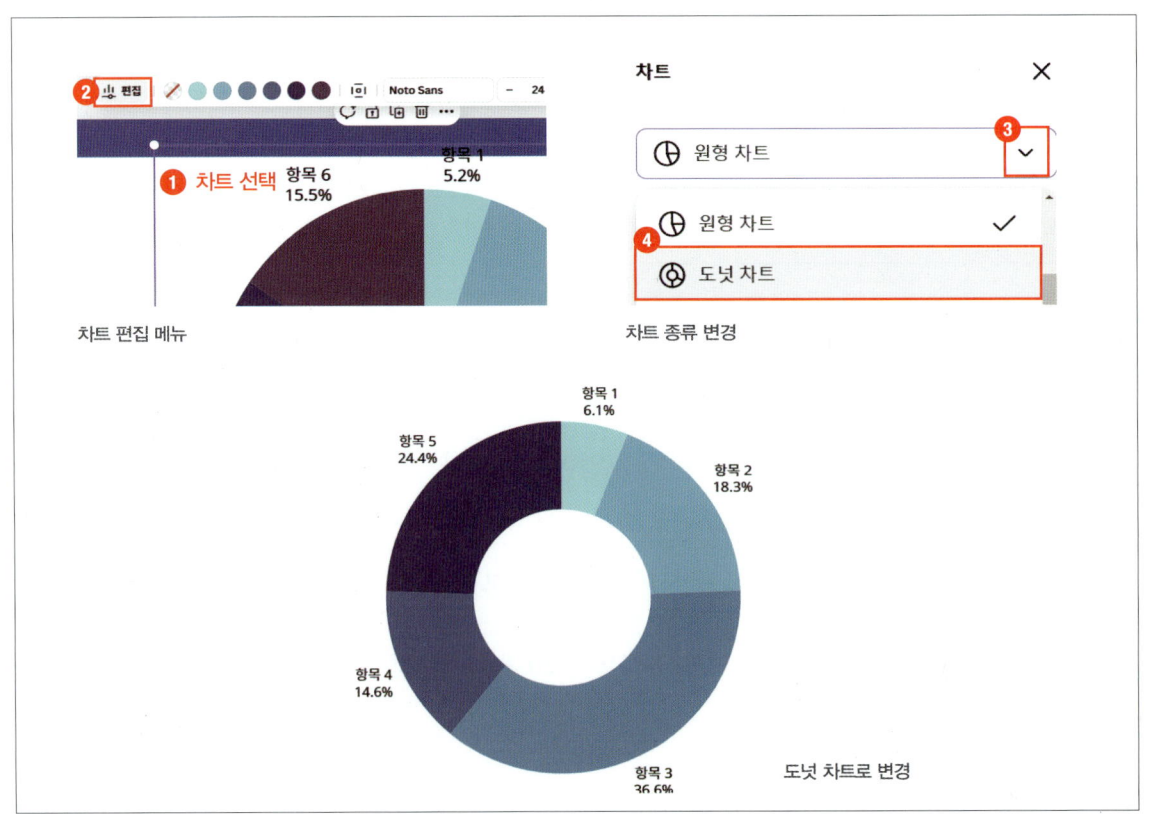

차트 편집 메뉴

차트 종류 변경

도넛 차트로 변경

3 도넛 모양 차트로 바꾸면서 차트 가운데에 공간이 생겼으니 그 공간에 차트의 제목을 적어 보겠습니다.

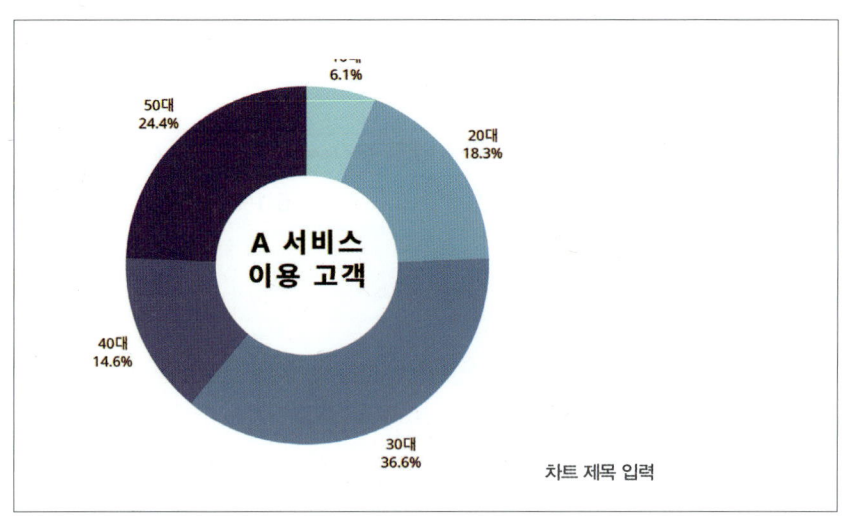

차트 제목 입력

4 이번엔 차트의 색상을 다채롭게 바꿔 보겠습니다. ❶차트를 클릭하고 ❷편집하고자 하는 색상을 클릭한 뒤 ❸원하는 색상을 골라 줍니다.

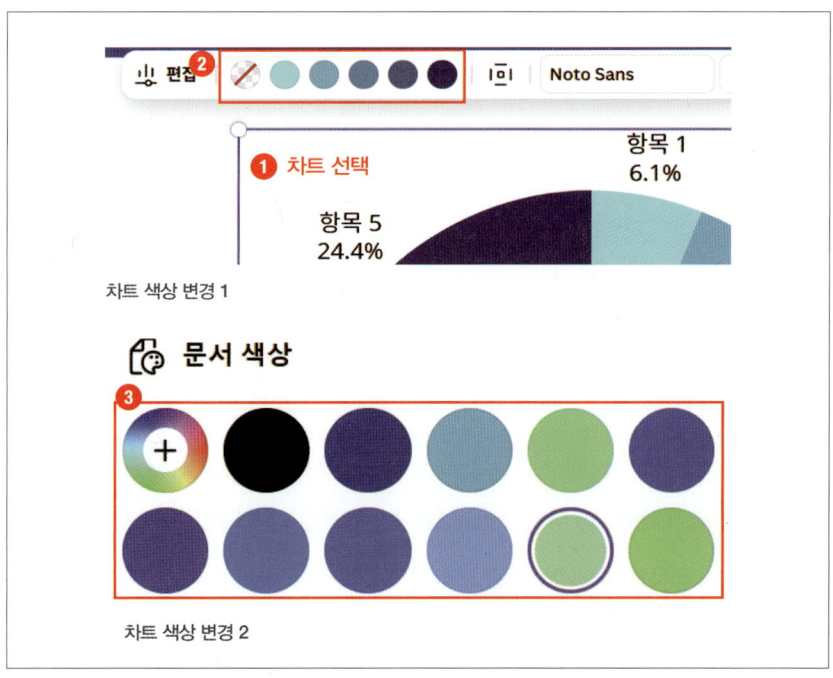

차트 색상 변경 1

차트 색상 변경 2

5   이렇게 색상을 변경해 보았다면 폰트도 변경해 보겠습니다. ❶차트를 클릭하고 ❷상단 바에서 폰트를 변경해 줍니다. 이렇게 편집이 끝나고 차트가 완성되었습니다.

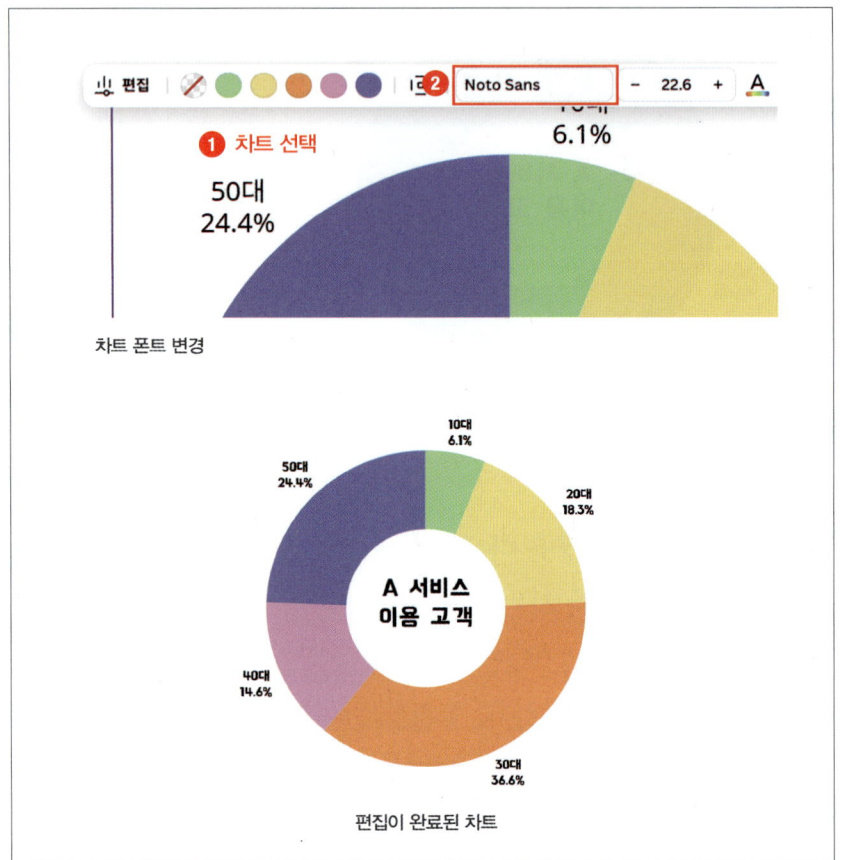

Magic Chart와 Magic Insights로 더 스마트하게 차트 활용하기

PPT 뿐만 아니라 홍보 자료, 보고서 등의 디자인에서 데이터를 시각화할 때 차트는 효과적입니다. 앞서 Canva의 사용자 친화적인 인터페이스와 함께 손쉽게 차트 요소를 만들고 편집해 보았습니다. ==새롭게 도입된 Magic Charts와 Magic Insights 는 이러한 데이터의 시각화 과정을 더욱 편리하고 유용하게 만들어 줍니다.==

1 Magic Chart와 Magic Insghits를 추가하기 위해서는 먼저 [시트] 요소를 추가해야 합니다. [요소] 탭에서 [시트] 항목을 찾아 [모두 보기]를 클릭합니다.

시트 요소 추가 1

2 다양한 디자인의 [시트] 요소가 보입니다. 가장 상단의 간단한 형태의 요소를 추가해 보겠습니다.

3 추가한 [시트] 요소의 각 셀에 내용을 임의로 입력해 보겠습니다.

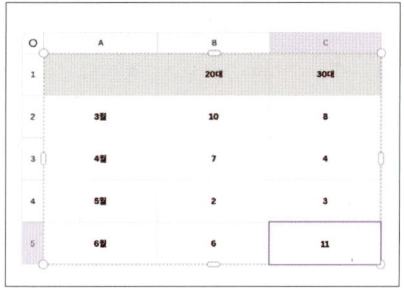

시트 내용 입력

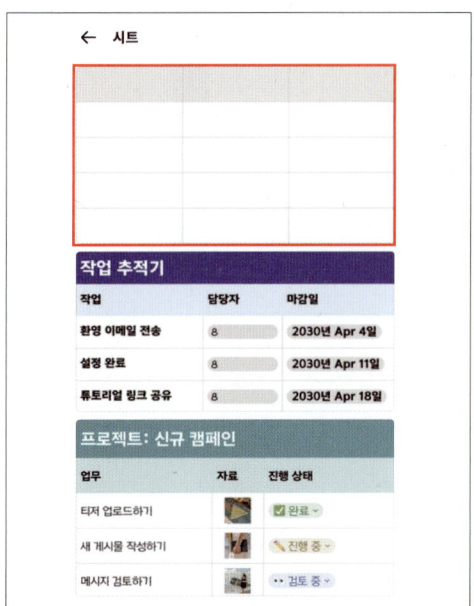

시트 요소 추가 2

4 먼저 [Magic Charts]를 배워 보겠습니다. 상단 메뉴에서 ❶[작업]

- ❷[Magic Charts]를 클릭합니다. 왼쪽 메뉴에 시트에 입력한 내용에 따라 캔바 AI가 추천해 준 ❸차트의 종류를 선택하고, ❹차트 미리보기를 클릭하면 차트가 생성됩니다.

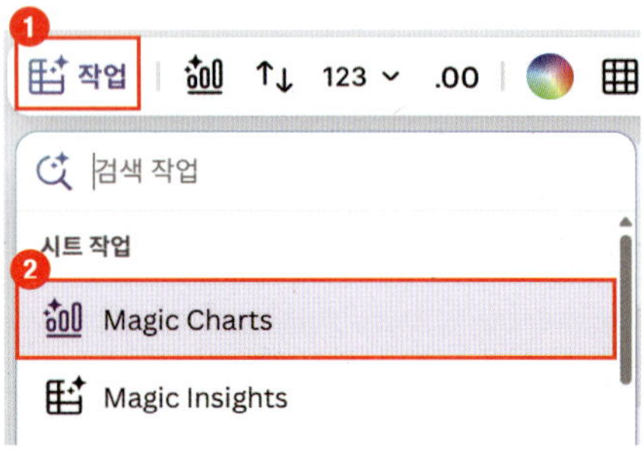

매직 차트 추가 1

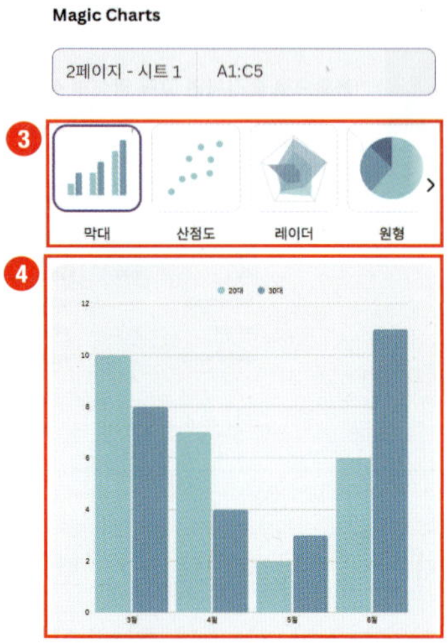

매직 차트 추가 2

	20대	30대
3월	10	8
4월	7	4
5월	2	3
6월	6	11

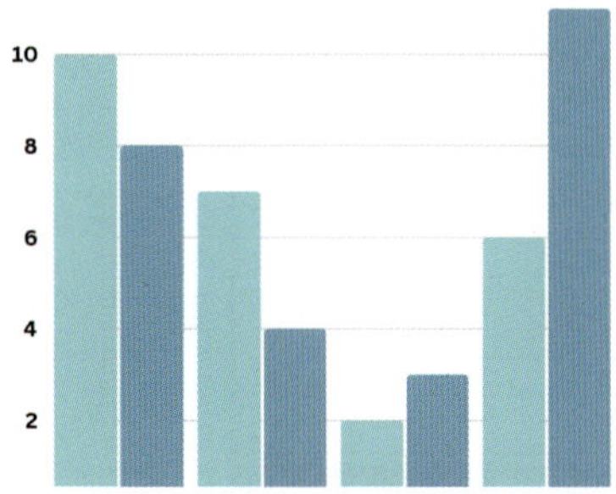

생성된 매직 차트

5 앞서 배운 차트 요소 편집을 활용하여 차트를 디자인해 줍니다.

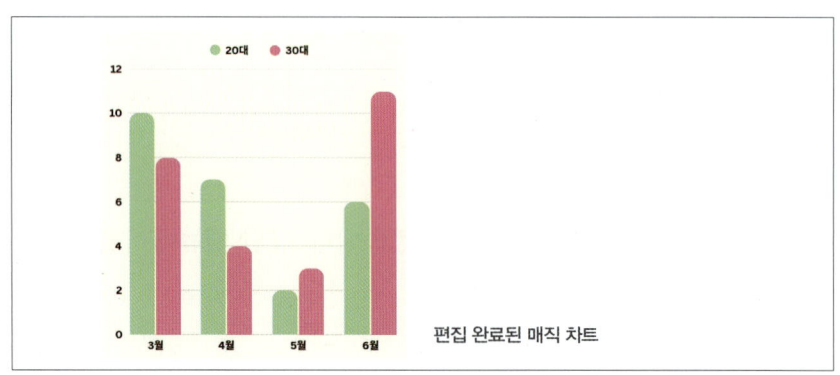

편집 완료된 매직 차트

TIP

Magic Chart는 캔바 시트와 연결된 차트로서 캔바 시트에 입력된 값을 편집하면 자동으로 차트도 수정됩니다. 뿐만 아니라, 캔바 시트를 삭제하게 되면 연결된 데이터가 사라져 다음 그림처럼 차트가 표시되지 않게 됩니다. 만약 시트와 차트의 편집이 끝난 뒤 차트만 남기고 싶다면 차트 ❶[편집] 메뉴에서 소스 중 ❷[더보기 (…)] 버튼을 누르고 ❸[소스에서 연결 해제]를 눌러 시트와 매직 차트의 연결을 해제한 후 시트를 삭제하면 됩니다.

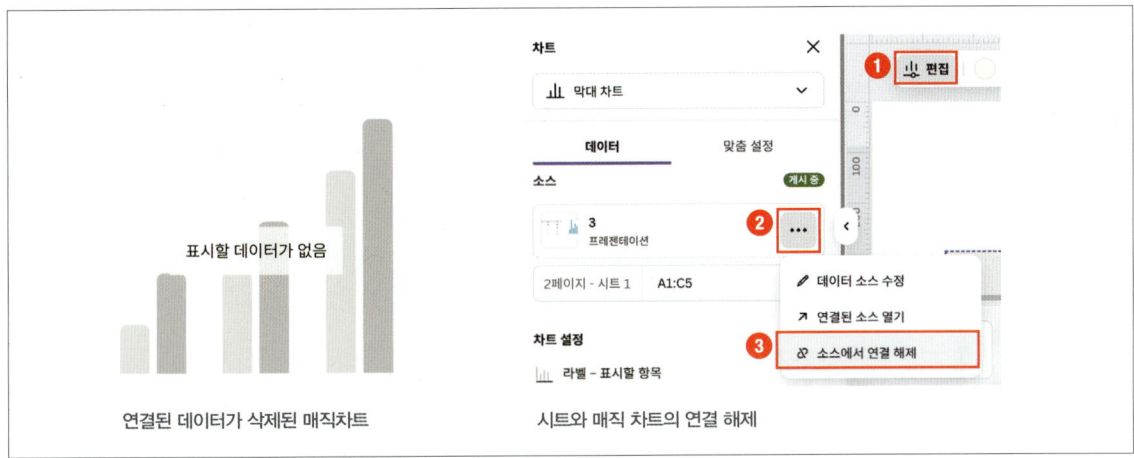

연결된 데이터가 삭제된 매직차트   시트와 매직 차트의 연결 해제

이번엔 **AI가 시트에 입력된 데이터를 분석해 주는 [Magic Insights]를 알아보겠습니다.** [Magic Insights]는 👑Pro 요금제를 구독해야 사용할 수 있습니다.

1 다시 한번 데이터를 입력한 캔바 시트를 클릭하고 상단 ❶[작업] 메뉴에서 ❷[Magic Insights]를 클릭합니다. 왼쪽 메뉴에서 ❸[생성하기]를 클릭합니다.

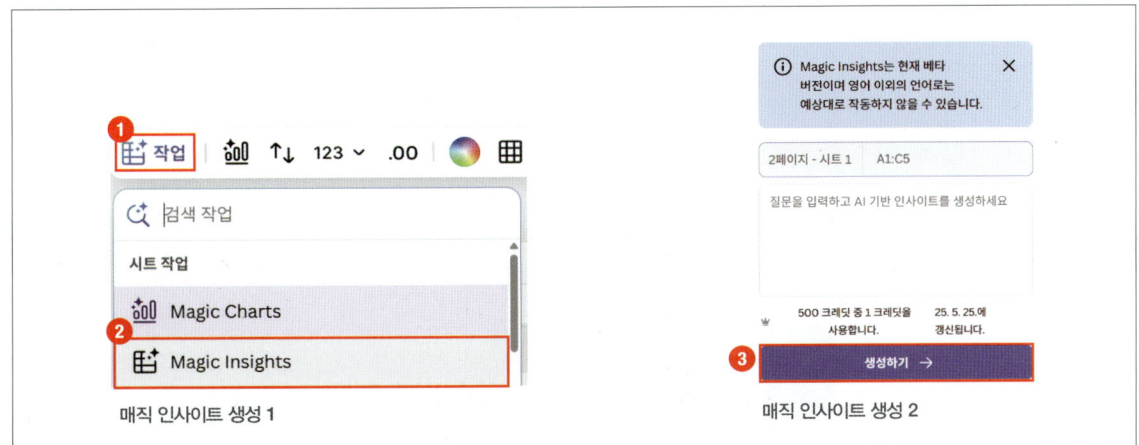

매직 인사이트 생성 1   매직 인사이트 생성 2

2 잠시 시간이 흐른 뒤, 캔바 AI가 시트에 입력된 데이터 분석 결과를 제공합니다. [Magic Insights]는 데이터의 양이 많고 복잡할 때 더욱 활용도가 높겠죠?

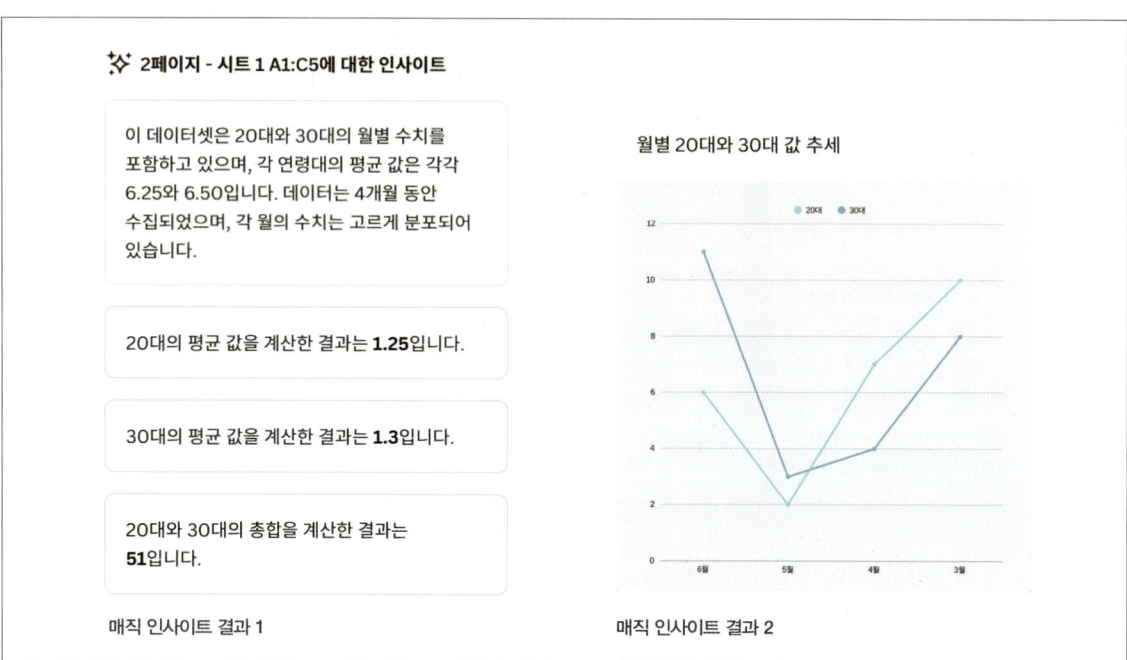

저자 직강 **영상 과외**

캔바로 차트 편집하기

POINTS

- 캔바에선 막대 차트, 원형 차트, 레이더 차트 등 다양한 차트 요소를 사용할 수 있다!
- 차트 요소를 누르고 [편집]을 클릭하면 간단한 숫자 입력으로 차트 완성!
- Magic Chart, Magic Insight 활용으로 더욱 스마트하게 차트 활용 가능!

캔바로 만드는 고퀄리티 영상

유튜브나 인스타그램 릴스, 틱톡 등의 플랫폼이 하루가 다르게 성장하면서 영상 제작에 도전하는 분들이 많아졌습니다. 그중에서도 요새는 '숏폼'을 통한 제품이나 이벤트 홍보가 마케팅에서 큰 효과를 보이고 있습니다. 숏폼은 1~2분 정도의 짧은 길이의 영상 콘텐츠로, 보통 영상이 16:9 비율로 가로로 넓은 화면이라면 숏폼은 스마트폰 화면에 맞추어 세로로 긴 형태의 영상들이 많습니다.

예전에는 영상을 제작하기 위해서는 촬영을 하거나 영상 소스를 구하는 것은 물론이고 프리미어 프로나 다빈치 리졸브 등 편집 프로그램을 다루는 능력이 필요했습니다. 고퀄리티 영상을 위해서는 아직도 위와 같은 편집 프로그램을 다루는 것이 필수적이지만, 기능이 다양하기 때문에 이를 배우고 이에 능숙해지는 데 상당히 오랜 시간이 걸립니다.

제작하려는 영상 제작에 많은 기능이 필요한 경우가 아닌 경우에는, 캔바가 좋은 대안입니다. **캔바를 이용해 영상을 제작하면 편집 기능을 익히**

는 데 걸리는 시간을 대폭 줄일 수 있습니다. **대부분의 영상 편집 툴과 비교하면 기능이 매우 간단하기 때문입니다.** 이번 장에서 PPT를 다루는 방법을 배웠다면 영상 제작은 더 쉽습니다. 게다가 캔바에서는 수많은 영상 소스까지 함께 제공하고 있어서 영상을 촬영하고 소스를 구하는 시간까지 절약할 수 있습니다. 여러모로 최근 트렌드인 '숏폼'을 제작하는 데 최적화된 도구라고 할 수 있습니다. ==본 도서에서는 '숏폼'으로 실습을 하지만, 어느 정도 길이가 있는 동영상 제작도 물론 가능합니다.==

> **TIP**
> 영상 편집 시 협업이 된다는 것도 큰 장점입니다. 2장에서 배운 협업 링크를 이용하면 동료와 함께 실시간 편집을 할 수 있습니다.

1 먼저 동영상을 만들기 위해 템플릿 검색을 해 보겠습니다. 최근 유행하는 브이로그 영상을 제작해 볼까요? 브이로그 중에서도 요즘 많은 분들의 취미인 캠핑을 주제로 하여 '캠핑 브이로그'를 예시로 실습해 보겠습니다. 템플릿 검색창에 '캠핑 브이로그'라고 검색합니다. 수많은 캠핑 브이로그 영상 템플릿이 검색됩니다. 일반적인 유튜브 영상 비율인 16:9 형태의 영상들이 많이 보입니다.

브이로그 검색 / 영상 템플릿

2 이번엔 세로로 길고 재생 시간이 짧은 숏폼 영상만 따로 검색해 보도록 하겠습니다. '캠핑'을 검색하고 ❶하단의 [카테고리] - ❷카테고리 검색창에 '모바일' 검색 - ❸[모바일 동영상]을 선택합니다. 캔바는 숏폼이라는 용어 대신 '모바일 동영상'이라는 용어를 사용합

니다. 세로로 긴 비율의 숏폼 영상 템플릿이 보입니다.

'캠핑' 검색

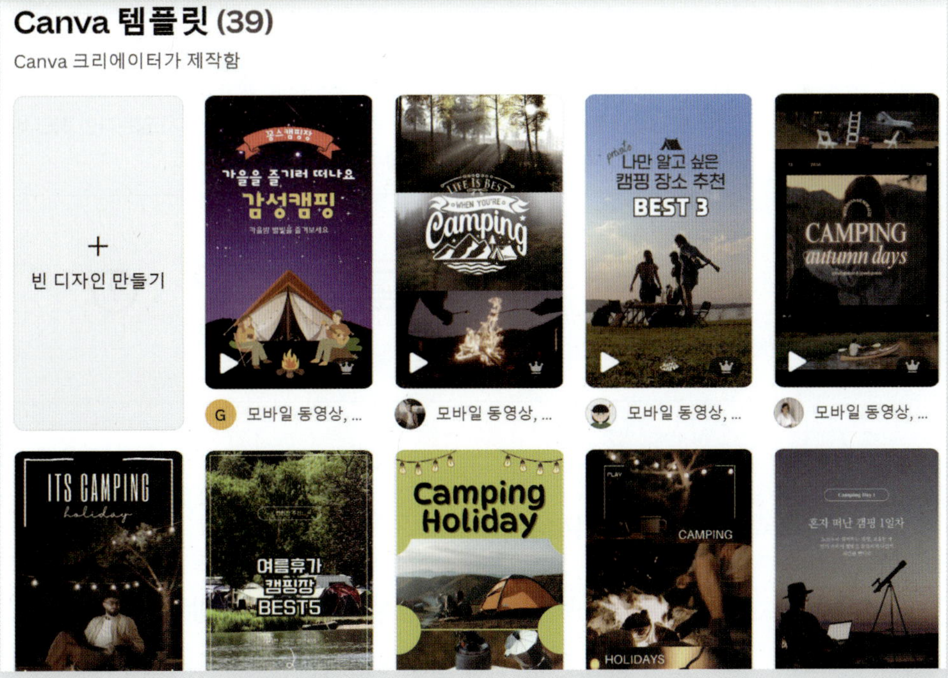

숏폼 템플릿

CHAPTER 3 PPT & 숏폼 제작에도 최적화된 캔바

3 영상 템플릿을 편집하게 되면 하단에 재생 버튼과 함께 영상 템플 릿에 담긴 장면들이 보입니다. PPT를 편집할 때 보았던 104쪽의 '썸네일 표시'와 거의 비슷한 형태이지만 영상 템플릿이어서 가장 왼쪽에 재생 버튼이 보입니다. 이 재생 버튼을 누르면 영상이 재생됩니다.

하단의 장면 선택 창

TIP
만약 하단에 바로 위 그림 하단의 장면 선택 창처럼 장면들이 보이지 않는다면 하단 바 오른쪽에서 [페이지 썸네일 표시]를 클릭해 주시면 됩니다.

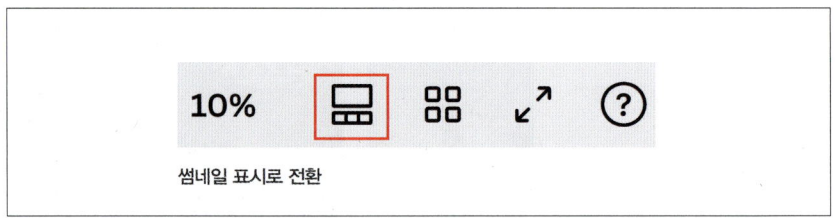

썸네일 표시로 전환

영상 편집 시작하기

1 먼저 템플릿에 새로운 영상을 추가하는 방법을 알아볼까요? 스크롤바를 오른쪽 끝까지 드래그한 후 [페이지 추가]를 클릭합니다. 그럼 새로운 페이지가 추가됩니다. 다른 디자인에서는 페이지라고만 부르지만 영상에서는 한 페이지가 한 장면이 됩니다.

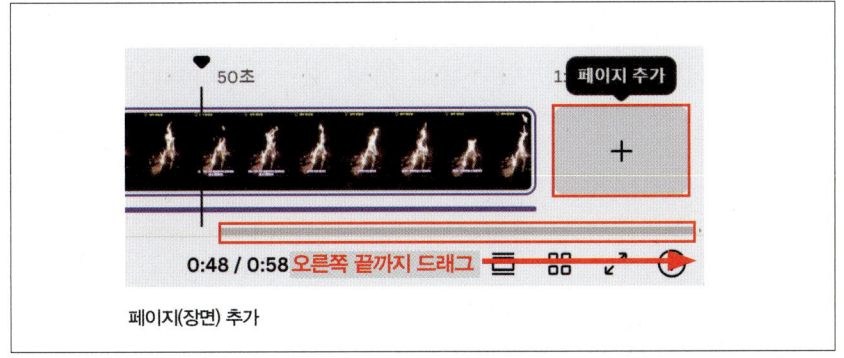

페이지(장면) 추가

2 먼저 자신이 갖고 있는 영상 / 이미지 소스를 넣어 보겠습니다.
❶왼쪽 도구 바에서 [업로드 항목]에 들어가 ❷[파일 업로드]를 클릭하여 가지고 있는 영상을 추가합니다.

영상 소스 업로드

3 만약 적절한 영상 소스를 가지고 있지 않다면 캔바에서 제공하는 영상 소스를 넣을 수도 있습니다. ❶[요소] 메뉴에 들어가 ❷스크롤을 내려 적절한 '동영상'을 찾고 ❸[모두 보기]를 클릭합니다.

요소 메뉴에서
영상 요소 추가

4 많은 영상 요소 중에서 캠핑 테마의 숏폼 템플릿만 모아서 보도록 하겠습니다. ❶동영상 검색창에 '캠핑' 입력 후 [Enter]를 눌러 검색하고 ❷검색창 오른쪽 필터 아이콘을 누른 뒤 ❸[세로형]을 선택합니다. 이렇게 검색하면 '세로형'만 필터 처리했기 때문에 캠핑 관련 영상 중 숏폼 형식의 요소만 보입니다.

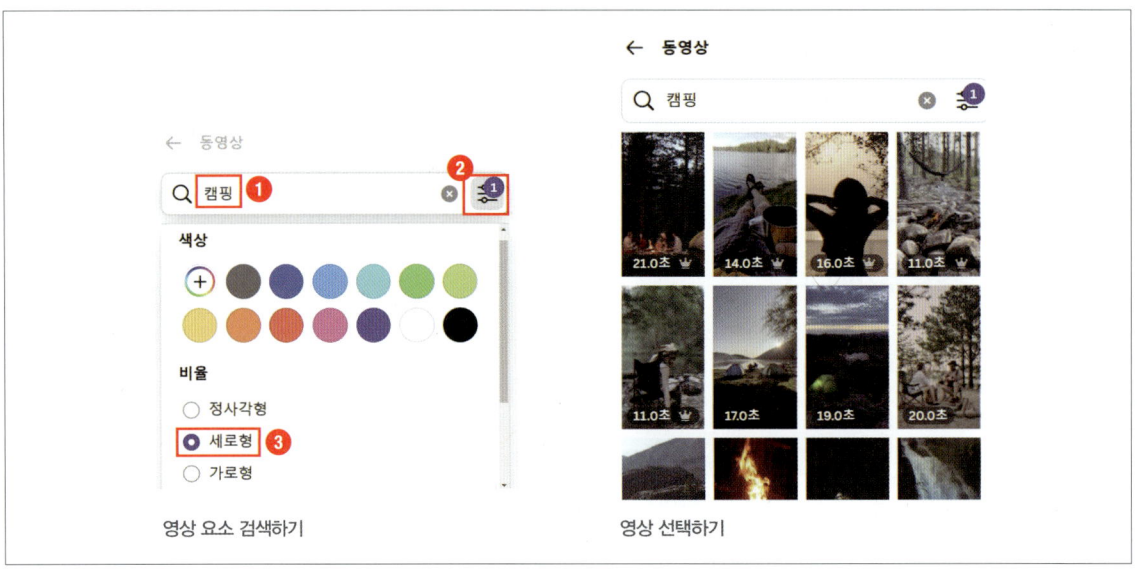

영상 요소 검색하기　　　　　　　영상 선택하기

5 원하는 영상을 클릭하면 페이지에 영상이 추가됩니다. 영상의 크기를 페이지 사이즈에 맞게 조절해 줍니다.

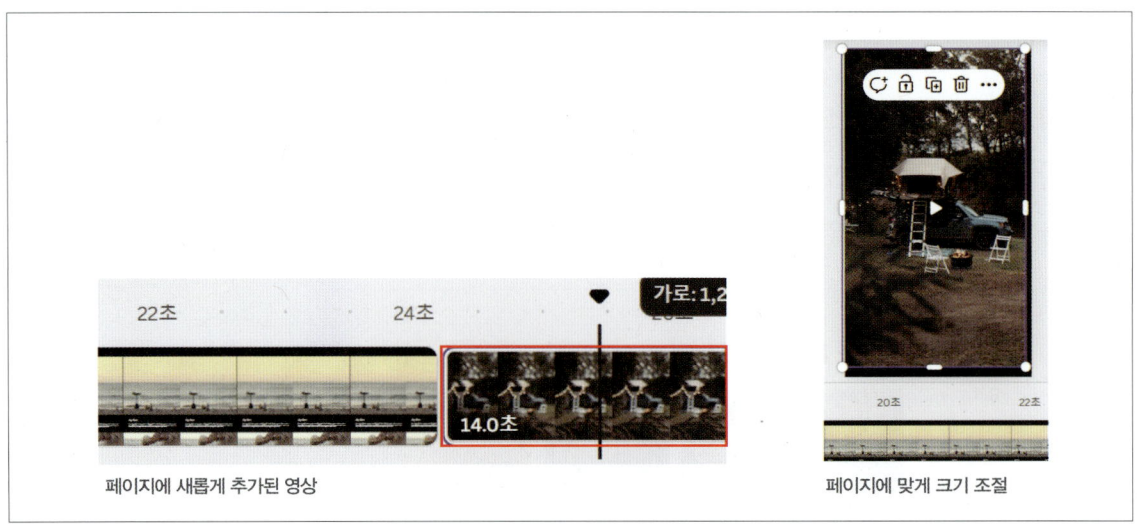

페이지에 새롭게 추가된 영상　　　　　　　페이지에 맞게 크기 조절

TIP

사진, 동영상, 오디오 등 동영상에서 자주 사용하는 요소들은 왼쪽 도구 바 중 ❶[앱]으로 들어가면 ❷왼쪽 도구 바에 새로운 메뉴로 추가할 수 있습니다. 이렇게 하면 사진, 동영상, 오디오 등의 요소를 찾을 때 [요소] 메뉴에 들어가 다시 해당 요소들을 검색하는 수고를 덜 수 있습니다. 또 이후 영상에서 다룰 [캡션]도 미리 추가해 보도록 하겠습니다.

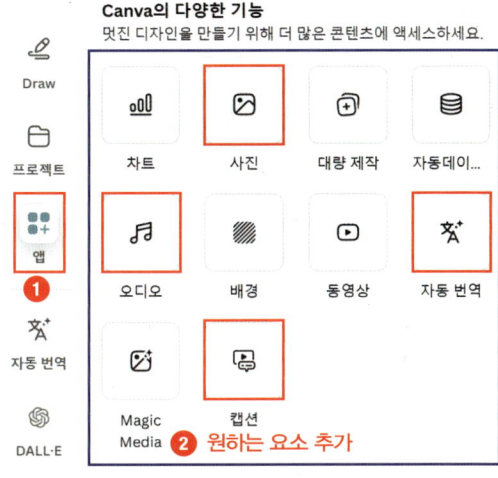

앱에서 메뉴 추가하기 1　　　　　　　　　　　앱에서 메뉴 추가하기 2

컷 편집의 다양한 방법 알아보기

1 다음으로 영상 편집의 가장 기본이 되는 컷 편집 방법을 알아보겠습니다. 컷 편집을 더 세밀하게 하기 위한 준비를 해 보겠습니다. 하단 메뉴 우측 하단을 보면 확대/축소 핸들 옆에 확대, 축소할 항목을 설정하는 버튼이 보입니다. 이 버튼을 클릭해 [썸네일 확대 축소]로 설정해 줍니다.

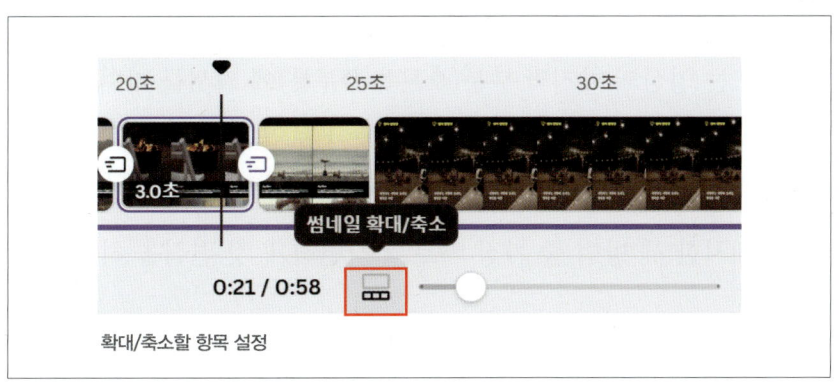

확대/축소할 항목 설정

2 그리고 핸들(동그라미)을 조정해 각 장면의 썸네일을 길게 늘려 줍니다. 이렇게 하면 영상의 실제 길이는 변하지 않지만 썸네일이 길어지고 컷 편집을 더 세밀하게 할 수 있습니다.

이제 컷 편집 방법을 알아볼까요? 컷 편집은 총 세 가지 방법이 있습니다.

	컷 편집 방법	특징
1	각 장면의 영상 길이를 조절	가장 빠르고 간단하게 컷 편집
2	영상을 분할한 뒤 필요 없는 부분을 삭제	중간 부분을 자르고 싶을 때 효과적
3	다듬기	가장 세밀하게 영상을 컷 편집

첫 번째 방법은 각 장면의 영상 길이를 조절하는 방법입니다.

먼저 하단 바에서 편집할 영상을 선택한 뒤 영상의 시작 부분(왼쪽 끝부분) 또는 영상의 마지막 부분(오른쪽 끝부분)에 커서를 가져다 댑니다. 그러면 길이를 조절할 수 있는 핸들이 보입니다. 이 핸들을 클릭한 상태로 왼쪽 오른쪽으로 이동하면서 영상 길이를 조절할 수 있습니다. 제시한 세 방법 중 가장 빠르고 간단하게 컷 편집을 하는 방법입니다.

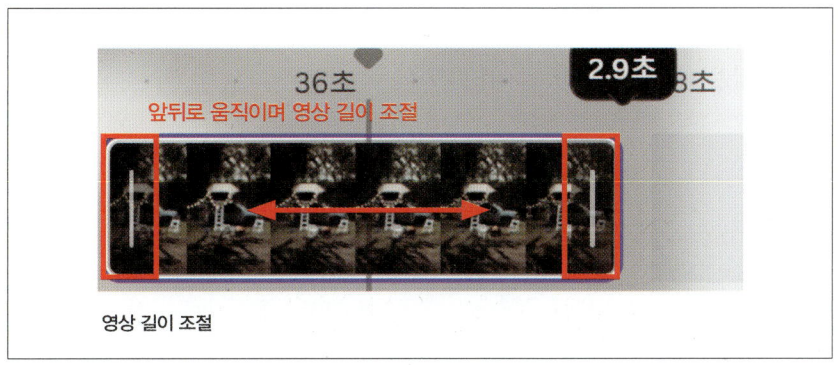

영상 길이 조절

두 번째 방법은 영상을 분할한 뒤 필요 없는 부분을 삭제하는 방법입니다.

1 한 장면을 A, B, C 구간으로 나눈 뒤 B 구간을 삭제해 보겠습니다. ❶영상을 나누고 싶은 부분(A 구간과 B 구간 사이)에 커서를 가져다 댄 뒤 ❷상단 바에서 [페이지 분할]을 선택합니다. 이렇게 하면 하나의 영상이 2개의 장면(2페이지)로 나누어집니다.

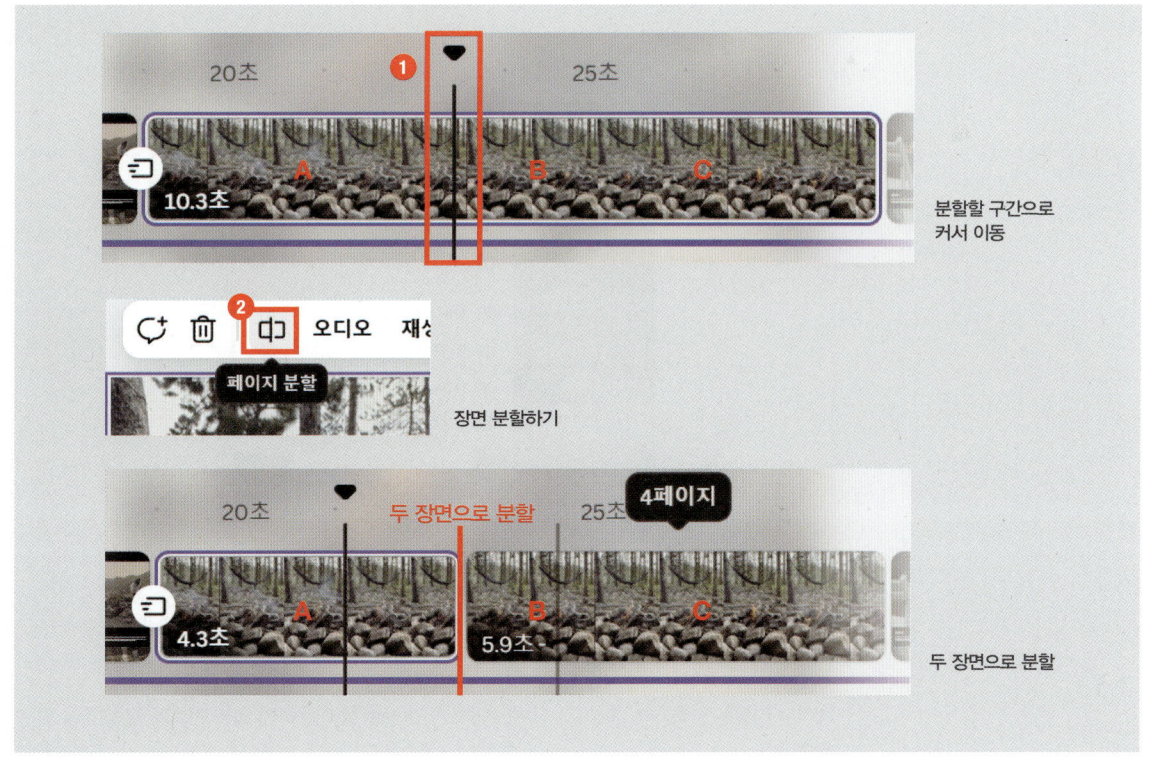

분할할 구간으로 커서 이동

장면 분할하기

두 장면으로 분할

2 B와 C 구간 사이도 같은 방법으로 분할하면 세 장면으로 나누어 진 것을 확인할 수 있습니다.

세 장면으로 분할

3 삭제하고 싶은 장면을 ❶오른쪽 마우스로 클릭하거나 (…) 버튼을 누른 뒤 ❷[1 페이지 삭제]를 누르면 장면이 삭제됩니다. 이렇게 컷을 나누고 필요 없는 부분을 자를 수 있습니다. 이 방법은 특히 중간 부분을 자르고 싶을 때 효과적입니다.

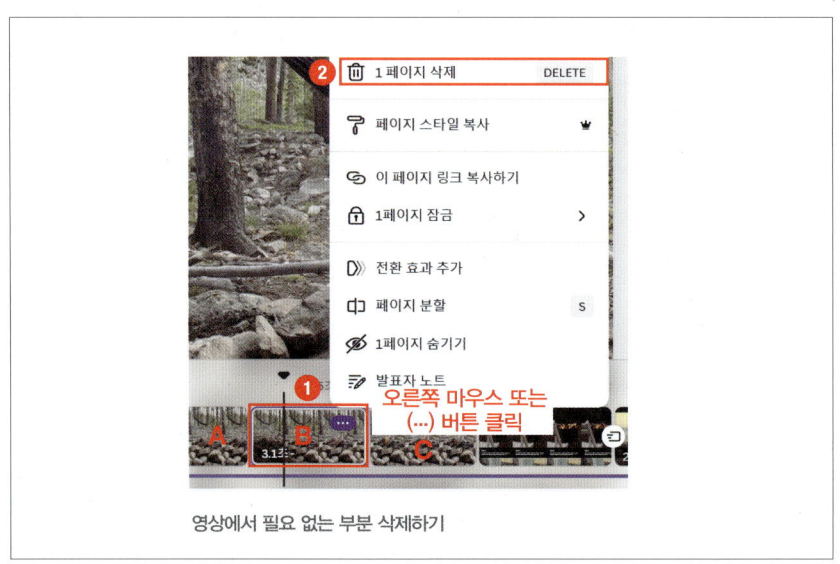

영상에서 필요 없는 부분 삭제하기

TIP

페이지 분할은 단축키 's', 페이지 삭제는 단축키 'delete'를 이용하면 훨씬 빠르게 컷 편집을 할 수 있습니다.

세 번째 방법은 '다듬기'입니다.

1 먼저 ❶화면에서 편집할 영상 요소를 클릭한 뒤 ❷상단 바의 가위 모양 [다듬기] 버튼을 클릭합니다.

영상 다듬기 1

2 다음으로 ❶남기고 싶은 영상의 시간을 입력하고 ❷바를 이동해 남기고 싶은 부분으로 맞춘 뒤 ❸[완료]를 클릭합니다. 이 방법은 3가지 방법 중 가장 세밀하게 영상을 컷 편집할 수 있습니다.

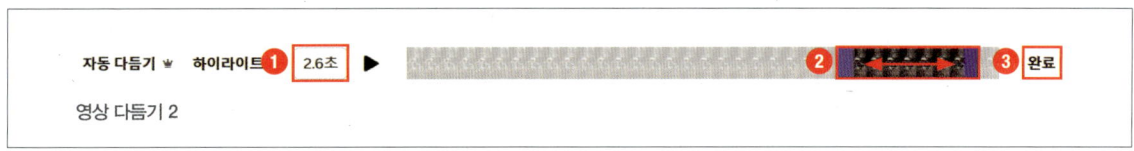

영상 다듬기 2

> **TIP**
> 바로 위 '영상 다듬기 2' 그림에서 보이는 [자동 다듬기 👑Pro]와 [하이라이트 👑Pro]는 모두 영상 요소에서 AI가 중요한 구간을 인식하여 자동으로 컷 편집을 하는 기능입니다. 두 기능 모두 👑Pro 요금제에서만 사용 가능합니다.

영상의 분위기를 만드는 음악 넣기

영상의 완성도를 높이기 위해서는 영상의 분위기에 어울리는 배경음악을 넣는 것이 필수입니다. 다음으로는 영상에 오디오를 넣는 방법을 알아보도록 하겠습니다.

1 먼저 135쪽의 '앱에서 메뉴 추가하기 2'그림에서 추가했듯이 ❶[앱]에서 [오디오] 메뉴를 추가해 줍니다. 그리고 ❷추가하고 싶은 음악의 분위기와 같은 키워드를 검색합니다. 이때, **영어로 검색하는 것이 더 정확한 검색 결과를 보여 줍니다.** ❸앨범 커버 부분을 클릭하면 음악을 미리 들어 볼 수 있고 ❹제목 부분을 클릭하면 영상에 음악이 추가됩니다.

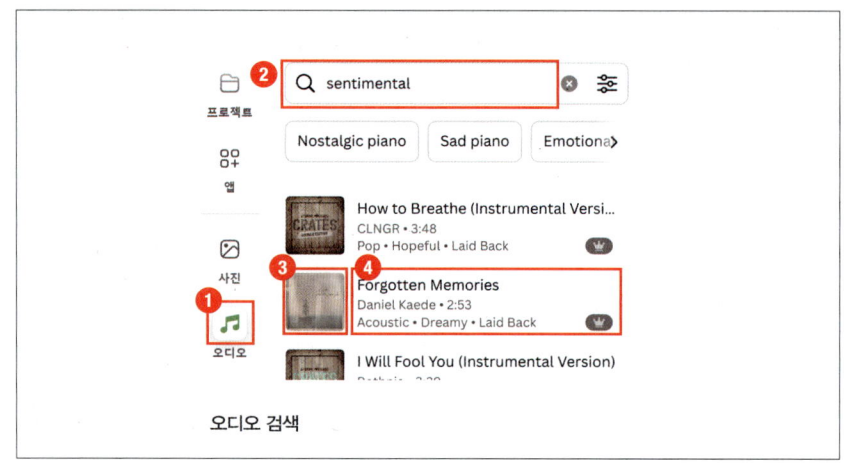

TIP

오디오 요소는 Pro 요소의 비율이 비교적 높습니다. 따라서 무료 요금제의 경우 검색창 오른쪽의 필터 - 무료를 선택해 무료 오디오 요소만 모아 보는 것을 추천합니다. 만약 필터 아이콘이 보이지 않는다면 [Enter]를 눌러 검색을 완료하면 필터 아이콘이 보입니다.

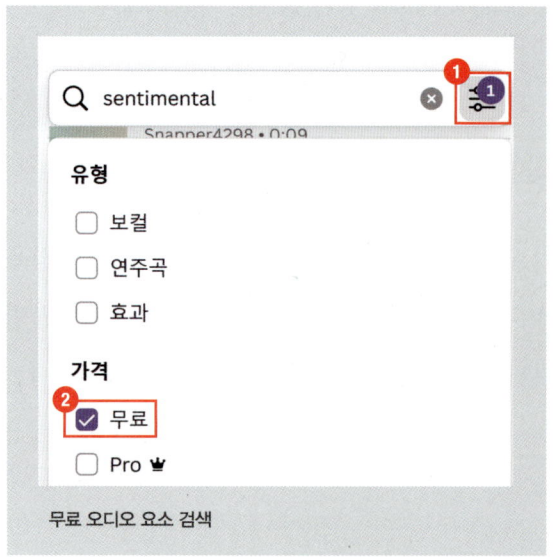

무료 오디오 요소 검색

2 음악을 추가했다면 음악이 들어갈 구간과 음악의 길이를 설정해 주어야 합니다. 음악을 추가했기 때문에 하단 바를 보면 장면 썸네일 밑에 '오디오 바'가 추가되었습니다. 오디오 바를 클릭한 상태로 좌우로 드래그해서 음악이 시작되고 끝나는 타이밍을 결정할 수 있습니다. 또한 오디오 바의 '양쪽 끝부분'을 클릭한 상태로 좌우로 드래그하면 음악의 특정 부분만 재생할 수 있습니다.

> **TIP**
> 오디오 요소는 배경음악뿐만 아니라 공 튀기는 소리, 문 열리는 소리 등 여러 효과음도 있습니다. 박수 소리가 필요하다면 'clap' 등의 검색어를 입력하면 됩니다.

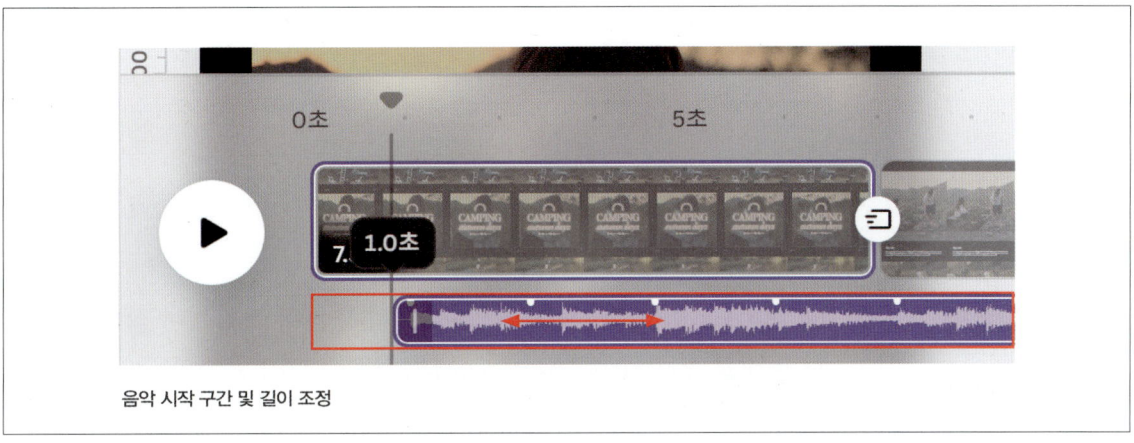

음악 시작 구간 및 길이 조정

3 오디오 바를 클릭하면 상단 바에는 다음 그림과 같이 오디오 요소 편집 메뉴가 나타납니다.

상단바 오디오 편집 메뉴

❶ 🗑 : 오디오 요소를 삭제합니다.
❷ ✂ : 영상에서 페이지 분할을 했던 것처럼 오디오 요소를 분할하고 컷 편집을 할 수 있습니다.
❸ **조정** : 앞서 나온 '음악 시작 구간 및 길이 조정' 그림처럼 음악이

시작되는 구간과 음악의 길이를 설정합니다.

❹ 🔊 : 오디오의 볼륨을 설정하는 버튼입니다. 볼륨 조절 바나 숫자 입력으로 볼륨을 키우거나 줄일 수 있고 스피커 모양 아이콘으로 음소거를 할 수 있습니다.

오디오 볼륨 설정

❺ **페이드** : 음악의 시작과 끝부분에서 볼륨이 커지거나 작아지게 하는 효과를 주는 버튼입니다. 페이드인은 음악이 시작할 때 작게 시작했다가 볼륨이 점점 커지는 효과를 주는 기능이며, 페이드아웃은 음악의 끝부분에서 볼륨이 서서히 줄어들게 하는 기능입니다. 시간 조절 바나 숫자 입력으로 각 효과의 시간을 설정할 수 있습니다. 페이드 효과는 영상에서 감성적인 분위기를 더하는 효과가 있습니다.

또한 음악 중간 부분에서 영상이 시작하거나 끝날 때, 음악 소리가 큰 상태에서 영상이 시작하거나 끝나면 어색합니다. 이때도 페이드 효과를 적절히 주어 시작과 끝을 자연스럽게 하는 데 쓰입니다.

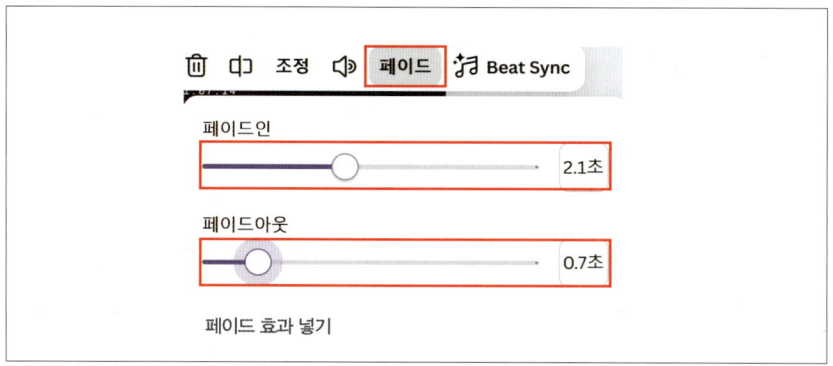

페이드 효과 넣기

❻ Pro 🎵 Beat Sync : Pro 기능으로, 음악의 박자에 맞추어 자동으로 각 장면의 길이와 장면 전환 타이밍이 맞추어지는 기능입니다. [지금 동기화]를 눌러 실행할 수 있으며 특히 드럼 비트가 있는 음악을 영상에 넣을 때 이 기능을 사용하면 영상의 퀄리티를 높일 수 있습니다. 단, 오디오 요소의 길이나 드럼 비트의 유무 등에 따라 🎵 Beat Sync 기능을 지원하지 않는 오디오 요소도 있습니다.

텍스트 기능으로 자막 넣기

자막은 대부분의 영상에서 필수적인 요소입니다. 2장에서 이미 배운 텍스트 기능을 이용하면 영상의 각 장면에 쉽게 자막을 넣을 수 있습니다.

1 텍스트 상자를 추가하고 자막을 입력한 뒤 편집합니다. PPT에서 배운 애니메이션 효과까지 추가해 볼까요?

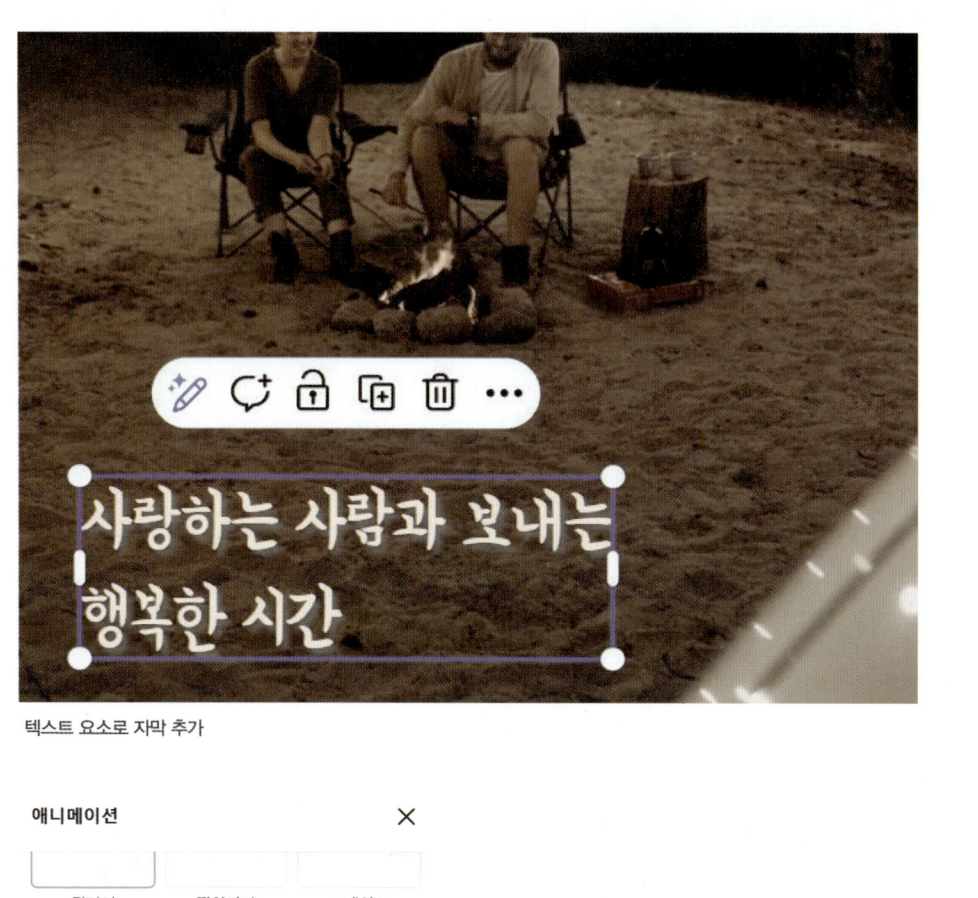

텍스트 요소로 자막 추가

텍스트 요소 애니메이션 1 텍스트 요소 애니메이션 2

2 여기까지는 다른 디자인과 다르지 않지만 영상인 만큼 텍스트가 나오는 타이밍을 설정해 주어야 합니다. 영상 템플릿에서 특정 요소를 클릭하면 상단에 요소 지속 시간 바가 표시됩니다. 만약 요소 지속 시간 바가 보이지 않는다면, ❶텍스트를 우클릭한 후 ❷[요소 지속 시간 표시]를 선택합니다.

요소 지속 시간 표시

3 그러면 영상 썸네일 위로 요소 지속 시간 바가 보입니다. 이 부분을 조절하여 요소 등장 시간을 설정할 수 있습니다.

요소 등장 타이밍 조절

TIP

텍스트 요소뿐만 아니라 사진, 그래픽 등의 요소도 [요소 지속 시간 표시]를 눌러 영상에서 등장하는 시간을 설정할 수 있습니다.

그래픽 요소의 요소 지속 시간 표시

그래픽 요소의 등장 타이밍 조절

AI로 자동 자막 넣기

영상 편집을 하다 보면 자막을 넣는 작업이 시간이 상당히 오래 걸립니다. 이 시간을 단축할 수 있는 매우 유용한 기능을 알아보겠습니다.

1   영상 편집을 시작할 때 [앱]에 [캡션]을 추가했었습니다. (135쪽 '앱에서 메뉴 추가하기 2' 그림 참고) ❶캡션 메뉴를 클릭하고 ❷캡션 생성을 클릭합니다. 자막을 생성하기 위해서는 당연하게도 사람의 목소리가 포함된 영상이 있어야 합니다.

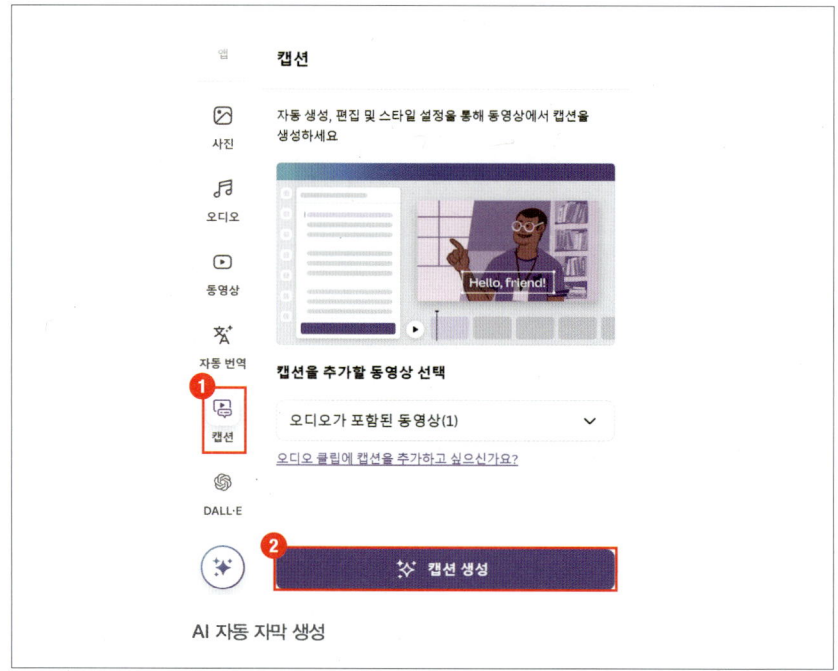

AI 자동 자막 생성

2   영상에 사람 목소리가 있는 경우, **캔바 AI가 음성을 인식하여 자동으로 자막**을 만들어 줍니다. 자막을 클릭하여 텍스트를 편집할 수 있고, **하나의 자막만 편집해도 전체 자막의 형식이 자동으로 바뀝니다.**

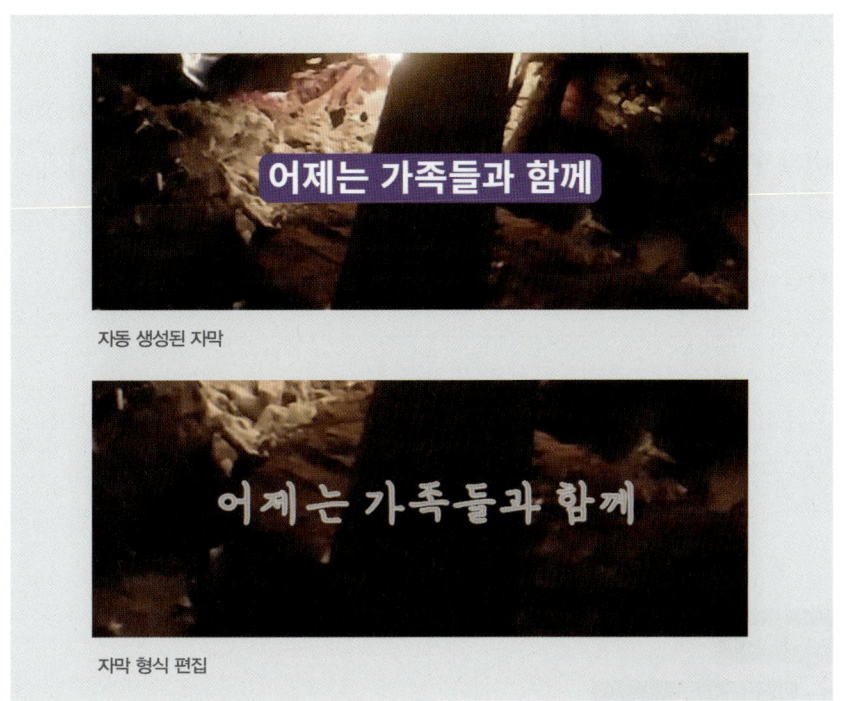

자동 생성된 자막

자막 형식 편집

3 자막을 누르고 상단 바에서 [캡션]을 누르면 삽입된 자막을 모아 볼 수 있고, 음성인식이 잘못된 부분이 있다면 수정을 할 수 있습니다.

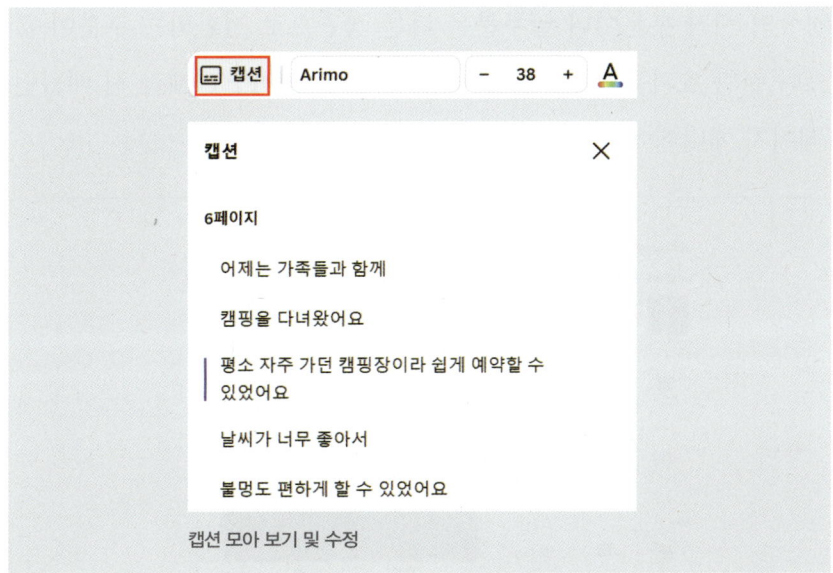

캡션 모아 보기 및 수정

장면 전환 효과 넣기

마지막으로 영상의 각 장면을 전환할 때 효과를 넣어 보도록 하겠습니다. PPT 제작 시 배웠던 [전환 효과] 기능입니다. 각 장면 사이에 커서를 가져다 대면 [전환 효과 추가] 버튼이 보입니다. 여기에서 효과를 넣으면 장면이 전환될 때 여러 가지 효과를 줄 수 있습니다.

> **TIP**
> **전환 효과 추가 버튼**
> 전환 효과 추가 버튼은 전환되는 영상이 너무 짧은 경우에는 보이지 않습니다.

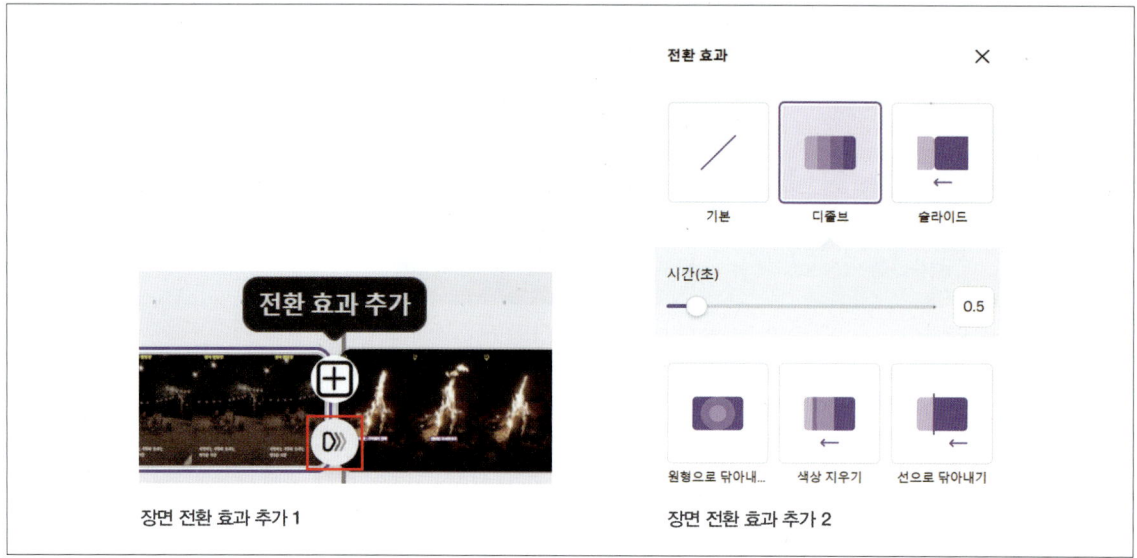

장면 전환 효과 추가 1   장면 전환 효과 추가 2

영상의 시작 부분이나 끝부분은 다른 장면으로 전환되는 부분이 없으니 전환 효과를 넣을 수 없습니다. 이럴 때는 PPT 제작 시 배웠던 '페이지 애니메이션' 기능을 넣어 주면 됩니다.

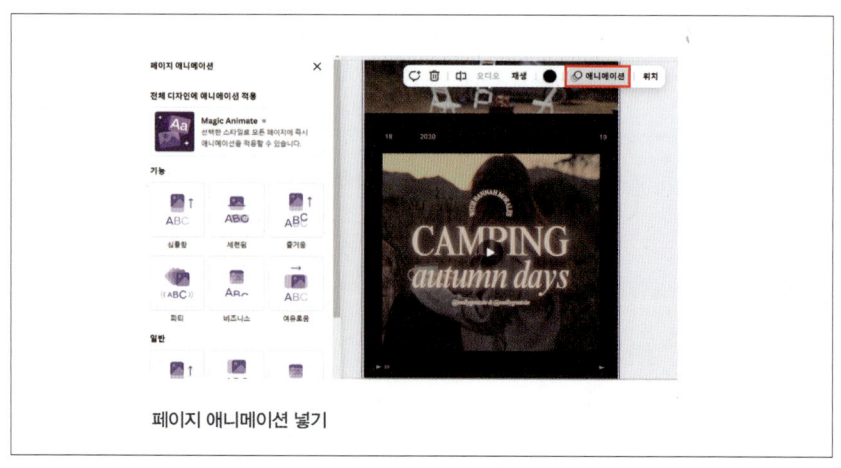

페이지 애니메이션 넣기

영상 재생 및 다운로드하기

하단 바의 재생 버튼을 누르면 커서가 있는 부분부터 영상을 재생해서 볼 수 있고 화면 우측 상단의 재생 버튼을 누르면 영상을 처음부터 끝까지 재생할 수 있습니다.

영상 재생하기

영상을 완성했다면 이제 다운로드해 보겠습니다. 화면 우측 상단의 ❶[공유] - ❷[다운로드]를 누르고 MP4 파일 형식으로 지정해 줍니다.

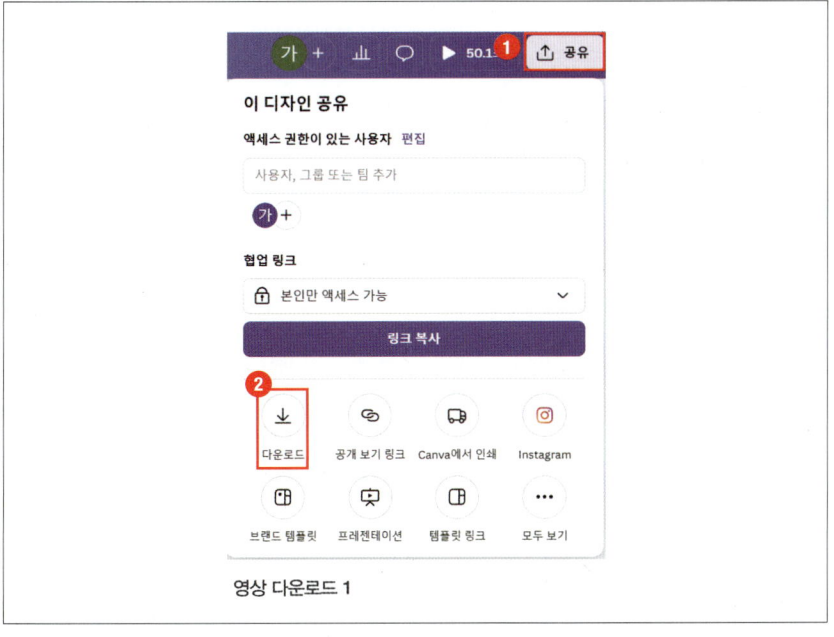

영상 다운로드 1

CHAPTER 3 PPT & 숏폼 제작에도 최적화된 캔바

👑Pro 요금제는 ❶파일 형식이 MP4 동영상일 때 ❷[품질]에서 영상의 화질을 설정할 수 있습니다. 화질이 좋으면 파일의 용량이 커집니다. **무료 요금제는 화질이 1080p(HD)로 고정됩니다.** ❸[다운로드]를 클릭하면 다운로드가 시작됩니다.

영상 다운로드 2

캔바는 당연히 프리미어 프로 등의 전문 영상 편집 툴에 비하면 많은 편집 기능을 제공하지 않습니다. 하지만 다른 편집 툴보다 훨씬 가볍고, 기능을 익히는 데도 굉장히 쉽기 때문에 영상 편집을 해 보지 않으신 분들이라면 캔바로 영상 편집을 도전해 보는 것을 추천해 드립니다. 게다가 **캔바는 링**

크 공유를 통해 동시에 여러 사람이 협업하는 것도 가능하다는 장점이 있습니다. 캔바를 활용하여 멋진 영상을 만들어 보시기 바랍니다.

- 캔바를 이용해 숏폼을 비롯한 간단한 영상을 쉽게 제작할 수 있다!
- 캡션 기능으로 AI가 음성을 인식하여 자동으로 자막 생성 가능!
- PPT에서 사용하던 장면 전환 효과를 영상 장면 사이에도 넣을 수 있다!

토막 꿀팁 3

프레젠테이션을 하는 장소나 상황에 따라 실시간으로 청중들의 반응을 살피고 청중들과 소통하기 어려운 경우가 있습니다. 이럴 땐, 캔바 라이브 기능을 활용하면 됩니다. PPT 화면 우측 상단의 ❶프레젠테이션 보기에서 ❷[발표자 보기]를 선택한 후 ❸[프레젠테이션]을 실행합니다.

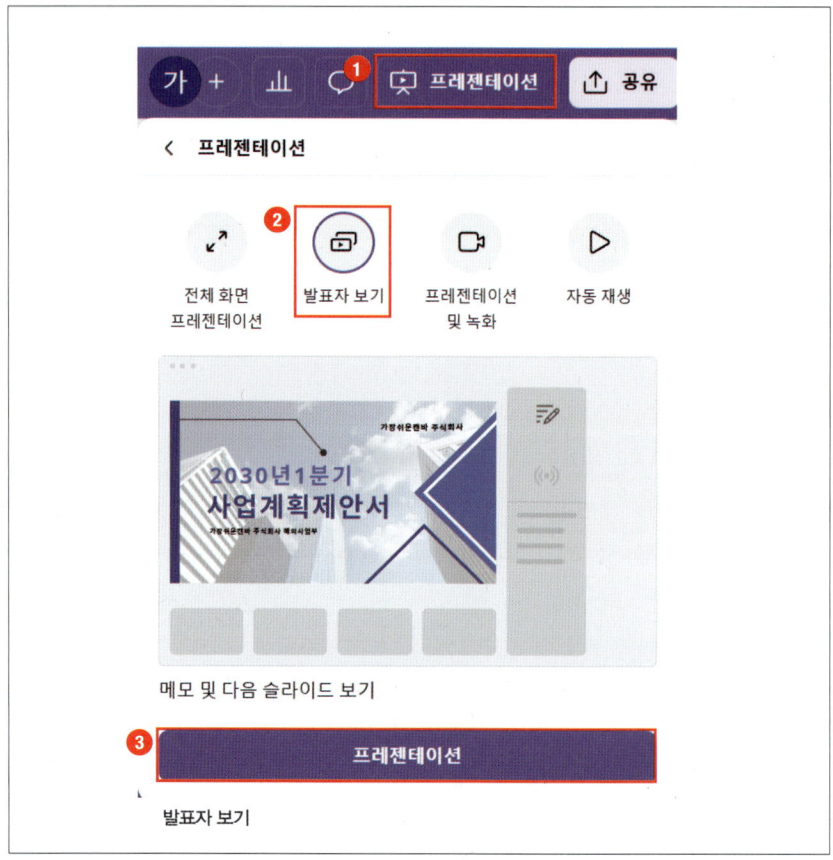

캔바 라이브로 청중들과 소통하기

그럼 청중들에게 보이는 화면 외에 발표자에게만 보이는 [발표자 보기] 화면이 보입니다. 여기에서 우측 상단의 [Canva 라이브]를 클릭하고 [새 세션 시작하기]를 선택합니다. 여기에서 만들어지는 링크를 청중들과 공유하면 다음의 '캔바 라이브 활용 소통하기'그림처럼 채팅이나 좋아요 등의 반응을 통해 청중들과 소통을 할 수 있습니다.

캔바 라이브 시작하기

캔바 라이브 활용 소통하기 1　　　캔바 라이브 활용 소통하기 2

CHAPTER 4
디자인에 최적화된 캔바

캔바의 또 다른 매력은 디자인 지식이 없어도, 별도의 소프트웨어를 사용하지 않아도 누구나 전문가 수준의 디자인이 가능하다는 것입니다. 4장에서는 캔바의 여러 기능을 활용하여 디자인하는 방법을 배워 보겠습니다.

1 기본 도형 제대로 활용하기

적절한 템플릿과 요소를 활용하여 멋진 디자인을 쉽게 할 수도 있지만, 뭔가 살짝 아쉬울 때가 있지 않나요? **기본 도형을 활용할 줄 알면 내 마음에 꼭 드는 디자인이 필요할 때 큰 도움이 됩니다.** 이번 장에서는 먼저 기본 도형을 활용해 디자인하는 방법을 알아보겠습니다.

도형 편집 방법

먼저, 도형 요소의 편집 방법을 알아보겠습니다. 왼쪽 메뉴에서 ❶[요소] 클릭→ ❷'도형'의 [모두 보기] 클릭하면 다양한 모양의 도형이 나타납니다. 이 중에서 원하는 형태의 도형을 선택하여 추가합니다.

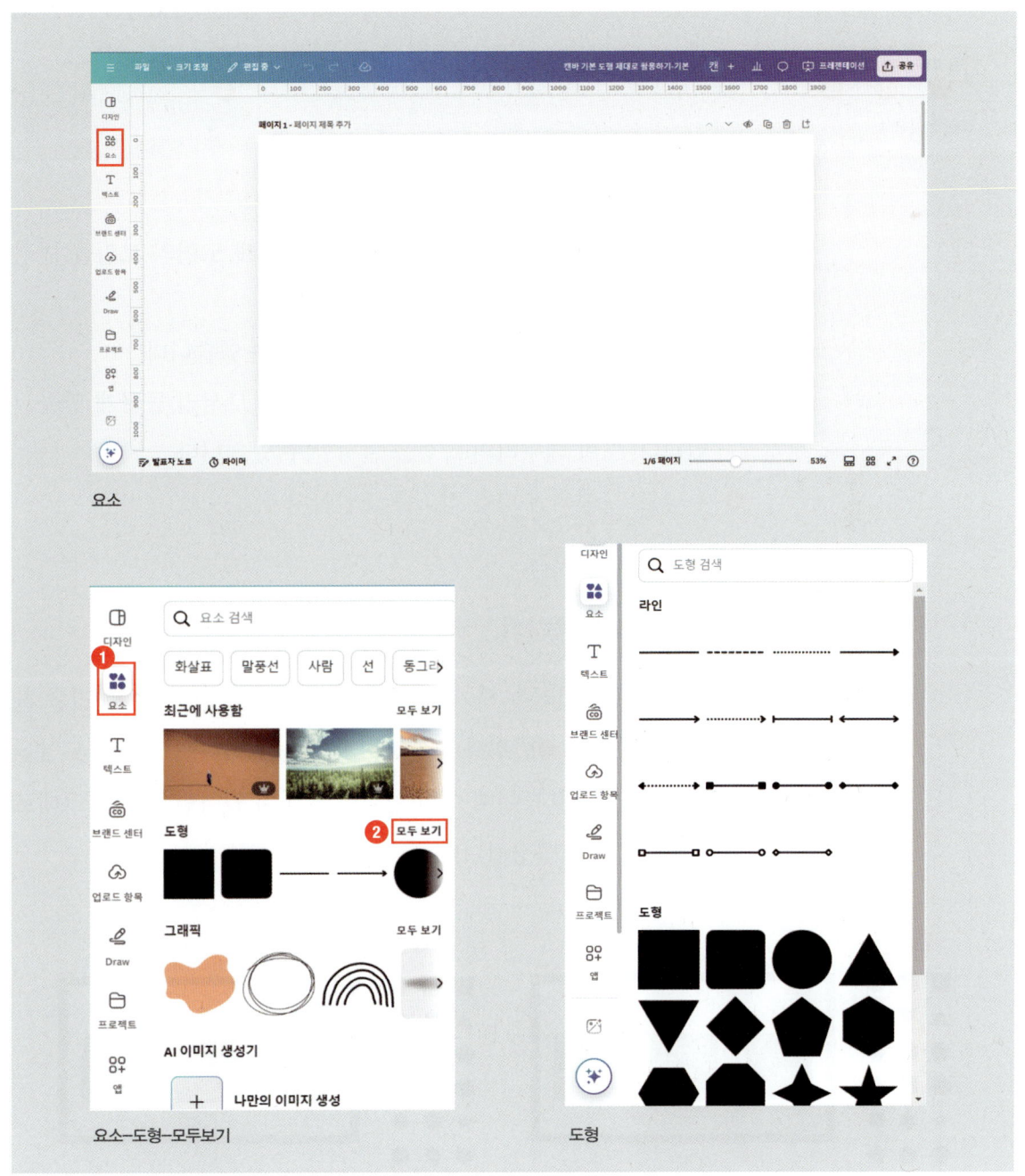

요소

요소-도형-모두보기

도형

삽입된 도형을 클릭하면 상단에 메뉴들이 나타납니다. 하나씩 살펴보겠습니다.

CHAPTER 4 디자인에 최적화된 캔바

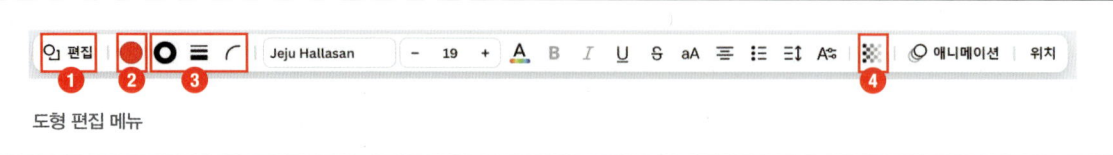

도형 편집 메뉴

❶ 편집: 현재 클릭한 도형의 서식은 유지한 채 도형의 모양을 변경할 수 있습니다.
❷ 색상: 원하는 색을 선택하여 도형을 채울 수 있습니다.
❸ 테두리: 각각 테두리 색상, 테두리 스타일, 모서리 둥글게 만들기입니다. 도형 테두리의 속성을 설정할 수 있습니다.
❹ 투명도: 도형의 투명한 정도를 조절합니다.

도형 변경해 활용하기

도형과 관련된 편집을 하기 위해선 도형 편집 메뉴에서 ❶편집을 클릭하고 왼쪽에서 ❷변경하고자 하는 도형을 선택하면 도형의 모양을 변경할 수 있습니다. 이때 이미 편집한 서식이 있다면 서식은 그대로 유지되고 모양만 변경됩니다.

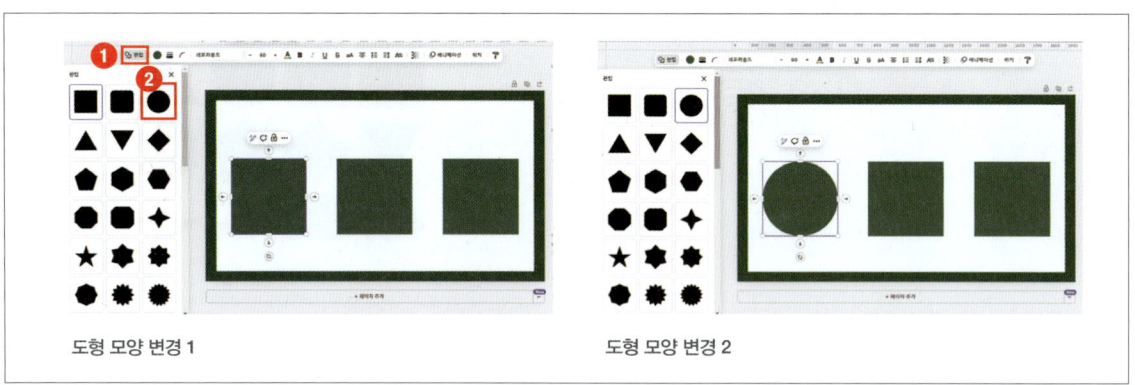

도형 모양 변경 1 　　　　　　　　　도형 모양 변경 2

TIP

디자인을 할 때 어떤 도형을 사용하면 좋을까요?

원: 도형 중앙으로 시선이 집중되는 효과가 있기 때문에 키워드를 강조할 때 사용하면 좋습니다.
삼각형: 올라가는 구조를 표현하거나 시선을 유도하여 나아가는 방향을 나타내기도 좋습니다.
사각형: 텍스트 상자로 활용하는 것을 추천합니다. 둥근 모서리의 사각형을 사용하면 부드러운 느낌을 줄 수 있습니다.

도형별 특징_원

도형별 특징_삼각형

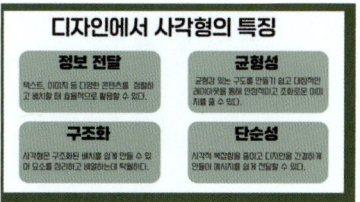
도형별 특징_사각형

도형 테두리 설정하기

테두리와 관련된 메뉴는 테두리 색상, 테두리 스타일, 모서리 둥글게 만들기가 있습니다.

테두리 색상, 스타일, 모서리 둥글게 만들기

테두리 메뉴들을 활용하여 도형의 테두리를 꾸며 볼까요? 이미지 위에 흰색 사각형(사각형 1)을 올리고 그 위에 좀 더 작은 흰색 사각형(사각형 2)을 하나 더 올렸습니다.

이미지 위에 올린 도형

맨 위의 도형(사각형 2)을 클릭하고 상단에서 [테두리 스타일]을 선택하면 테두리의 모양과 굵기를 설정할 수 있습니다. 실선과 다양한 형태와 간격의 점선이 있으며 '테두리 없음'도 선택할 수 있습니다. 테두리 모양이 '없음' 상태라면 테두리 색상 탭은 활성화되지 않습니다.(아래 디자인에서는 가장 오른쪽의 촘촘한 점선을 선택하고 테두리 굵기는 5로 설정하였습니다.)

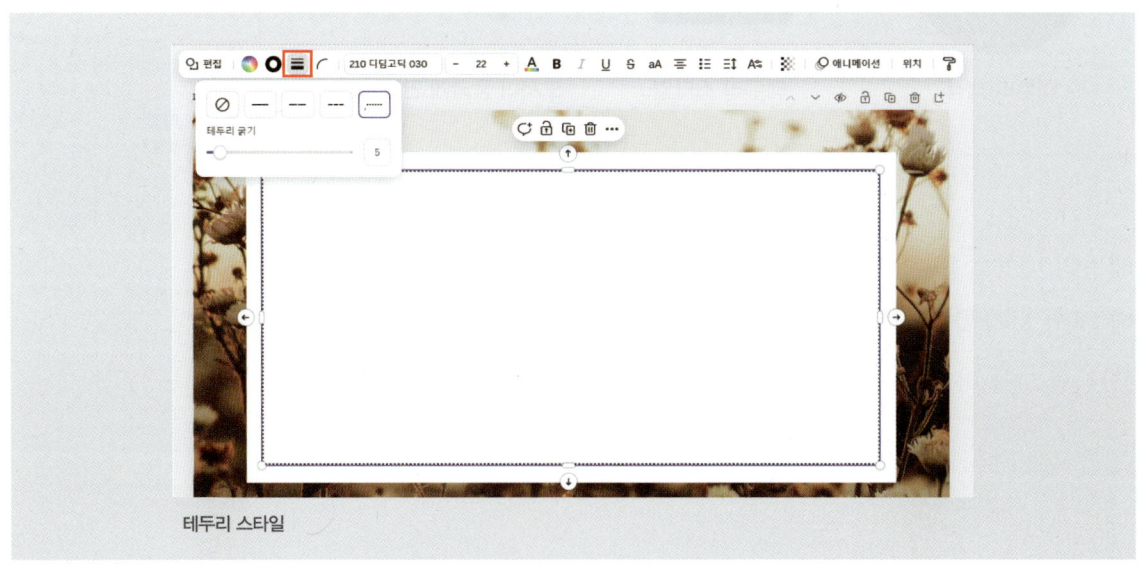

테두리 스타일

테두리의 색상을 바꾸려면 ❶[테두리 색상] 항목을 클릭합니다. 이어 열린 왼쪽의 색상 메뉴에서 ❷원하는 색상을 선택하면 테두리의 색깔을 변경할 수 있습니다. (예시 디자인 테두리 색상: #98633)

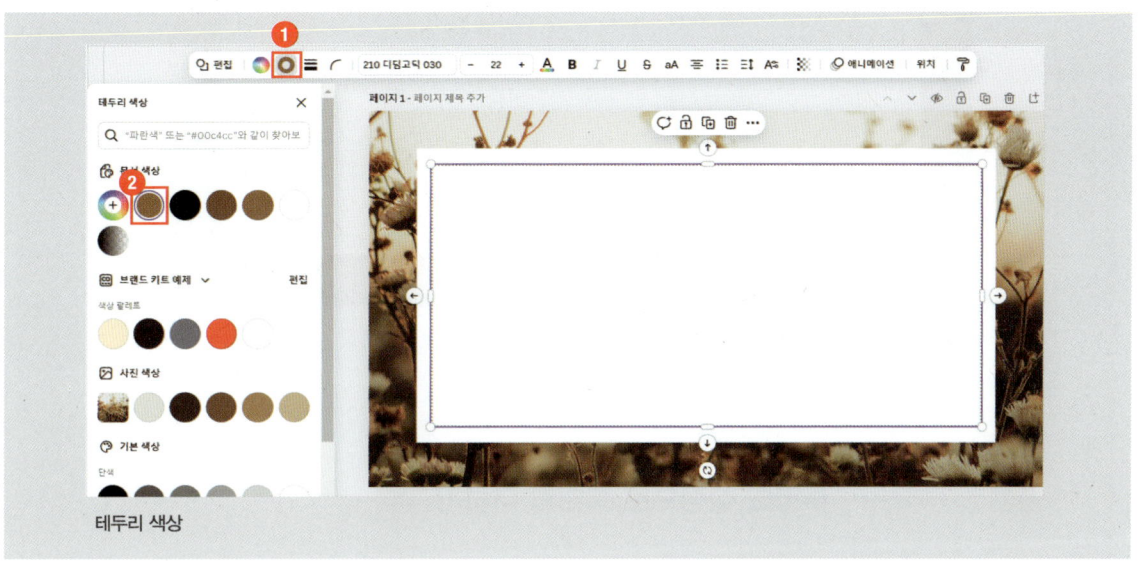

테두리 색상

또 [모서리 둥글게 만들기]를 통해 모서리의 둥근 정도도 설정할 수 있습니다. 모서리의 둥근 정도는 스크롤을 이용할 수도 있고 숫자를 직접 입력할 수도 있습니다. (예시 디자인 모서리 둥근 정도: 71)

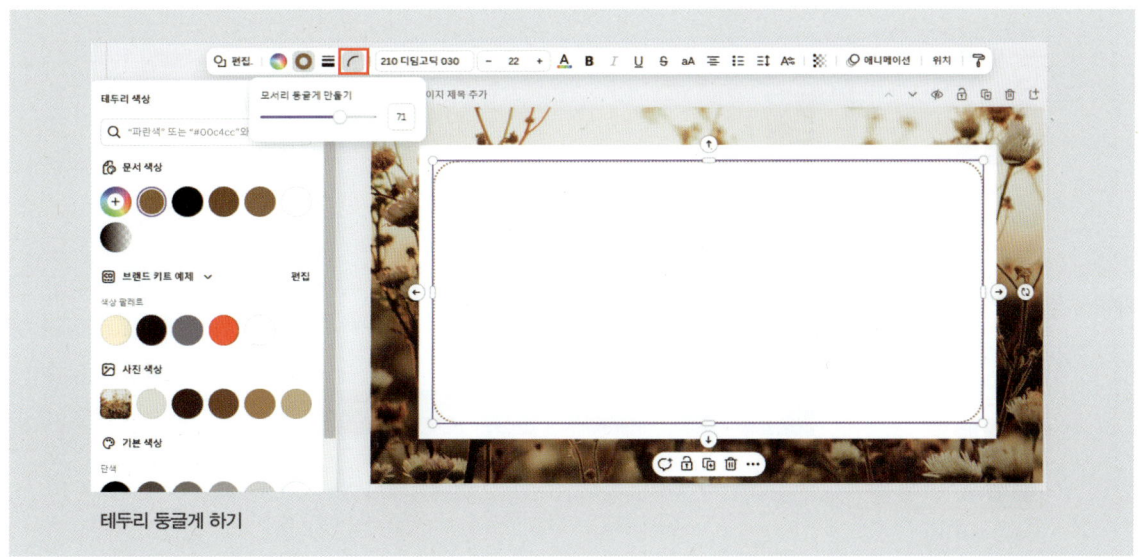

테두리 둥글게 하기

테두리를 활용한 디자인

투명도 설정으로 특별함 더하기

상단 메뉴에서 [색상]을 선택하면 왼쪽에 색상 관련 메뉴가 열립니다. 메뉴에 있는 기본 단색이나 그라데이션을 선택하여 도형의 색깔을 변경할 수 있습니다.

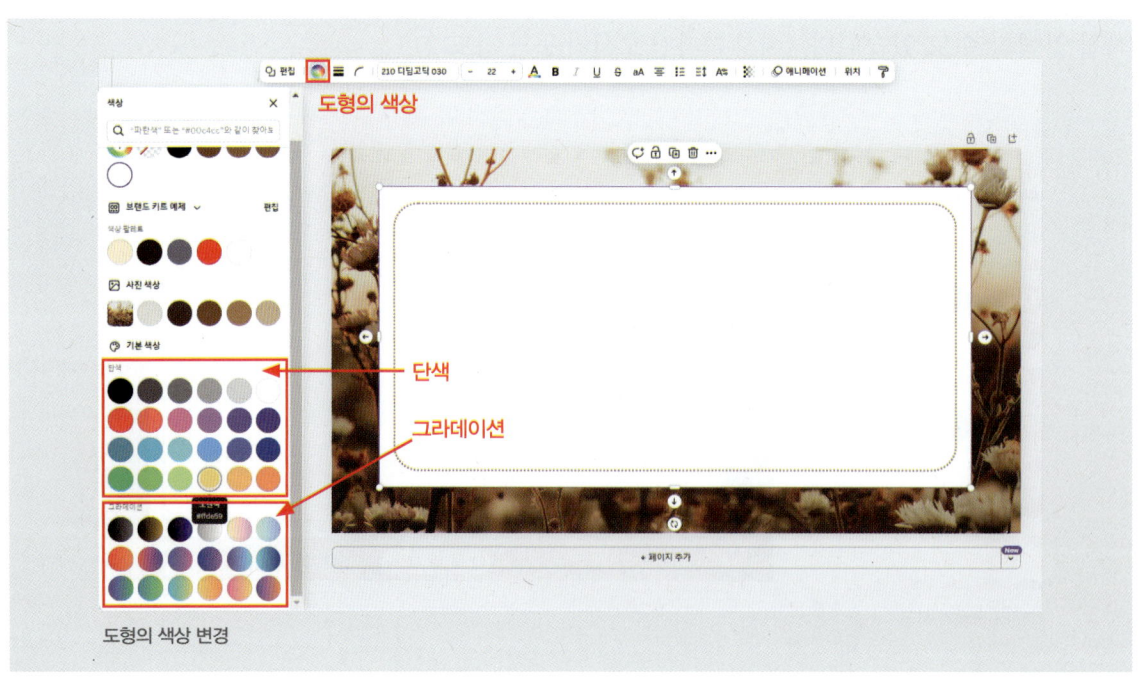

도형의 색상 변경

만약, 메뉴에 있는 기본 색상 외에 더 다양한 색으로 채우고 싶다면 [새로운 색상 추가]를 활용할 수 있습니다. 새로운 색상 추가에서는 색상값을 입력하거나 직접 색을 선택하여 도형에 적용할 수 있습니다.

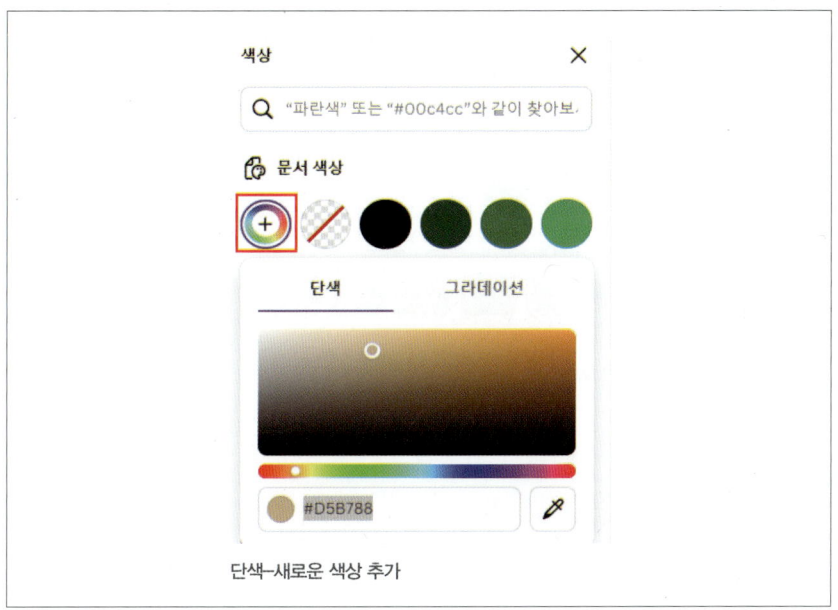

단색-새로운 색상 추가

단색과 마찬가지로 그라데이션도 [새로운 색상 추가]를 활용할 수 있습니다. [새로운 색상 추가]-[그라데이션]을 클릭합니다. [새 그라데이션 색상 추가]를 클릭하여 2개의 색상을 기본으로 선택합니다. 그라데이션 색상은 3개 이상 적용할 수도 있습니다. 추가된 색상은 드래그하여 원하는 그라데이션이 되도록 색상 순서를 변경합니다. 색상을 모두 선택했다면 원하는 그라데이션 스타일을 적용합니다.

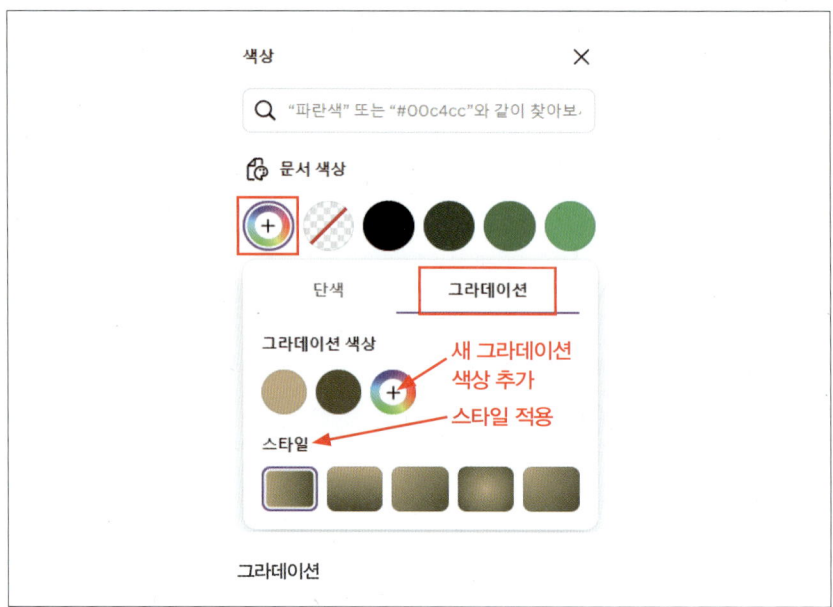

TIP.

그라데이션 조합을 도와주는 사이트

https://uigradients.com은 다양한 색상별 그라데이션 조합을 보여 주는 사이트입니다. 사이트에서 왼쪽 상단 [Show all gradients]를 클릭하면 다양한 조합을 볼 수 있는데 마음에 드는 그라데이션 색상이 있다면 색상값을 가져올 수도 있습니다.

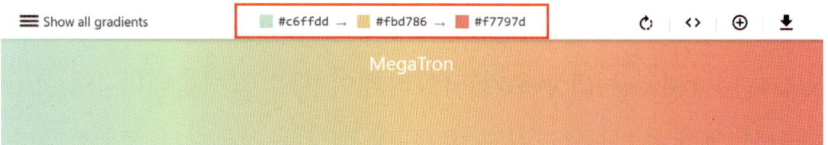

uigradients 사이트

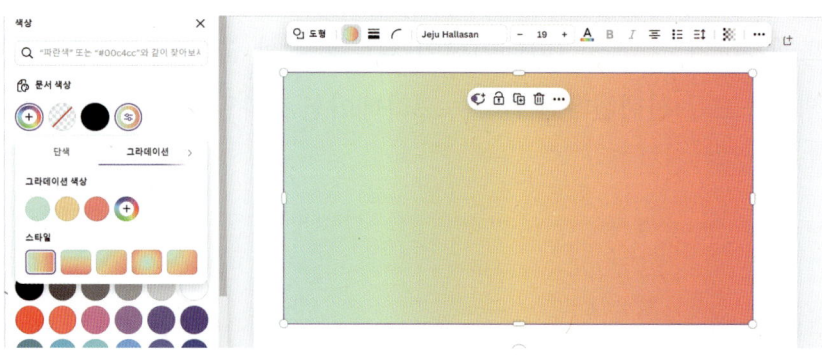

uigradients 사이트 활용하여 도형 그라데이션 적용

도형에 색상(예시 디자인 색상-사각형 1: '#986337', 사각형 2: '#FFFFFF')을 적용한 다음 투명도를 조절하면 다양한 느낌을 줄 수 있습니다. 투명도는 스크롤을 이용할 수도 있고 숫자를 직접 입력할 수도 있습니다. 0에 가까울수록 투명해지고, 100에 가까워지면 불투명해집니다.(예시 디자인 투명도 – 사각형 1:50, 사각형 2:92)

투명도 조절

도형에 테두리, 색상, 투명도를 활용하여 디자인하기 어렵지 않지요?

완성 작품

TIP

이미지 위에 텍스트를 쓰는 디자인을 한다면 이미지에 투명도를 조절한 도형을 올리고 그 위에 텍스트를 써 보세요. 텍스트를 눈에 잘 띄게 하면서도 이미지와 텍스트를 조화롭게 할 수 있습니다.

사진 위 글씨_도형 없음   사진 위 글씨_투명도 조절한 도형 있음

도형의 투명도, 테두리 조절하여 감각적인 썸네일 만들어 보기

지금까지 배운 내용을 종합하여 도형 요소를 활용한 멋진 썸네일을 만들어 볼까요?

1 ❶좌측에서 [만들기] 버튼을 클릭한 후 ❷[프레젠테이션(16:9)]을 선택합니다.

2 사용하고 싶은 사진을 가져옵니다. 사진은 가지고 있는 것으로 업로드해도 좋고 [요소]-[사진]에서 원하는 것으로 선택해도 좋습니다.

썸네일 만들기_사진 가져오기

3 사각 도형을 가져와 색상을 선택합니다. 이때 **페이지에 사진을 넣으면 사진의 대표적인 색상을 자동으로 추출**해 줍니다. 디자인을 만들 때 사용된 사진에서 색상을 활용하면 더욱 자연스럽게 만들 수 있습니다. 해당 부분은 204쪽에서 더욱 자세하게 다루겠습니다.

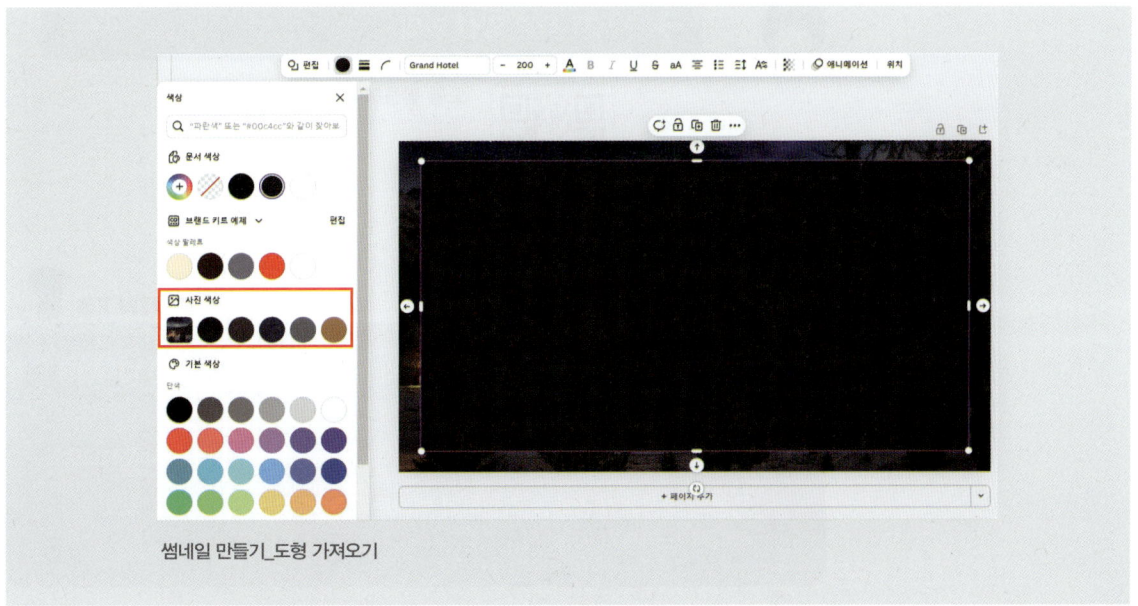

썸네일 만들기_도형 가져오기

4 도형의 투명도, 테두리 스타일을 원하는 만큼 조절합니다.
[예시 이미지- 도형 색상: 검정, 투명도: 60, 테두리 색상: 흰색, 테두리 굵기: 4]

5 텍스트를 입력하고 어울리는 글꼴로 변경하면 완성! [예시 이미지-글꼴: 210 소월, Diphylleia]

도형 활용 이미지

POINTS

- 도형 편집 메뉴에서 도형의 모양, 테두리, 색상을 변경하여 다양한 디자인을 만들 수 있다!
- 도형 색상으로 단색이 단조롭다면 그라데이션을 적용하여 더욱 감각적으로!
- 도형의 색상에 투명도를 조절하면 텍스트를 눈에 잘 띄게 할 수도 있고 색다른 느낌까지 가능!

2 프레임과 그리드로 매력적인 게시물 만들기

캔바에서는 다양한 프레임과 그리드를 지원합니다. 이미지를 다양한 형태로 넣을 수 있는 프레임과 그리드를 활용하면 간단하면서도 분위기 있는 디자인을 만들 수 있습니다. 그럼 지금부터 만들어 볼까요?

프레임과 그리드

프레임과 그리드는 캔바의 특정 영역에 이미지나 동영상, 색상을 넣을 수 있는 기능으로 요소를 모양대로 쉽게 배치할 수 있도록 도와 줍니다. 프레임과 그리드는 기능이 비슷할 것 같지만 프레임은 다양한 형태가 있는 반면 그리드는 사각형 형태만 있다는 차이가 있습니다. 그래서 프레임은 창의적이고 자유로운 형태로 디자인할 때, 그리드는 깔끔한 레이아웃 형태로 작업하고 싶을 때 효과적입니다.

프레임과 그리드 모두 왼쪽 [요소]에서 스크롤을 내리면 찾을 수 있습니다. [모두 보기]를 클릭하면 각각의 다양한 옵션이 표시됩니다.

| 프레임과 그리드 열기 | 프레임 열기 | 그리드 열기 |

프레임에 이미지 넣어 광고 포스터 만들기

1 [메뉴 열기]-[만들기]를 클릭한 후 [인스타그램 게시물(정사각형)]을 선택합니다.

2 배경에 색을 채우고 위에 **질감이 있는 이미지**를 올려 주세요. 밋밋한 색상 위에 질감이 있는 이미지를 올리면 더욱 효과적으로 연출하고자 하는 느낌을 낼 수 있습니다. 질감이 있는 이미지는 ❶[요소] - ❷[사진]에서 검색할 수 있습니다. 검색창에 ❸질감(혹은 영어로 Texture)을 검색해 보세요. 구체적으로 원하는 질감이 있다면 '종이 질감', '모래 질감', '물 질감', '원단 질감', '유리 질감'과 같이 검색해도 좋습니다.

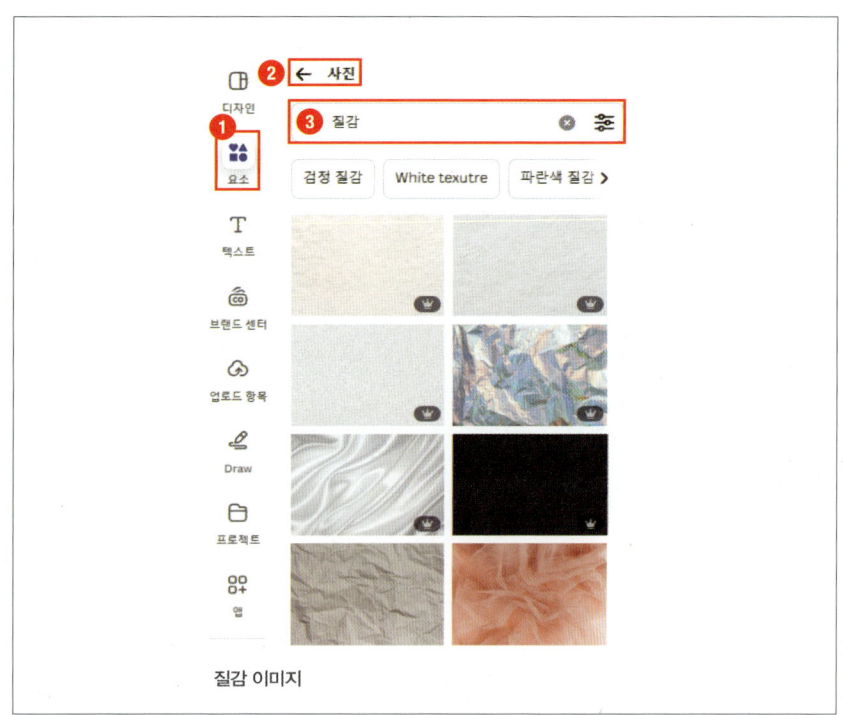

이때 **질감 이미지의 투명도를 조절하면** 배경이 더욱 자연스럽겠지요?

(아래 디자인 배경 색상: #EFEBD0, 배경 위 원단 질감 사진 투명도: 30)

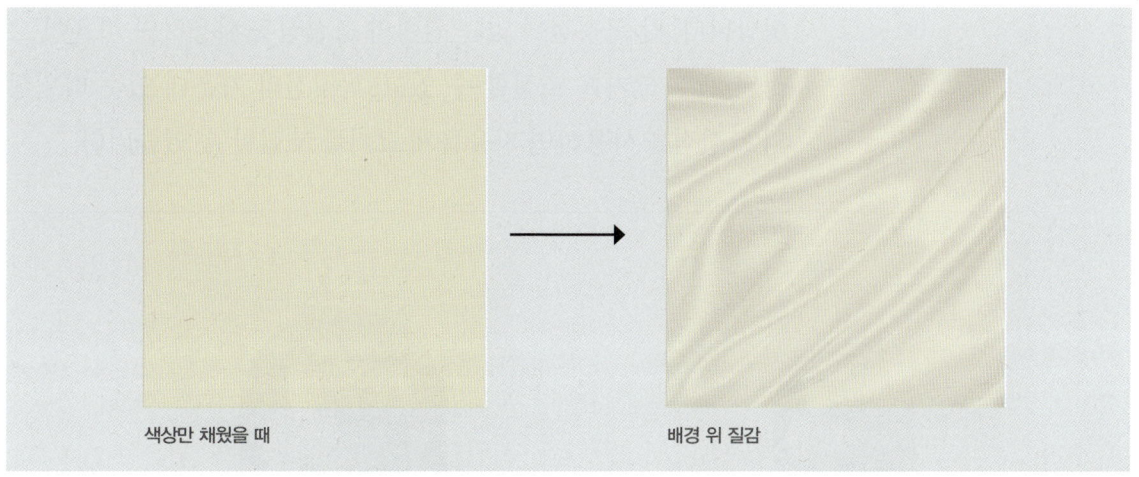

3   배경을 채운 뒤 ❶[요소] - ❷[프레임] - ❸원하는 모양의 프레임을 선택합니다.

기본 도형 프레임 가져오기

4   프레임에 들어갈 사진을 업로드하거나 요소에서 찾아 프레임 안에 넣어 주세요. 사진을 클릭한 채로 프레임 안으로 드래그하면 사진을 프레임 속에 쉽게 넣을 수 있습니다. (※ 디자인 속 사진은 Pro 요금제만 사용 가능합니다.)

5   프레임을 클릭하면 나오는 조절점을 사용하여 사진의 크기를 조정합니다. 각 꼭짓점에 있는 원형의 조절점을 사용하면 비율이 고정된 채로 크기를 조절할 수 있고, 꼭짓점의 가운데 있는 타원형의 조절점을 사용하면 자유롭게 크기를 조절할 수 있습니다.

기본 도형 프레임에 사진 넣기 1

기본 도형 프레임에 사진 넣기 2

6 원하는 문구를 작성하면 완성! (아래 디자인 속 글꼴: Comorant SC)

기본 도형 프레임 활용 디자인

캔바의 프레임을 활용하면 아래와 같은 다양한 디자인을 만들 수 있습니다.

글자 프레임 활용 디자인

인스타그램 프레임 활용 디자인

TIP

나만의 프레임 만들기

캔바에는 많은 프레임이 있지만 마음에 꼭 드는 프레임을 찾지 못할 때도 있습니다. 이럴 때를 위해 '나만의 프레임'을 만드는 방법을 소개합니다.

Frame Maker

왼쪽 메뉴에서 ❶[앱]을 클릭한 후 ❷검색창에 '프레임 메이커' 혹은 'Frame Maker'을 검색합니다. 검색 결과 중 ❸[Frame Maker]를 클릭하면 하단의 우측 그림과 같은 화면이 실행됩니다. 만들기 화면에서 더블클릭하여 점을 추가하거나 드래그로 점을 이동해 가며 도형을 만들 수 있습니다.

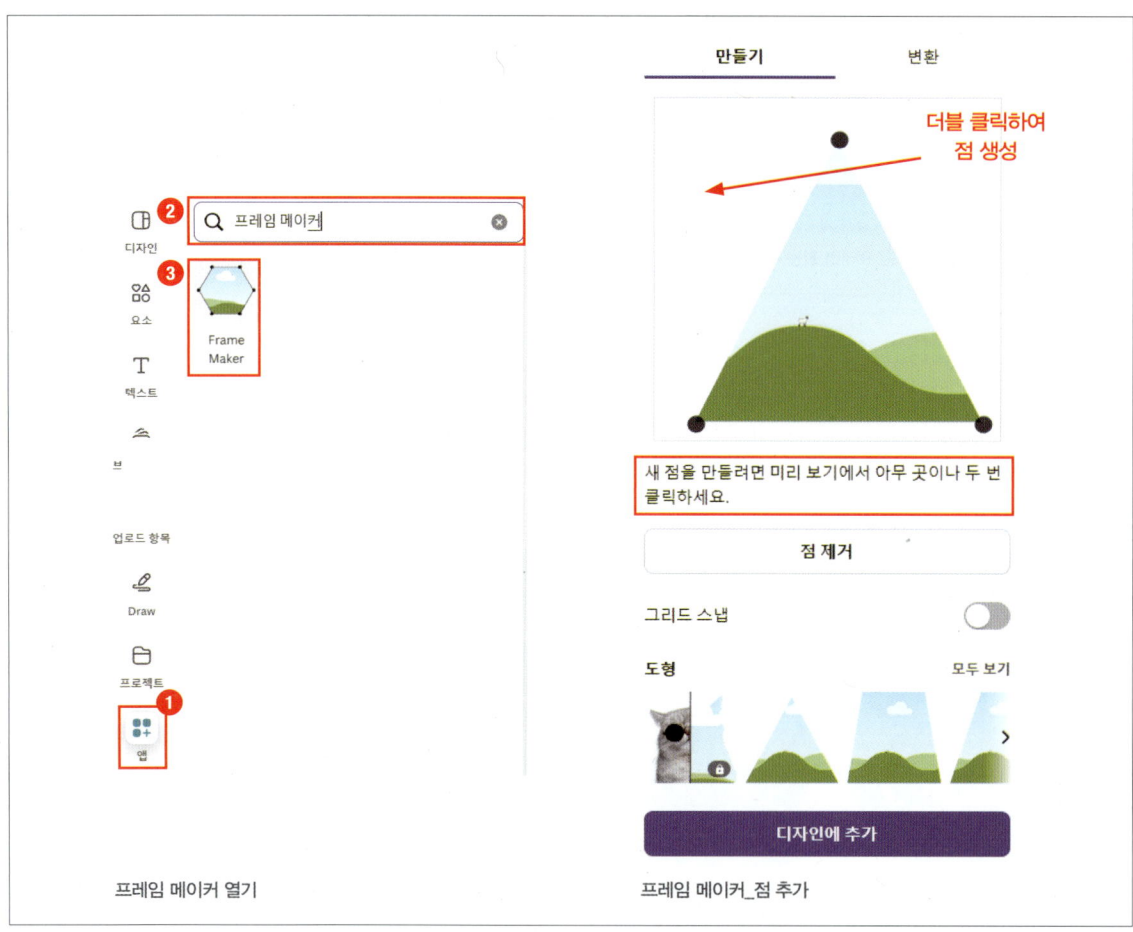

프레임 메이커 열기   프레임 메이커_점 추가

또 [점 제거]를 클릭하면 삭제하고 싶은 점을 지울 수 있습니다. 프레임을 제작할 때 [그리드 스냅]을 활성화해 주면 격자가 생기며 더욱 정교한 작업을 할 수 있습니다.

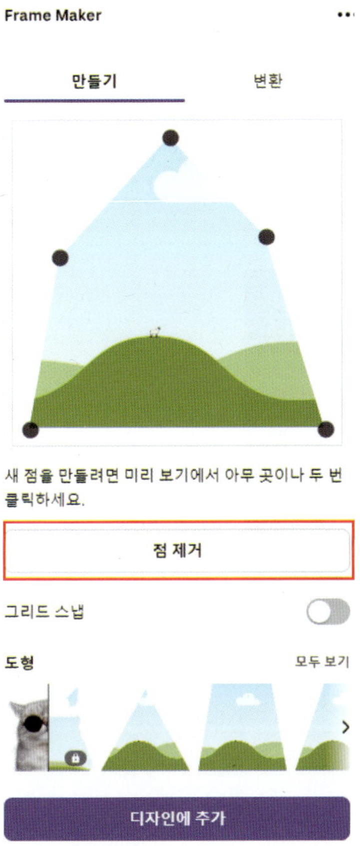

프레임 메이커_점 제거 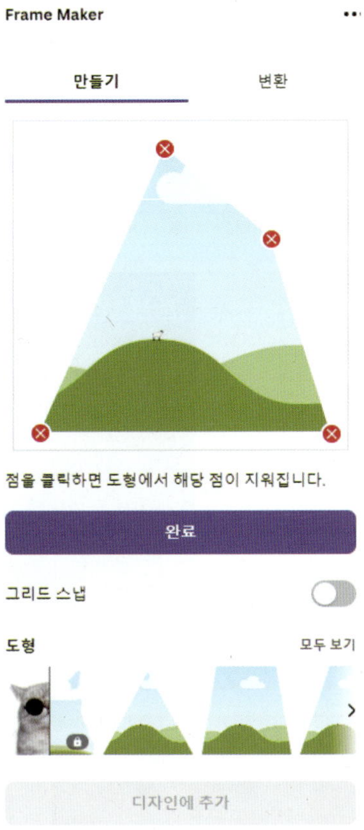 　　　　　프레임 메이커_점 제거 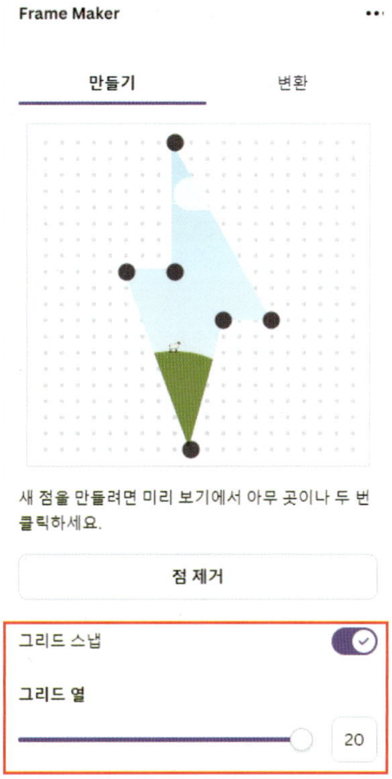 　　　　　프레임 메이커_그리드 스냅

원하는 프레임 완성 후 하단의 [디자인에 추가]를 클릭하면 작업 중
인 페이지에 삽입됩니다.

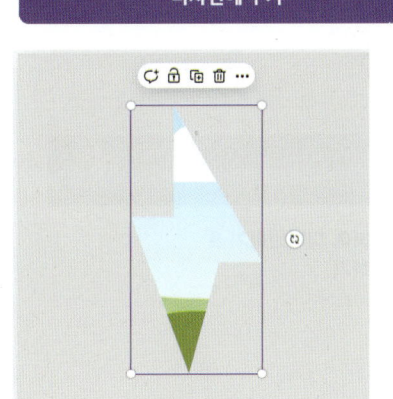

프레임 메이커_프레임 완성

프레임 메이커_디자인 추가 버튼

프레임 메이커 활용 디자인 완성

CHAPTER 4 디자인에 최적화된 캔바

👑Pro Microsoft 365의 Word 활용

Microsoft 365의 Word를 활용하면 그래픽 이미지나 한글도 프레임으로 만들 수 있습니다. (하단의 QR코드 속 동영상을 통해 제작 과정 확인)

고양이 프레임 디자인 완성

한글 프레임   한글 프레임 디자인 완성

→ 저자 직강 **영상 과외**

프레임 활용하여 디자인하기 & 프레임 제작하기

그리드로 다양한 썸네일 만들기

이번에는 그리드로 다양한 썸네일을 만들어 보겠습니다.

1 [메뉴 열기]-[만들기]를 클릭한 후 [프레젠테이션(16:9)]을 선택합니다.

2 적당하게 배경을 채운 뒤 ❶[요소] - ❷[그리드] - ❸원하는 모양의 그리드를 선택합니다. (아래 디자인 배경 색상: #F6F1E9)

3 삽입된 그리드를 클릭하고 크기를 조절한 뒤, [간격]-[그리드 간격]을 조절하면 그리드 사이의 간격을 넓히거나 좁힐 수 있습니다.

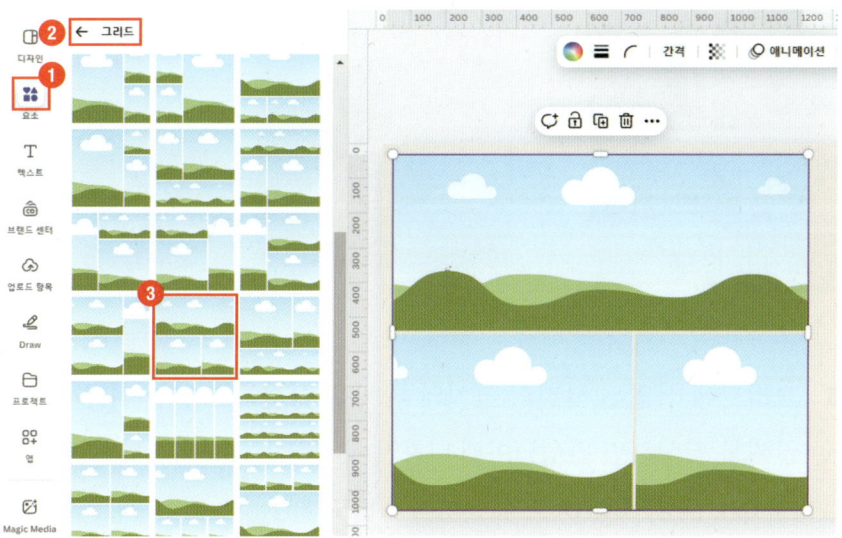

그리드 모양 선택하기

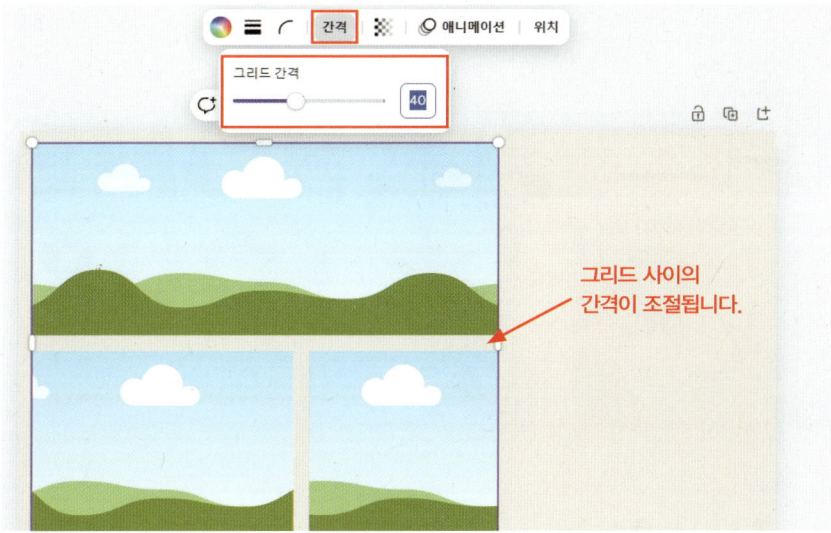

그리드 간격 조절

CHAPTER 4 디자인에 최적화된 캔바

4 이제 원하는 사진이나 그래픽, 동영상 파일을 업로드하거나 [요소]에서 검색을 통해 삽입합니다. 아래 디자인에서는 [begie interior]로 검색하여 나오는 사진을 활용하였습니다. (※ 디자인 속 일부 사진은 Pro 요금제만 사용 가능합니다.)

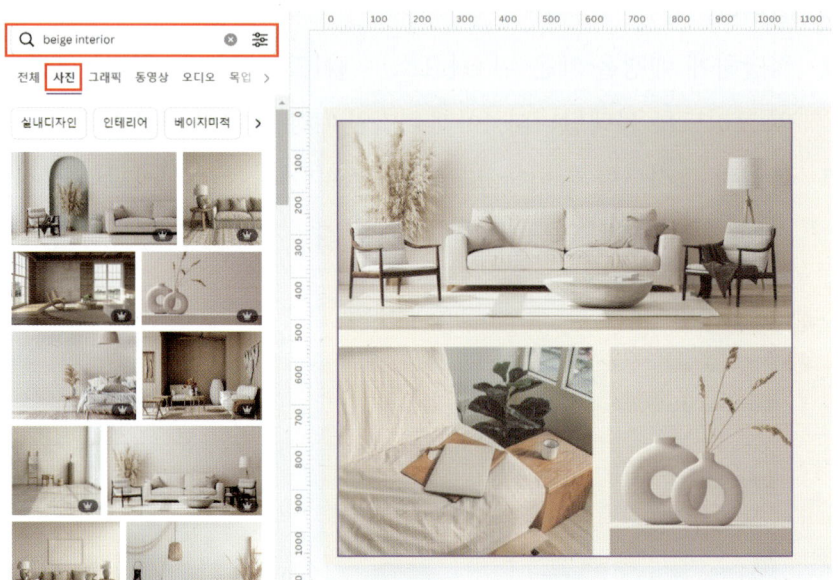

그리드에 사진 삽입

5 그리드에 삽입된 사진의 크기와 위치를 적절히 조절한 뒤 원하는 글씨를 작성하면 완성! (아래 디자인 속 글꼴: league spartan, 글씨 크기: 168, 색상: #B09D89, 각 이미지 투명도: 80)

그리드 활용 디자인 완성 1

캔바의 그리드를 활용하면 같은 이미지로 다른 분위기를 낼 수 있습니다.

그리드 활용 디자인 완성 2

그리드 활용 디자인 완성 3

그리드로 네컷사진 프레임 만들기

그리드를 이용하면 연인, 자녀, 반려동물 등 소중한 이들과의 추억을 나만의 네컷사진으로 쉽게 만들 수 있습니다.

1 [메뉴 열기]-[만들기]를 클릭하여 검색창에 [책갈피]라고 검색 후 [책갈피(2인치×6인치)]를 선택해 주세요. [맞춤형 크기]에서 직접 [가로 2인치, 세로 6인치]를 설정해도 좋습니다.

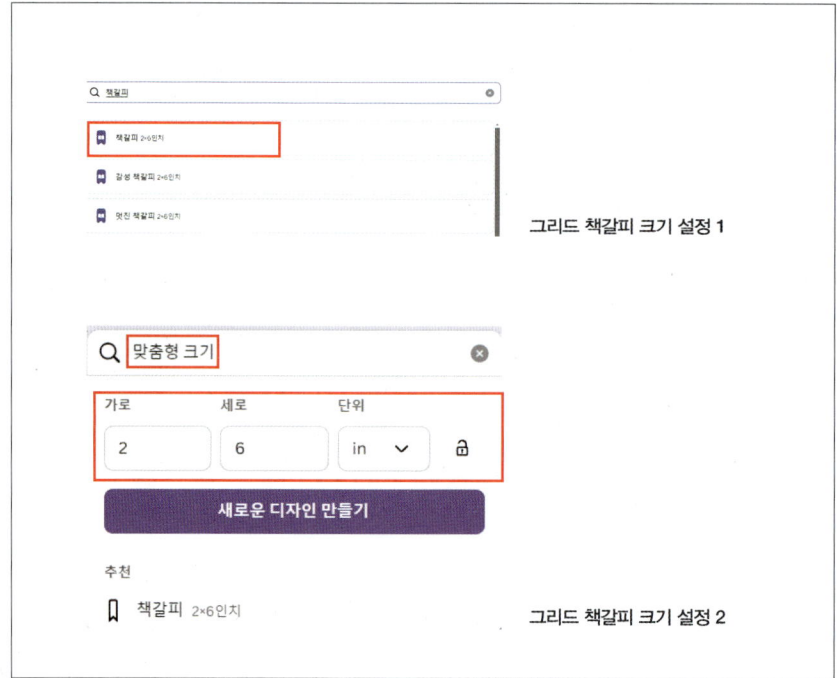

그리드 책갈피 크기 설정 1

그리드 책갈피 크기 설정 2

2 배경은 그라데이션으로 채워 보겠습니다. ❶[배경 색상]- ❷[새로운 색상 추가]- ❸[그라데이션]을 클릭합니다. 이어 원하는 ❹그라데이션 색상을 팔레트에서 선택하거나 색상 값을 입력합니다. 아래 디자인에서는 연두색 계열의 '#75D145'와 하늘색 계열의 '#7DA4DE'을 색상 값으로 입력하고 ❺[선형 그러데이션 180°]를 스타일로 설정하였습니다.

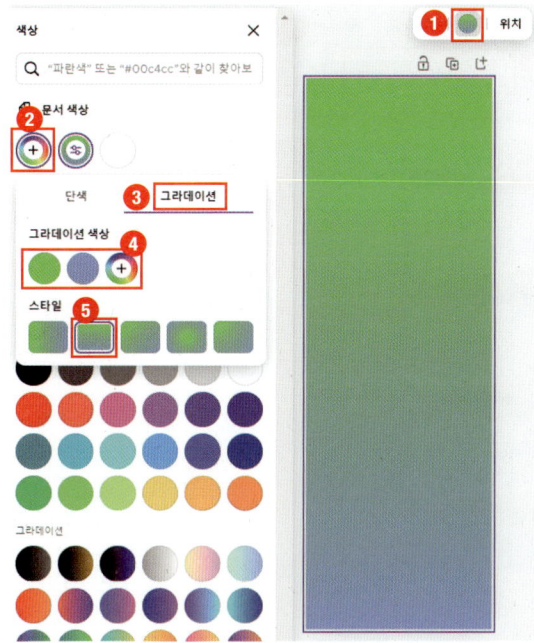

책갈피 그라데이션 채우기

3 이미지 4개가 세로로 들어가는 그리드를 선택하고 ❶[간격]을 조정합니다. 아래 디자인에서 그리드 간격은 '5'로 설정하였습니다. ❷[위치]-[정렬]에서 좌우 여백을 갖게 하는 ❸[가운데 맞춤]을 클릭합니다. ❹너비와 세로도 적절하게 조절합니다.

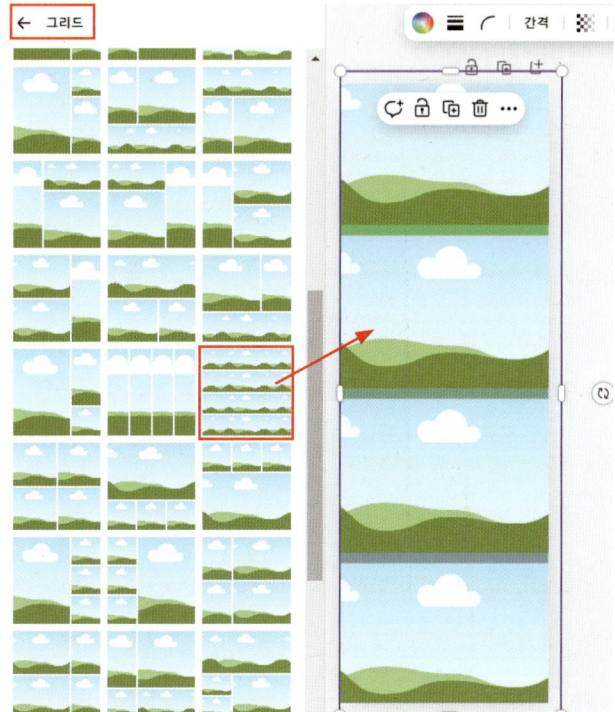

네컷 형태 그리드 가져오기

CHAPTER 4 디자인에 최적화된 캔바

네컷 형태 그리드 간격 조절, 가운데 맞춤

4 이제 원하는 사진이나 그래픽, 동영상 파일을 업로드하거나 [요소]에서 검색을 통해 삽입합니다. 아래 디자인에서는 'panda'로 검색하여 나오는 사진을 활용하였습니다. (※ 디자인 속 사진은 Pro 요금제만 사용 가능합니다.)

5 아래 여백에 적절한 글씨와 귀여운 그래픽으로 꾸며 주면 완성! (디자인 속 글꼴: 어비 세현체)

아래는 팬더로 예시를 들었지만 반려동물, 아이나 가족사진으로 만들면 너무 예쁘겠죠?

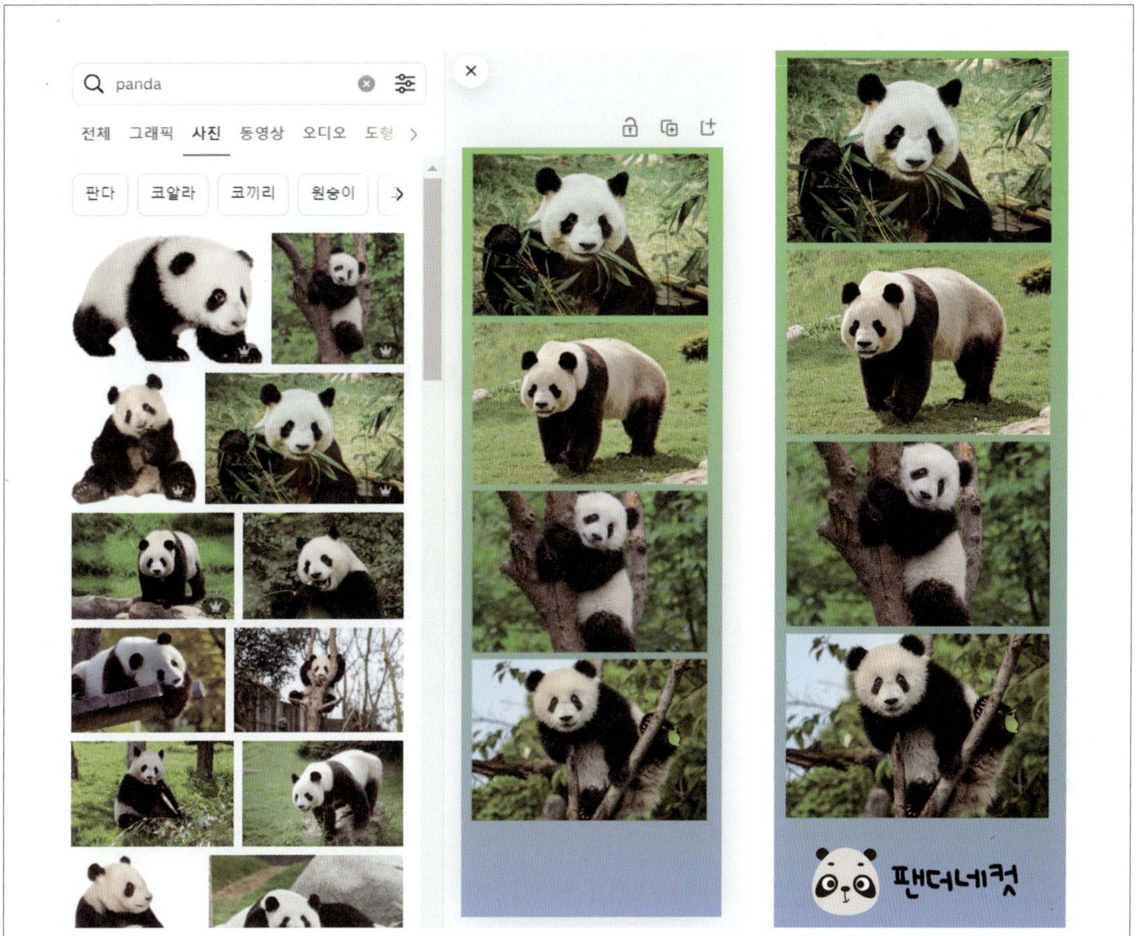

네컷 그림 삽입하기 　　　　　　　　　　　　　　그리드 활용 네컷 완성

POINTS

- 도형, 알파벳, 방울 등 창의적이고 자유로운 형태로 디자인할 땐 프레임을 활용해요!
- 프레임 메이커나 svg파일 저장을 활용하여 나만의 프레임을 만들 수도 있어요!
- 깔끔한 레이아웃 형태로 작업하고 싶다면 그리드!
- 표현하려는 디자인에 맞게 그리드 사이의 간격 조절 가능!

CHAPTER 4 디자인에 최적화된 캔바

3 각종 효과로 감성 게시물 만들기

캔바는 단순하게 템플릿을 가져와 요소를 추가하는 것을 넘어, 텍스트나 요소에 다양한 효과를 주어 감성적인 디자인을 만들 수 있습니다. 예를 들어 배경 제거, 그림자 효과, 이중톤 효과, 흐리기(모자이크) 효과 등이 있는데요, 지금부터 유용한 효과를 위주로 사례와 함께 살펴보겠습니다.

👑Pro 빠르게 배경 제거하기

이미지에서 배경을 제거하고 싶은 적 많으시죠? 다른 프로그램을 사용하지 않아도 캔바에서 빠르게 가능합니다. '<u>배경 제거</u>' 기능은 'Magic Studio'에 포함된 기능 중 하나입니다.

페이지에 이미지를 삽입하고 ❶이미지 선택을 하면 상단에 편집 메뉴가 나타납니다. 왼쪽 첫 번째에 있는 ❷[편집]을 클릭하면 좌측에 이미지를 편집할 수 있는 메뉴가 나타납니다. 메뉴 상단 Magic Studio 기능 중 ❸[배경 제거]를 클릭합니다. 한 번의 클릭으로 깔끔하게 배경 제거가 가능합니다.(배경 제거를 제외한 'Magic Studio'와 관련된 기능은 5장에서 자세히 확인할 수 있습니다.)

배경 제거_사진 원본

배경 제거 1차 완료

배경 제거 기능을 더욱 간편하게 이용할 수 있는 방법도 있습니다. 이미지를 선택하고 상단의 메뉴에서 [배경 제거]를 클릭하는 것입니다. Magic studio의 기능 중 캔바의 많은 사용자들이 이용하는 기술인 만큼 접근성이 쉽도록 편집 메뉴에 포함해 두었습니다.

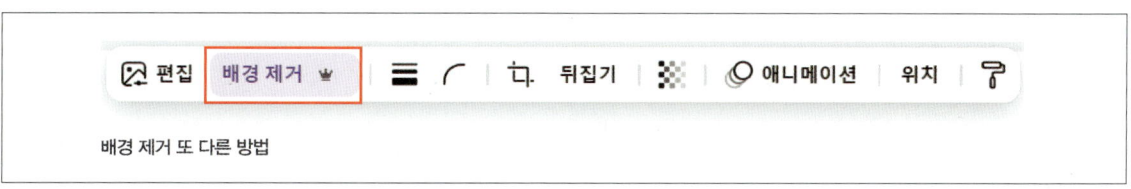

배경 제거 또 다른 방법

만약 캔바에서 자동으로 배경을 제거한 이미지가 마음에 들지 않는다면 수동으로 직접 배경을 제거할 수도 있습니다. [배경 제거]를 한 번 더 클릭하면 수동으로 지우거나 복원할 수 있는 브러시가 활성화됩니다. 브러시를 통해 원하는 부분을 직접 수정할 수 있습니다. 수정이 완료되면 패널 상단의 [×]를 누르면 수정 사항이 저장됩니다.

브러시로 배경 제거하기   배경 제거 최종 완료

그림자 효과로 개성 있는 썸네일 만들기

이미지 편집 기능에 있는 다양한 효과 중 하나로 '그림자 효과'가 있습니다. **그림자 효과는 이미지에 깊이감과 입체감을 줄 수 있습니다.** 또 아래 예시와 같이 개성 있는 이미지를 만들 수도 있습니다. 그림자 효과를 사용하여 개성 있는 동영상 썸네일을 만들어 봅시다.

1. [메뉴 열기]-[만들기]를 클릭한 후 [동영상(1080p)]을 선택합니다. [Youtube 썸네일] 등을 클릭해도 됩니다.
2. 원하는 이미지 파일을 업로드하거나 [요소]에서 검색을 통해 삽입한 후 크기를 적절하게 조절합니다. 아래 디자인에서는 '강아지'로 검색하여 잔디 배경의 강아지 사진을 활용하였습니다.

3   크기 조절을 완료한 사진은 '**복사-붙여넣기**'하여 동일한 2장의 사진을 **사용**합니다. 사진 1장은 배경 제거를 해서 강아지만 남게 하였고, 나머지 1장은 그대로 두었습니다. 또 배경 제거한 강아지 사진을 가장 위에 두었습니다.

4   배경 제거한 ❶이미지를 클릭한 후 ❷[편집]을 클릭합니다. 왼쪽의 메뉴에서 '효과'의 ❸[그림자]를 선택하면 다양한 그림자 효과를 확인할 수 있습니다.

편집-효과-그림자   그림자 효과 패널

5   여러 그림자 효과 중 ❶[개요]를 선택하고 ❷크기, 색상, 강도를 조절합니다. (188쪽의 디자인에서는 그림자 크기: 35, 색상: #FFED03, 강도: 100으로 설정)

그림자 효과-개요-세부 조정

6 원하는 문구를 작성하고 어울리는 그래픽으로 꾸며주면 완성! (아래 디자인 속 글꼴: soft candy 부드러운 캔디(pro버전만 사용 가능), 색상: #FFED03)

그림자 효과 활용 디자인

듀오톤 효과를 사용하여 감각적으로 이미지 보정하기

'듀오톤 효과'는 이미지에 두 가지 색상을 적용하는 효과입니다. **듀오**

톤 효과를 사용하면 평범한 이미지를 예술적이고 강렬한 느낌을 주는 이미지로 보정할 수 있습니다.

1. [만들기] 버튼을 클릭한 후 [포스터 세로(29.7×42)]를 선택합니다.

2. 원하는 이미지 파일을 업로드하거나 [요소]에서 검색을 통해 삽입한 후 크기를 적절하게 조절합니다. 아래 디자인에서는 '모델'로 검색하여 나오는 사진을 활용하였습니다.

3. ❶이미지를 클릭한 후 상단의 ❷[편집]을 클릭합니다. 왼쪽의 편집 패널에서 '효과'의 ❸[듀오톤]을 선택하면 다양한 듀오톤 효과를 확인할 수 있습니다.

편집-효과-듀오톤   듀오톤 효과

4. 원하는 느낌의 듀오톤을 선택하거나 ❶[맞춤화]를 클릭하여 직접 ❷하이라이트와 그림자의 색상, 강도를 조절합니다. (아래 디자인의 하이라이트: #EFDF08, 그림자: #C240A5)

5. 이렇게 적절한 듀오톤을 적용하여 감각 있는 보정 완성!

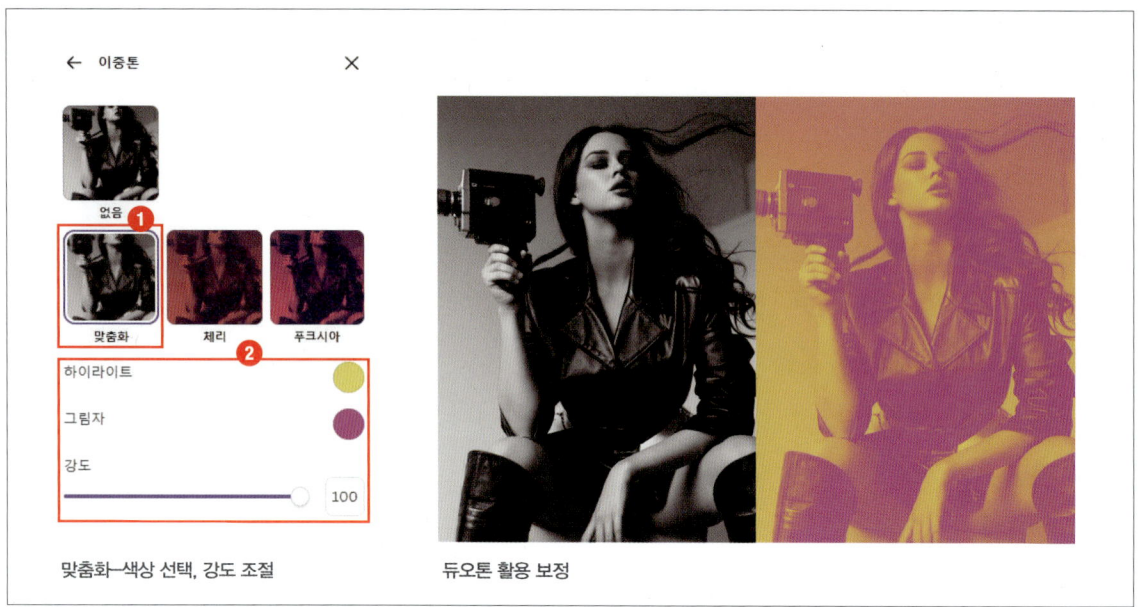

맞춤화-색상 선택, 강도 조절   듀오톤 활용 보정

흐리기(모자이크) 효과로 만드는 카드뉴스

'흐리기 효과'는 사진의 전체 이미지 또는 특정 영역을 흐리게 하는 기능입니다. **초상권 보호를 위해 모자이크를 하거나 배경을 흐리게 하여 특정 영역만 강조**할 수도 있습니다. 흐리기 효과를 사용하여 카드뉴스를 만들어 봅시다.

1 [만들기] 버튼을 클릭한 후 [인스타그램 게시물(정사각형)]을 선택합니다.

2 원하는 이미지 파일을 업로드하거나 [요소]에서 검색을 통해 삽입한 후 크기를 적절하게 조절합니다. 아래 디자인에서는 '밤거리'로 검색하여 나오는 사진을 활용하였습니다.

3 ❶[이미지를 클릭]한 후 상단에서 ❷[편집]을 클릭합니다. 왼쪽의 편집 패널에서 '효과'의 ❸[흐리기]를 선택하면 '브러시'와 '전체 이미지' 중 한 가지를 선택할 수 있습니다.

편집-효과-흐리기

4   이미지 전체에 흐린 효과를 적용하고 싶다면 ❶전체 이미지를 선택하고 ❷강도만 조절하여 쉽게 조절할 수 있습니다.

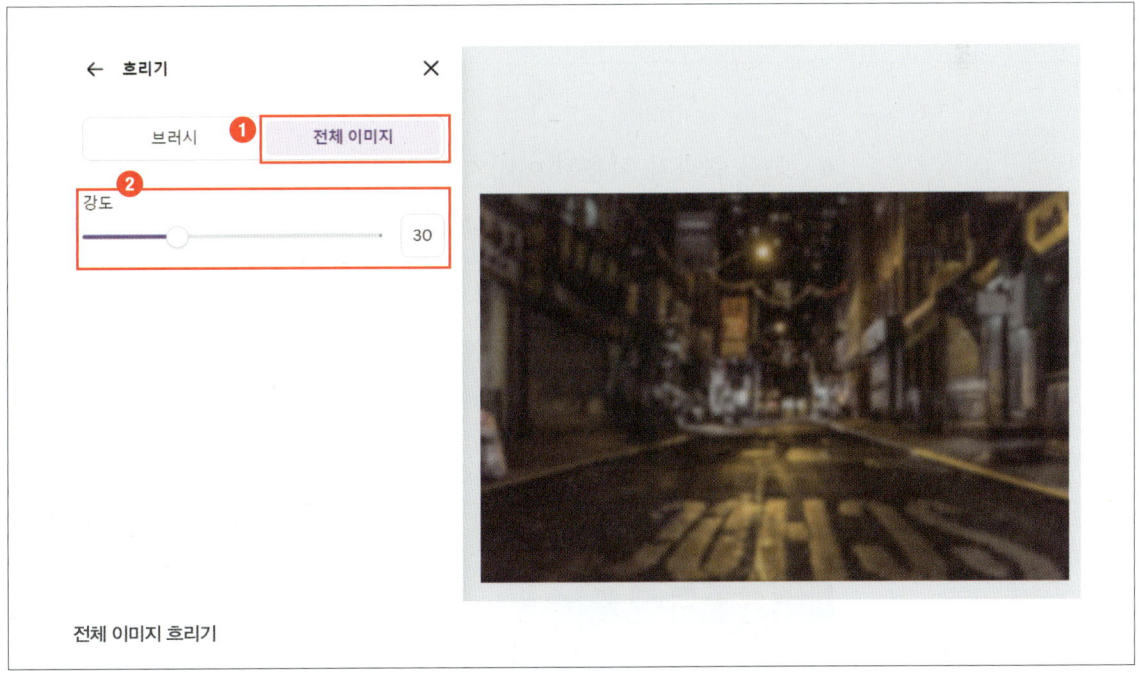

전체 이미지 흐리기

5 이미지의 일부만 흐린 효과를 적용하고 싶다면 ❶[브러시]를 클릭하여 ❷브러시 크기와 강도를 조절한 뒤 ❸원하는 부분에 색칠할 수 있습니다. 초상권 보호를 위해 모자이크 효과를 주고 싶을 때 사용하면 참 좋겠지요?

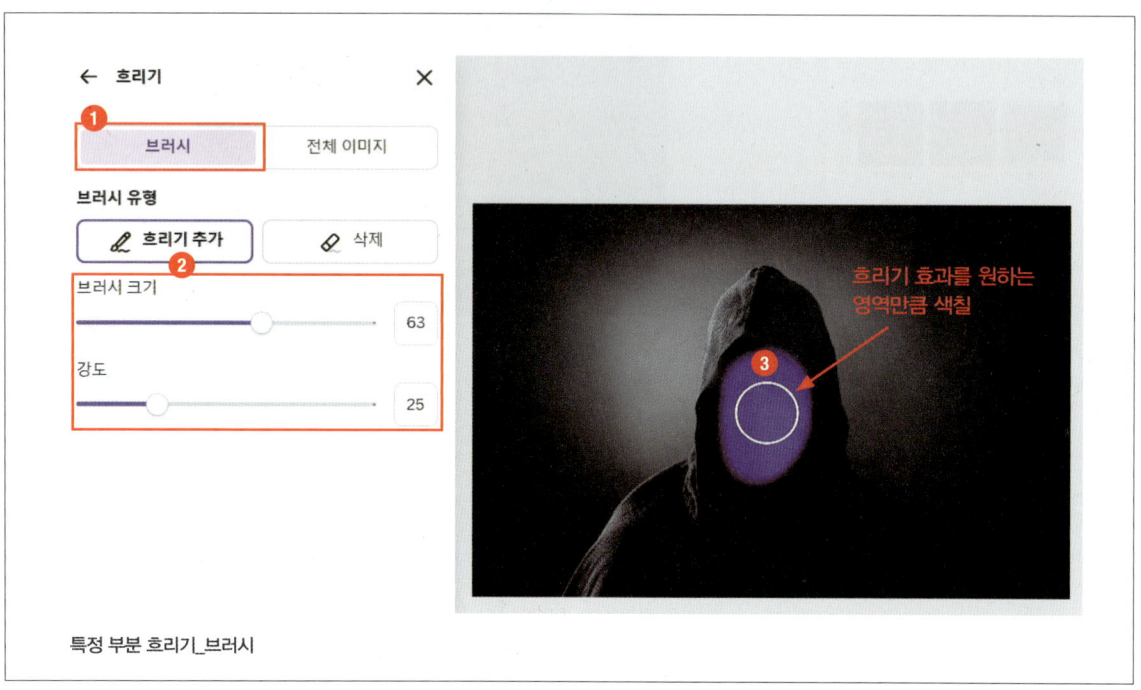

특정 부분 흐리기_브러시

6 흐림 효과가 적용된 이미지에 원하는 문구를 작성하면 카드뉴스 완성! (아래 디자인 속 글꼴: Neue Einstellung (글꼴 및 일부 이미지는 Pro 버전만 사용 가능))

전체 흐리기 활용 카드뉴스

브러시 흐리기 활용 카드뉴스

TIP

이미지 필터

카드뉴스 이미지 중 첫 번째에는 '흐리기 효과'뿐 아니라 필터 중 '아스트로'가 적용되었습니다. 필터는 이미지를 보정할 수 있는 도구로 이미지에 적용되면 따뜻한 느낌, 차가운 느낌, 부드러운 느낌 등 다양한 효과를 줄 수 있습니다. ❶[필터]-[모두보기]를 클릭하면 모든 필터의 종류를 볼 수 있으며 필터의 ❷강도는 스크롤로 조절할 수 있습니다.

좀 더 자유롭게 색조나 온도, 조명, 색상, 텍스처를 조절하고 싶다면 편집 패널 상단의 ❸[조정]을 클릭하면 됩니다.

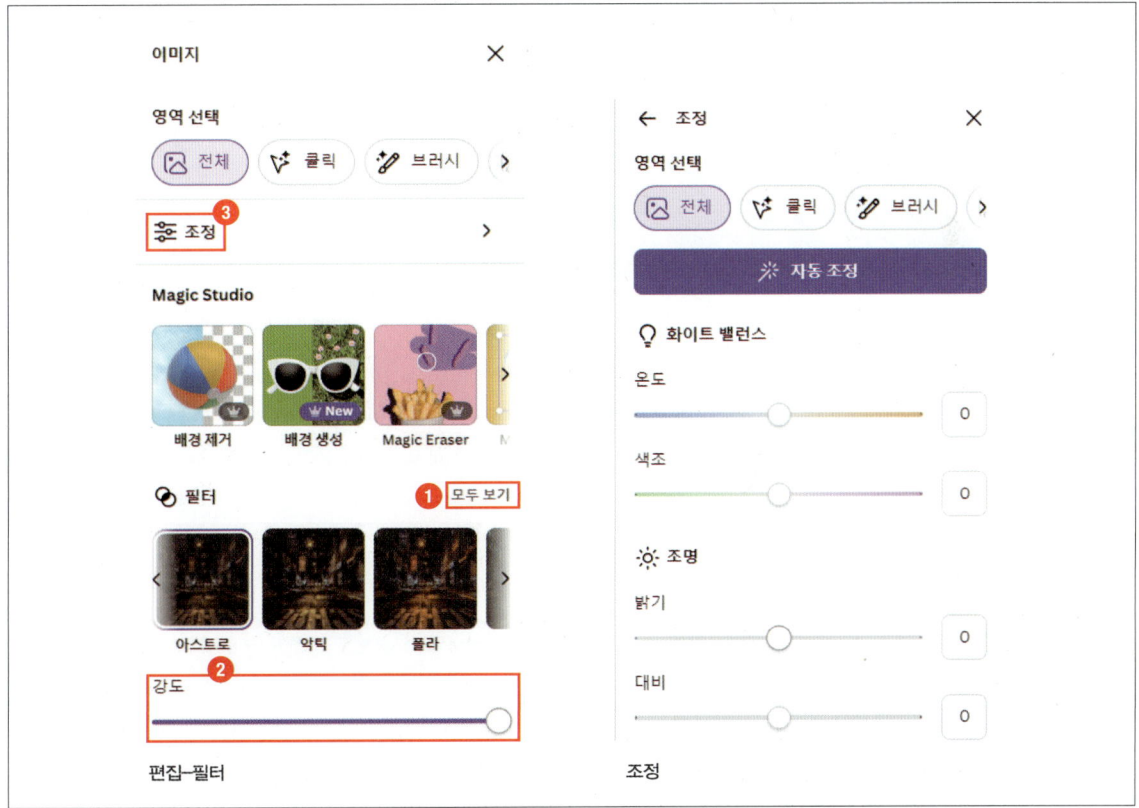

TIP

텍스트 효과

카드뉴스 속 텍스트가 그림에 묻히지 않고 선명해 보이지 않으신가요? 카드뉴스의 텍스트에는 '효과'가 적용되어 있습니다. 텍스트 효과를 활용하면 텍스트를 돋보이게 하거나, 특별한 감성을 더할 수도 있습니다.

❶텍스트 선택 후 편집 메뉴의 ❷[효과]를 클릭하면 메뉴가 열리며 다양한 텍스트 효과 종류를 확인할 수 있습니다. 원하는 효과를 선택하고 적당한 강도(혹은 효과의 종류에 따라 두께, 오프셋 등)를 조절하여 텍스트에 효과를 만들어 낼 수 있습니다. (위 카드뉴스들의 디자인 속 효과: 들어올리기, 강도: 50)

텍스트 효과 열기　　　　　　　　　　　　　　　　텍스트 효과 적용

다른 텍스트 효과를 적용한다면 또 다른 느낌의 디자인이 만들어지겠죠? (아래 디자인 중 왼쪽은 글리치 효과가 적용되었고 오른쪽은 테두리 효과 및 곡선 효과가 적용되었습니다.)

텍스트 효과 적용 디자인 1

텍스트 효과 적용 디자인 2

TIP

디자인 속 도형의 서식, 글꼴, 각종 효과까지 복사—붙여넣기 하고 싶다면?

멋지게 만든 디자인이 마음에 들어 사용된 서식을 다른 디자인에도 사용하고 싶을 때가 있지요? 그렇다면 전에 사용했던 서식을 떠올리며 다시 만들거나 하나하나 복사—붙여넣기 해야 할까요? 캔바엔 [스타일 복사]라는 기능이 있어 힘들게 다시 디자인할 필요가 없습니다!
오른쪽에 있는 디자인을 왼쪽 디자인의 도형 및 글꼴의 속성까지 모두 같게 바꿔 보겠습니다.

스타일 복사할 디자인

스타일 붙여넣기 할 디자인

먼저 ❶텍스트를 선택하고 ❷'스타일 복사'를 클릭해주세요. [스타일 복사]의 모양이 [🖌 (스타일 붙여넣기)]처럼 되었다면, ❸스타일을 같게 할 텍스트를 선택해 주세요.

텍스트 스타일 복사

텍스트 스타일 붙여넣기 1

같은 방법으로 다른 텍스트까지 스타일을 복사하니 앞선 디자인과 글꼴 서식이 같아졌습니다.

텍스트 스타일 붙여넣기 2

이제 투명도가 적용된 도형을 노란색 도형에 적용해 볼까요? 도형의 스타일을 바꿀 때도 방법은 같습니다. ❶도형을 선택한 뒤 ❷'스타일 복사'를 클릭합니다. [🖌 (스타일 붙여넣기)]모양이 바뀐 것을 확인한 뒤 ❸스타일을 같게 할 도형을 선택하면 도형의 색상, 투명도, 테두리까지 모두 바뀌게 됩니다.

도형 스타일 복사

도형 스타일 붙여넣기

이렇게 간단한 클릭 몇 번으로 손쉽게 디자인이 바뀌었습니다.

텍스트 스타일 붙여넣기

이 '스타일 복사'는 글꼴이나 도형의 서식뿐만 아니라 이미지 필터, 효과까지 '복사-붙여넣기'가 가능하니 디자인하는 시간을 단축하고 싶다면 꼭 기억하세요!

'자동 초점 기능'과 'face retouch' 기능의 활용

앞서 다룬 효과들 외에도 캔바에는 '자동 초점 기능'과 'face retouch' 기능이 있습니다.

자동 초점과 face retouch

자동 초점 기능은 뒷배경을 흐리게 하고 싶거나 피사체를 강조하고 싶을 때 사용하면 좋습니다. 음식 사진이나 인물 사진에 초점을 맞추고 싶을 때 사용하는 것을 추천합니다. 또 face retouch 기능은 개인 인물 사진의 피부를 깨끗하게 보정할 때 유용합니다.

자동 초점 (피사체 강조, 뒷배경 흐리게)

face retouch (피부 보정)

POINTS

- 배경을 빠르고 깔끔하게 지우고 싶다면 '배경 제거' 기능을 사용!
- 이미지에 테두리 효과를 주고 싶다면 이미지 배경 제거 후 '그림자 효과'를, 두 가지 색상으로 이미지를 감각적으로 보정하고 싶다면 '이중톤 효과'를 사용해요!
- 흐리기 효과는 위에 올린 텍스트를 눈에 띄게 할 수도 있고, 모자이크 효과를 주고 싶을 때 사용하면 좋아요!
- '텍스트 효과'를 이용하면 글자에도 다양한 효과를 줄 수 있어요!

4 색알못도 쉽게 색감 맞추기

효과적인 디자인을 위한 중요한 요소 중 하나는 바로 색감입니다. 하지만 전문 디자이너가 아니라면 색을 효과적으로 사용하고 조합하는 것은 쉬운 일이 아닙니다. 캔바는 색감을 잘 알지 못하는 사람, 일명 색알못도 쉽게 색감을 맞출 수 있도록 도와줍니다.

색감 맞추기의 기초

색상마다 사람에게 주는 느낌이 다릅니다. 이를 디자인에 이용하면 전달하고자 하는 바를 효과적으로 제시할 수 있습니다. 색상들이 주는 느낌에 대해 알아볼까요?

빨강
사랑, 기쁨, 열정, 따뜻함, 위험, 죽음, 강조

색상별 느낌_빨강

노랑
따뜻함, 어린이, 행복, 희망, 경고, 명시성

색상별 느낌_노랑

색상별 느낌_파랑

색상별 느낌_초록

이 외에도 우아함과 신비로운 느낌을 주는 보라색, 귀엽고 사랑스러운 느낌을 주는 분홍색, 따뜻하고 안정적인 느낌을 주는 갈색 등 적절한 색상을 상황에 맞는 디자인에 사용한다면 효과적인 메시지 전달을 할 수 있을 것입니다.

색 조합의 팁

디자인에는 다양한 색상이 들어갑니다. 완성도 있는 디자인을 위한다면 색상은 조화롭게 어울려야 합니다. 어떻게 하면 멋진 색상을 멋지게 조합할 수 있을지 알아봅시다.

1 단색 사용: 단색에서 명도와 채도만 변화를 주어 디자인을 구성하면 단조롭지 않으면서도 조화롭게 디자인을 구성할 수 있습니다. 캔바에서도 색상 막대를 조절하지 않고 명도와 채도만 바꿔 색을 만들어 낼 수 있습니다.

단색 채명도 조절 1

단색 채명도 조절 2

단색 채명도 조절 팔레트

2. **다양한 색상을 쓰되 비슷한 명도와 채도로 구성하기**: 다양한 색상을 쓰되 명도와 채도를 비슷하게 한다면 통일감을 주면서도 다양한 변화를 보여 줄 수 있습니다. 위에서와 다르게 채도와 명도의 위치는 동일하게 둔 뒤 색상값만 변경하여 색상을 만들 수 있습니다.

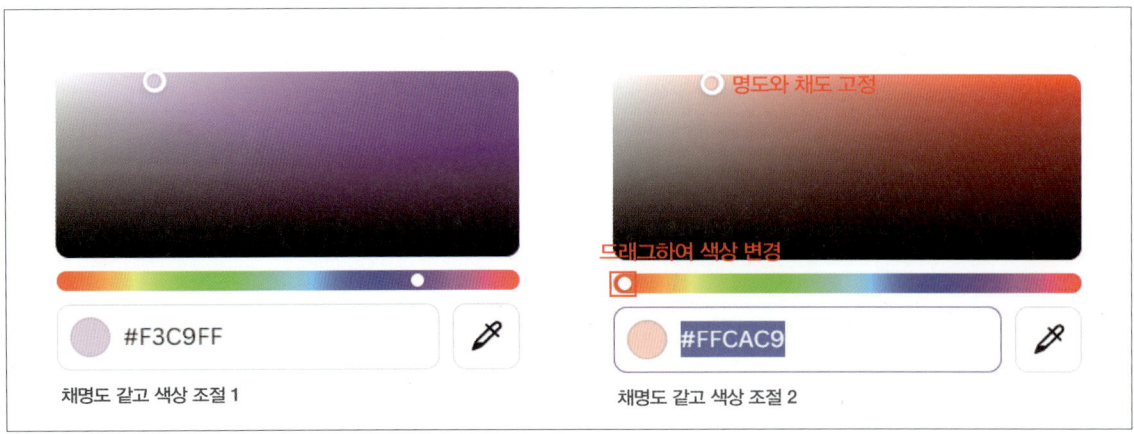

채명도 같고 색상 조절 1

채명도 같고 색상 조절 2

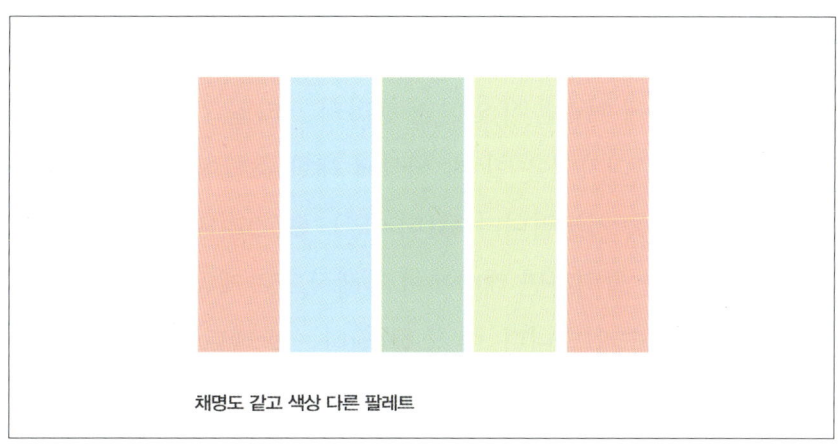

채명도 같고 색상 다른 팔레트

3 유사색과 보색 사용하기: 색상환에서 가깝게 있는 색상을 활용하여 디자인하면 안정적이고 차분하며 익숙한 느낌을 줄 수 있습니다. 반면에 파란색과 노란색처럼 서로 반대되는 색인 보색을 디자인에 사용하면 강렬한 대비 효과를 주기 때문에 주목도를 높일 수 있습니다. (아래 세 번째 디자인은 캔바 앱에서 'Font studio'를 사용하였습니다.)

유사색과 보색

단색에서 채명도 조절 · 비슷한 채명도 사용 · 보색 활용

CHAPTER 4 디자인에 최적화된 캔바

캔바에서 색 조합 바로 하기

여전히 색 조합에 어려움이 있다면 캔바의 스타일 기능을 활용해 볼까요? 스타일은 디자인을 할 때 색상에 대한 조합이나 어울리는 글꼴을 추천해 주는 기능입니다. ❶[디자인]- ❷[스타일]- 색상 팔레트 ❸[모두 보기]를 클릭하면 캔바에서 자체적으로 제공하는 색상 팔레트들을 사용할 수 있습니다. 이 중 ❹[원하는 팔레트]를 선택하면 작업 중이던 디자인이 해당 색상에 맞게 변경됩니다. 팔레트를 한 번 클릭하여 한 페이지에만 적용할 수도 있고 [모든 페이지에 적용]을 선택할 수도 있습니다.

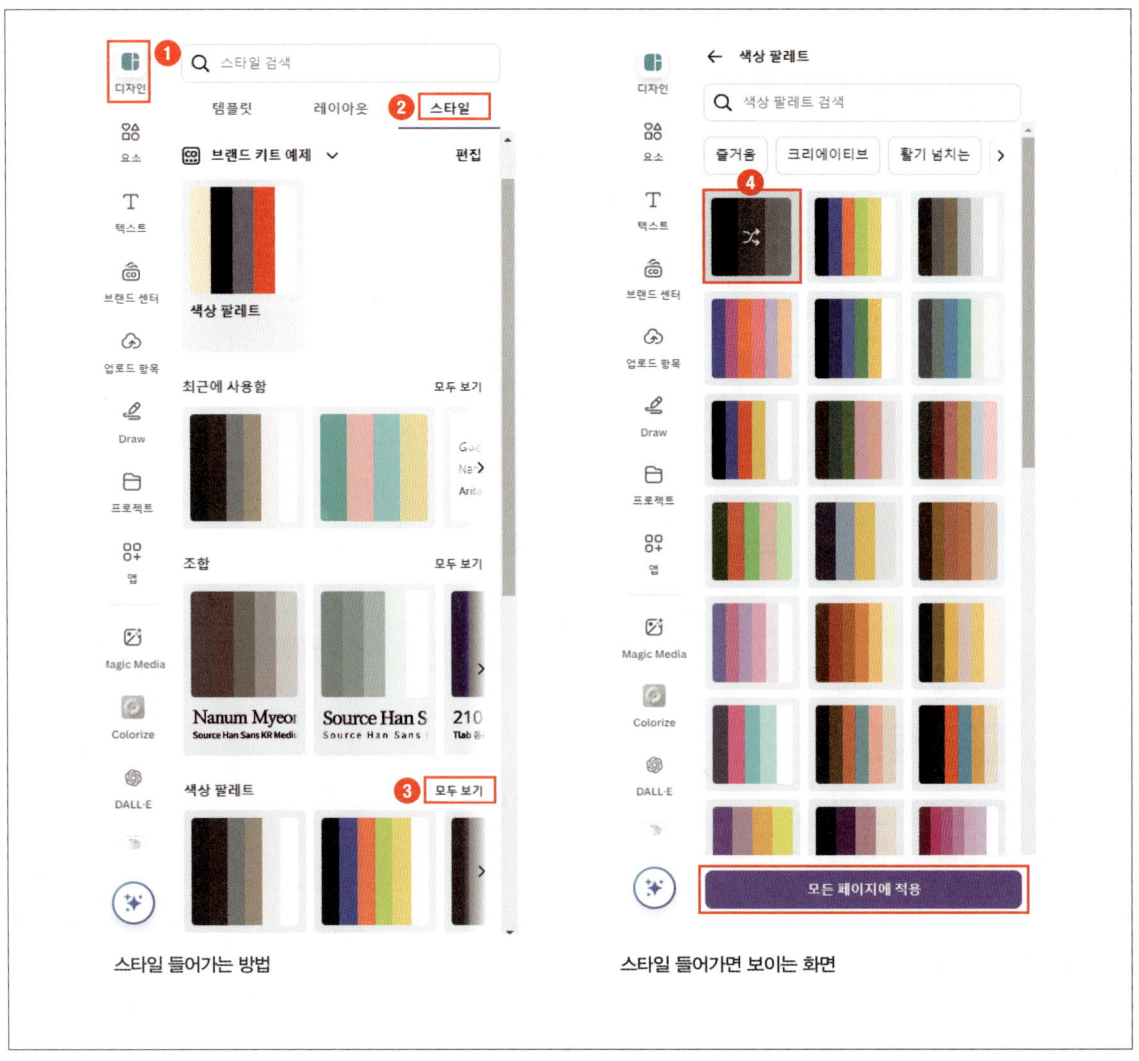

스타일 들어가는 방법　　　　스타일 들어가면 보이는 화면

스타일의 색상 팔레트 적용 1

스타일의 색상 팔레트 적용 2

이미 편집 중인 이미지가 있다면 스타일 메뉴 하단에 '이미지 팔레트'가 활성화됩니다. **이미지 팔레트는 사용 중인 이미지에서 색상을 추출한 팔레트입니다. 사용 중인 이미지 색상을 활용하기 때문에 기존 이미지와 어울리는 색상을 고르기에 제격이죠.** 이미지 팔레트를 적극 활용하면 이미지와 어울리는 디자인을 만드는 데 도움을 받을 수 있겠지요?

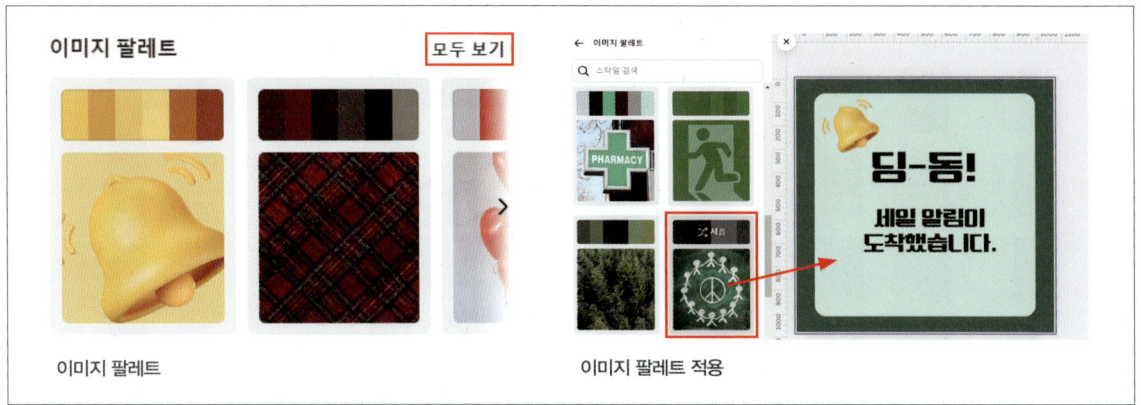

이미지 팔레트 | 이미지 팔레트 적용

> **TIP.**
>
> **스타일에서 글꼴 세트 사용하기**
>
> 스타일 기능에서는 한 디자인 내에 세트로 사용하기 좋은 글꼴과, 색상과 어울리는 글꼴 조합도 추천하고 있습니다. 디자인에 어울리는 글꼴이 고민된다면 참고하면 좋겠지요?

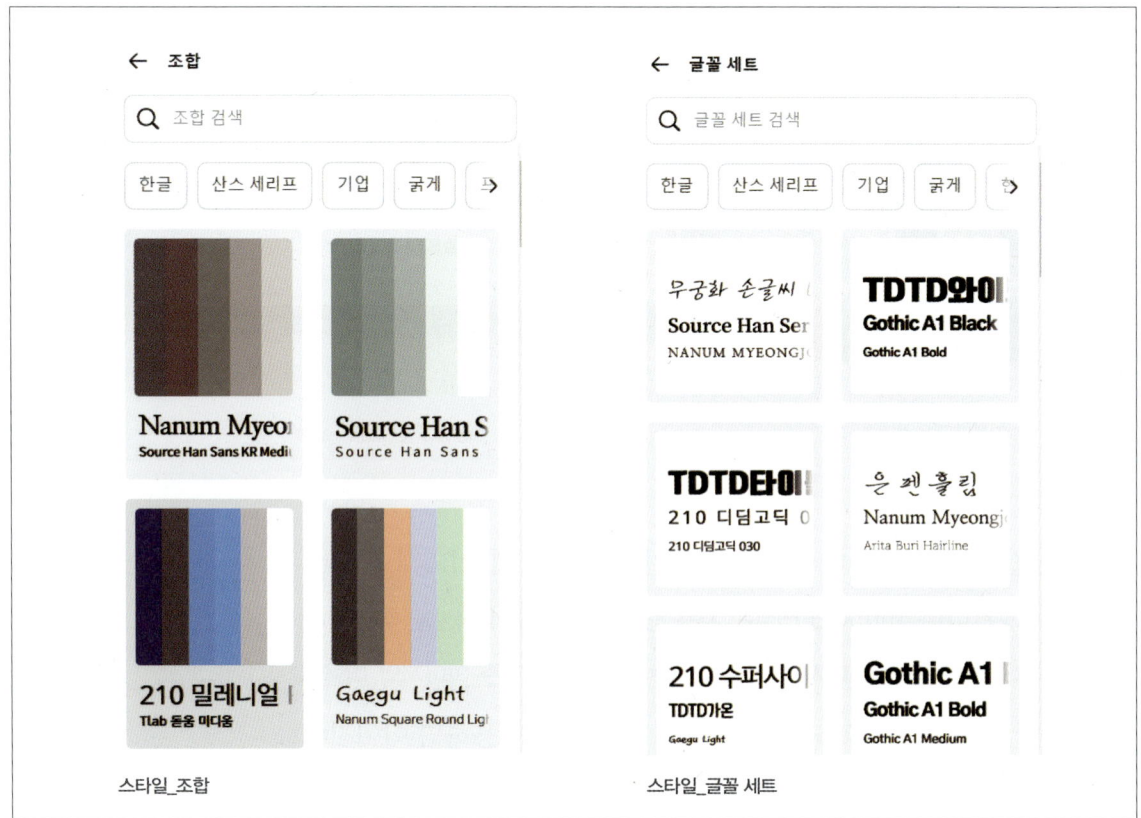

스타일_조합 | 스타일_글꼴 세트

TIP

조화로운 색상 조합을 도와주는 사이트

또 조화로운 색상이 궁금하다면 Color Hunt(https://colorhunt.co/)를 추천합니다. 4가지 컬러 조합으로 된 팔레트들을 모아 보여 주는 곳인데 회원가입 필요 없이 간편하게 사용할 수 있습니다.

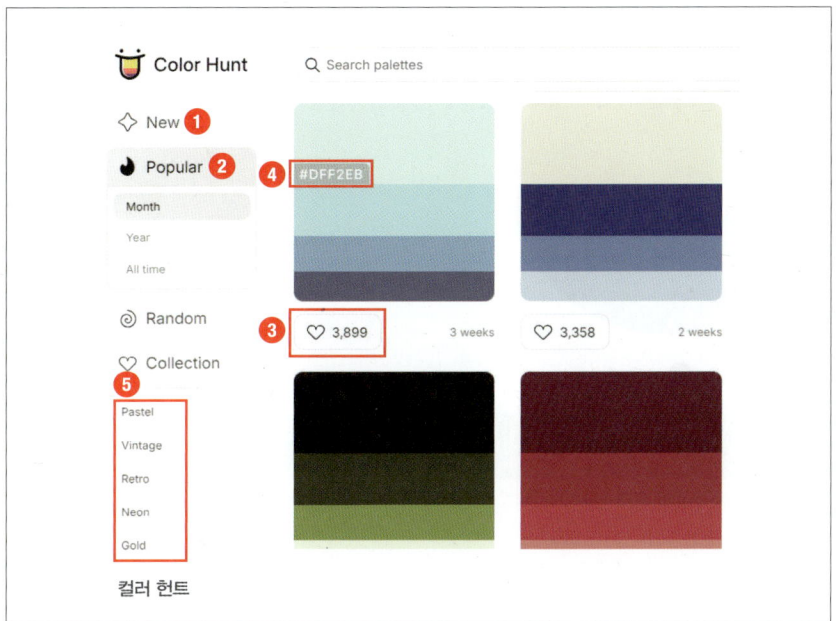

컬러 헌트

❶ New: 최근 추가된 팔레트로 처음 Color Hunt에 접속하면 보이는 기본 화면입니다.

❷ Popular: 인기 있는 색 조합입니다. 'Month', 'Year', 'All time'을 클릭하면 월간, 연간, 전체 기간별로 인기 있는 조합을 볼 수 있습니다.

❸ 하트 숫자로 인기 있는 색 조합을 확인할 수 있습니다. 하트를 클릭하면 나의 'Collection'에도 저장되어 따로 모아 볼 수 있습니다.

❹ 색상 위에 마우스를 올리면 나타나는 색상 코드로, 왼쪽 마우스로 클릭하면 코드가 복사됩니다. 캔바 등 원하는 곳에 붙여넣기 하여 사용할 수 있습니다.

❺ 추천 태그 목록입니다. 해당 태그를 클릭하면 그 태그에 어울리는 색상 조합이 검색됩니다. 'summer', 'coffee', 'blue' 등 원하는 태그를 검색창에 직접 입력하여 검색할 수도 있습니다.

어도비 컬러(https://color.adobe.com/ko/)는 색상 휠을 이용하여 유사색, 보색 등 필요에 맞는 색을 조합할 수 있습니다. 사이트에 로그인한 뒤 ❶[생성] – ❷[색상 휠]을 클릭합니다. ❸[색상 조화]에서 유사색, 단색, 보색 등 원하는 조합으로 선택할 수 있습니다. ❹[색상점]을 돌려 원하는 색상을 선택할 수 있습니다. 원하는 팔레트 조합이 완성되면 ❺[저장]을 누릅니다. 저장된 팔레트는 라이브러리에서 볼 수 있습니다. 저장된 팔레트는 캔바에서 불러와 스포이드로 색상을 추출하면 편리합니다.

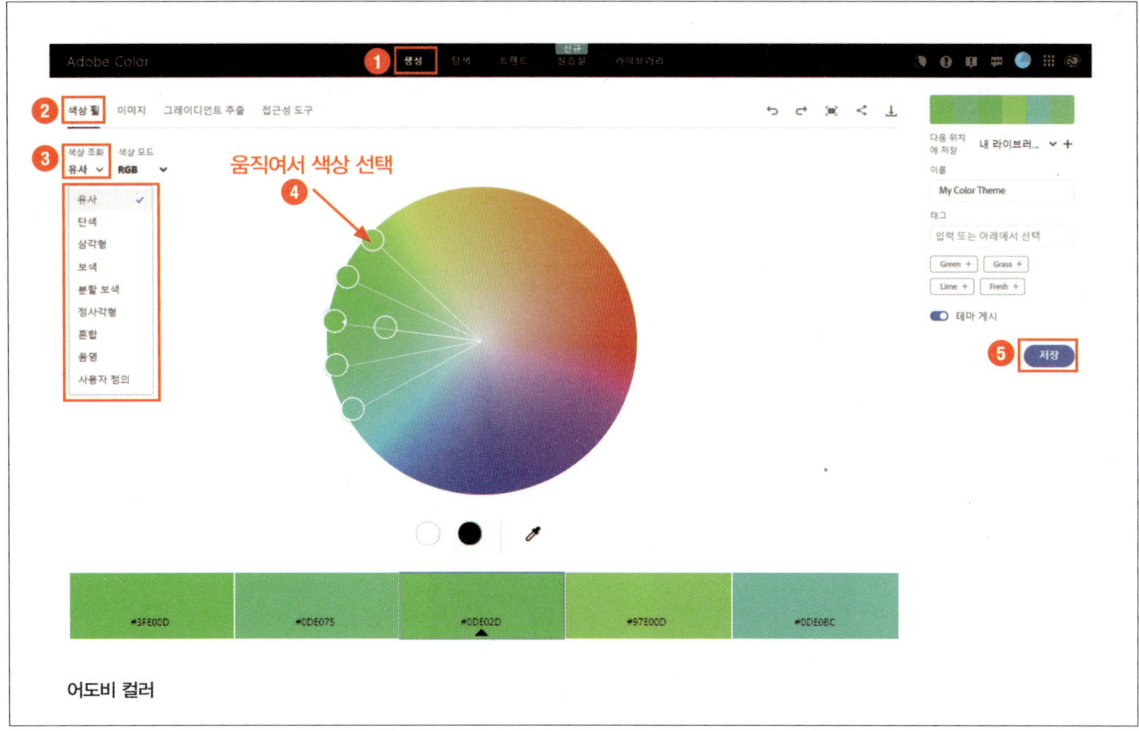

어도비 컬러

어도비 컬러는 색상 휠 외에도 이미지에서 컬러 추출하기, 키워드에 어울리는 컬러 조합 살펴보기 등 컬러와 관련된 다양한 기능을 제공하고 있습니다.

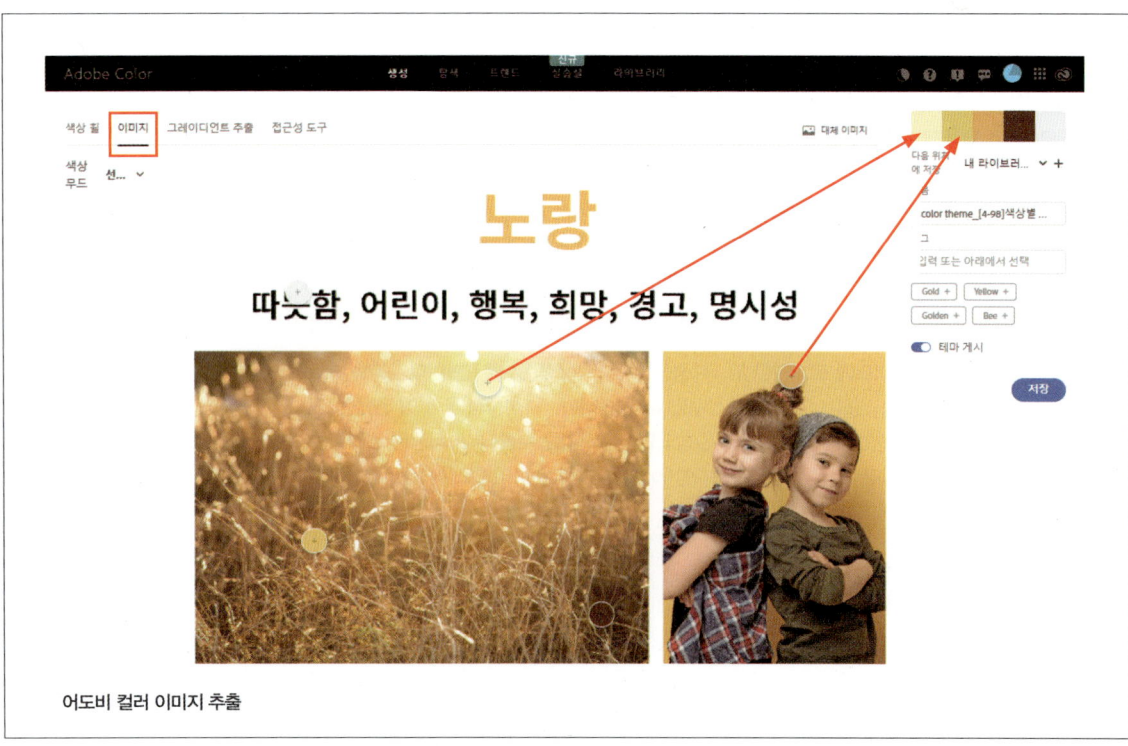

어도비 컬러 이미지 추출

〔Pro〕 시간 단축! 브랜드 키트 활용하기

브랜드 키트란 브랜드 디자인을 일관성 있게 유지하기 위해 색상, 글꼴, 그래픽 등을 저장해 둘 수 있는 기능입니다. 한 번 설정해 두면 키트에 있는 디자인을 활용하면 되기 때문에 시간도 많이 단축됩니다. 혼자도 사용 가능하고 팀원들과도 함께 공유할 수 있어 일관성 있는 디자인을 하는 데 도움이 되기도 합니다. 그럼 시작해 볼까요?

브랜드 키트는 홈 화면 왼쪽에 있는 ❶[브랜드 센터]를 통해 접속합니다. ❷[새 항목 추가]-❸[이름 설정]-❹[만들기] 버튼을 클릭하면 로고, 색상, 글꼴 등 요소들을 브랜드 키트에 업로드할 수 있는 창이 열립니다.

브랜드 키트 / 브랜드 키트 만들기

로고: 로고에는 브랜딩 컬러가 담겨 있기 때문에 로고를 기본으로 색상을 추출하면 디자인이 자연스럽습니다. 꼭 브랜드 로고가 아니더라도 디자인에 일관성을 주고 싶다면 사진이나 그래픽, 아이콘에 각 요소를 업로드해 보세요.

색상: 로고가 업로드되자 자동으로 추출된 색상을 확인할 수 있습

니다. 만약 색상을 더 추가하고 싶다면 [새로운 색상 추가]를 클릭합니다.

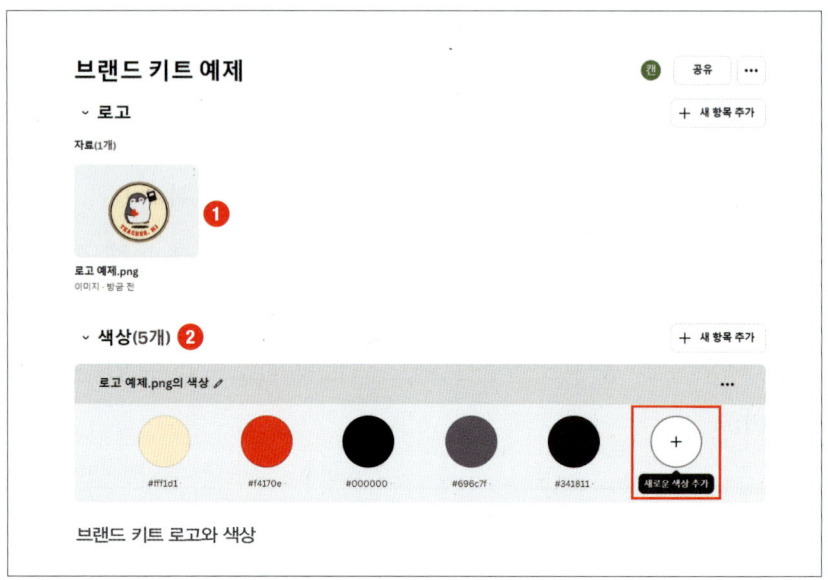

브랜드 키트 로고와 색상

색상뿐 아니라 자주 쓰는 글꼴 조합이나 아이콘, 템플릿도 브랜드 센터에서 편리합니다.

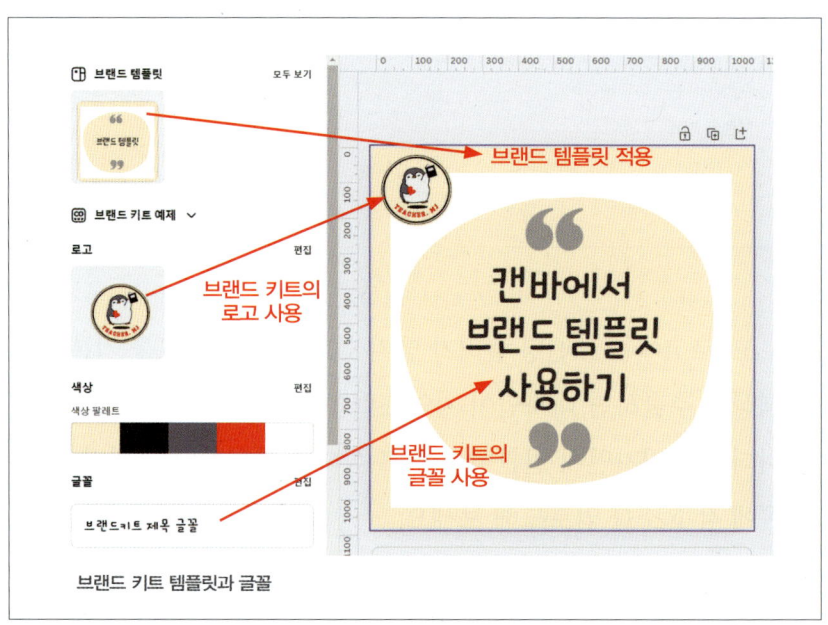

브랜드 키트 템플릿과 글꼴

브랜드 템플릿, 로고, 색상, 글꼴, 로고 등을 한 번 저장해 두면 바로 쓸 수 있기 때문에 디자인하는 데 시간이 많이 단축됩니다. **자주 쓰는 것들이 있다면 꼭 브랜드 키트에 저장해 보세요!**

TIP

로고나 이미지에서 색상을 추출하는 또 다른 방법

앞서 소개했던 어도비 컬러(https://color.adobe.com/ko/)와 마찬가지로 https://coolors.co 는 컬러 팔레트를 만들어 주는 사이트입니다. 사이트에서 상단의 ❶[카메라 모양의 로고]를 클릭하면 이미지를 업로드할 수 있는 창이 뜹니다. 이곳에 ❷로고나 이미지를 업로드하면 다양한 조합의 컬러 팔레트가 생성됩니다. 생성된 조합이 마음에 들지 않으면 ❸아래의 슬라이드 바를 조절하거나 다른 색을 선택하여 변경합니다. 더욱 다양한 컬러 팔레트 조합을 만날 수 있습니다. 원하는 컬러 조합이 완성되면 ❹[Next]-❺[Open in the generator]를 클릭하여 색상 코드를 쉽게 복사하거나 ❻[Export palette]로 저장하여 사용할 수 있습니다.

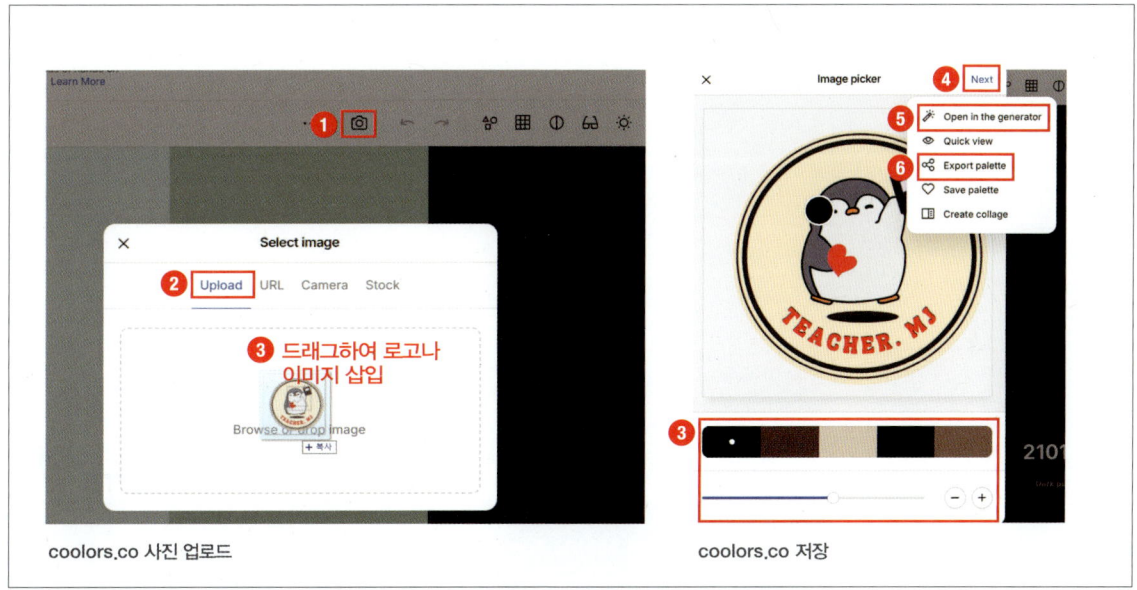

TIP

원하는 색상에 맞는 요소 가져오기

요소를 검색할 때 특정 색깔 코드를 넣어 검색하면 원하는 색상에 맞는 사진, 동영상, 그래픽만 검색할 수 있습니다.

❶요소 클릭 후 검색창에 원하는 ❷검색어를 입력하고 검색하세요. 그 후 검색창 옆에 있는 ❸[필터 아이콘]을 클릭하여 ❹[새로운 색상 추가] - ❺색상 코드 입력 후 검색합니다. 이젠 입력한 색상값과 비슷한 색상의 요소만 검색 결과에 노출됩니다.

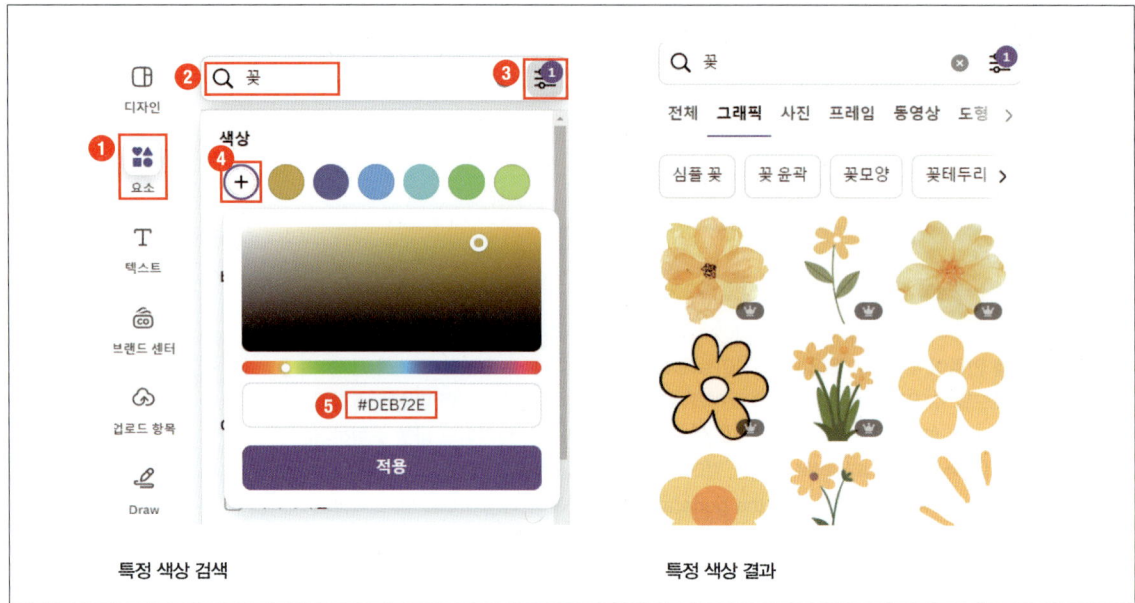

특정 색상 검색   특정 색상 결과

POINTS

- 색상의 상징과 색상이 주는 느낌을 참고하면 더욱 완성도 있는 디자인을 만들 수 있어요! 또 디자인에 사용된 색상들은 조화롭게 어울려야 한다는 것도 잊지 말아요!
- 스타일 속 색상 팔레트와 글꼴 세트를 이용한다면 빠르고 편리하게 디자인 완성!
- 브랜드 키트에서 로고, 색상, 글꼴 등 요소들을 저장하여 일관성 있는 디자인을 만들어요!
- 원하는 색상의 요소만 검색하고 싶다면 검색창의 필터에 색상 코드를 입력해요!
- 원하는 글꼴이 없다면 글꼴 업로드 클릭하기!

5 목업(Mockups)으로 디자인이 적용된 제품 사진 빠르게 만들기

캔바에서 제공하는 목업(Mockups) 기능을 이용하여 실제로 제품을 제작하기 전 디자인이 적용된 예상 모습을 확인할 수 있습니다. 지금부터 자세히 알아볼까요?

목업(Mockups)이란?

영단어로 Mockup은 '실물 크기의 모형'을 의미합니다. 캔바에서 이 기능을 통해 다음 그림처럼 실물 모형에 디자인을 입힌 모습을 미리 확인할 수 있습니다.

목업 템플릿

목업 디자인 적용 후

캔바에서는 8000여 개 이상의 모형을 제시하여 사용자에게 필요한 제품 모형에 디자인을 입혀 볼 수 있습니다.

목업 모형 예시 1　　　　목업 모형 예시 2　　　　목업 모형 예시 3

목업(Mockups) 사용하기

먼저, 목업을 활용하기 위해 홈 화면 좌측 탭에서 ❶[앱]을 클릭합니다. 앱 화면에서 목록을 내려 추천항목에서 ❷[Mockups]를 선택합니다. ❸화면에서는 다양한 제품 모형을 검색하거나, 최근에 사용하거나 추천하는 제품 모형을 확인할 수 있습니다.

목업 화면

직접 목업을 활용하여 디자인이 들어간 제품 모형을 만들어 볼까요? 먼저, ❶[Home&living] 카테고리에서 ❷[Mugs]를 클릭합니다. 다양한 모형들 중에 ❸하나를 골라 보겠습니다.

> **TIP**
> [왕관] 표시가 있는 것은 PRO 버전에서만 사용이 가능합니다.

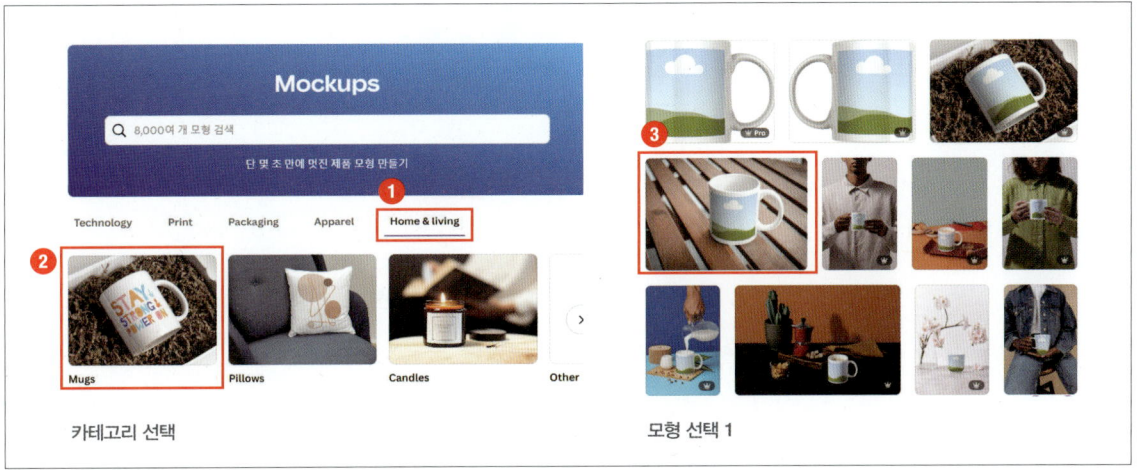

카테고리 선택　　　　　　　　　　　　모형 선택 1

원하는 모형을 클릭하여 활용하고 싶다면 ❶[선택]을 클릭합니다. 아래에는 ❷유사한 모형들을 확인할 수 있어 기존 모형이 마음에 들지 않는다면 변경할 수 있습니다.

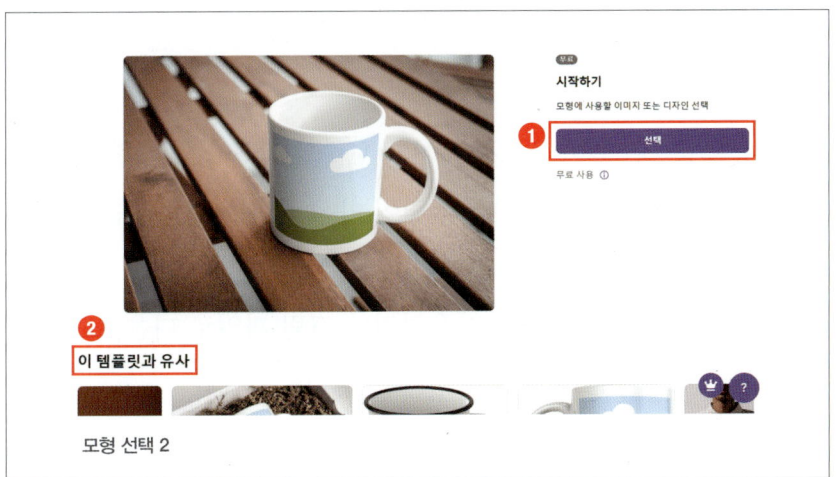

모형 선택 2

CHAPTER 4　디자인에 최적화된 캔바

모형을 선택하였다면 ❶[업로드]를 눌러 이미지를 다운받은 후 넣고 싶은 ❷이미지를 클릭하여 ❸[다음]을 누릅니다. 또는, [디자인]을 클릭하여 기존에 내가 만들었던 캔바 디자인을 활용할 수 있습니다.

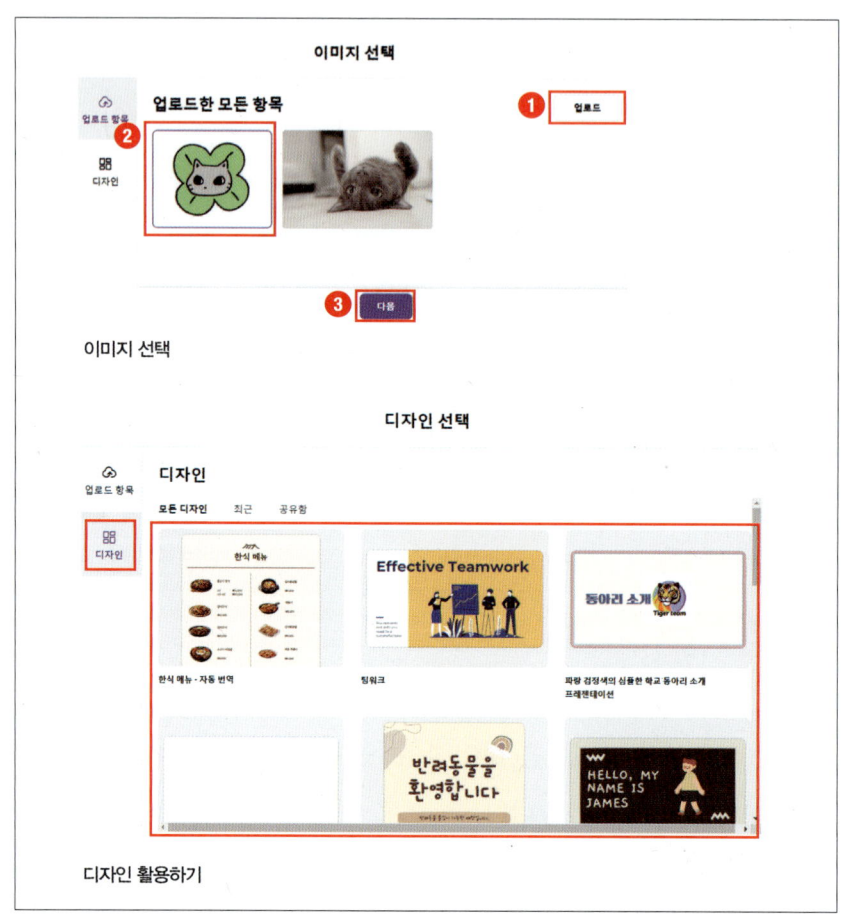

이미지를 고르면 ❶이미지가 들어간 모습의 제품을 확인할 수 있습니다. 들어간 이미지의 크기나 정렬이 마음에 들지 않는다면 ❷[이미지 조정]을 눌러 수정할 수 있습니다. ❸[목업 저장]에서는 만들어진 제품 모형을 캔바 디자인에 사용하거나 그림 파일로 다운로드 받을 수 있습니다.

이미지 확인 및 조정

목업 저장

CHAPTER 4 디자인에 최적화된 캔바

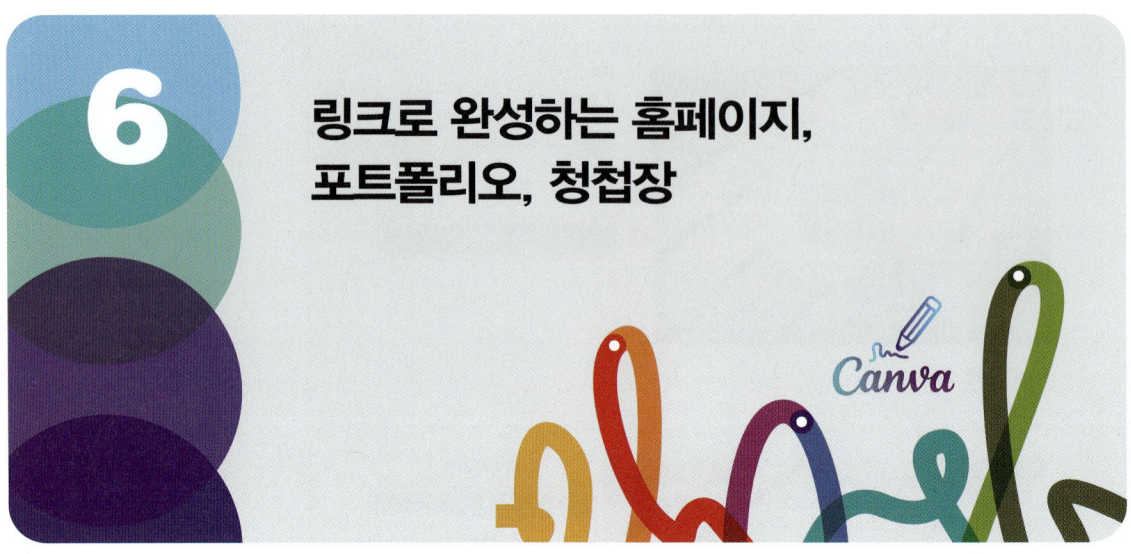

6 링크로 완성하는 홈페이지, 포트폴리오, 청첩장

캔바를 이용하면 누구나 홈페이지, 포트폴리오, 청첩장 등 웹사이트를 만들 수 있습니다. 캔바의 템플릿, 요소를 그대로 활용하기 때문에 초보자도 예쁘고 간편하게 만들 수 있고, 링크 삽입에 게시까지 가능하여 간단한 웹사이트의 역할을 할 수 있습니다. 지금부터 웹사이트 제작 과정을 함께 살펴볼까요?

홈페이지의 기본 템플릿 만들기

캔바를 이용하여 학원 홈페이지를 제작해 보겠습니다. 먼저 홈 화면에서 [웹사이트]를 클릭합니다. 열린 편집 화면을 보면 다른 디자인의 편집 화면과 거의 같습니다. 즉, 우리가 앞서 디자인했던 방법 그대로 웹사이트를 제작할 수 있습니다.

웹사이트 디자인 접속

웹사이트를 접속했을 때 가장 먼저 보일 이미지를 삽입하고 원하는 이미지 파일을 업로드하거나 [요소]에서 검색을 통해 삽입한 후 크기를 적절하게 조절합니다. 다음 디자인에서는 '수업'으로 검색한 사진을 활용하였습니다.

첫 화면에 나타날 글과 함께 '학원 안내', '모집 프로그램'과 같은 메뉴를 제작합니다. 이후 웹사이트에서 스크롤을 내리면 보이는 다음 화면을 제작하기 위해 편집 화면 하단의 [페이지 추가]를 클릭합니다.

페이지 추가

이미지, 도형 등 캔바의 다양한 요소를 활용하여 웹사이트 페이지를 꾸며 주세요.

웹사이트 페이지 제작

TIP

작업 중인 페이지 공간 늘리기

담고 싶은 내용은 많은데 페이지의 공간이 부족한가요? 웹사이트 편집 창에서는 작업 중인 페이지의 공간을 늘릴 수 있습니다. 작업 중인 페이지의 끝부분에 마우스를 가져다대면 화살표가 표시됩니다. 늘리고 싶은 만큼 드래그하여 아래로 내리면 끝!

페이지 공간 늘리기

작업 중인 홈페이지가 어떻게 보여지는지 궁금하다면 ❶[미리보기]를 클릭하면 확인할 수 있습니다. 이때, 오른쪽 상단의 ❷를 클릭하여 데스크탑 버전으로 볼지, 모바일 버전으로 볼지 선택할 수 있습니다. 모바일 버전에서는 가로가 짧아지면서 일부 레이아웃이 바뀌니, 반드시 확인해야 합니다.

미리 보기

미리 보기_데스크탑   미리 보기_모바일

홈페이지에 링크 삽입하기

홈페이지의 기본 템플릿이 완성되었다면 이제 홈페이지의 역할을 할 수 있도록 링크를 넣어 볼까요? 링크 삽입은 외부 링크 혹은 현재 문서 내의 페이지로 이동하게 할 수 있습니다. ❶링크를 연결하고자 하는 개체를 선택하고 오른쪽 마우스 클릭합니다. 나타난 메뉴에서 ❷[링크]를 클릭합니다.

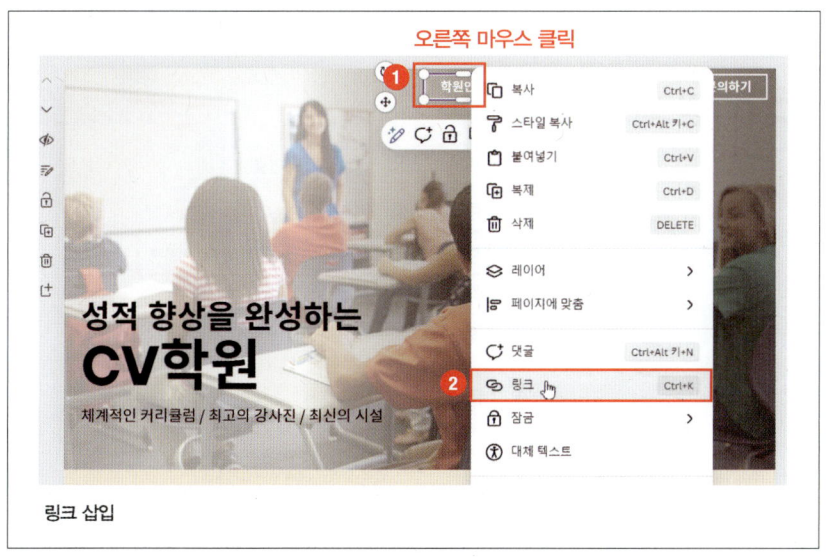

링크 삽입

[학원 안내 메뉴]를 클릭하면 두 번째 페이지로 연결될 수 있도록 '현재 문서 내 페이지 2-학원 안내'를 선택합니다. 다른 메뉴들도 마찬가지로 현재 문서 내 페이지와 연결할 수 있습니다. 또한 외부 링크나, 전화번호도 연결 가능합니다. 혹은 카카오톡 채널 링크를 연계해 상담이 가능하도록 할 수도 있습니다.

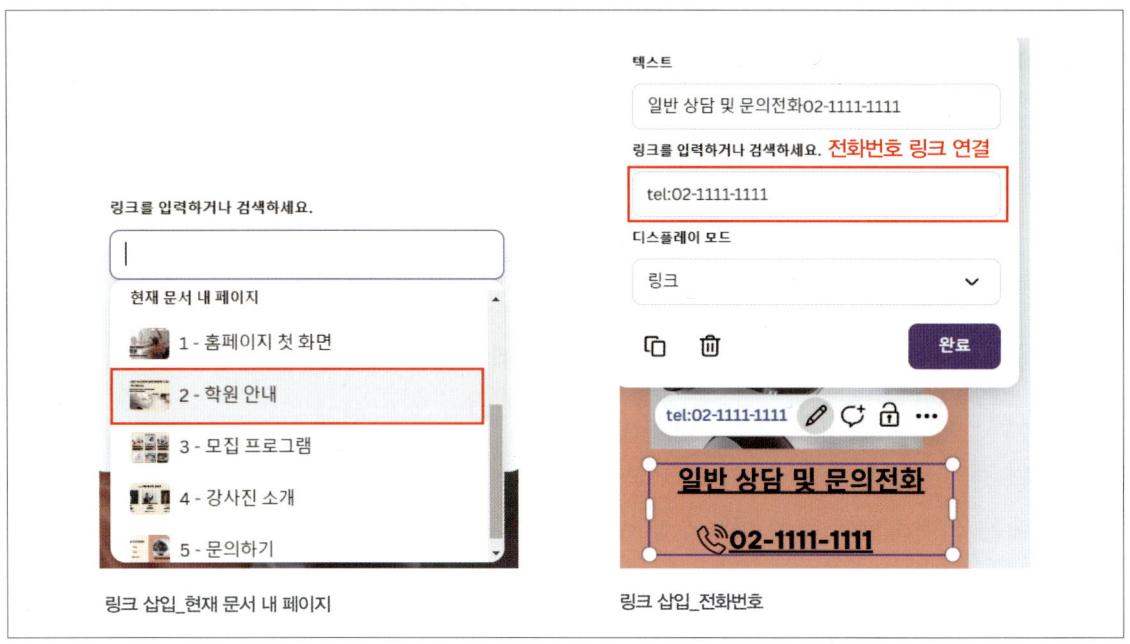

링크 삽입_현재 문서 내 페이지　　　　　링크 삽입_전화번호

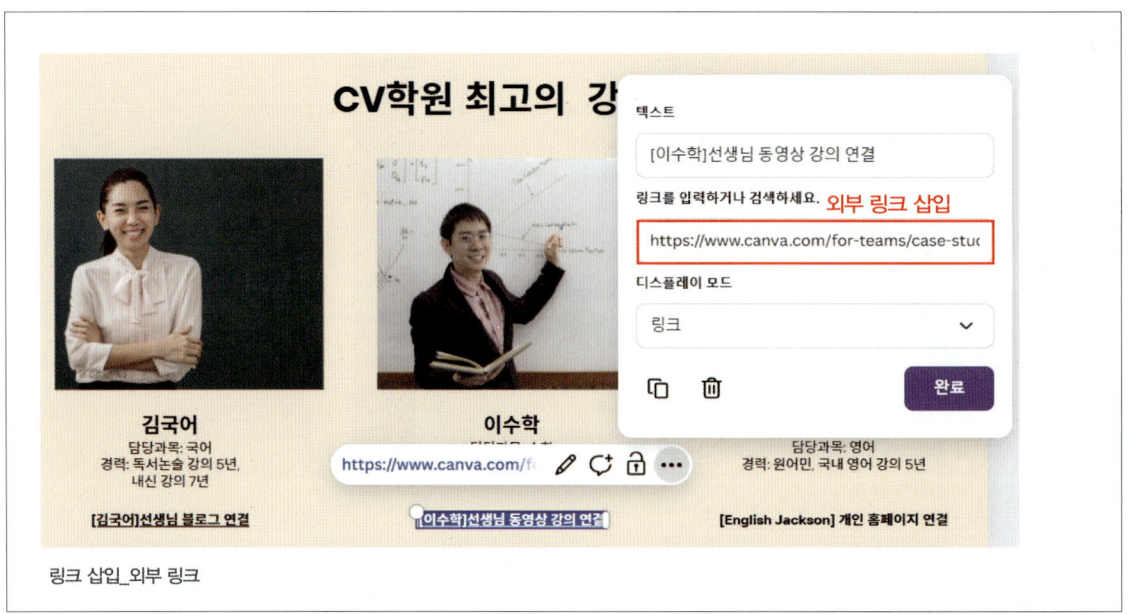

링크 삽입_외부 링크

이제 완성된 홈페이지를 게시해 볼까요? 오른쪽 상단의 ❶[웹사이트 게시]를 클릭하고 ❷❸❹❺를 순서대로 확인, 선택합니다.

웹사이트 게시하기

❷ 모바일에서 크기 조정: 데스크탑 버전으로 맞춰진 요소들의 크기를 모바일 버전에 맞게 크기를 조정해 주는 기능입니다.

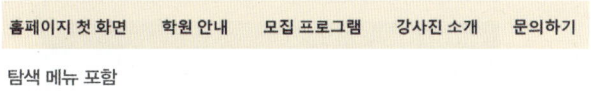
탐색 메뉴 포함

❸ 웹사이트 URL: 제작한 웹사이트의 URL을 설정합니다.

❹ 게시 설정: 브라우저 탭에 보일 이름, 웹사이트 설명, 비밀번호 활성화 등 게시와 관련한 부분을 설정할 수 있습니다.

❺ 웹사이트 게시: ❷~❹의 선택이 완료되었다면 최종 게시를 위해 클릭합니다.

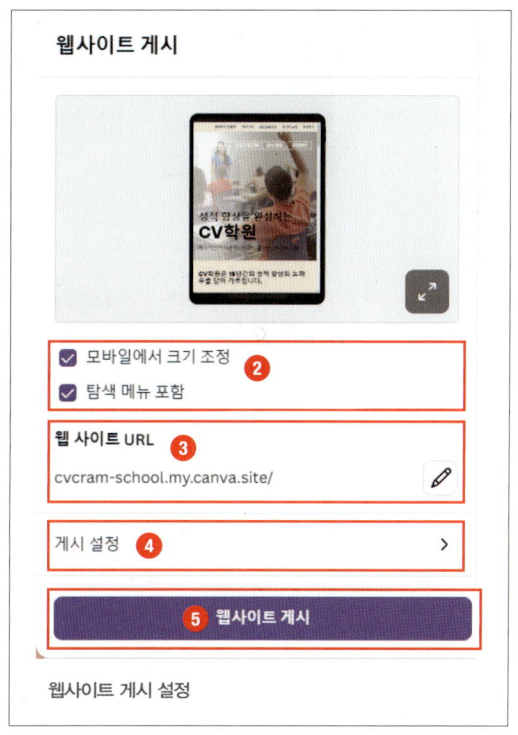
웹사이트 게시 설정

CV학원 홈페이지

위와 같은 홈페이지뿐 아니라 청첩장, 포트폴리오도 손쉽게 만들 수 있으니 꼭 활용해 보세요!

캔바로 만든 모바일 청첩장

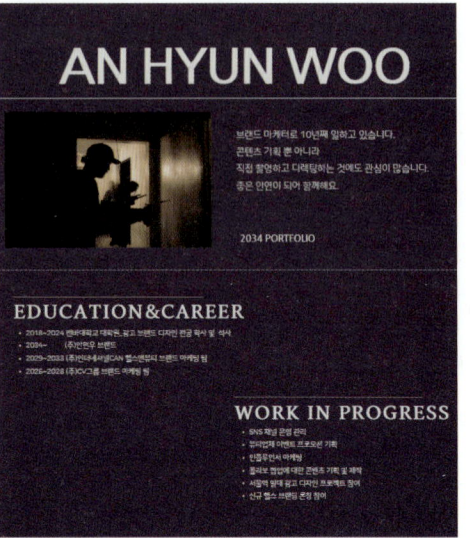

캔바로 만든 웹사이트형 포트폴리오

4장에서 본 디자인을 그대로 복제하여
수정하고 싶다면?

원하는 글꼴 추가해서 캔바 활용하기

캔바에는 다양한 글꼴이 있지만 원하는 글꼴이 없을 때도 있습니다. 그럴 땐 직접 원하는 글꼴을 업로드할 수 있습니다.

텍스트를 입력하고 ❶글꼴을 클릭합니다. ❷왼쪽에 열린 글꼴 메뉴에 하단에 있는 [글꼴 업로드]를 선택하고 원하는 글꼴을 업로드합니다. ❸'업로드된 글꼴'을 확인하여 원하는 글꼴을 사용할 수 있습니다. 단, 업로드된 글꼴은 원래 이름과 달라질 수 있습니다.(예제에서 사용된 글꼴: 강원교육현옥샘체, 출처: 강원특별자치도 교육청 홈페이지)

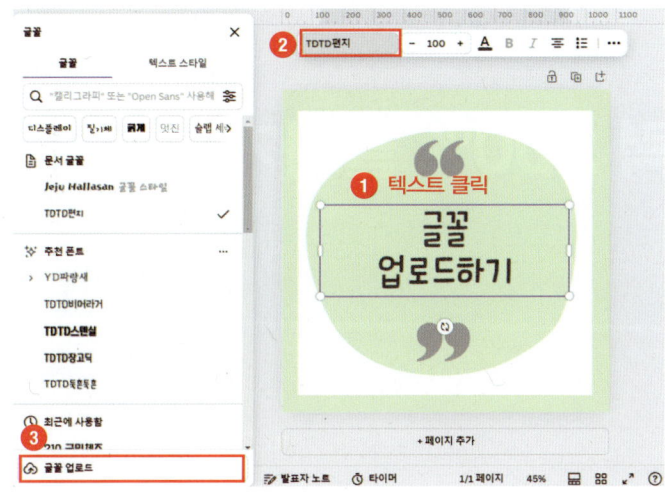

글꼴 업로드

업로드된 글꼴

업로드된 글꼴의 적용

강원교육체
다운로드 사이트

CHAPTER 5

캔바 AI로
디자인 능력 200% 올리기

캔바에는 다양한 AI 기반 도구들이 있습니다. 캔바의 AI 도구들을 활용하면, 디자인 작업 시간을 확 줄여 다양한 콘텐츠를 쉽고 빠르게 만들 수 있습니다. 5장에서는 캔바의 다양한 AI 기능을 살펴보고 활용하는 방법을 배워 보겠습니다.

1   캔바의 Magic Studio 살펴보기

캔바에는 다양한 AI 기반 도구들이 있습니다. 캔바 AI 기반 도구들은 Magic Studio라는 곳에 모여 있는데요, 다양한 AI 도구를 한 곳에서 제공하여 디자인 작업을 더욱 간편하게 도와줍니다. Magic Studio의 다양한 기능을 활용하여 디자인 능력을 200% 올려 볼까요?

Magic Studio 기능 살펴보기

매직 스튜디오 들어가기

이미지(동영상) 삽입 후, 삽입한 ❶[이미지(동영상) 선택]- ❷[편집]
- ❸좌측 상단의 Magic Studio를 클릭합니다.
Magic Studio에는 4장에서 다룬 배경 제거와 더불어 다양한 기능이 있습니다.

매직 스튜디오 기능 설명

❶ 배경 제거: 이미지나 동영상의 배경을 제거해 주는 기능으로 4장 184쪽에서 배웠습니다.
❷ 배경 생성: 만들어 내고 싶은 배경을 설명하여 새로 만들어 낼 수 있는 기능입니다.
❸ Magic Eraser: 사진에서 특정 객체(사물이나 사람 등)을 지울 수 있는 기능입니다.
❹ Magic Grab: 사진에서 특정 객체를 선택하여 재배치하거나 크기를 조정하는 등의 편집을 할 수 있습니다.
❺ 텍스트 추출: 이미지에 있는 텍스트를 선택하고 편집할 수 있는 기능으로 Grab Text로 불립니다. 이미지 속 텍스트의 오탈자를 수정하거나, 다른 언어로 번역할 때 사용하면 좋습니다.

❻ **Magic Edit**: AI를 활용하여 이미지에서 특정 부분을 수정, 추가 또는 교체할 수 있는 기능입니다.

❼ **Magic Expand**: AI를 활용하여 잘리거나 구조가 이상한 사진의 빈 공간을 확장할 수 있습니다.

위의 기능들은 이미지를 선택한 후 Magic Studio에 들어갔을 때 사용할 수 있는 기능입니다. 동영상을 선택하면 조금 다른 기능을 볼 수 있습니다.

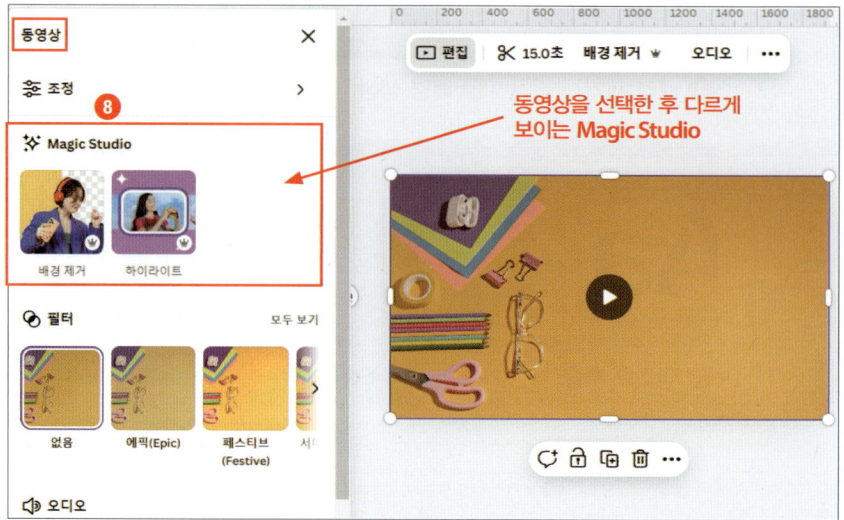

동영상의 매직 스튜디오

❽ **하이라이트**: AI를 활용하여 동영상을 분석 후 클립을 나누어 주는 도구입니다.

POINTS

- Magic Studio에서 캔바의 AI 기능들을 만날 수 있다!
- 이미지 편집 AI 기능: 배경 제거, 배경 생성, Magic Eraser, Magic Grab, 텍스트 추출, Magic Edit, Magic Expand
- 동영상 편집 AI 기능: 배경 제거, 하이라이트

TIP

사진이나 동영상뿐만 아니라 일부 그래픽 요소에서도 Magic Studio 기능을 적용할 수 있습니다. 다만, 그래픽에는 이미지인 요소와 이미지가 아닌 요소가 있어 이미지가 아닌 그래픽의 경우 Magic Studio들이 활성화되지 않습니다.

그래픽인 경우 매직 스튜디오

TIP

어떤 기능을 사용해야 할지 모르겠다면 [영역 선택]을 눌러 편집하고 싶은 영역을 선택해 보세요. 예를 들어 [클릭]을 선택하면 해당 요소를 지울 것인지(magic eraser), 분리할 것인지(magic grab), 고칠 것인지(magic edit) 고를 수 있습니다. 마찬가지로 [배경]을 선택하면 [배경 제거] 혹은 [배경 생성] 기능을 활용할 수 있습니다.

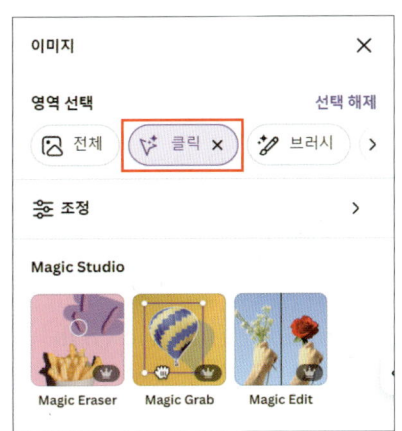

매직 스튜디오 영역 선택 기능 설명 1   매직 스튜디오 영역 선택 기능 설명 2

그럼 지금부터 Magic Studio의 여러 기능들을 활용하여 사진을 편집해 보겠습니다.

2 알아서 추출해 주고 분리해 주는 Magic Grab, 텍스트 추출(Text Grab)

개체를 배경과 분리하고 싶을 땐 Magic Grab

Magic Grab은 개체를 이미지로부터 추출하여 배경과 분리해 주는 기능입니다. 이 기능을 활용하면 텍스트를 이미지 뒤에 넣어 제품을 강조하는 광고 포스터도 만들 수 있습니다. 예제에서는 선크림을 광고하는 포스터를 만들어 보겠습니다.

1. [메뉴 열기] - [만들기]를 클릭한 후 [인스타그램 광고(정사각형)]를 선택합니다.
2. 디자인할 이미지를 업로드하거나 요소에서 찾아 추가합니다. 아래 디자인에서는 [선크림]을 검색하여 나오는 이미지를 활용하였습니다.
3. ❶[이미지 선택] - ❷[편집] - Magic Studio의 ❸[Magic Grab]을 클릭합니다.

매직 그랩 실행하기

4 Magic Grab를 선택하면 캔바가 자동으로 개체를 구분해 주는 ❶[클릭] 기능을 활용할 수 있습니다. 구분된 개체 중 ❷[추출하고 싶은 개체]를 선택하고 ❸[추출하기]를 누르면 개체와 배경이 분리됩니다. 클릭도 하지 않고 더 편하게 개체를 추출하고 싶다면 [전경]을, 개체를 좀 더 자유롭게 선택하고 싶다면 클릭이 아닌 [브러시]를 선택하면 됩니다.

매직 그랩 선택하기

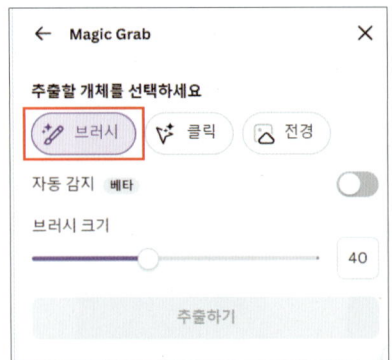 

매직 그랩 브러시 & 전경

이제 **디자인 속 배경과 선크림이 분리되었습니다.** 디자인에 사용할 텍스트와 요소를 삽입하여 적절히 배치합니다. 아래 디자인에서는 맨 앞에 분리된 선크림 이미지를, 맨 뒤에는 배경을 두었고 텍스트와 다른 요소들은 그 사이에 위치시켰습니다. (아래 디자인 속 글꼴: Blanck Han Sans, 글씨 크기: 176)

레이어   매직 그랩 활용 광고

이미지 속 텍스트를 수정하고 싶을 땐 텍스트 추출

텍스트 추출은 Magic Grab과 같은 기능인데 이미지 속 글자를 추출한다는 것이 다릅니다. 이미지 속 텍스트를 편집하기에 적합합니다.

1 [메뉴 열기]-[만들기]를 클릭한 후 [Black Lives Matter 인스타그램 게시물(4:5)]을 선택하세요.(디자인 속 이미지의 비율에 맞춘 크기입니다.)

2 디자인할 이미지를 업로드하거나 요소에서 찾아 에디터 화면에 넣어 주세요. 아래 디자인에서는 [신문]으로 검색하여 나오는 사진을 활용하였습니다.

3 ❶[이미지 선택] - ❷[편집] - Magic Studio의 ❸[텍스트 추출]을 클릭합니다. ❹[클릭]하여 원하는 텍스트만 선택하거나 [모든 텍스트]를 선택할 수 있습니다. 텍스트 선택이 끝나면 ❺[추출하기] 버튼을 클릭합니다. 잠깐의 시간을 기다리면 ==이미지 속 텍스트가 편집이 가능한 상태로 바뀌게 됩니다.==

4 텍스트를 원하는 대로 편집합니다. 일반 텍스트처럼 글꼴, 크기, 색상 심지어 텍스트 효과까지 적용이 가능합니다. 사용하지 않는 텍스트 상자의 경우 삭제할 수 있습니다. 텍스트를 내 마음대로 편집해 보세요!

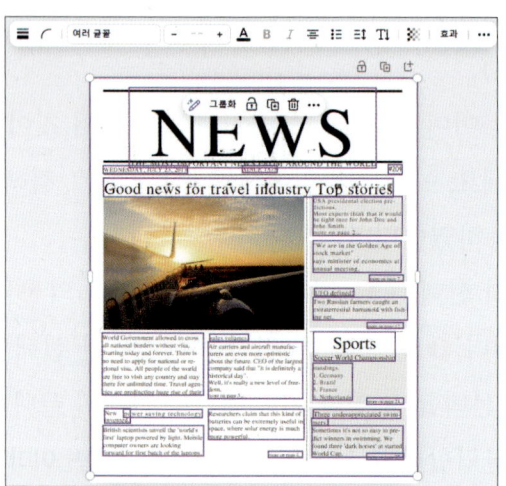

텍스트가 추출된 이미지

텍스트 추출 활용

TIP
완벽하게 추출되지 않아 이미지에 얼룩이 남은 경우 잠시 뒤 238쪽에서 배울 Magic Eraser 기능을 활용하여 지워 주면 깔끔합니다.

Magic Grab과 텍스트 추출, 정말 다양하게 활용할 수 있겠죠?

매직 그랩 활용 작품

텍스트 추출 활용 작품

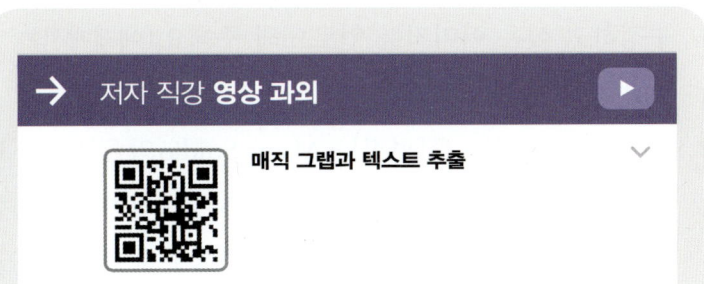

저자 직강 **영상 과외**

매직 그랩과 텍스트 추출

POINTS

- 그림 속 개체를 분리하고 싶을 땐 Magic Grab
- 이미지 속 텍스트를 분리하여 편집하고 싶을 땐 텍스트 추출

CHAPTER 5 캔바 AI로 디자인 능력 200% 올리기

마법처럼 지우는 Magic Eraser

멋진 풍경을 찍었는데 같이 담고 싶지 않았던 사람이나 물건이 찍혀 당황했던 경험이 있으신가요?

캔바의 Magic Eraser를 활용하면 마법처럼 지울 수 있습니다.

1 수정하고 싶은 이미지를 업로드해 주세요.(예제에서는 캔바의 이미지 요소를 활용하였습니다.)

2 ❶[이미지 선택] - ❷[편집] - Magic Studio의 ❸[Magic Eraser]을 클릭해 주세요. 앞서 다룬 Magic Grab과 마찬가지로 자동으로 개체를 구분해 주는 [클릭], [전경]과 자유롭게 칠할 수 있는 [브러시] 중 한 가지를 선택할 수 있습니다. 만약 텍스트가 있는 이미지라면 [텍스트]도 선택 가능합니다.

매직 이레이저 실행

4 ❶ [클릭 혹은 브러시, 전경, 텍스트] 중 한 가지 도구를 고릅니다. (단, 이미지에 텍스트가 없는 경우 감지되지 않습니다.) ❷ 지우길 원하는 개체를 선택합니다. 만약 [전경]을 선택했을 경우 자동으로 개체가 감지되기 때문에 개체를 선택할 필요가 없습니다. ❸ [지우기] 클릭하고 잠시만 기다리면 선택된 개체가 지워지게 됩니다. 지워진 부분은 캔바가 주위 배경과 자연스럽게 어울리도록 조정합니다.

매직 이레이저 적용

매직 이레이저 완성

없는 것도 만들어 주는 Magic Expand

캔바는 지우기만 잘하는 것이 아니라 Magic Expand 기능을 활용하면 없던 것을 만드는 것도 가능합니다. 애매하게 잘린 사진을 확장하여 자연스러운 사진으로 만들어 보겠습니다.

1 수정하고 싶은 이미지를 업로드해 주세요. 아래에서는 꼬리가 잘린 상어 사진을 활용하였습니다.
2 ❶[이미지 선택] - ❷[편집] - Magic Studio의 ❸[Magic Expand]를 클릭하고 ❹확장하고자 하는 사이즈를 선택한 다음 하단의 ❺[확장]을 눌러 주세요.

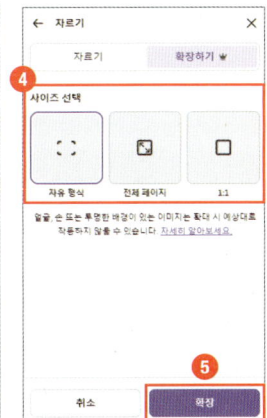

매직 익스팬드

매직 익스팬드 사이즈

3   AI가 생성해 준 결과들 중 원하는 결과를 선택합니다. AI가 생성하는 결과이기 때문에 모든 결과가 마음에 들지 않을 수도 있습니다. 만약, 모든 결과가 마음에 들지 않는다면 [새로운 결과 생성하기]를 통해 다른 결과를 얻을 수 있습니다.

4   상어에게 멋진 꼬리가 생겼습니다. 앞서 배운 Magic Eraser로 주변의 물고기까지 지우니 더욱 깔끔한 이미지가 만들어졌네요.

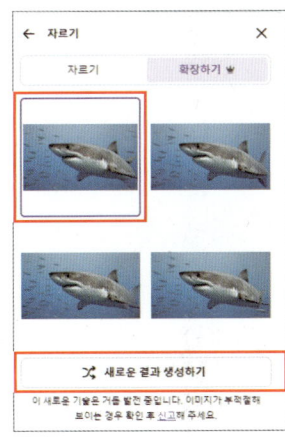

매직 익스팬드 선택   매직 익스팬드 완성

Magic Expand는 이미지를 잘리는 부분 없이 원하는 크기로 사용하고 싶을 때도 유용합니다. 정사각형 모양의 템플릿에 정사각형 모양이 아닌 이미지 요소가 삽입되어 있습니다. 정사각형의 템플릿에 맞추고 싶어 크기를 늘렸는데 이미지가 확대되기만 합니다.

정사각형 템플릿에 삽입된 이미지   정사각형에 맞춰 늘린 이미지

이럴 때 Magic Expand를 활용해 보세요. 기존 이미지와 자연스럽게 어울리는 배경을 만들어 줍니다. 캔바가 추천해 주는 결과 중 원하는 것을 선택하면 완성!

매직 익스팬드로 정사각형 템플릿에 맞춘 이미지

매직 익스팬드 활용 이미지

내 마음대로 수정하는 Magic Edit

이번엔 Magic Edit, 마법처럼 이미지를 고치는 기능입니다. 멋진 풍경사진을 찍었는데 날씨가 흐려 아쉬웠던 적이 있지 않으신가요? Magic Edit를 이용하여 흐린 날씨를 맑은 날씨로 마법처럼 바꿔 보겠습니다.

매직 에디트 흐린 날씨

1 수정하고 싶은 이미지를 업로드하고 ❶[이미지 선택] - ❷[편집] - Magic Studio의 ❸[Magic Edit]를 클릭해 주세요.

매직 에디트 들어가기

2 자동으로 개체를 구분해 주는 [클릭]과 자유롭게 칠할 수 있는 [브러시] 중 브러시를 선택하고 프롬프트에 '맑은 하늘'이라고 입력하였습니다.

매직 에디트 프롬프트 작성

3 캔바에서 제시한 이미지 중 원하는 것이 있다면 해당 이미지를 선택하고 [완료]를, 원하는 이미지가 없다면 [다시 생성하기]를 누르세요.

4 흐렸던 하늘이 맑은 하늘로 변경!

매직 에디트 선택

매직 에디트 푸른 하늘 완성

이렇게 흐린 하늘을 맑은 하늘로 바꾸는 것뿐 아니라 옷 색깔을 변경할 때도 유용합니다. 사진 속 분홍색 드레스를 옆에 있는 사람들과 같이 하늘색(jordy blue) 드레스로 바꿔 보겠습니다(246쪽의 그림에서 다른 친구들이 입고 있는 푸른 계열의 드레스 색이 jordy blue입니다). 자동으로 개체를 구분해 주는 [클릭]을 선택하고 색깔을 바꾸고자 하는 인물을 선택한 뒤 'jordy blue dress'라고 프롬프트에 입력하였습니다.

매직 에디트 옷 색깔 변경 전

매직 에디트 옷 색깔 변경

선택한 드레스가 하늘색으로 변경되었습니다.

매직 에디트 옷 색깔 변경 후

TIP

색상 이름이 필요할 때 활용 가능한 사이트

파란색 계열로 변경하고 싶다고 해서 프롬프트에 '파란색'이라고 입력하면 내가 원하는 색상이 나오지 않기도 합니다. 그럴 땐 https://www.color-name.com 사이트를 활용하여 보세요.

먼저 캔바의 ❶[색상]-[새로운 색상 추가]에서 내가 원하는 색상을 ❷스포이트로 추출하면 선택된 색상의 Hex Code(색상을 표시하는 표기법)를 확인할 수 있습니다. ❸Hex Code는 복사해 주세요.

HEX 코드 추출하기

이어 컬러네임 사이트(https://www.color-name.com)에 접속하여 복사한 Hex Code를 입력하면 가장 근접한 색상의 이름을 안내해 줍니다. 안내해 준 색상 이름을 프롬프트에 입력하면 좀 더 원하는 색에 가까운 결과를 얻을 수 있습니다.

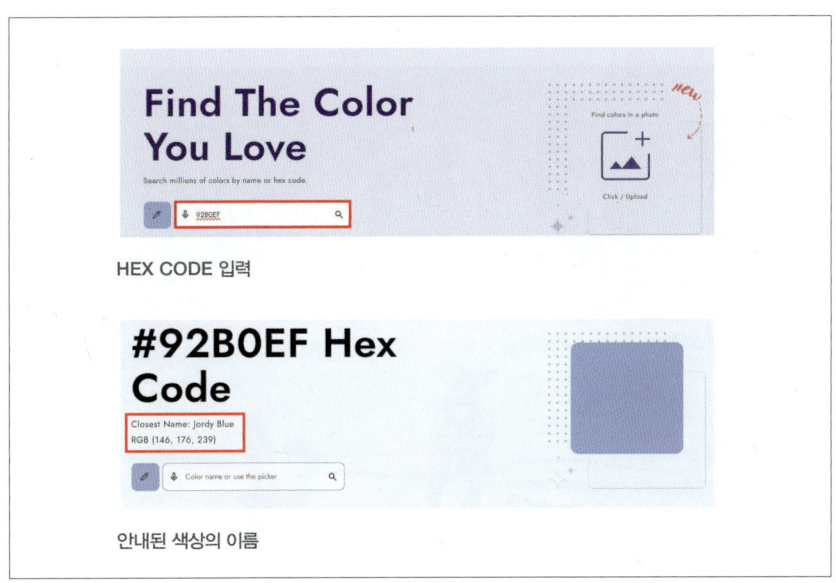

HEX CODE 입력

안내된 색상의 이름

CHAPTER 5 캔바 AI로 디자인 능력 200% 올리기

Magic Edit는 무엇인가를 새롭게 만들어 주기도 합니다. '달리는 강아지들 뒤에 화난 곰' 이미지를 만들어 보려 합니다. 기존엔 합성을 위해 별도의 프로그램을 이용해야 했지만, 캔바에서는 Magic Edit를 활용하여 간단하게 이미지 합성이 가능합니다.

만들고자 하는 영역을 브러시로 칠하고 'angry bear'라고 프롬프트에 입력하고 [생성하기]를 눌렀습니다. 캔바에서 제시한 이미지 중 원하는 것이 있다면 해당 이미지를 선택해 주세요.

매직 에디트 생성하기　　　　　　　　　　　매직 에디트 결과물

주위 배경과도 어울리면서도 의도한 곰 사진이 생성되었습니다.

매직 에디트 결과물

고쳐 주고, 만들어 주는 Magic Edit! 어떠셨나요? Magic Edit는 활용 방법이 무궁무진합니다. 여러분의 디자인에도 다양하게 활용해 보세요!

배경을 만들거나 바꾸고 싶다면 '배경 생성'

'배경 생성'을 활용하면 이미지 속의 배경을 알아서 인식하고, 사용자가 원하는 대로 만들거나 바꿔 줍니다. 여기 흰 바탕 위에 향수가 놓인 이미지가 있습니다. 흰 배경을 소나무 숲 배경으로 바꿔 보겠습니다.

1 ❶[이미지 선택] - ❷[편집] - Magic Studio의 ❸[배경 생성]을 클릭합니다.
2 그리고 생성되길 원하는 배경을 설명해 주세요. 아래 이미지에서는 '해 질 녘 소나무 숲'이라고 입력하겠습니다. 입력을 완료하면 [생성하기]를 눌러 주세요.

 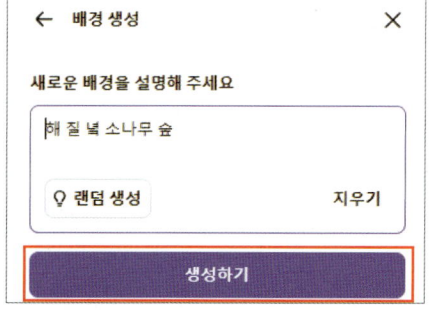

배경 생성　　　　　　　　　　　　　　배경 생성 설명

3 잠시 시간이 흐르는 동안 자동으로 배경을 인식하여 4가지 결과물을 만들어 냅니다. 결과물 중 원하는 이미지를 선택합니다. 만약, 마음에 드는 이미지가 없다면 [다시 생성하기]를 누르세요.

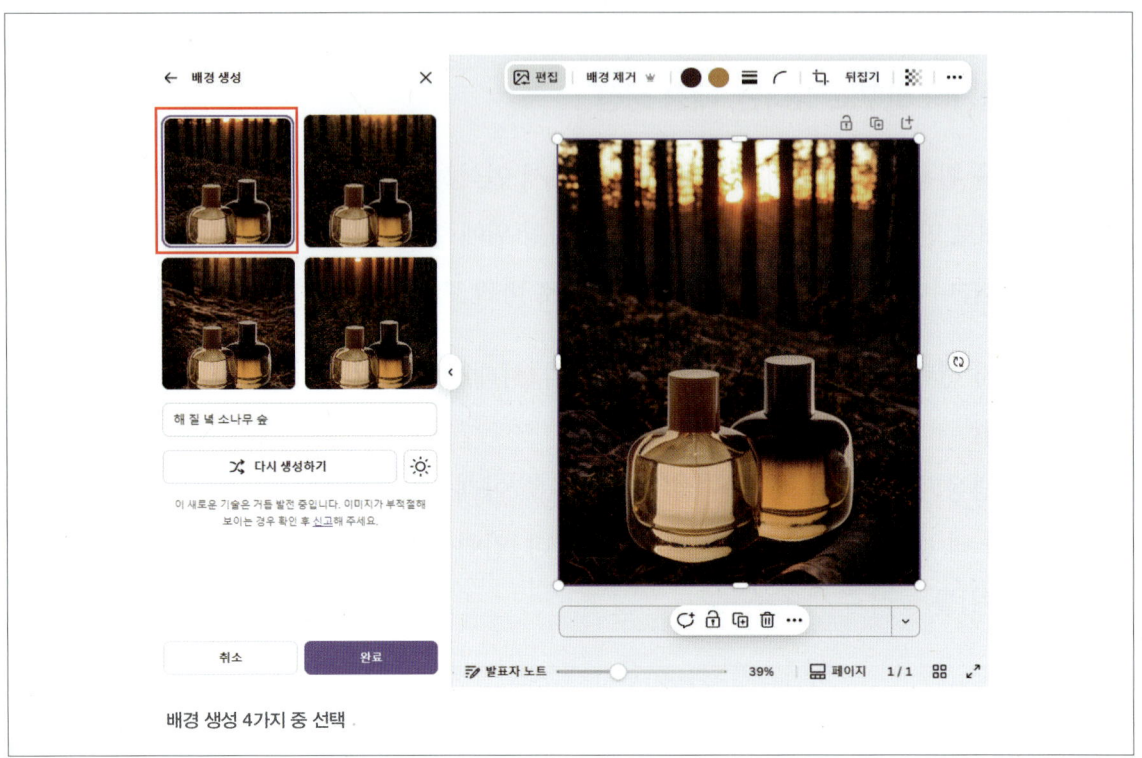

배경 생성 4가지 중 선택.

4 이렇게 배경 생성을 하고 [완료]를 눌러도 좋지만, 조금 더 자연스럽게 하고 싶다면 ❶ ☀ 를 선택해 보세요. 조명을 조정하여 피사체와 배경이 자연스럽게 어우러지도록 도움을 줍니다. 아래 예시에서는 ❷ '균형 잡힌 조명 설정'을 선택하겠습니다. 조명 설정까지 마쳤다면 ❸ [완료]를 클릭해 주세요.

배경 생성 조명 조절

배경과 피사체가 자연스럽게 어울리는 이미지가 완성되었습니다.

배경 생성 완성

TIP

이미지만 간단하게 수정할 수 있는 '사진 편집기'

별도의 디자인 작업 없이 간편하게 이미지만 수정하고 저장하고 싶다면 '사진 편집기'를 이용할 수 있습니다. '사진 편집기'는 캔바의 여러 도구 중 이미지를 편집하는 도구만 모아 놓은 기능으로 캔바의 첫 화면에서 접속하거나 '만들기' 화면에서 접속할 수 있습니다.

1. 캔바 홈 화면에서 [사진 편집기] 혹은 [+만들기]를 클릭합니다.

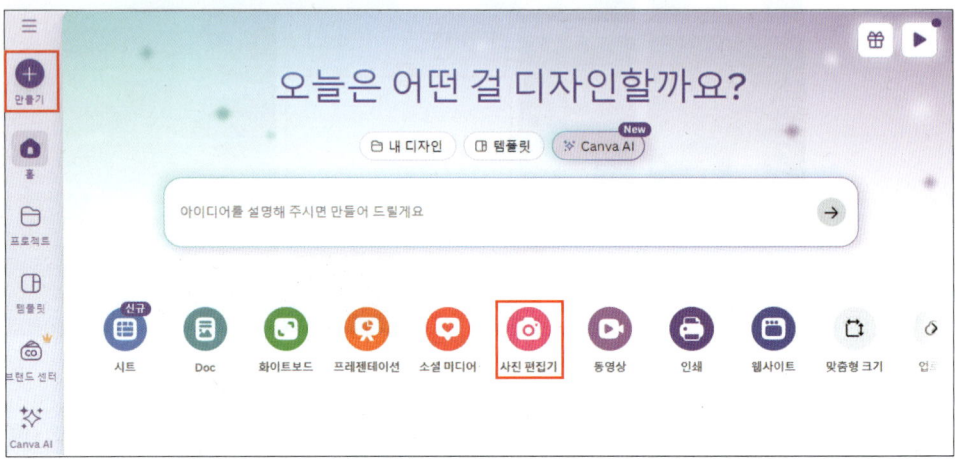

사진 편집기 접속 1

2. 열린 창에서 ❶[사진 편집기]를 선택하면 다양한 추천 도구가 생성되는데, 도구를 선택한 뒤 이미지를 업로드해도 되고 이미지를 업로드한 후 원하는 도구에 접속해도 좋습니다. 아래에서는 이미지를 먼저 업로드하겠습니다. ❷[업로드]를 클릭해 주세요.

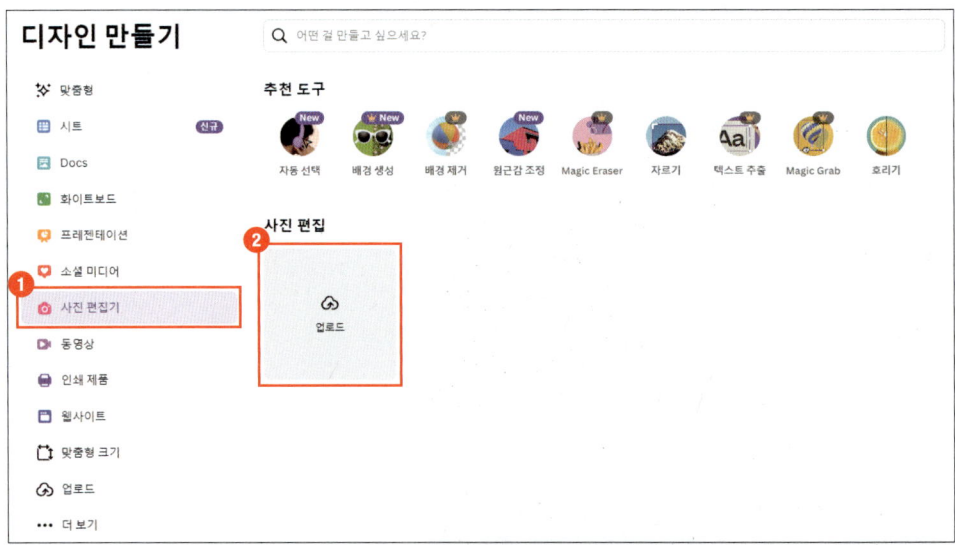

사진 편집기 접속 2

3. 이미지가 업로드되면 다양한 기능들을 선택하여 이미지를 편집할 수 있습니다. 앞서 다뤘던 필터나 이미지 효과부터 Magic Studio에서 다뤘던 배경 제거, Magic Eraser 등의 기능까지 다양한 도구를 사용할 수 있습니다. 또한 상단의 [자르기]를 선택하면 이미지를 자르거나 원근감을 조정하는 것도 가능합니다.

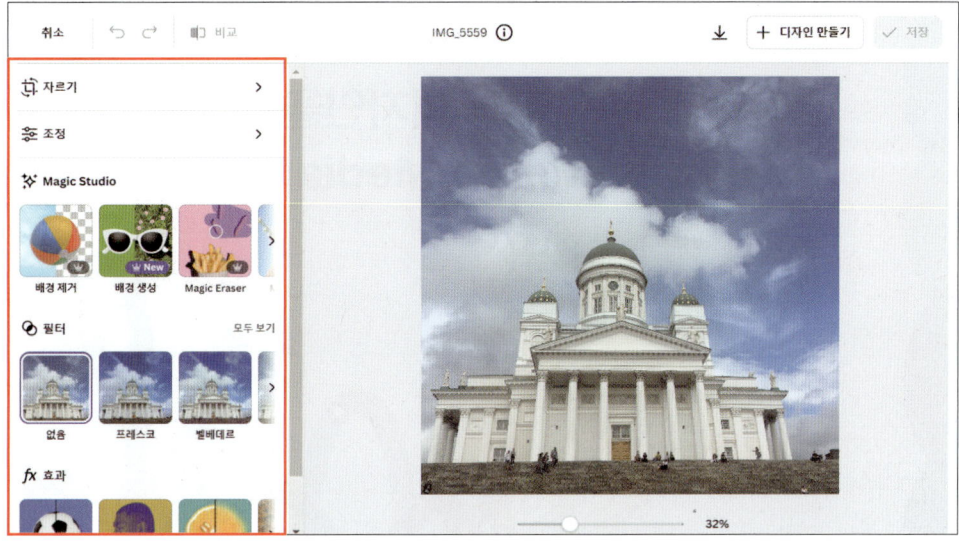

사진 편집기 실행 1

4. 이미지 편집이 끝났다면 ❶[완료]를 누르고 왼쪽 상단의 ❷[다운로드]나 [디자인 만들기], [저장]을 클릭합니다. [다운로드]를 선택할 경우 별도의 디자인 작업 없이 이미지가 컴퓨터에 저장되며, [디자인 만들기]를 선택하면 디자인 창에서 추가 편집이 가능합니다. 또한 [저장]은 업로드된 이미지가 편집된 상태로 캔바에 별도 저장됩니다.

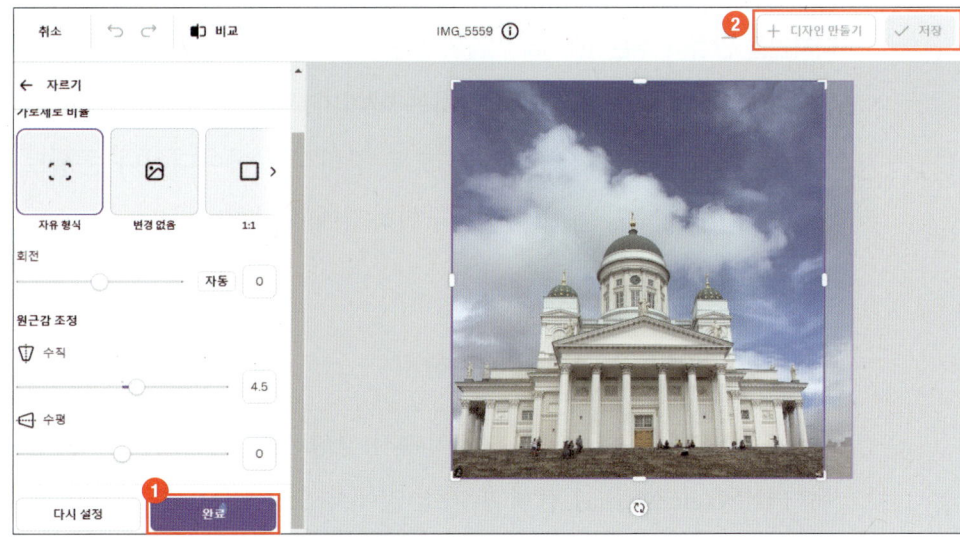

사진 편집기 실행 2

POINTS

- 원래 없었던 것처럼 지우고 싶을 땐 Magic Eraser
- 없는 것을 만들거나 기존 배경을 자연스럽게 넓히고 싶다면 Magic Expand
- 특정 부분만 원하는 대로 고치고 싶다면 Magic Edit, 배경을 고치고 싶다면 배경 생성

CHAPTER 5 캔바 AI로 디자인 능력 200% 올리기

4 말하는 대로 나만의 디자인을 만들어 주는 Magic Media

지금까지 매직 스튜디오의 다양한 기능들을 소개하였습니다. 놀라운 기능들이 많았지요? 하지만 아직 놀라긴 이릅니다. **말하는 대로 나만의 디자인을 만들어 주는 캔바 ai 기능의 끝판왕!** Magic Media가 남아 있습니다. Magic Media는 생성되길 원하는 이미지를 텍스트로 입력하면 나만의 이미지로 만들어 주는 기능으로 창의적인 아이디어나 콘셉트, 세상에 존재하지 않는 이미지를 구현하기에 적합합니다.

Magic Media로 이미지 생성하기

Magic Media는 ❶[요소]-❷[AI 이미지 생성기]를 클릭하거나 ❶[앱] 에서 ❷[Magic Media] 검색 후 가장 앞에 나오는 ❸[Magic Media 앱] 을 클릭하여 접속할 수 있습니다.

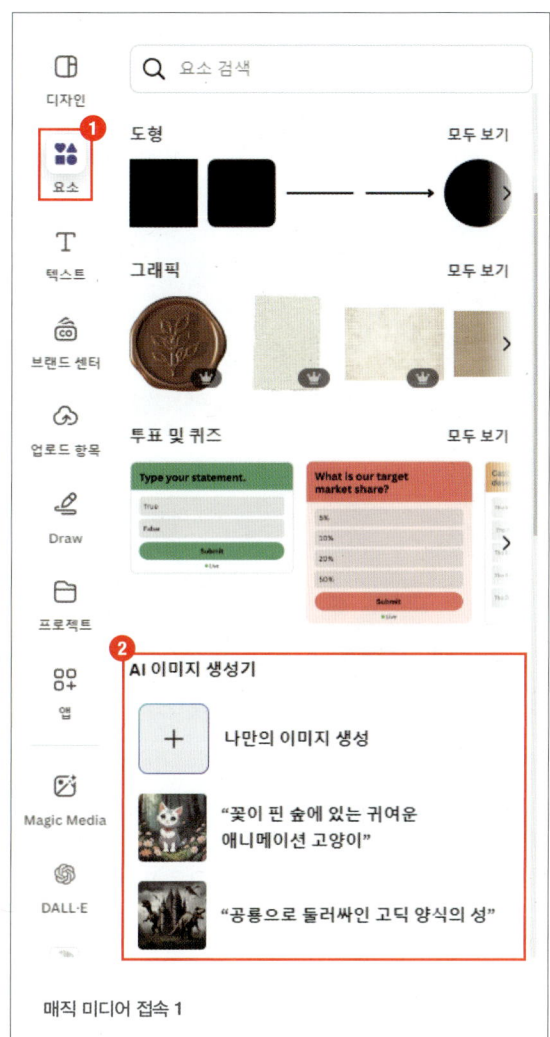

매직 미디어 접속 1

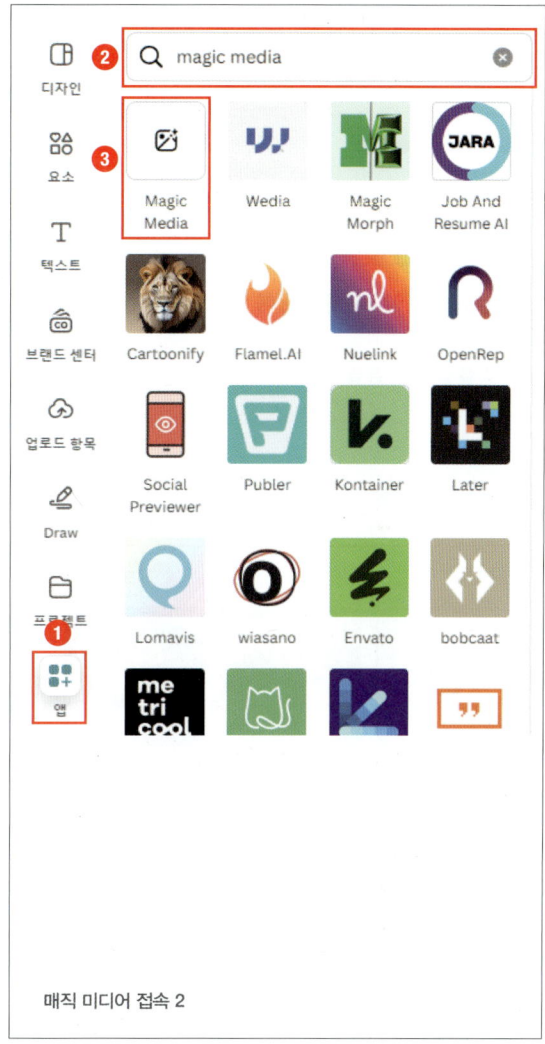

매직 미디어 접속 2

❶프롬프트에 원하는 문구를 입력(예제-하늘을 날며 불을 내뿜는 푸른 용)하고 ❷스타일 선택, ❸가로세로 비율 선택 후 ❹[이미지 생성]을 클릭해 주세요. 잠시 기다리면 4개의 결과가 나오는데 만약 원하는 이미지가 나오지 않았다면 [다시 생성하기]를 누르면 새로운 결과를 받을 수 있습니다.

매직 미디어 프롬프트 입력

매직 미디어 결과

같은 텍스트이더라도 선택한 스타일에 따라 전혀 다른 느낌을 줄 수 있는 것은 Magic Media의 또 다른 장점입니다. 이 장점을 한껏 활용하여 마음에 꼭 드는 결과물을 얻으면 좋겠지요?(생성형 AI의 특성상 같은 텍스트를 입력하더라도 그 결과는 같지 않을 수 있습니다.)

포토 스타일

몽환적인 스타일

일본 애니메이션 스타일

수채화 스타일

CHAPTER 5 캔바 AI로 디자인 능력 200% 올리기

Magic Media로 만들어 낸 이미지를 활용하는 방법은 무궁무진합니다. 발표 자료나 기사에 이미지로 활용할 수도 있는데 캔바의 레이아웃 기능(100쪽 참고)이나 Magic Write 기능을 활용하면 글쓰기, 프레젠테이션 만들기도 쉽게 완성할 수 있겠죠?(입력어: 증강현실 공간에서 인공지능을 연구하는 연구원, 그림 그리는 AI)

매직 미디어 결과 활용_PPT

매직 미디어 결과 활용_기사

 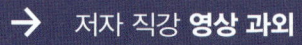

Magic Media로 만드는 동영상과 그래픽

Magic Media는 이미지뿐 아니라 영상, 그래픽도 가능합니다. 프롬프트를 입력하는 화면에서 이미지 대신 [동영상]을 클릭하면 동영상을 생성할 수 있습니다. 동영상 생성은 이미지 생성보다 시간이 좀 더 걸리며 4초 정도의 짧은 동영상이 완성됩니다.

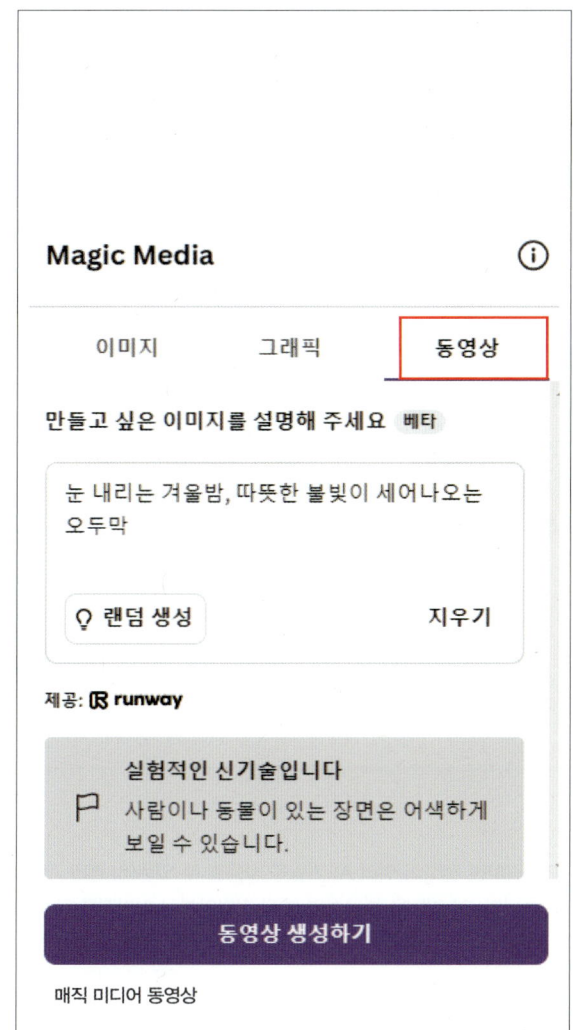
매직 미디어 동영상

매직 미디어 동영상 결과

같은 방법으로 그래픽도 생성이 가능합니다. 그래픽은 PNG 파일로 생성되며 낙서, 스케치와 같은 기본 스타일부터 빈티지, 리소그래프 등 예술적인 효과까지 적용할 수 있습니다. (입력어: 대나무를 안고 있는 판다)

매직 미디어 그래픽 결과

> **TIP**
>
> Magic Media는 2025년 7월 기준으로 무료 요금제의 경우 이미지는 50회, 동영상은 5회까지 사용할 수 있고, Pro 요금제의 경우 이미지는 월 500회, 동영상 월 50회를 사용할 수 있습니다. Magic Media 하단에 남은 횟수가 표시됩니다.

> **TIP**
>
> **캔바 AI의 '이미지 생성'**
>
> 캔바 왼쪽 메뉴창에 [Canva AI]를 클릭하면 캔바의 여러 AI 기능을 사용할 수 있는데, 캔바 AI 기능에는 '이미지 생성'도 포함되어 있습니다. 이 기능을 활용하면 매직 미디어에서 이미지를 생성한 것처럼 AI를 활용하여 이미지를 만들어 낼 수 있습니다. Canva AI 속 이미지 생성을 살펴보겠습니다.
>
> 1 왼쪽 메뉴창이나 홈 화면 상단에서 ❶[Canva AI]를 클릭한 뒤 ❷[이미지 생성]을 선택합니다. ❸원하는 프롬프트를 작성한 뒤 ❹[→]를 클릭해 주세요.
>
>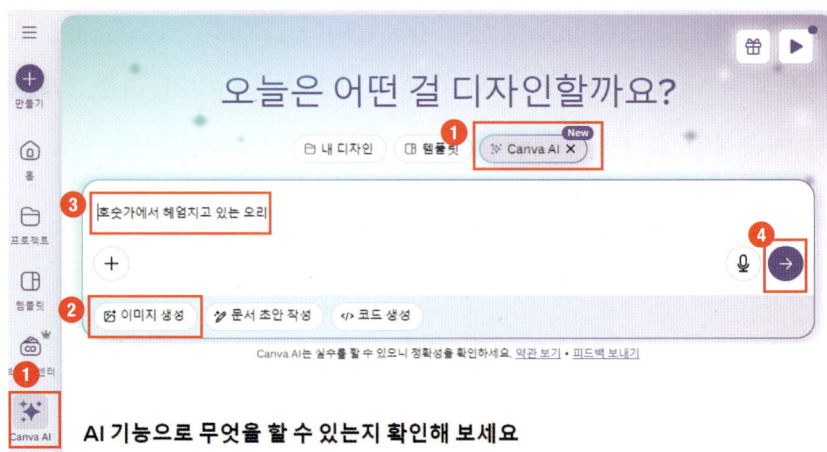
>
> 캔바 AI-이미지 생성 기능

2 생성된 4개의 이미지 중 원하는 이미지에 마우스를 올려 저장, 복사 혹은 디자인 편집창으로 연결하거나 클릭 후 추가 편집을 진행할 수 있습니다.

캔바 AI–생성된 이미지 4개 1

캔바 AI–생성된 이미지 4개 2

❶ 다운로드: 이미지를 내 컴퓨터에 다운로드합니다.
❷ 편집기에서 열기: 캔바 편집기로 연결하여 추가 편집을 하거나 디자인으로 활용할 수 있습니다.
❸ 이미지 복사: 이미지를 복사합니다.
❹ 프롬프트 복사: 이미지를 생성한 프롬프트를 복사합니다. 여기에선 '호숫가에서 헤엄치고 있는 오리'가 복사됩니다.
❺ 해상도 높이기: 만들어진 이미지의 해상도와 선명도가 높아집니다.
❻ 현재 이미지를 바탕으로 추가 수정할 수 있습니다. '오리를 하얗게 바꿔줘'라고 추가 수정을 요구하면 배경은 거의 바뀌지 않은 상태에서 오리의 색깔만 흰색으로 변한 것을 확인할 수 있습니다.

캔바 AI–생성된 이미지에서 추가 수정

비슷하면서도 다른 Magic Media와 Canva AI의 이미지 생성, 어떤 상황에 어떤 도구를 사용하는 것이 더 좋을까요? Magic Media는 디자인을 하던 도중 요소 탭에서 '나만의 이미지 생성' 버튼을 통해 접근이 가능합니다. 때문에 디자인 도중 AI 이미지 삽입이 필요할 때 비교적 간편하게 접근할 수 있습니다. 또한 Magic Media는 이미지 생성 뿐 아니라 동영상, 그래픽까지 생성이 가능하기 때문에 다양한 형식의 시각 콘텐츠가 필요하다면 Magic Media 사용을 추천합니다.

Canva AI의 이미지 생성을 활용하면 보다 높은 해상도의 이미지를 만들 수 있고, 만들어진 이미지를 바로 다운로드하거나 복사하기 편리합니다. 또 생성된 이미지에 추가 수정을 요구하거나 특정 이미지를 참고하여 새로운 이미지를 만들어 내는 것도 가능합니다. 따라서 수정을 요구하며 원하는 이미지를 만들어갈 수 있기 때문에, 정확히 원하는 이미지 형태가 있다면 'Canva AI의 이미지 생성'을 사용하면 좋습니다.

★ **Magic Media와 Canva Ai 이미지 생성 비교**

	Magic Media	Canva AI 이미지 생성
주요 활용처	디자인 도중 AI 이미지 삽입이 필요할 때	정확히 원하는 이미지 형태가 있을 때
장점	– 요소 탭에서 접근이 가능하여 디자인 편집 중 사용하기 편리함. – 동영상, 그래픽도 생성 가능	– 생성된 이미지에 추가 프롬프트를 입력하여 수정 가능 – 특정 이미지를 참고하여 새로운 이미지 생성 가능 – 생성된 이미지를 높은 해상도로 변경 가능 – 만들어진 이미지를 바로 다운로드하거나 복사하기 편리함.

매직 스튜디오의 기능들 이용하여 이미지 완성하기

지금까지 배운 매직 스튜디오의 기능을 종합하여 이미지를 만드는 실습을 해 볼까요?

1. ❶[만들기] 버튼을 클릭한 후 ❷[프레젠테이션(16:9)]을 선택합니다.

2. Magic Media에 접속하여 ❶프롬프트에 텍스트를 입력합니다.(입력어: 산, 바다, 일출, 소녀, 풍경, 새) ❷스타일은 '포토', ❸가로세로 비율은 '가로형'을 선택한 뒤 ❹[이미지 생성]을 클릭해 주세요.

(생성형 AI의 같은 텍스트를 입력하더라도 그 결과는 같지 않을 수 있습니다.)

3 캔바에서 만들어 준 4가지 이미지 중 원하는 이미지를 선택합니다.

실습_프롬프트 입력

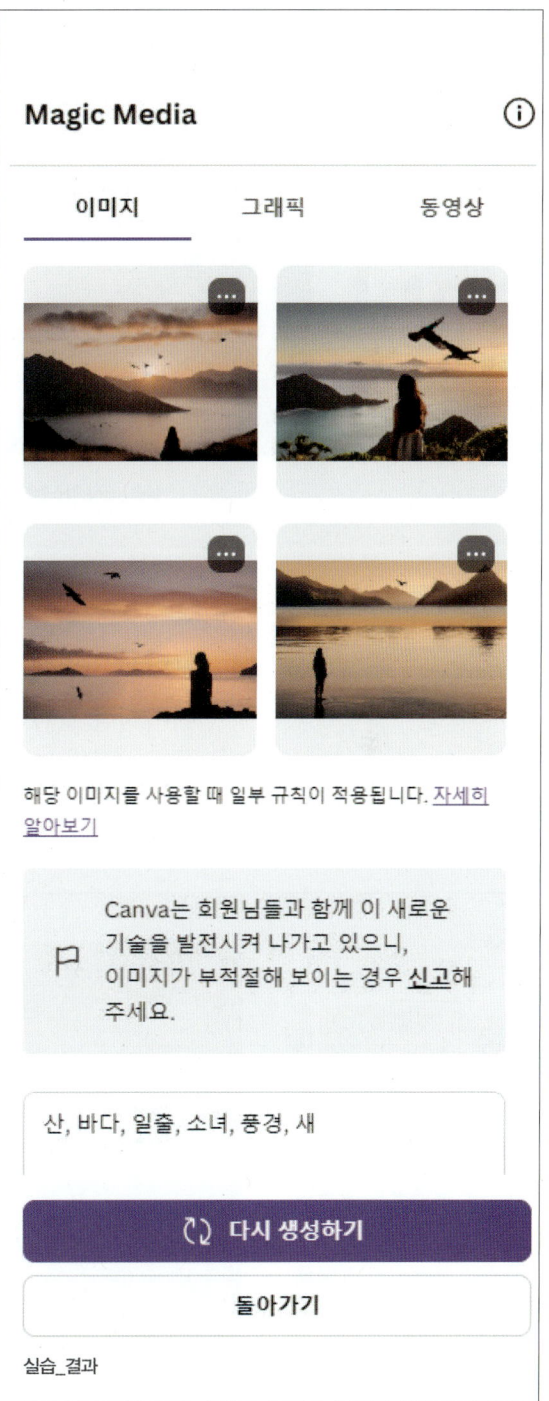

실습_결과

4   생성된 이미지가 16:9 크기에 맞으면 좋겠네요. 이럴 땐 Magic Expand로 이미지를 확장해 보겠습니다. ❶이미지 선택 - ❷[편집] - ❸[Magic Expand]를 클릭해 주세요. ❹사이즈는 '전체 페이지'를 선택하고 ❺[확장] 버튼을 눌러 주세요.

 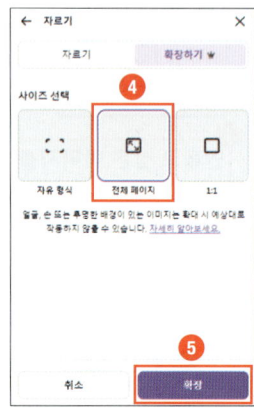

실습_매직 익스팬드 1   실습_매직 익스팬드 2

결과 중 가장 마음에 드는 이미지를 선택합니다.

5   그려진 이미지에 불필요한 개체가 많아 보입니다. Magic Eraser로 이미지를 깔끔하게 만들어 보겠습니다. ❶이미지 선택 - ❷[편집] - ❸[Magic Eraser]를 클릭하고 지우려는 개체를 브러시나 클릭으로 선택해 주세요. 선택이 끝났다면 [지우기] 버튼을 클릭합니다.

실습_매직 이레이저

실습_매직 이레이저 브러시

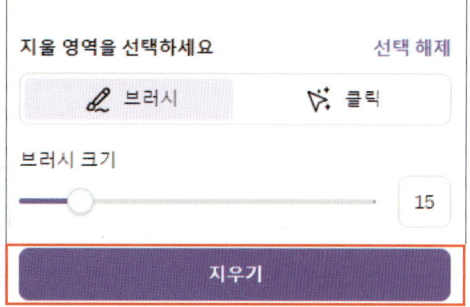
실습_매직 이레이저 지우기

5   이번엔 Magic Grab으로 소녀의 이미지에서 분리하여 크기를 키워 보려 합니다. ❶이미지 선택 - ❷[편집] - ❸[Magic Grab]를 클릭합니다. 클릭 툴을 사용하여 자동 추출된 소녀의 뒷모습을 선택하고 [추출하기] 버튼을 클릭합니다.

실습_매직 그랩 실행하기

실습_매직 그랩 선택 툴로 선택하기

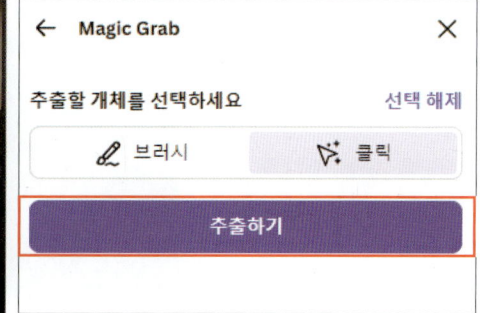
실습_매직 그랩 선택 툴로 추출하기

추출된 '소녀'의 개체는 이동이 가능하고 크기를 자유롭게 줄이거나 늘릴 수도 있습니다. 크기를 조금 키웠습니다.

실습_매직 그랩 선택 툴로 추출 후 크기 키우기

5 마지막으로 소녀의 옆에 작은 강아지를 만들어 보겠습니다. Magic Edit를 이용하면 어렵지 않습니다! ❶이미지 선택 - ❷[편집] - ❸[Magic Edit]를 클릭합니다.

실습_매직 에디트 실행

❶ 선택할 영역을 칠하고 ❷ '강아지 뒷모습'이라는 텍스트를 프롬프트에 입력한 뒤 ❸ [생성하기] 버튼을 눌러 봅시다.

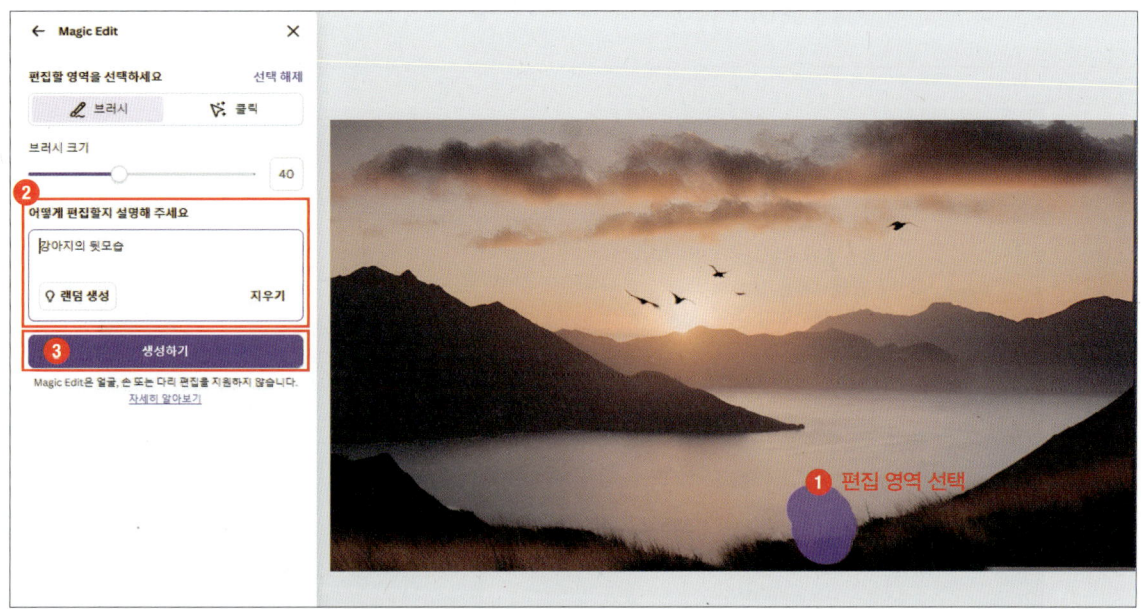

실습_매직 에디트 편집으로 만들어 내기

실습_매직 스튜디오로 만든 이미지

6 완성된 멋진 이미지에 투명도를 조절한 흰색의 사각형 도형을 올리고 멋진 시를 담아 내니 감성적인 이미지가 완성되었어요! (디자인 속 시는 캔바의 Magic write로 작성하였습니다.)

실습_매직 스튜디오로 만든 디자인

 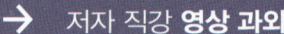

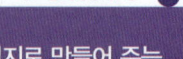

- 생성되길 원하는 이미지를 텍스트로 입력하면 나만의 이미지로 만들어 주는 Magic Media
- 같은 텍스트를 입력하더라도 사진, 애니메이션, 3D 등 선택한 스타일에 따라 달라지는 이미지!
- 이미지뿐 아니라 동영상과 그래픽 생성도 가능!
- 멋진 글을 쓰고 싶지만 아이디어가 떠오르지 않을 땐 Magic write에 맡겨 보세요. 논리적인 내용의 신문 기사도, 감성적인 시도 멋지게 뚝딱!

5 Canva AI의 코드 생성으로 원하는 콘텐츠 만들기

Canva의 AI 코드 생성을 활용하면 누구나 쉽게 원하는 웹 기반 콘텐츠를 구현할 수 있도록 도와줍니다. 즉, 사용자는 복잡한 프로그래밍 지식 없이도 간단한 설명으로 웹 개발에 필요한 기본 코드를 생성할 수 있습니다. 지금부터 [코드 생성]을 만나 볼까요?

TIP
[코드 생성]을 활성화시키지 않고 프롬프트 입력창에 [코드 생성] 관련 명령어를 입력하면 바로 [코드 생성]을 진행할 수도 있습니다.
예) '상호작용형 메뉴를 만들어 줘', '카운트 다운 타이머를 만들어 줘', '디지털 생일 카드를 만들어 줘' 등

캔바 AI 코드 생성 시작하기

캔바 홈 화면 좌측 탭에서 ❶[Canva AI]를 클릭합니다. 화면에서 ❷[코드 생성]을 클릭하여 프롬프트 입력창을 활성화시킵니다.

캔바 AI 코드 생성 활성화

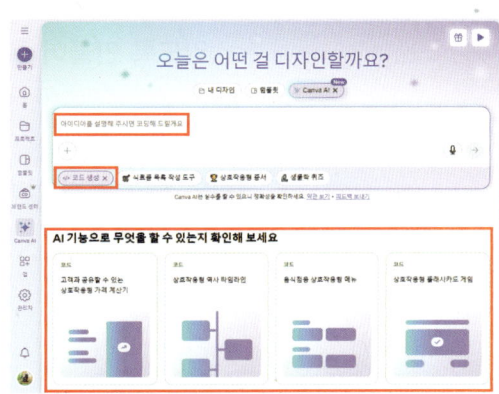

캔바 AI 코드 생성

캔바 AI 코드 생성 실습하기 – '룰렛 게임'

캔바 AI [코드 생성]을 활용하여 '오늘 뭐 먹지'를 주제로 다음과 같이 룰렛을 만들고 웹사이트에 게시해 보겠습니다.

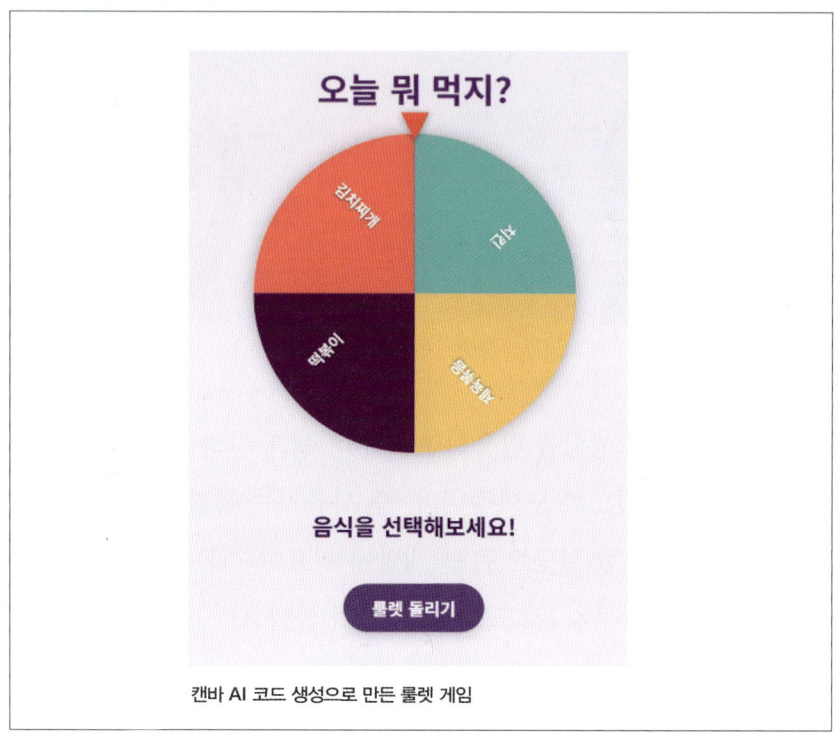

캔바 AI 코드 생성으로 만든 룰렛 게임

1 먼저, ❶프롬프트에 다음과 같이 입력해 보겠습니다.

['오늘 뭐 먹지'를 제목으로 한 원형 룰렛을 만들어 줘. 원형 룰렛 안에는 김치찌개, 치킨, 제육볶음, 떡볶이 4가지 메뉴를 선택할 수 있도록 만들어 줘.]

❷[제출하기]를 누른 뒤에 기다리면 캔바 AI가 ❸프로그래밍하는 과정을 볼 수 있습니다.

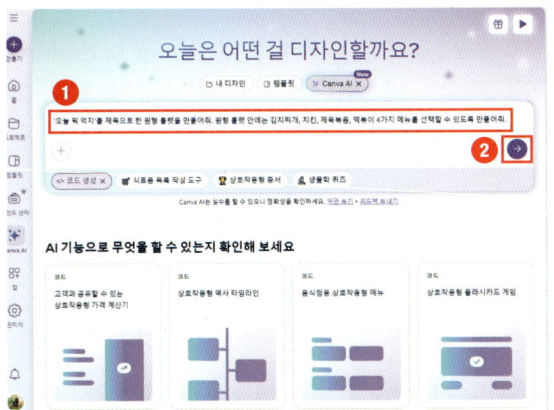

프롬프트 입력하기

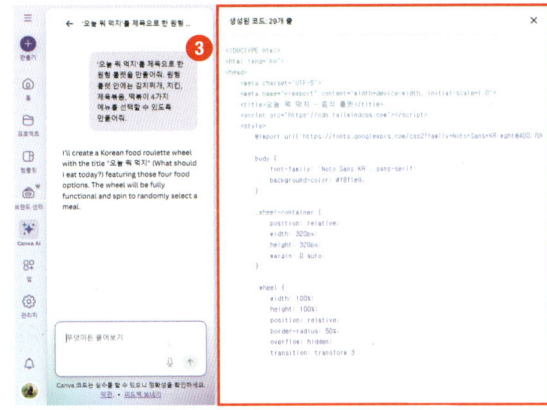

캔바 AI 프로그래밍 과정

2. 처음 AI가 만든 ❶ 코딩 결과는 완벽하지 않을 수 있습니다. 완벽하지 않은 코딩을 수정하기 위해 ❷ 추가 프롬프트 입력을 통해 수정해 보도록 하겠습니다.

[글씨가 원형 중앙에 더 가깝게 만들어 줘.]

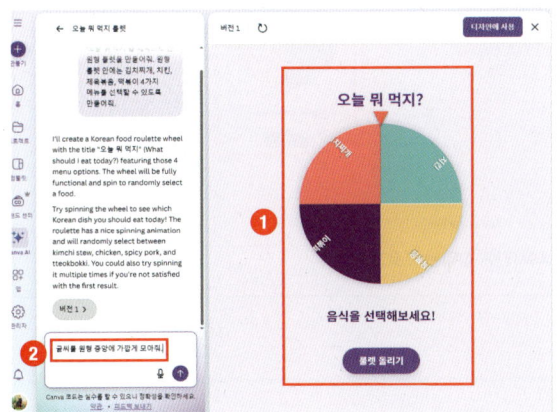

코딩 수정하기

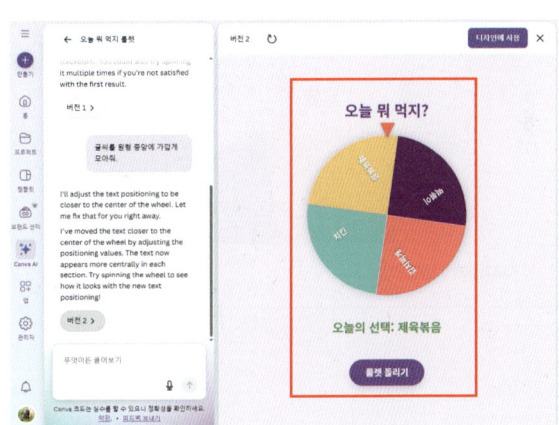

룰렛 게임 완성

> **TIP**
> 똑같은 프롬프트를 입력해도 할 때마다 결과가 달라질 수 있습니다. 원하는 결과가 나올 때까지 프롬프트를 다양하게 바꿔 가며 시도해 보는 것을 추천합니다.

CHAPTER 5 캔바 AI로 디자인 능력 200% 올리기

> **TIP**
> 어떻게 프롬프트에 명령을 할지 고민이 될 수 있습니다. 생성된 코딩 결과를 캡처한 뒤, ChatGPT 등 외부 AI에 원하는 코딩 결과와 함께 입력하고, 어떤 명령어를 넣으면 될지 질문하는 방법도 있습니다.

웹사이트에 게시하기

[코드 생성]으로 완성된 프로그램을 '웹사이트'에 게시하여 링크를 공유하면 링크를 가진 누구나 접속하여 완성된 프로그램을 사용할 수 있습니다.

1 먼저 오른쪽 상단에 ❶[디자인에 사용]을 클릭한 뒤, ❷[프레젠테이션]을 클릭하여 ❸디자인에 삽입된 프로그램을 확인합니다.

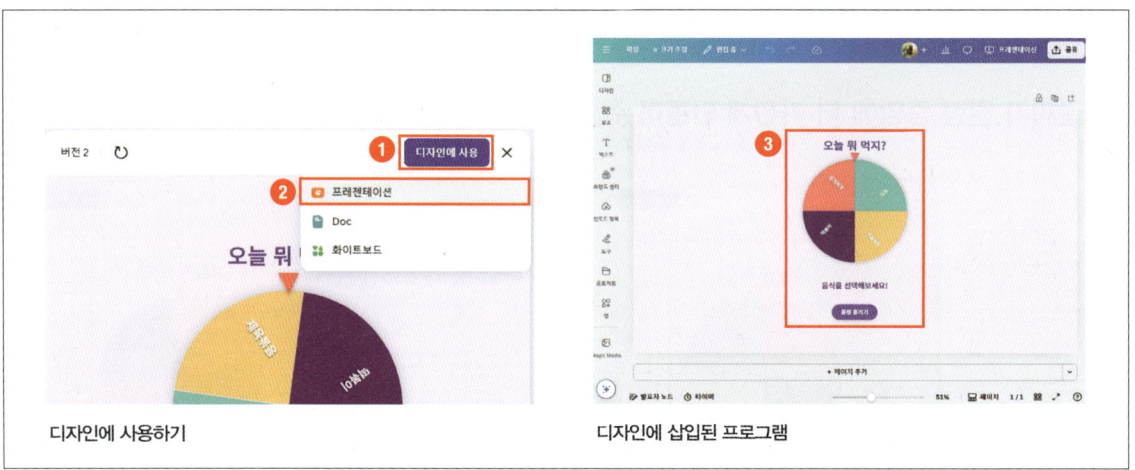

디자인에 사용하기 / 디자인에 삽입된 프로그램

> **TIP**
> 만약, 삽입된 프로그램 크기가 작다면 이전 단계로 돌아가 '화면에 꽉 차게 만들어 줘' 명령어를 입력하여 다시 코딩한 후, 디자인에 사용합니다.

2   ❶[디자인 공유] - ❷[웹사이트]를 클릭합니다.

웹사이트 게시하기

3   웹 사이트 URL에 적절한 제목의 영어를 입력하여 주소를 완성합니다.

URL 입력하기

4 ❶[게시 설정]을 눌러 ❷브라우저 탭에서 보이는 제목과 ❸웹사이트 설명을 수정할 수 있습니다. ❹[고급 설정]에서는 '비밀번호 보호', '검색 엔진 보기', '링크 미리보기'활성화 여부를 설정할 수 있습니다. 설정을 마친 후 게시합니다.

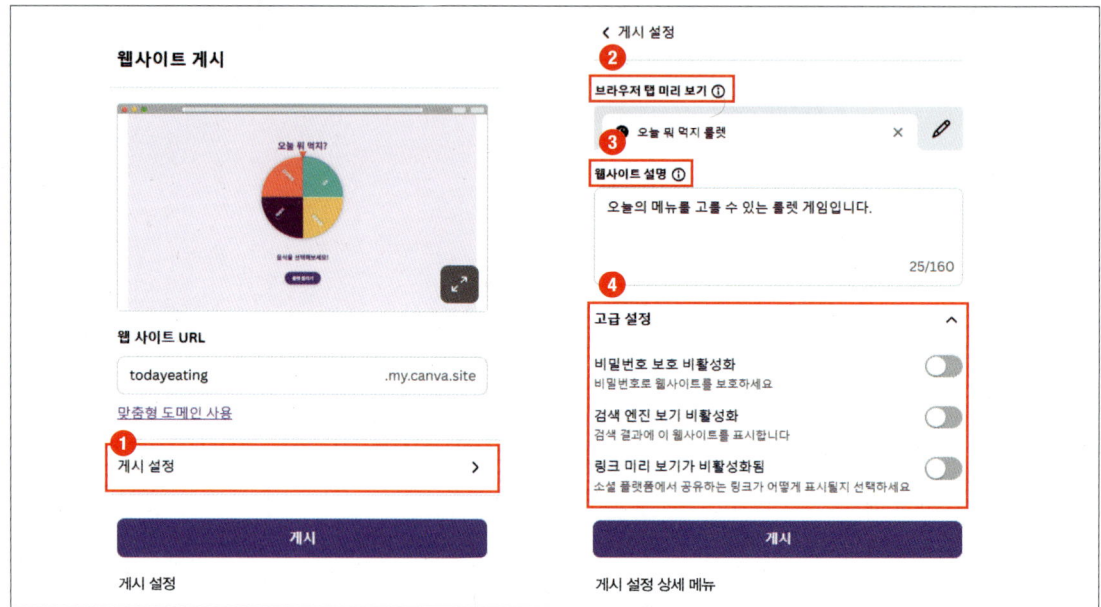

TIP

[고급 설정] 중 '링크 미리보기'는 소셜 플랫폼에서 공유하는 링크가 표시될 때 보이는 이미지를 선택하여 넣을 수 있습니다.

'링크 미리보기' 활성화

5 게시 완료 후 '웹사이트 보기'를 클릭하여 만들어진 웹사이트에 접속할 수 있습니다. 이제 주소를 공유하면 외부인도 해당 웹사이트에 자유롭게 접근할 수 있습니다.

'링크 미리보기' 활성화   룰렛 게임 웹사이트 화면

TIP

[코드 생성]으로 만들 수 있는 다양한 프로그램

Canva AI 화면에서 '코드 생성' 예시를 클릭하면 다양한 프롬프트 예시를 확인하여 힌트를 얻을 수 있습니다.

'코드 생성' 예시 참고 방법

1. 카운트다운 명상 타이머

[프롬프트]

현대적인 디자인으로 시각적으로 돋보이는 카운트다운 타이머를 만들어 주세요. 맥동하는 애니메이션과 은은한 사운드 알림이 포함된 미니멀한 15분 명상 타이머를 예시부터 보여 주세요. 대담한 타이포그래피와 파란색에서 보라색의 차분한 그라데이션 배경을 사용하세요.

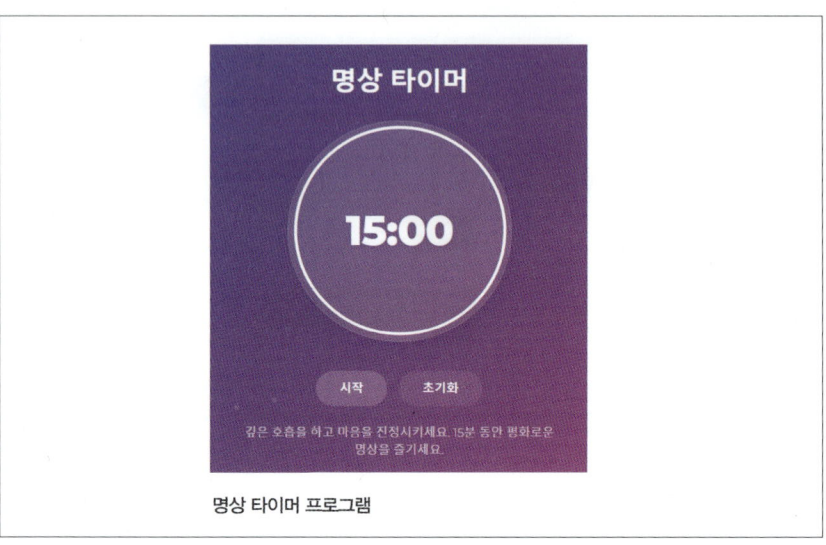

명상 타이머 프로그램

2. 생일 축하 카드

[프롬프트]

현대적인 애니메이션으로 SVG 기반의 디지털 축하 카드를 만들어 주세요. 색종이 폭죽 애니메이션이 아래로 내려오면서 꾸며 주면서, 파란색에서 분홍색의 부드러운 그라데이션 배경과 클릭하면 트리거되는 상호작용형 요소가 포함된 '상수'를 위한 생일 카드 예시부터 보여 주세요. 글씨는 하얀색으로 표현해 주세요.

생일 축하 카드 프로그램

3. 기억 매칭 게임

[프롬프트]

재미있는 상호작용형 기억력 매칭 게임을 만들어 주세요. 12개의 동물 카드(6쌍), 동물원 테마 게임을 표현해 주세요.

기억 매칭 게임 프로그램

5장에서 본 디자인을 그대로 복제하여 수정하고 싶다면?

- 캔바 AI [코드 생성]을 통해 쉽게 프로그래밍 가능!
- 프로그래밍한 결과를 디자인에 삽입하여 '웹사이트'에 게시 가능!

캔바는 AI를 활용하여 무엇이든 만들어 주지만 부적절한 콘텐츠를 생성할 수 있는 내용은 검토하여 제한하고 있습니다. 예를 들어 '꽃 대신 총을 들게 해 줘'라고 입력하여도 캔바는 총을 만들어 내지 않습니다.

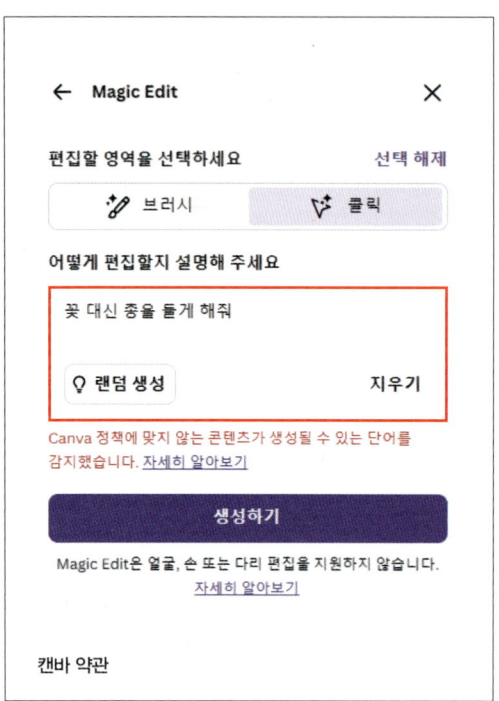

이처럼 캔바는 폭력적이거나 성적인 콘텐츠는 생성하지 않으려 합니다. 이 외에 또 어떤 규정을 지키며 캔바 매직 스튜디오를 사용해야 할지 알아볼까요?

1. 부적절한 콘텐츠 생성 금지

앞서 말한 바와 같이 캔바는 특정 주제에 대한 콘텐츠를 만들어 내지 않습니다. 폭력적이고 성적인 것을 포함하여 정치적인 것, 법이나 의료 관련된 조언, 소프트웨어 코드 등이 금지된 콘텐츠입니다. 해당 콘텐츠를 만들어 내도록 지시하여도 결과를 얻을 수 없습니다.

캔바 AI 제품의 약관

2. 나쁜 목적으로의 사용

캔바가 만들어 낸 콘텐츠를 혐오 표현, 잘못된 정보 생성 등 나쁜 목적으로 사용하는 것은 금지됩니다. 이러한 규정을 위반할 경우 계정 사용이 제한될 수도 있습니다. 그렇기 때문에 사용자는 생성된 콘텐츠가 부적절하거나 오해를 불러일으키지 않는지 한 번 더 검토해야 합니다.

3. 사용자에게 있는 생성된 콘텐츠에 대한 책임

앞서 사용자는 생성된 콘텐츠를 한 번 더 검토해야 한다고 안내했는데, 그 이유는 캔바를 통해 생성된 모든 콘텐츠에 대해서는 사용자가 책임지는 것이 원칙이기 때문입니다. 그래서 특정 브랜드를 프롬프트에 언급하는 것도 금지됩니다. 사용자가 콘텐츠의 소유권을 가지고 다양한 목적으로 이용하는 것이 허용되는 만큼 위반 행위로 발생하는 모든 법적 책임은 사용자에게 있습니다.

4. 개인 데이터와 관련한 주의 사항

캔바는 사용자의 데이터를 안전하게 관리하기 위해 노력하지만, AI 도구의 특성상 데이터를 학습하거나 분석하는 과정에서 이를 저장하거나 처리할 수 있습니다. 만약 민감한 개인정보를 입력한다면 사용자의 정보가 의도치 않게 다른 사용자에게 노출될 가능성이 있습니다. 그렇기 때문에 유출에 민감한 정보는 입력을 자제해야 합니다. 캔바 또한 민감한 정보 입력으로 인한 책임은 전적으로 사용자에게 있음을 약관에서 강조하고 있습니다.

5. AI로 생성된 콘텐츠임을 고지

AI로 생성된 콘텐츠는 사용자에게 투명성과 신뢰를 제공하기 위해 AI로 생성된 콘텐츠임이 반드시 고지되어야 합니다. 투명성을 확보하고, 오해나 논란을 방지하기 위함입니다. 특히, AI 생성 콘텐츠를 인간 창작물로 오해하게 만드는 행위는 법적인 문제를 불러올 수 있기 때문에 주의해야 합니다.

캔바의 매직 스튜디오는 창의적인 작업을 돕는 강력한 도구입니다. 하지만 AI 도구의 특성상 책임 있게 사용하지 않는다면 여러 가지 위험 또한 뒤따를 것입니다. 그래서 캔바는 부적절한 콘텐츠의 생성과 오용을 방지하고 여러 법적·윤리적 문제를 예방하기 위한 기준을 제공하고 있습니다. 사용자는 이를 준수하여 안전하고 책임 있는 사용을 해야 합니다.

CHAPTER 6

캔바 AI와 스마트한 활용법으로 생산성 업그레이드

캔바 AI는 디자인에만 쓰이는 것이 아니라 생산성을 높여 주기도 합니다. 또한 캔바 AI 외에도 생산성을 높이는 다양한 방법들이 있습니다. 6장에서는 AI를 활용한 글쓰기, 크기 조정, 자동 번역과 반복 작업, SNS 업로드, 추천 앱까지 스마트한 캔바 활용법을 소개해 드립니다.

1 Magic Write로 초안 작성하기

우리는 일상생활에서나 업무를 할 때 ChatGPT를 점점 많이 활용하고 있습니다. ChatGPT에는 다양한 기능이 있지만 핵심적인 기능은 질문을 하면 그에 걸맞은 응답을 매우 빠르게 해 준다는 것입니다. 캔바에서 콘텐츠를 만들 때에도, 생산성을 높이기 위해 ChatGPT에게 질문을 하고 그 결과를 참고하거나 붙여 넣을 일이 많을 겁니다. 그런데 캔바에서는 ChatGPT에 접속할 필요 없이, [Magic Write]를 활용하면 질문을 하거나 명령을 내리고, 그 결과를 기반으로 콘텐츠를 바로 만드는 게 가능합니다.

어조 변경

지금부터 [Magic Write]를 활용해 보겠습니다. 템플릿이나 기존 디자인에서 ❶변경하고자 하는 텍스트 부분을 선택하고, ❷[파란색 펜 모양]을 클릭하면 텍스트 확장(더 길게), 짧게 줄이기(요약), 더 격식 있게 등의 다양한 어조로 변경할 수 있습니다. ❸[더 격식 있게]를 클릭하고 ❹[바꾸기]를 클릭해 보겠습니다.

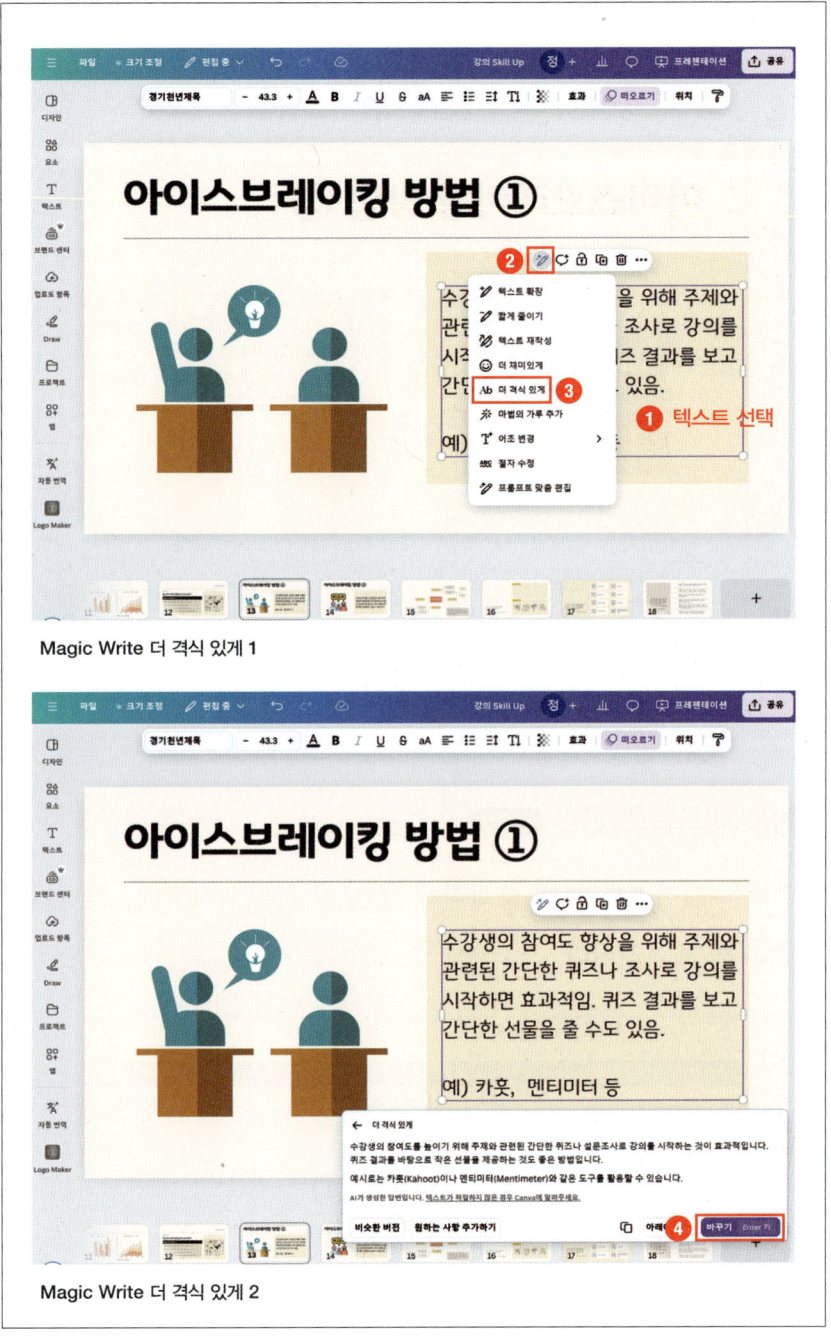

Magic Write 더 격식 있게 1

Magic Write 더 격식 있게 2

이전에 '~임'에서 끝나는 말투에서 '~입니다'의 어조로 변경되었습니다. 어색한 경우 내용을 수정합니다.

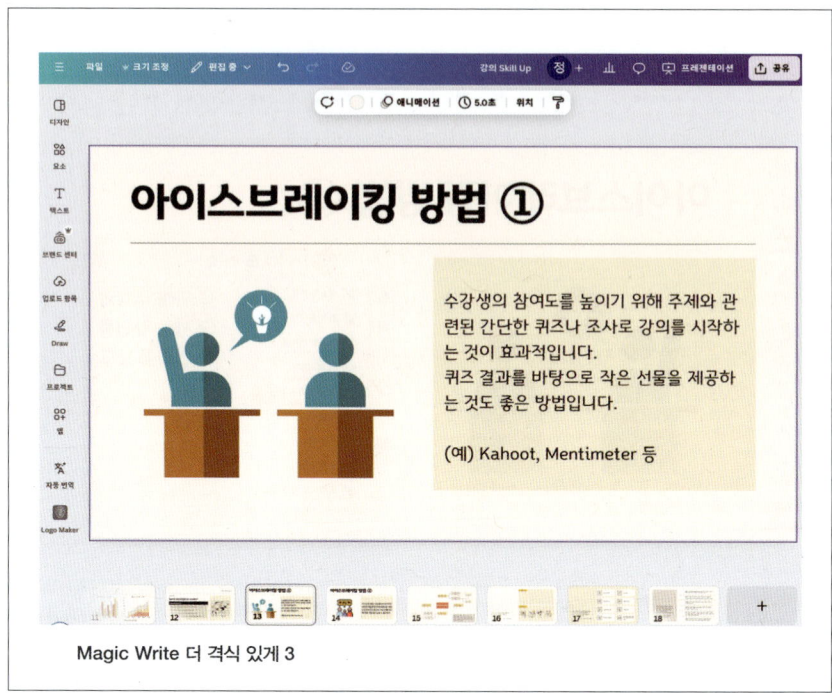

Magic Write 더 격식 있게 3

원하는 텍스트로 변환 Pro

이번에는 ❶텍스트 선택, ❷파란색 펜 모양 클릭 후 ❸[텍스트 변환]을 클릭해 보겠습니다.

Magic Write 텍스트 변환 1

[텍스트 변환]의 경우 ChatGPT에게 명령을 내리듯이 완전 새로운 프롬프트를 입력할 수 있어 ❹ "목록으로 바꾸고 간단히 작성"이라고 입력하겠습니다. 그리고 ❺ [↑]를 클릭합니다.

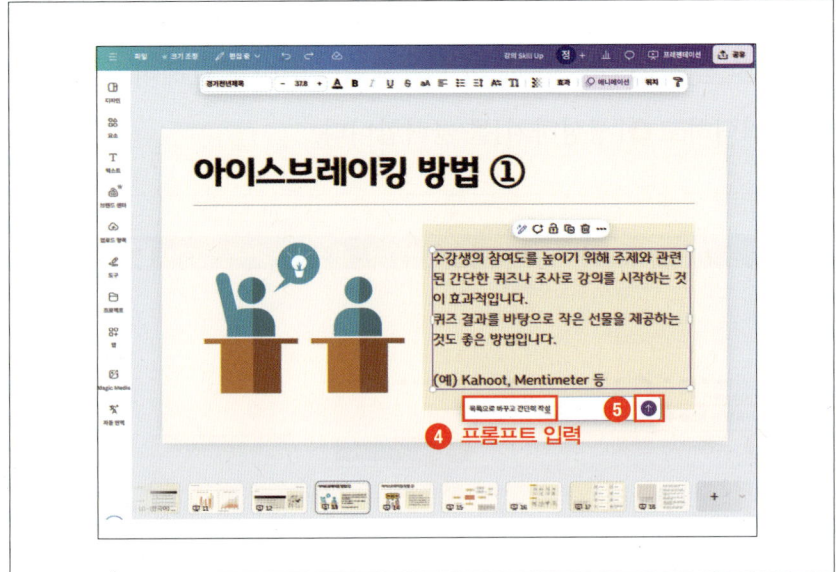

Magic Write 텍스트 변환 2

명령한 대로 목록으로 정리가 되었습니다. [아래에 추가]를 클릭하면 텍스트 아래에 텍스트가 이어서 추가되고, [바꾸기]를 클릭하면 기존 텍스트에서 새로운 텍스트로 변경됩니다. ❻ [바꾸기]를 클릭합니다. 생성한 텍스트를 기반으로 아래 오른쪽 그림처럼 띄어쓰기 등을 최종 수정하여 깔끔하게 완성하였습니다.

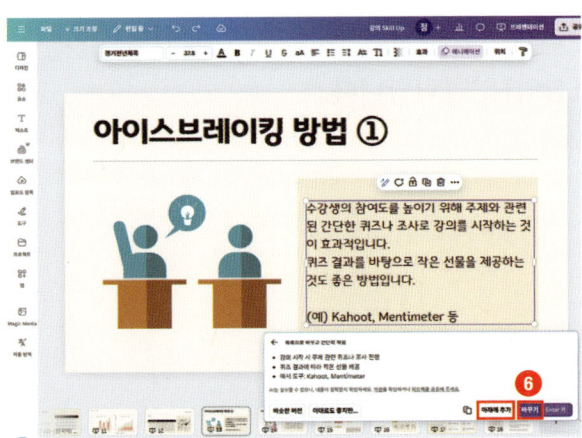

Magic Write 텍스트 변환 3

텍스트 생성

앞서 살펴본 바와 같이 기존 템플릿이나 디자인의 텍스트를 활용할 수도 있지만, 새로운 텍스트 상자를 추가해서 만들 수도 있습니다. 좌측 탭에서 ❶[텍스트]를 선택하고 ❷[Magic Write]를 클릭합니다. ❸프롬프트를 '강의를 할 때 퀴즈를 제외한 아이스 브레이킹 방법'이라고 입력하고 ❹[생성하기]를 클릭합니다.

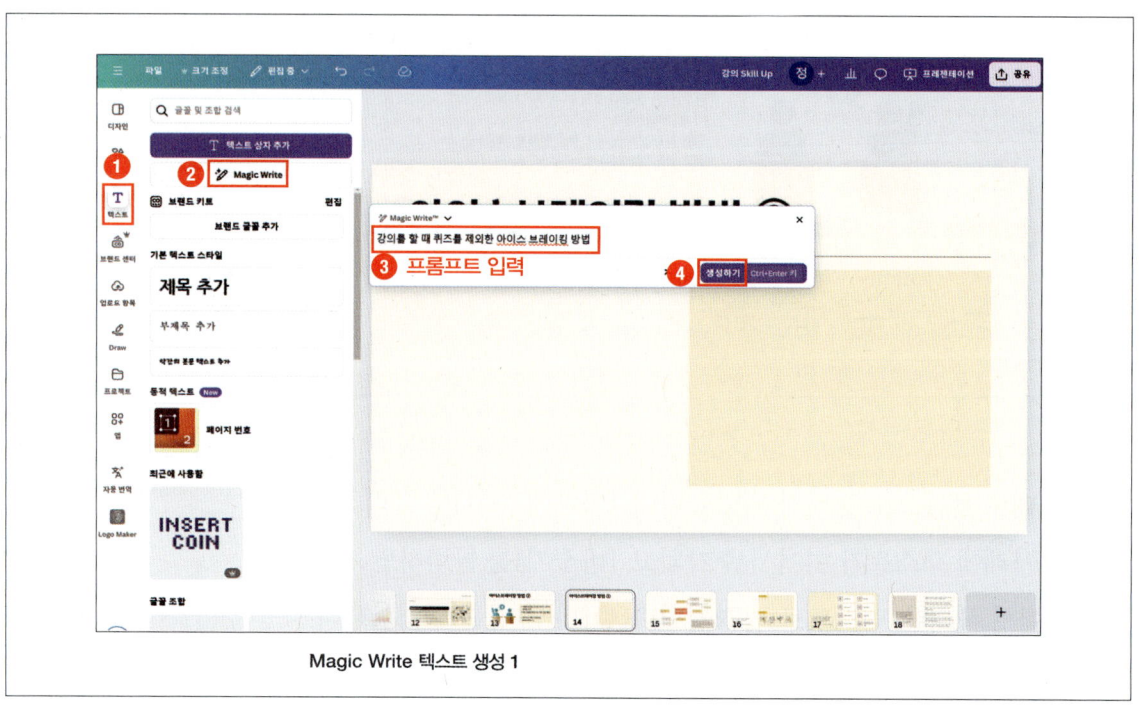

Magic Write 텍스트 생성 1

응답에 대한 결과를 확인하고, 원하는 부분만 복사-붙여넣기 하거나, 그대로 넣고 싶으면 [삽입]을 클릭합니다.

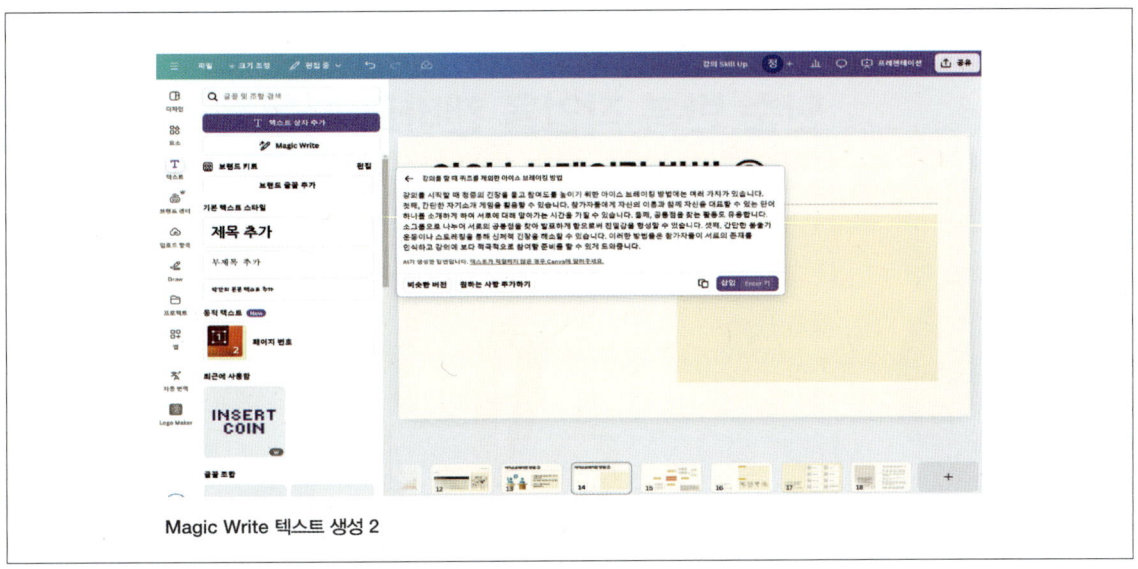

Magic Write 텍스트 생성 2

생성한 텍스트의 내용을 조금 더 자연스럽게 변경하고, 글꼴이나 줄 간격 등을 수정해서 적절하게 바꾸어 꾸밉니다.

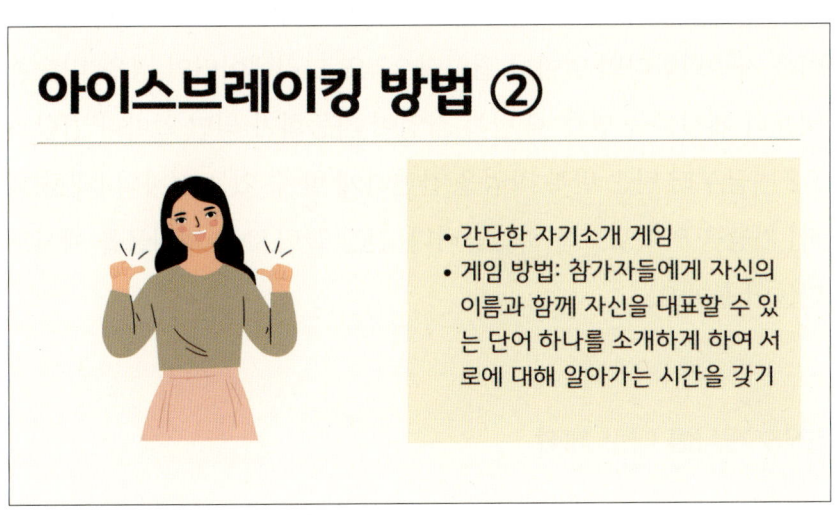

Magic Write 텍스트 생성 3

TIP
2025년 7월 기준으로 Magic Write에는 1,500단어 입력 제한과 약 2,000단어 출력 제한이 있습니다. 또한 무료 요금제에서는 총 50회까지 가능하며 Pro 요금제에서는 한 달에 500회까지 사용 가능합니다.

POINTS

- [Magit Write]를 활용하면 캔바 내에서 원하는 텍스트 생성 가능!
- 입력된 텍스트의 어조를 바꾸거나, 텍스트를 목록 형식으로 바꾸는 등 다양하게 활용 가능!

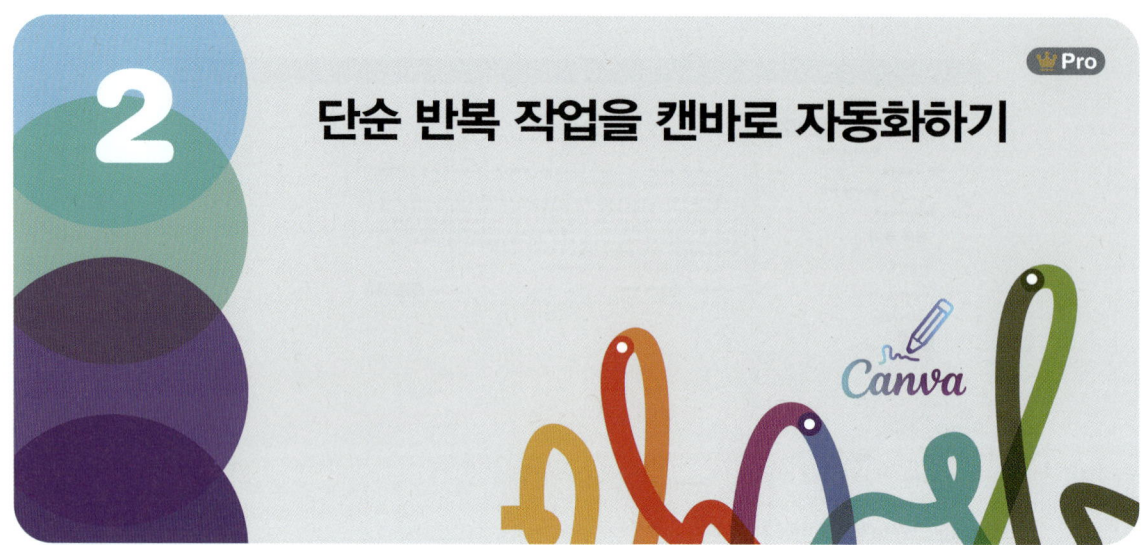

2 단순 반복 작업을 캔바로 자동화하기

같은 틀에서 특정 내용만 계속 수정해서 반복 작업을 한 경험이 있으신가요? 예를 들어 행사를 준비할 때 이름표를 만든다면 (소속) (직위) (이름)의 틀은 같은데 해당 내용을 반복적으로 바꿔야 할 겁니다. 이를 자동화한다면 얼마나 편할까요? 또 크리에이터인 경우, 비슷한 내용의 게시물을 만들 때 반복 작업이 자동화가 되면 얼마나 편할까요? 지금부터 단순 반복 작업을 간편하게 할 수 있는 캔바의 [대량 제작] 기능을 알아보도록 하겠습니다. 건강 꿀팁 SNS 게시물을 예시로 만들어 볼게요.

SNS 게시물 대량 제작

1 디자인을 만듭니다. 기존 템플릿을 활용해도 좋습니다. 본 도서에서는 다음 템플릿에서 표시한 부분을 데이터로 입력하여 [대량 제작]을 해 보겠습니다.

대량 제작 템플릿

2   [앱]에서 ❶[대량 제작]을 클릭하고 ❷[데이터 수동 입력]을 선택합니다.

대량 제작   데이터 수동 입력

3   ❶표에 데이터를 입력합니다. 행(가로줄)을 원하는 만큼 추가하고 데이터를 입력합니다. ❷[텍스트 추가] 혹은 [이미지 추가]를 눌러 열(세로줄)을 추가해 대량 제작할 텍스트나 이미지 데이터를

추가할 수도 있습니다. 데이터를 입력하실 때는 제일 상단에 있는 데이터 종류를 꼭 작성하여 나중에 데이터를 연결할 때 쉽게 데이터 종류를 확인할 수 있도록 합니다.

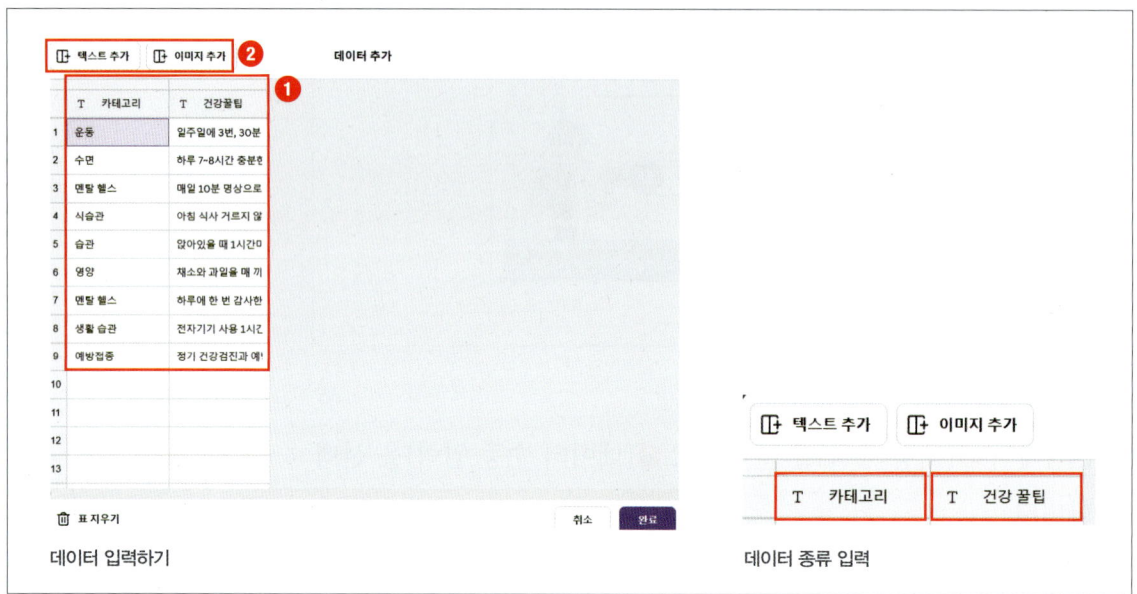

데이터 입력하기 / 데이터 종류 입력

혹은 기존에 엑셀에 정리된 표를 그대로 붙여 넣을 수도 있습니다.

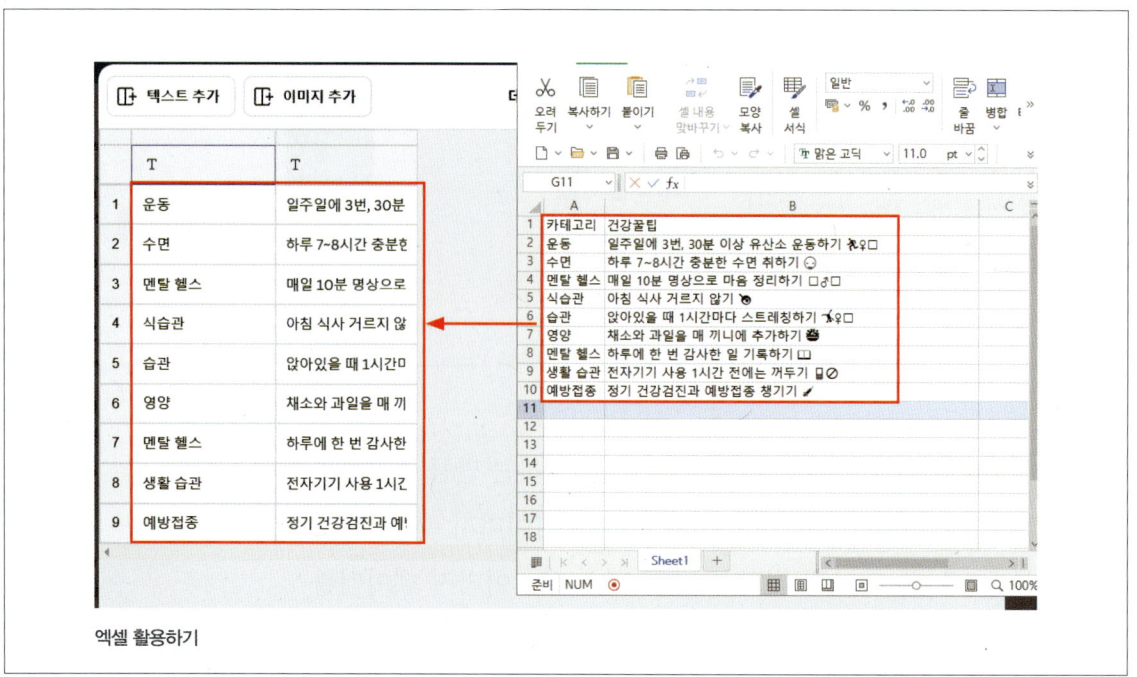

엑셀 활용하기

4   디자인에서 데이터를 ❶연결할 텍스트를 클릭하고 ❷[데이터 연결]을 클릭합니다. 그리고 ❸입력한 데이터 종류를 클릭하여 데이터를 연결합니다. 본 도서에서는 다음과 같이 [카테고리], [건강 꿀팁] 데이터를 연결해 주겠습니다.

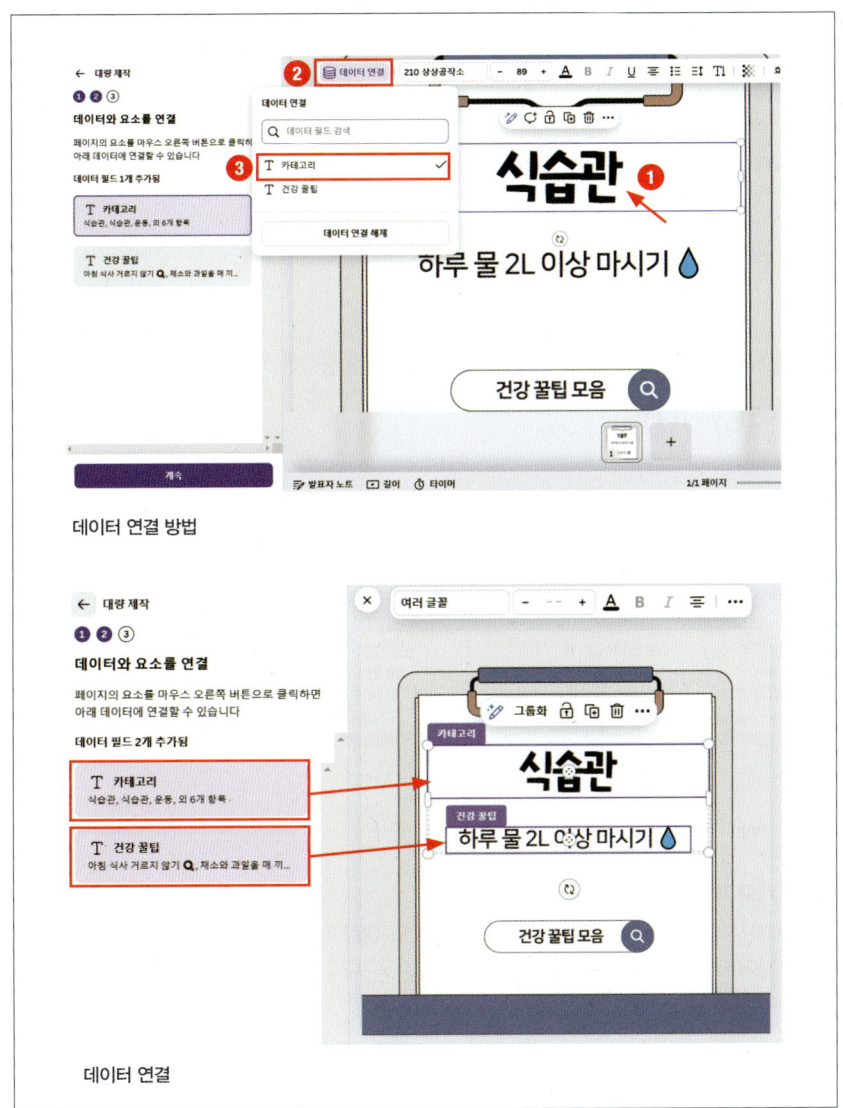

5   왼쪽 아래 ❶[계속]을 클릭하고 적용된 데이터를 확인한 후, ❷[디자인 생성]을 클릭합니다.

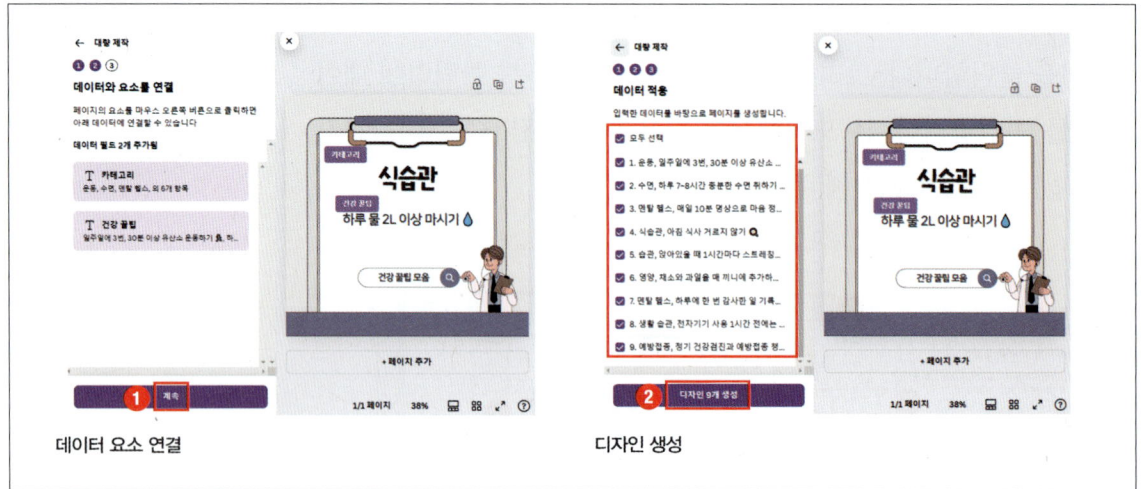

| 데이터 요소 연결 | 디자인 생성 |

6 새로운 디자인 사본이 생성되면서 대량 제작된 디자인을 확인할 수 있습니다.

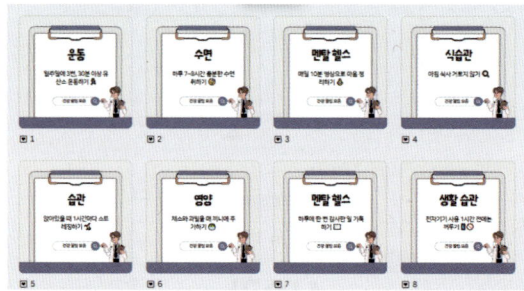

대량 제작된 디자인

TIP

이미지 대량 제작하기

[대량 제작] 기능에서는 텍스트뿐만 아니라 이미지도 대량 제작에 데이터로 활용할 수 있습니다. 다음과 같이 데이터를 입력할 때 이미지를 추가하면 됩니다.

이미지 데이터 추가하기

이때, 이미지 데이터를 디자인과 연결하기 위해서는 [프레임]을 활용하거나 대체할 그림 요소를 연결해 주어야 합니다.

| 대체할 그림으로 데이터 연결 | 프레임으로 데이터 연결 |

TIP

ChatGPT를 활용하여 SNS 게시물 대량 제작하기

ChatGPT에게 다음과 같이 질문을 하면 주제에 맞게 생성된 표를 바로 캔바 [대량 제작] 데이터에 복사 및 붙여넣기 할 수 있습니다. 보다 쉽고 빠르게 SNS 게시물을 제작할 수 있겠죠? 만약 응답 결과가 표가 아니더라도, '표로 정리해 줘.'라고 요청하면 정리된 정보를 ChatGpt가 표로 정리해 줍니다.

ChatGPT를 대량 제작에 활용하기

CHAPTER 6 캔바 AI와 스마트한 활용법으로 생산성 업그레이드

TIP

[대량 제작]의 다양한 활용 사례

1) 명함

대량 제작 사례 _ 명함

2) 동영상 제작_명언/격언 SNS 영상

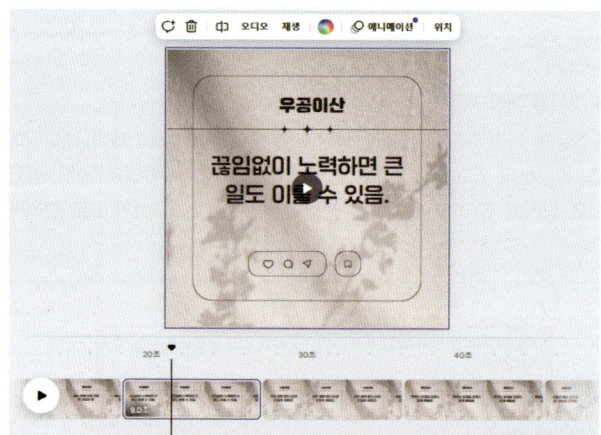

대량 제작 사례 _ 동영상

대량 제작 – 학생 이름표 제작 실습

- 단순 반복 작업을 빠르게 해결하는 [대량 제작] 기능!
- 텍스트뿐만 아니라 이미지도 대량 제작 데이터로 입력 가능!

3 SNS에 쉽게 업로드하기

캔바에서는 만든 게시물을 따로 다운로드하고 게시하는 번거로움 없이 계정 연동을 통해 SNS에 완성한 디자인을 바로 업로드할 수 있습니다. 대표적으로 인스타그램과 트위터에 디자인을 게시해 보겠습니다.

[인스타그램] 업로드 방법

완성한 디자인을 인스타그램에 업로드하기 위해 ❶[공유] – ❷[다양한 게시 방법] – [소셜미디어]에서 ❸[instagram]을 찾아 클릭합니다.

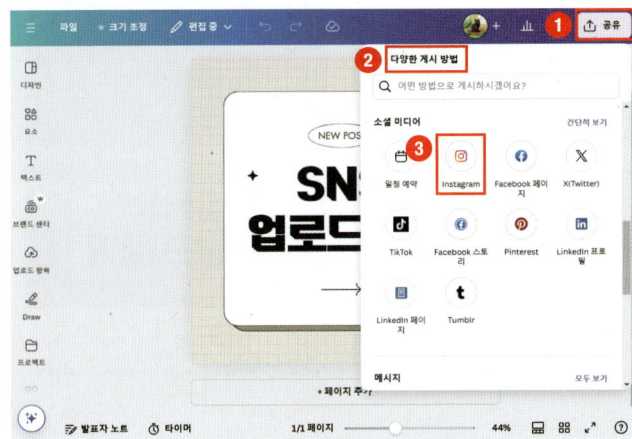

인스타그램 업로드

방법은 두 가지입니다. ❶모바일로 캔바 앱에 접속하여 인스타그램 앱과 연동하여 업로드하거나 ❷데스크톱에서 업로드하는 것입니다. 데스크톱에서 업로드하기 위해서는 Instagram 비즈니스 계정을 사용해야 하고 facebook과 연동되어 있어야 합니다. 하나씩 살펴볼까요?

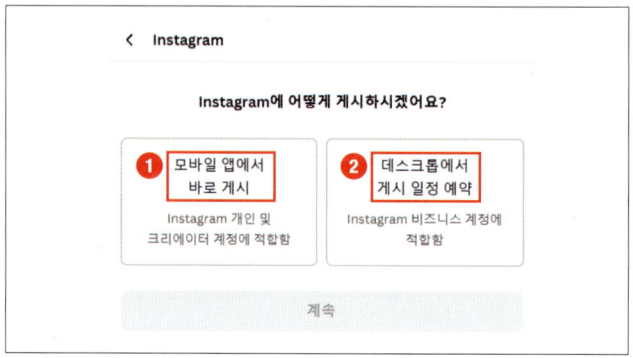

업로드 두 가지 방법

[인스타그램] – 모바일 앱에서 바로 게시

[모바일 앱에서 바로 게시]를 누른 후 [계속]을 클릭하면 ❶QR코드가 생성됩니다. 이 QR코드를 모바일로 스캔하면 Canva 앱으로 접속되어 디자인 편집 창으로 연결됩니다. ❷해당 디자인 편집 창에서 [공유] - [instagram 개인용]을 클릭하면 인스타그램 앱과 연동되어 디자인을 업로드할 수 있습니다.

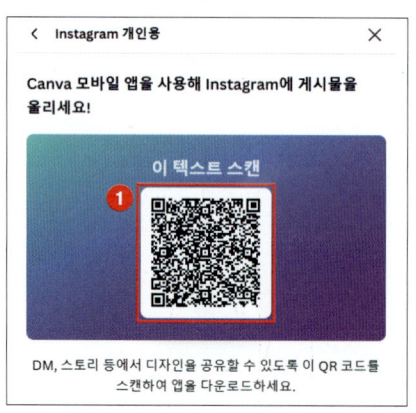

모바일 업로드 QR 코드

캔바 앱 인스타그램 공유

인스타그램 업로드   인스타그램 업로드 _ 스토리

TIP
데스크톱에서 인스타그램에 업로드하기 위해서는 '비즈니스'계정이 필요하기 때문에 개인 사용자의 경우 인스타그램에 업로드를 할 때는 모바일 앱에서 게시하는 것을 추천드립니다.

[인스타그램] – 데스크톱에서 게시 일정 예약

[데스크톱에서 게시 일정 예약]을 위해서는 instagram 비즈니스 계정 전환과 instagram 계정을 facebook 페이지에 연결하는 과정이 필요합니다. 두 가지 과정이 끝난 instagram 계정과 연동을 하면 ❶계정을 선택한 후 ❷디자인을 게시할 수 있습니다. ❸PRO 버전에서는 일정 예약 기능을 활용하면 원하는 날짜와 시간에 디자인을 업로드할 수도 있습니다.

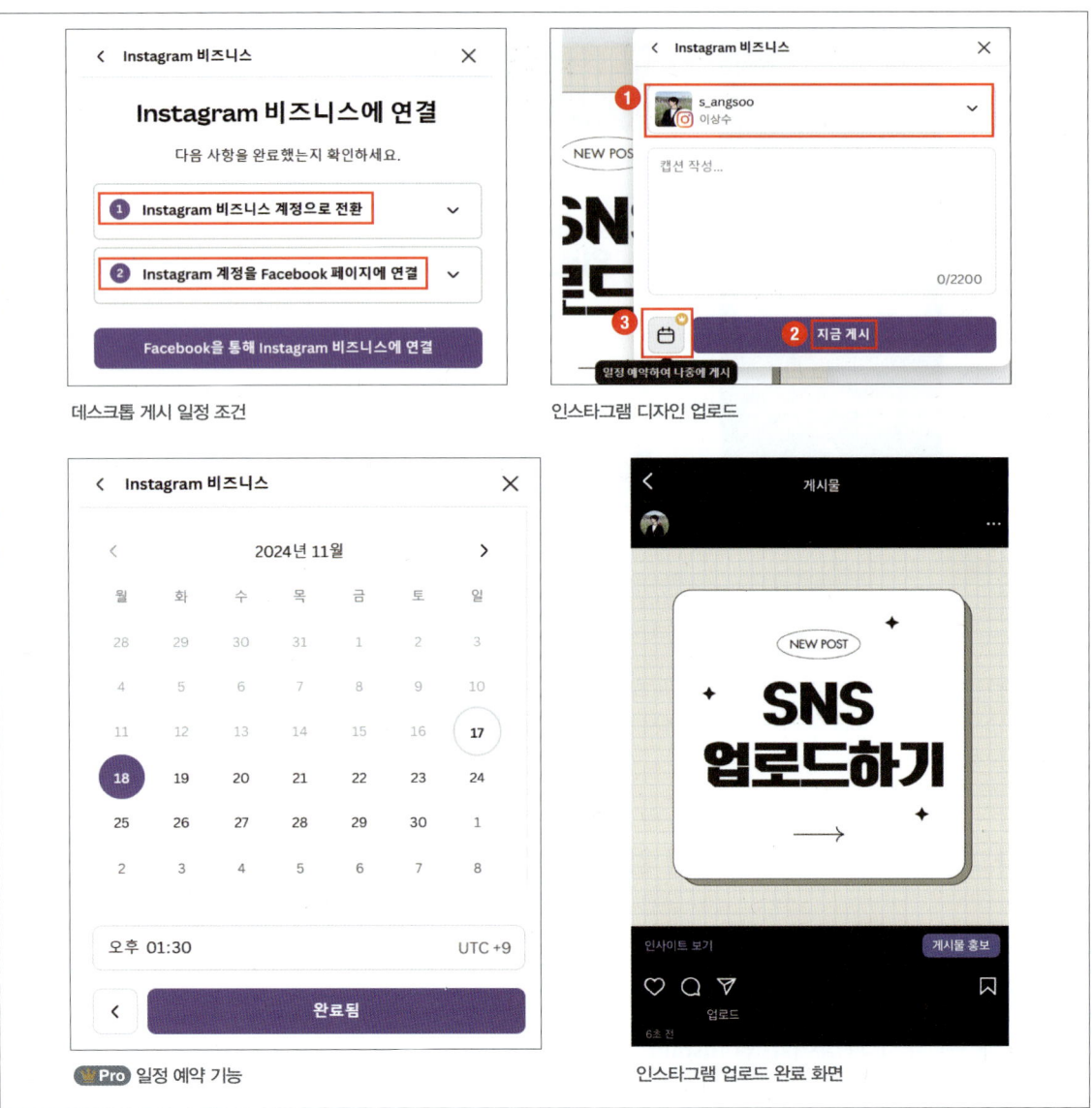

[X, 트위터] 업로드 방법

마찬가지로 완성한 디자인을 인스타그램에 업로드하기 위해 [공유] - [다양한 게시 방법] - [소셜미디어]에서 [X(Twitter)]을 찾아 클릭합니다. 먼저, X(Twitter) 계정 연동이 필요합니다. 연동을 마친 후에 디자인과 함께 언급할 내용을 작성한 후 [지금 게시]를 누르면 업로드가 완료됩니다. 인스타그램과 마찬가지로 PRO 버전에서는 일정 예약이 가능합니다.

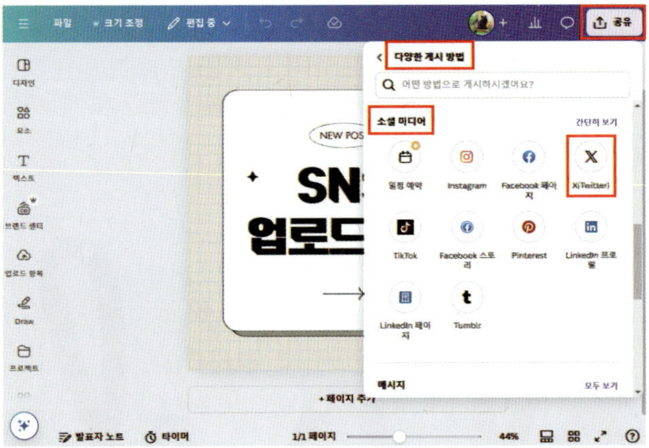

| X(트위터) 업로드하기 | 계정 연동 화면 |

| X(트위터) 업로드 화면 | X(트위터) 업로드 결과 |

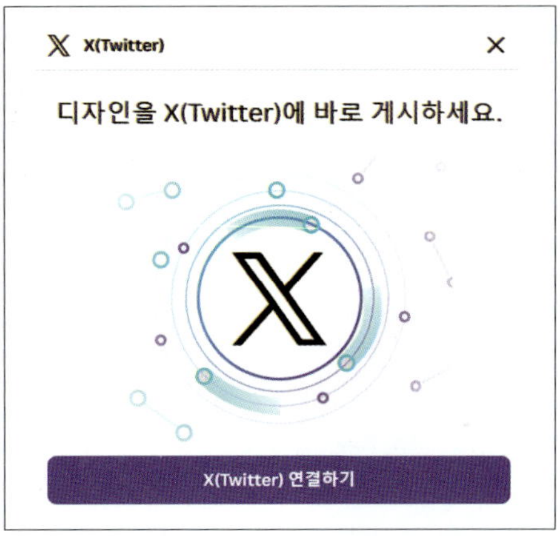

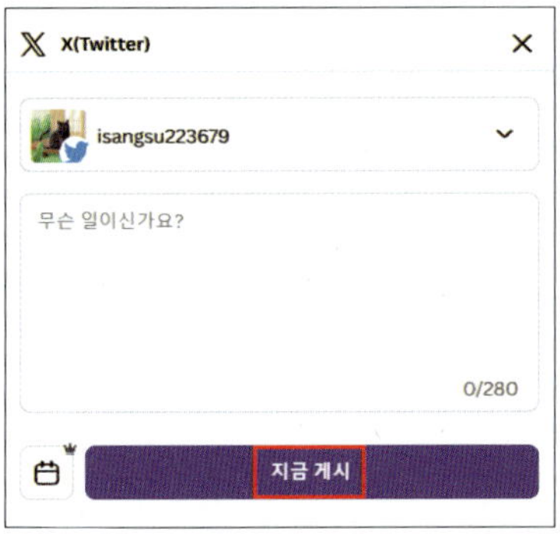

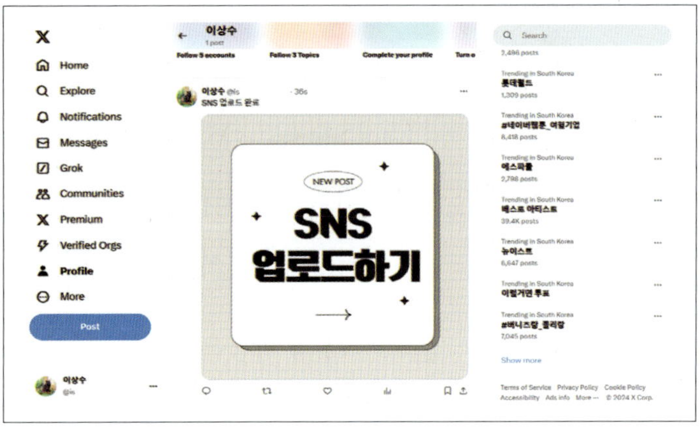

TIP

저작권 이슈에서 벗어나기

캔바에 포함되어 있는 이미지 및 글씨체를 활용하여 제작한 디자인은 계정에 따라 무료 및 상업적으로 사용할 수 있습니다. 그러나 디자인이 외부에 게시되었을 때에는 그 디자인이 캔바에서 제작되었다는 것을 입증할 수 없기 때문에 저작권 문제가 생길 수 있습니다. 이때, 캔바에서 제작했다는 증거가 있다면 저작권 문제에서 벗어날 수 있습니다. 그리고 간단하게 프로젝트에서 제작한 템플릿을 캡처하여 증빙하는 방법도 있습니다. 위에서 소개했던, 캔바에서 직접 SNS에 업로드하는 방법 또한 바로 증거가 되기에 저작권 이슈에서 벗어날 수 있습니다. 따라서 만약의 경우를 대비해, 캔바에서 만든 작품은 삭제하지 않고 남겨 두는 것을 추천합니다.

POINTS

- 계정 연동을 통해 캔바에서 만든 게시물을 바로 SNS에 업로드 가능!
- 캔바에서 제작한 SNS 게시물은 삭제하지 않고 남겨 두는 것을 추천!

CHAPTER 6 캔바 AI와 스마트한 활용법으로 생산성 업그레이드

4 크기 조정으로 디자인 쉽게 바꾸기

캔바 Pro 요금제에서는 디자인의 크기, 양식을 클릭 한 번으로 바꾸는 [크기 조정] 기능이 있습니다. 이 기능을 활용하여 더 효율적인 디자인 편집을 시작해 볼까요?

크기 조정 기능은 쉽게 말해서 처음 디자인을 시작할 때 정한 디자인 양식에 맞는 크기를 다른 양식으로 바꾸는 것을 말합니다. 예를 들어, 포스터(세로) 디자인을 인스타그램에 올리기 위해 인스타그램(정사각형) 크기로 쉽게 바꾸는 것처럼 말이죠.

포스터(세로) 디자인

크기 조정으로 바꾼 인스타그램 (정사각형) 디자인

디자인 편집 창 위에 ❶[크기 조정] 버튼을 누릅니다. 원하는 디자인 양식의 크기를 ❷검색해서 찾거나 ❸추천 항목 또는 카테고리별로 선택할 수 있습니다. 선택 후에는 ❹[복사 및 크기 조정]을 통해 원본을 복사해 두고 크기 조정을 할 수 있습니다. ❺[이 디자인의 크기 조정]을 선택하면 디자인의 크기를 바로 조정해 줍니다.

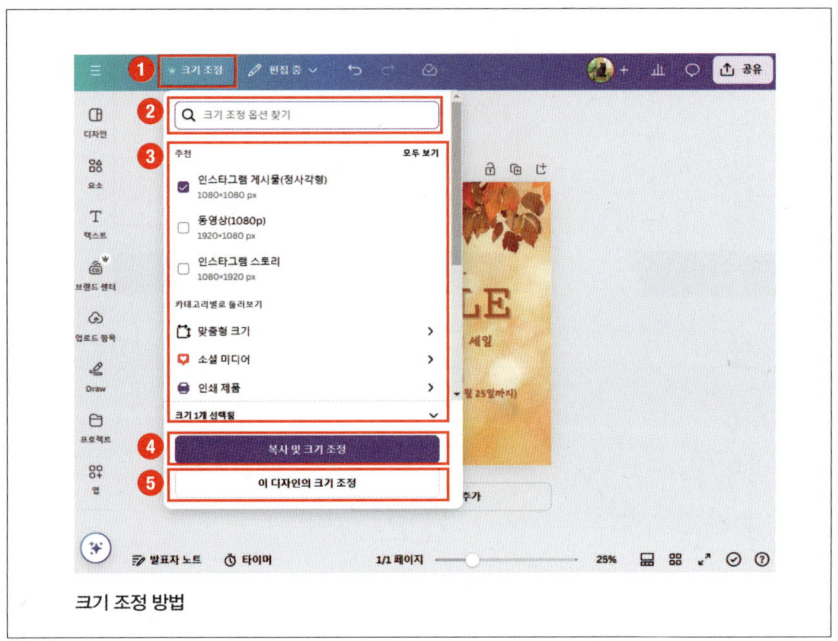

크기 조정 방법

다음과 같이 크기 조정 옵션을 여러 개 선택하게 되면 선택한 만큼 한 번에 크기 조정을 할 수 있습니다. 이때는 항상 [복사 및 크기 조정]을 통해 복사본을 만들어 놓고 작업이 진행됩니다. 작업이 완료되면 만들어진 작업물들을 확인할 수 있습니다.

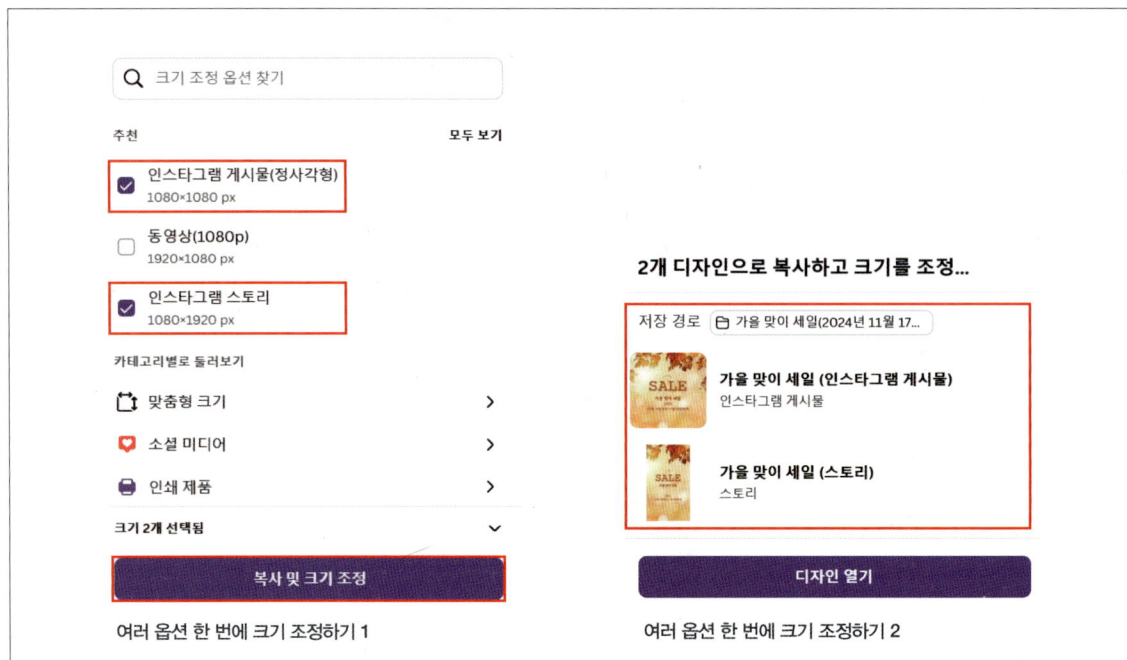

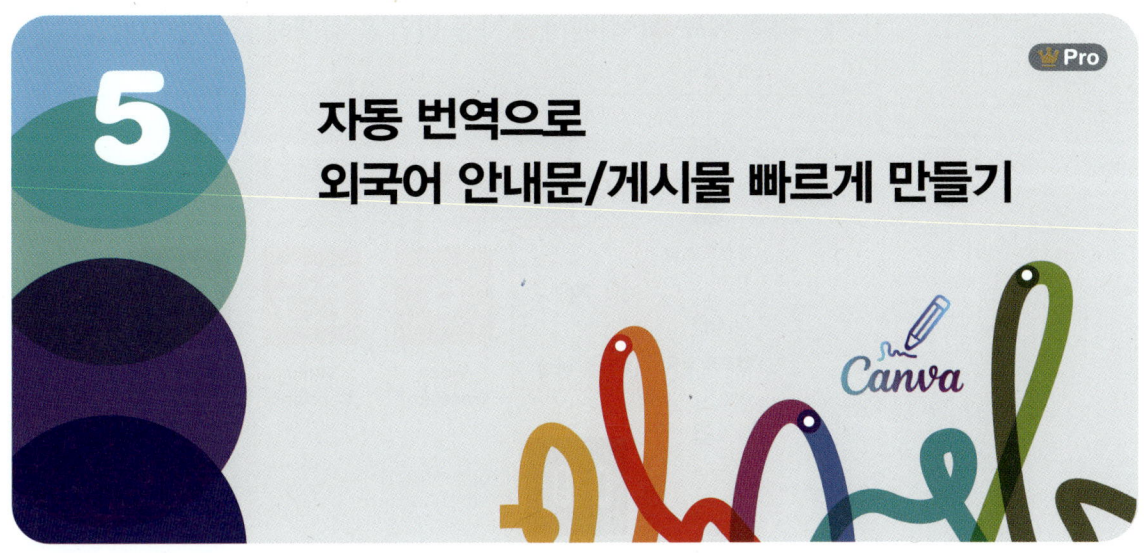

5 자동 번역으로
외국어 안내문/게시물 빠르게 만들기

캔바를 활용해 어떤 게시물을 만들었습니다. 해당 게시물을 다른 언어로 바꾸려면 어떻게 하실 건가요? 해당 외국어에 익숙하다면 바로 텍스트를 변경하겠고, 해당 외국어에 익숙하지 않다면 디자인 속 텍스트를 복사해서 번역 앱에 붙여 넣은 다음, 번역 결과를 디자인에 다시 붙여 넣어야 할 겁니다. 이 과정을 자동화해 주는 캔바의 기능이 있습니다. 바로, [자동 번역] 기능입니다.

아래와 같은 게시물을 원하는 언어로 변경해 보겠습니다.

한식 메뉴판(한글)   자동 번역(영어)   자동 번역(중국어)   자동 번역(스페인어)

1 좌측 메뉴 ❶[앱]에서 ❷'자동 번역'을 검색해 클릭합니다.

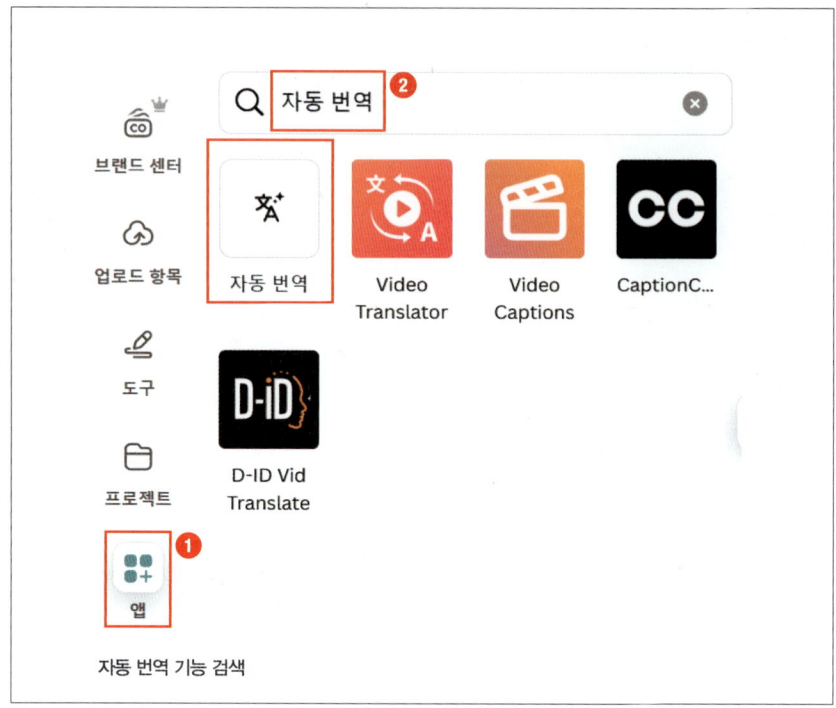

자동 번역 기능 검색

2 좌측에 추가된 자동 번역을 클릭하고 ❶도착어를 선택합니다. ❷사람들이 많이 쓰는 영어, 스페인어 등은 '어조'도 선택할 수 있고, 비교적 적게 쓰는 언어는 어조를 선택하는 칸이 없습니다. 원하는 어조를 선택합니다. 본 도서에서는 기존 언어의 어조와 유사하게 하고 싶어, [변경 없음]을 선택했습니다(어조는 많이 사용하는 언어(영어, 스페인어 등)에만 설정 가능합니다).
❸[페이지 번역하기]를 클릭하고 '적용할 페이지' 아래에 번역할 페이지를 선택합니다. 여러 페이지를 한 번에 번역하려면 여러 페이지를 선택해야 합니다. 선택 후 [완료]를 클릭하고 [자동 번역]을 클릭하면 해당 페이지가 모두 번역됩니다.

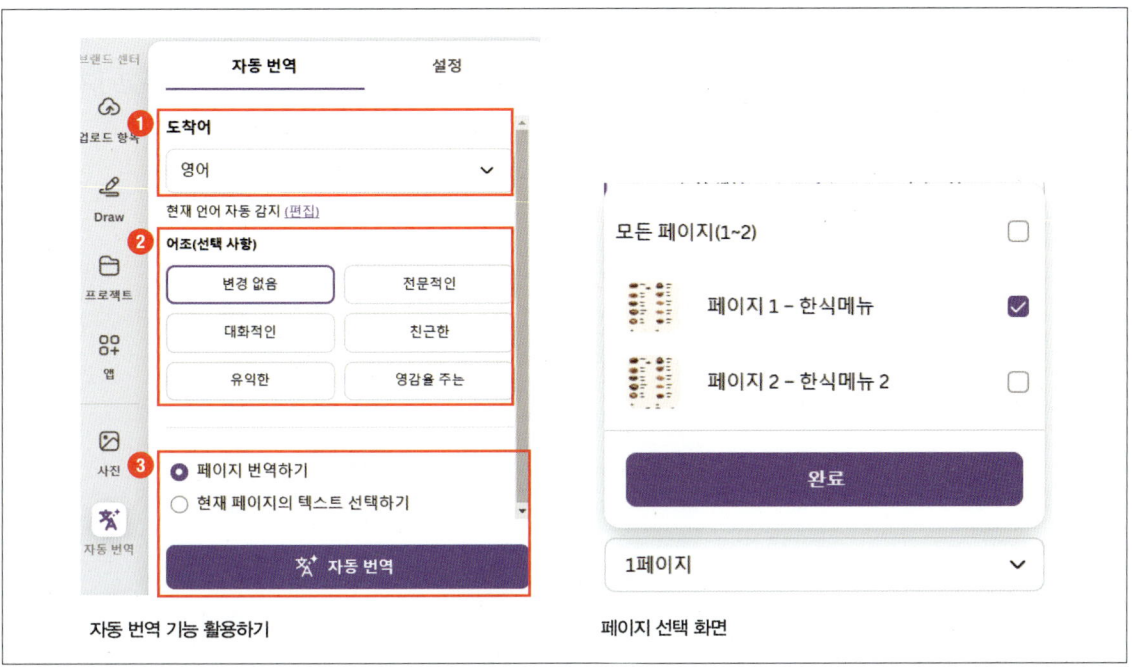

자동 번역 기능 활용하기   페이지 선택 화면

자동 번역이 완료되면 새로운 페이지에 번역이 완료된 결과물이 생성됩니다. 아래 썸네일 제목을 통해 어떤 언어로 변경되어 있는지 알 수 있어 편리합니다.

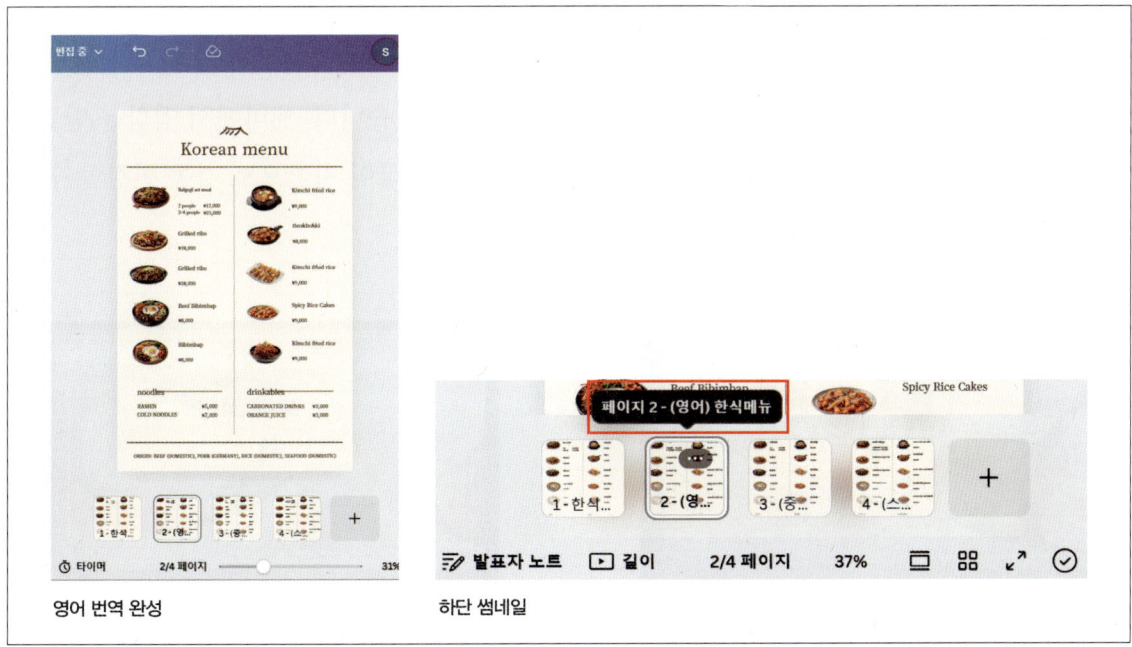

영어 번역 완성   하단 썸네일

만약 [페이지 번역하기]가 아니라 [현재 페이지의 텍스트 선택하기]를 클릭하면, 페이지 내의 번역을 원하는 부분만 선택하고 [자동 번역]을 클릭하여 원하는 부분만 번역할 수 있습니다.

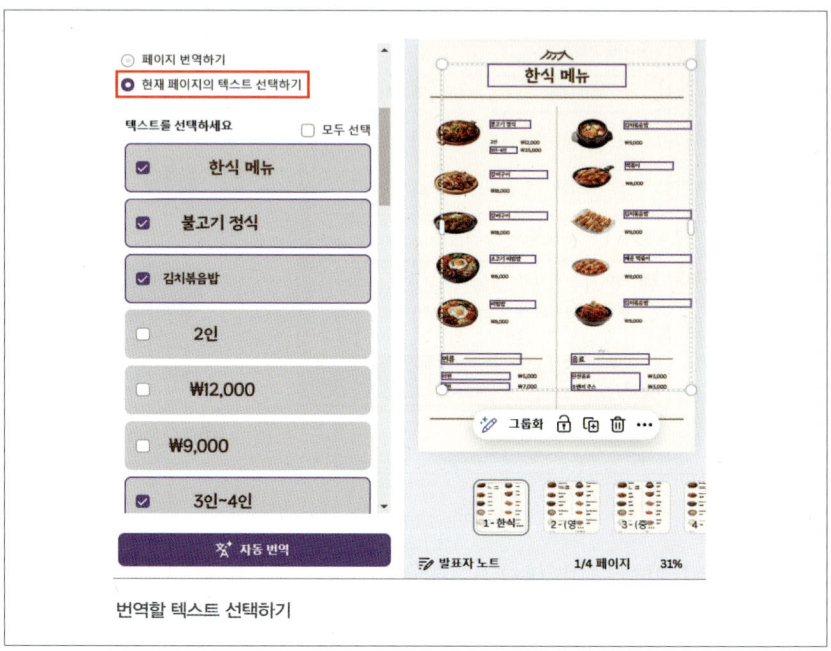

번역할 텍스트 선택하기

요즘 다양한 국적을 대상으로 영상을 만드는 분들이 많아졌는데요. 매우 긴 영상은 캔바로 만들기에 적합하진 않지만 짧고 심플한 기능의 영상은 캔바로 쉽게 만들 수 있습니다. 캔바에서 영상을 만들면 위에서 배운 자동 번역 기능으로 외국어 자막으로 자동 변경할 수 있습니다.

동영상(한글)

동영상(영어 번역)

TIP

자동 번역 기능을 활용하면 언어마다 글자체와 크기가 다르기 때문에 디자인이 어색해질 수 있습니다. 번역 기능을 활용한 후에는 글자 크기나 글꼴을 수정해야 더 자연스러운 디자인을 만들 수 있습니다.

TIP

한글을 다른 언어로 번역하는 예시를 보여 드렸지만 반대로 영어로 된 템플릿을 한국어로 변경할 수 있는 기능도 있습니다.

POINTS

- [크기 조정] 기능을 통해 편집했던 디자인의 크기를 원하는 대로 변경 가능!
- [자동 번역] 기능을 통해 다양한 언어의 디자인을 빠르게 완성 가능!

6 활용하면 좋은 캔바 앱 소개

캔바 앱

'캔바 앱'이란 캔바 내에서 디자인을 편집할 때 사용할 수 있는 유용한 도구들의 모음입니다. 예를 들어, 프레젠테이션에 영상을 넣고 싶다면 'Youtube' 앱을 활용하여 youtube 내에 있는 영상을 자료에 바로 활용할 수 있습니다. 또한, 'AI Music' 앱을 활용하면 인공지능이 만들어 준 배경 음악을 영상 제작에 사용할 수도 있습니다. 지금부터 캔바를 더 잘 활용할 수 있는 앱들을 만나 볼까요?

캔바 앱 만나기

캔바 앱을 검색하고 활용하는 방법은 두 가지가 있습니다.

1 캔바 홈 – [앱]

캔바 홈 좌측 메뉴에서 ❶[앱]을 클릭하여 다양한 앱을 확인하고 ❷검색할 수 있습니다. 여기서 사용하고자 하는 앱을 클릭하면 다음과 같이 ❸[기존 디자인] 혹은 [새 디자인]에서 활용할 것인지 선택할 수 있습니다.

캔바 홈에서 [앱] 접근하기   앱 활용 방법 선택하기

2 디자인 편집 창 – [앱]

디자인을 편집하는 중 ❶좌측 메뉴에서 [앱]을 클릭하여 앱을 활용할 수 있습니다. 이때도 원하는 앱을 검색할 수 있으며 ❷앱을 선택하고 [열기]를 누르면 앱이 실행됩니다. ❸실행했던 앱들은 좌측 메뉴 바를 스크롤하여 내리면 확인할 수 있습니다.

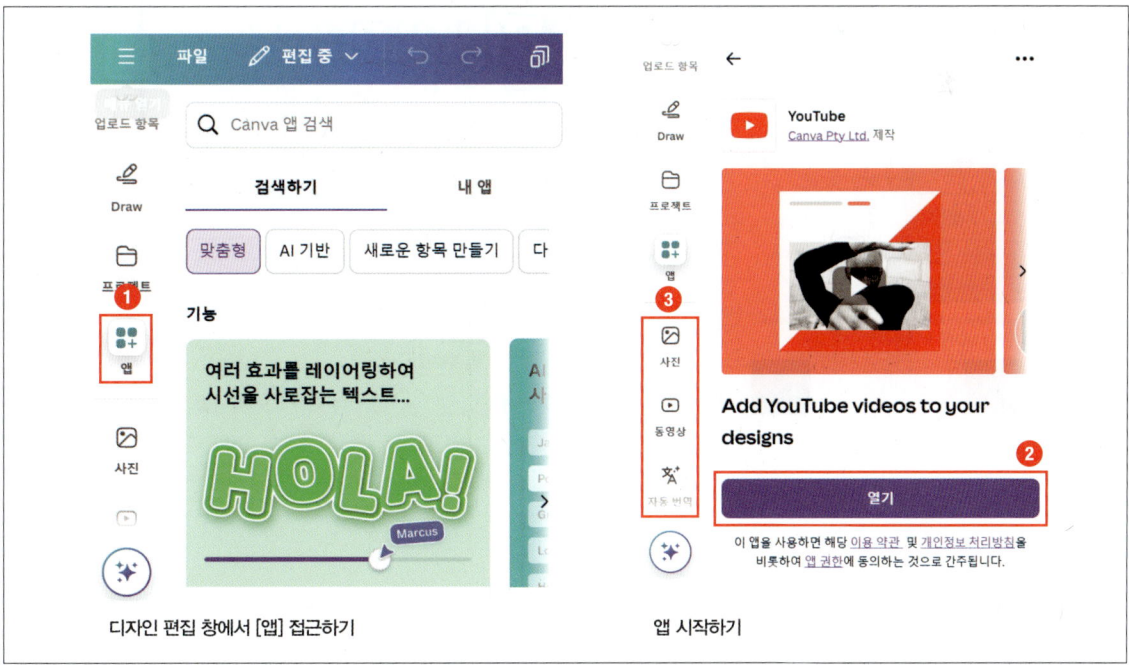

디자인 편집 창에서 [앱] 접근하기   앱 시작하기

프레젠테이션 추천 앱

1 Youtube[▶]

많은 사람들이 발표 자료를 만들 때 Youtube에 있는 영상 자료들을 많이 활용합니다. 캔바 [Youtube] 앱 에서는 영상을 다운로드하여 넣거나 링크를 걸어 놓을 필요 없이 검색하여 클릭하면 바로 프레젠테이션에 영상이 삽입됩니다. 한번 활용해 볼까요?

[Youtube] 앱을 실행하고 ❶검색창에 필요한 영상의 제목을 검색합니다. 영상들을 살펴본 뒤, ❷원하는 영상을 클릭합니다. ❸영상은 바로 디자인 안에 삽입됩니다. 영상의 크기를 조절하여 디자인을 완성합니다.

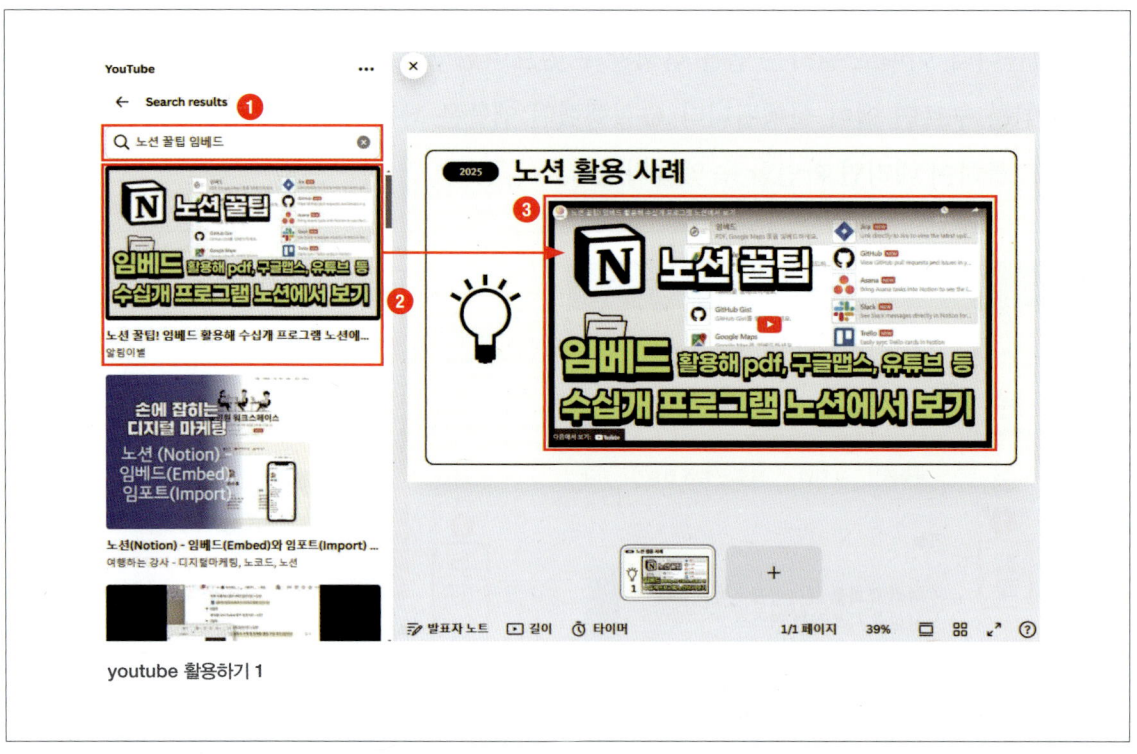

youtube 활용하기 1

다음과 같이 프레젠테이션 화면에서 재생 버튼을 누르면 영상을 바로 시청할 수 있습니다.

youtube 활용하기 2

2 QR code[🔲]

프레젠테이션 중에는 설문조사, 워드 클라우드, 퀴즈 등 청중의 참여가 필요한 경우가 있습니다. 이때, [QR code]로 생성한 QR 이미지를 발표 자료 안에 삽입해 놓으면 스마트폰 카메라 스캔을 통해 청중들이 쉽게 참여가 가능합니다.

먼저, [앱]에서 'QR code'를 검색하여 실행합니다. ❶URL에 연결할 사이트의 주소를 입력합니다. ❷맞춤 제작을 통해 QR 이미지를 선택할 수 있습니다. 결정을 한 뒤 ❸[코드 생성]을 누르면 다음과 같이 ❹코드가 생성이 됩니다. 생성된 코드는 이후에도 ❺[코드 업데이트]를 통해 수정할 수 있습니다.

TIP
[QR code]는 프레젠테이션 뿐만 아니라 포스터에도 많이 사용됩니다. 특히, 홍보 포스터 안에 영상이나 홈페이지와 연결되는 QR 코드를 삽입해 두면 쉽게 접근할 수 있어 홍보 효과를 배로 만들 수 있습니다.

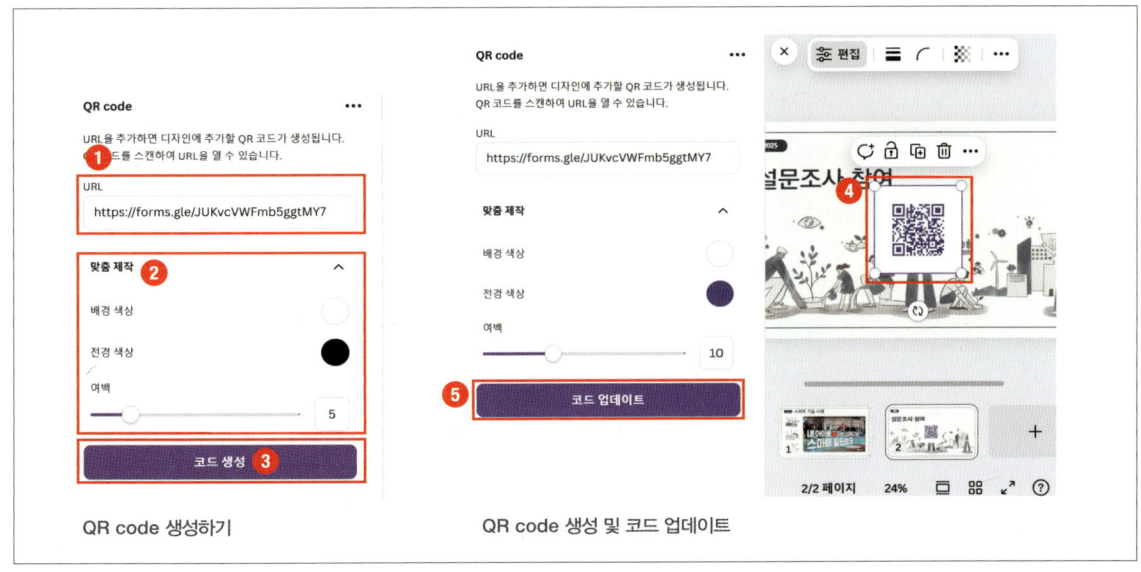

QR code 생성하기 | QR code 생성 및 코드 업데이트

CHAPTER 6 캔바 AI와 스마트한 활용법으로 생산성 업그레이드

QR code를 활용한 설문조사 프레젠테이션

3 Google Maps[ ]

다음은 프레젠테이션 안에서 장소를 소개해야 하는 상황에서 유용하게 쓰이는 앱 [Google maps]입니다. 이름 그대로 구글맵과 연동되어 소개하고자 하는 장소의 지도 이미지를 프레젠테이션에 쉽게 삽입할 수 있습니다. 이미지뿐만 아니라 구글맵과 연동된 링크도 포함되어 있어 발표 중에도 지도에 쉽게 접근할 수 있습니다.

먼저, [앱]에서 'Google maps'를 검색하여 앱을 실행합니다. ❶원하는 장소를 검색하고 ❷장소를 클릭하면 ❸프레젠테이션 안에 지도 이미지가 삽입됩니다. ❹이미지와 함께 링크도 연결되어 있는 것을 확인할 수 있습니다. ❺프레젠테이션 화면에서 [큰 지도 열기]를 누르면 연결된 구글맵 링크로 바로 접속이 가능합니다. 또한, 프레젠테이션 화면 안에서도 실제 구글맵 지도를 보는 것처럼 화면의 이동과 축소, 확대가 가능하니 활용도가 높다고 할 수 있습니다.

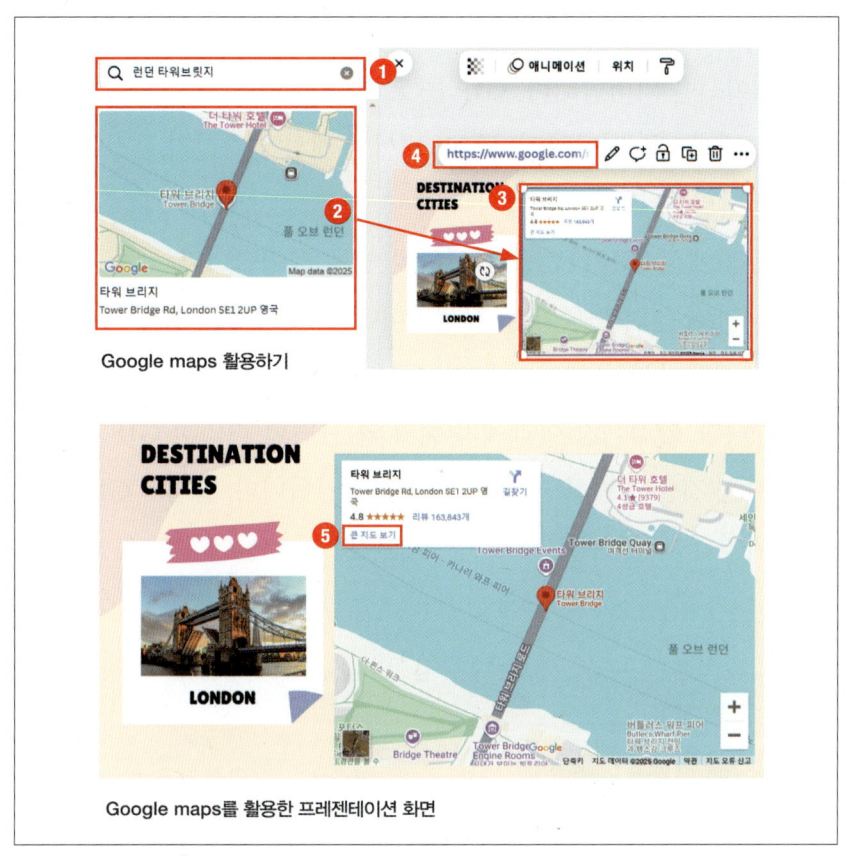

Google maps를 활용한 프레젠테이션 화면

캔바 앱 추천 – 프레젠테이션 추천 앱

디자인 추천 앱

1 GIPHY [🎨]

디자인에 생동감을 더하고 보는 이의 주의를 끄는 데 매우 효과적인 흔히, '움짤'이라 불리는 'GIF'를 쉽게 검색하여 사용할 수 있는 앱

[GIPHY]를 소개합니다. 'GIF'란 움직이는 이미지로, 짧은 영상이나 애니메이션을 의미합니다. 'GIF'는 프레젠테이션에서 청중에게 효과적으로 메시지를 전달하거나 SNS에서 유쾌하게 자신의 감정이나 생각을 전달할 때 많이 사용됩니다.

먼저, [앱]에서 'GIPHY'를 검색하여 앱을 실행합니다. 앱을 실행하고 검색창에 원하는 주제를 검색합니다. 예시에서는 협동을 강조하는 프레젠테이션의 메시지를 전달하기 위하여 ❶'팀워크'를 검색해 보겠습니다. ❷검색창 아래에'팀워크'와 관련한 다양한 GIF가 나오고 원하는 것을 클릭하면 디자인 안에 삽입됩니다. 삽입된 GIF는 크기와 위치를 자유롭게 변경할 수 있습니다.

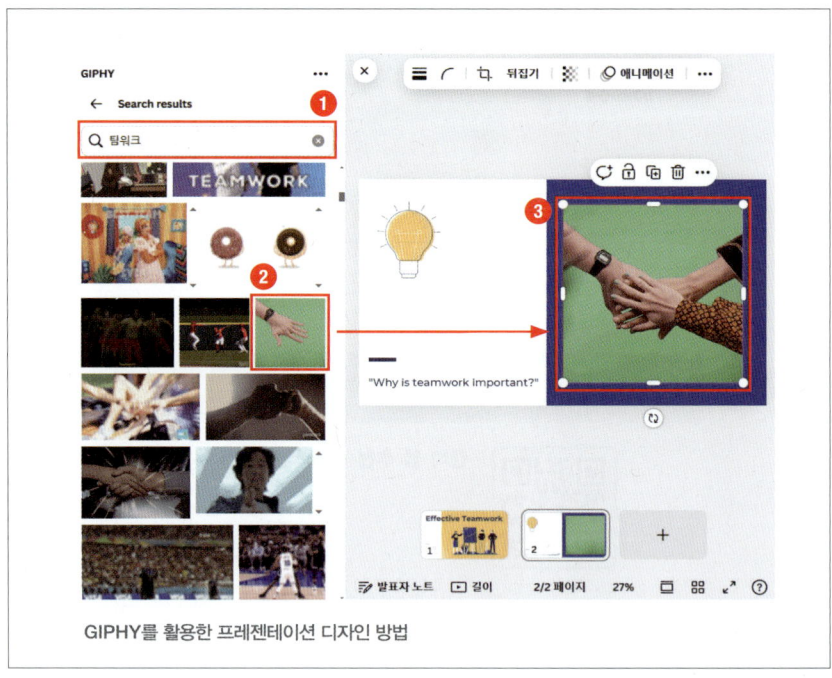

GIPHY를 활용한 프레젠테이션 디자인 방법

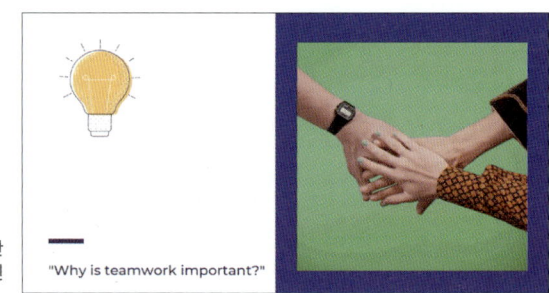

GIPHY를 활용한
프레젠테이션 디자인

2 Character Builder [😊]

캔바에서 제공하는 [Character Builder] 앱을 활용하면 누구나 쉽고 빠르게 자신만의 특별한 캐릭터를 만들 수 있습니다. 쉽고 직관적인 인터페이스로 독창적인 캐릭터를 만들어 디자인에 활용할 수 있습니다.

먼저, [앱]에서 'Character Builder'를 검색하여 앱을 실행합니다. 그러면 다음과 같이 캐릭터의 머리, 얼굴, 몸통, 피부색, 머리색을 설정하는 메뉴가 나타납니다. [전체 보기]를 누르면 더 많은 선택지를 확인할 수 있습니다. ❶원하는 캐릭터의 모습을 하나 선택하면 자동으로 디자인 안에 캐릭터가 삽입됩니다.

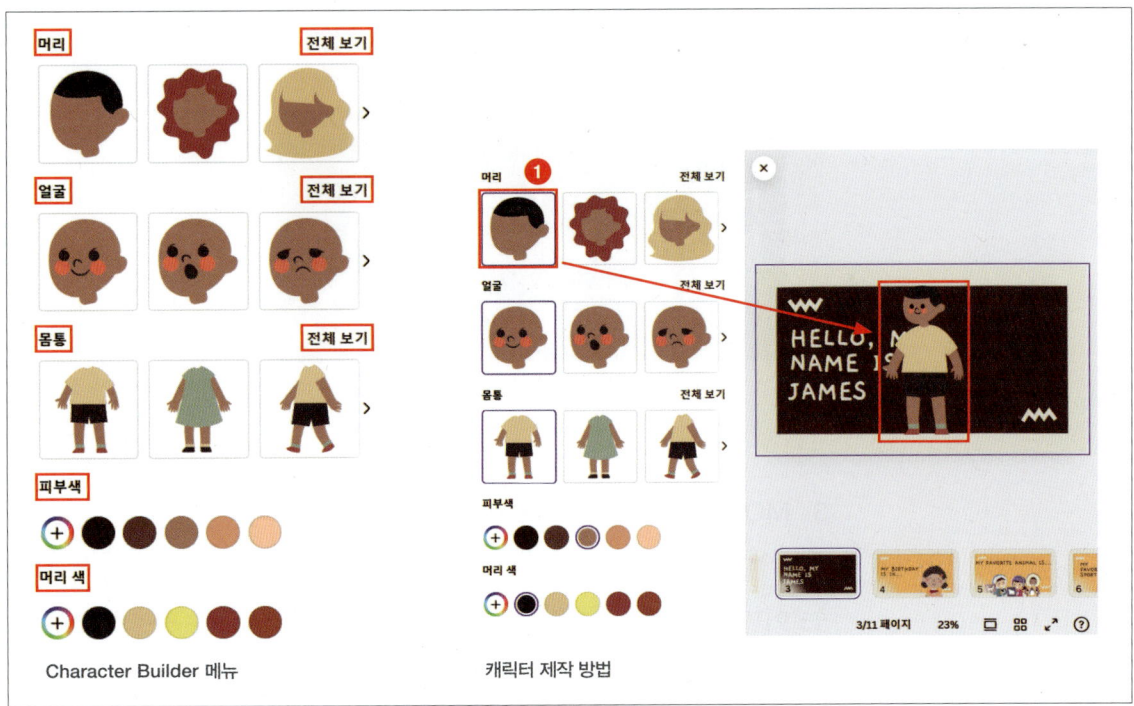

Character Builder 메뉴 | 캐릭터 제작 방법

❷처음 삽입된 캐릭터의 모습에서 다른 요소들을 변경할 수 있습니다.

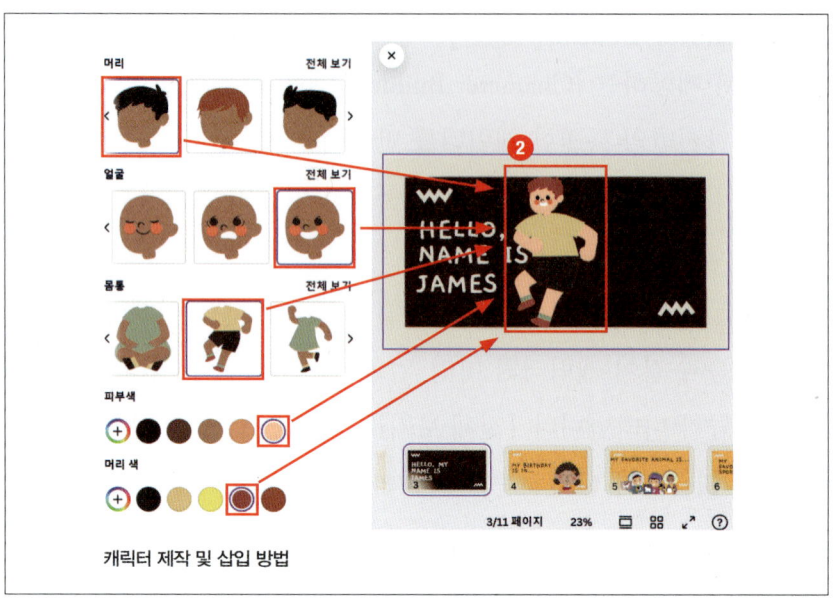

캐릭터 제작 및 삽입 방법

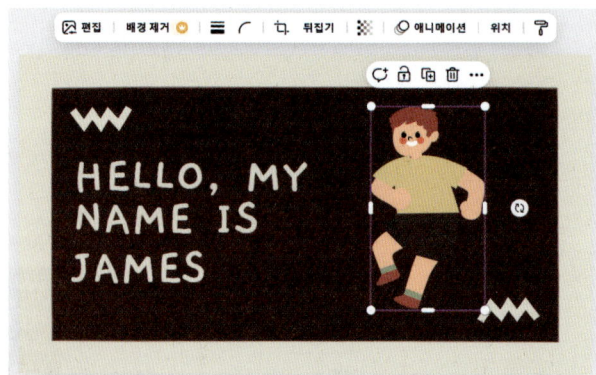

캐릭터 크기 변경 및 이동

3 MOJO AI [_{MOJO}] *부분 유료

캔바에는 무수히 많은 사진과 그림 요소들이 있지만 사용자가 원하는 이미지가 없을 수 있습니다. 그때, [MOJO AI]를 활용하면 인공지능이 만들어 주는 이미지로 더 창의적인 디자인을 할 수 있습니다. [MOJO AI]는 하루에 5크레딧을 사용하여 이미지를 총 5번 만들 수 있는 [Express], 더 다양한 아트 스타일을 활용할 수 있는 [Infinity], [Vision] 그리고 이미지로 QR코드를 만들 수 있는 [QR] 총 4개의 메뉴로 이루어져 있습니다. 이 중 [Express]를 제외한 나머지 3개의 메뉴는 계정 연결을 통해 75크레딧을 받아 활용하실 수 있습니다. 주어진 크레딧 이외에 더 사용하고 싶으시다면 app.mojo.vn/pricing에 접속하시어 결제를 진행하면 됩니다.

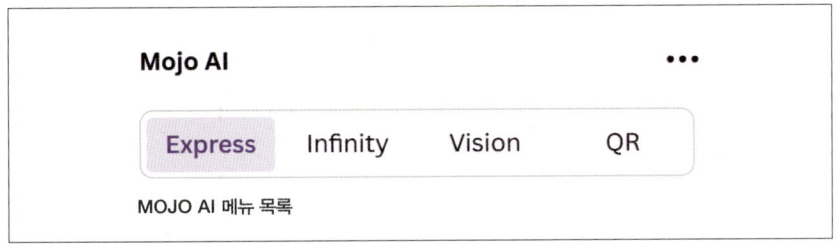

MOJO AI 메뉴 목록

먼저, 매일 활용하실 수 있는 [Express]부터 살펴보도록 하겠습니다. [앱]에서 'MOJO AI'를 검색하여 앱을 실행합니다. 처음 실행하면 [Express] 메뉴가 선택되어 있습니다. 예시를 참고하여 ❶[아이디어 입력]에 원하는 그림에 대한 설명을 작성합니다. 그 다음 ❷[아트 스타일]에서 원하는 종류의 그림 스타일을 고른 뒤, ❸가로세로 비율을 선택하여 작품을 만듭니다.

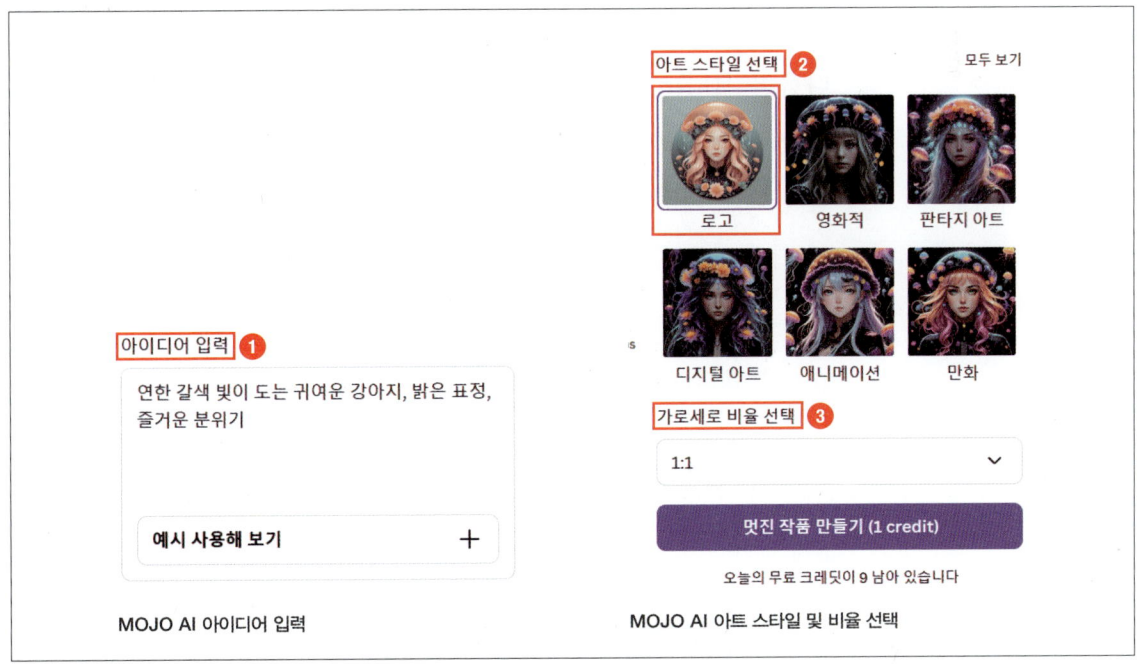

MOJO AI 아이디어 입력 | MOJO AI 아트 스타일 및 비율 선택

작품이 완성되면 다음과 같이 그림이 디자인에 삽입되고 왼쪽 메뉴에서도 완성된 그림을 확인할 수 있습니다. 실습에서는 [아이디어 입력]에 '연한 갈색빛이 도는 귀여운 강아지, 밝은 표정, 즐거운 분위기'를 작성하고, [아트 스타일]은 '로고', 가로세로 비율은 '1:1'을 선택했습니다. 최종적으로 [배경 제거] Pro 기능을 활용하여 포스터를 완성했습니다.

MOJO AI 그림 삽입　　　　　　　　　　　　MOJO AI를 활용한 디자인

다음은 [Infinity], [Vision] 메뉴를 소개해 드리겠습니다. 앞의 [Express]와 달리 이 기능들을 사용하시려면 다음과 같이 계정 연동을 통해 크레딧을 받아 사용하실 수 있습니다. 구글 계정과 연동이 되니 쉽게 바로 사용하실 수 있습니다.

MOJO AI 그림 삽입

[Infinity] 메뉴에서는 [Express]보다 더 다양한 아트 스타일을 선택할 수 있고, 사용자의 이미지에 아트 스타일을 적용할 수도 있습니다.

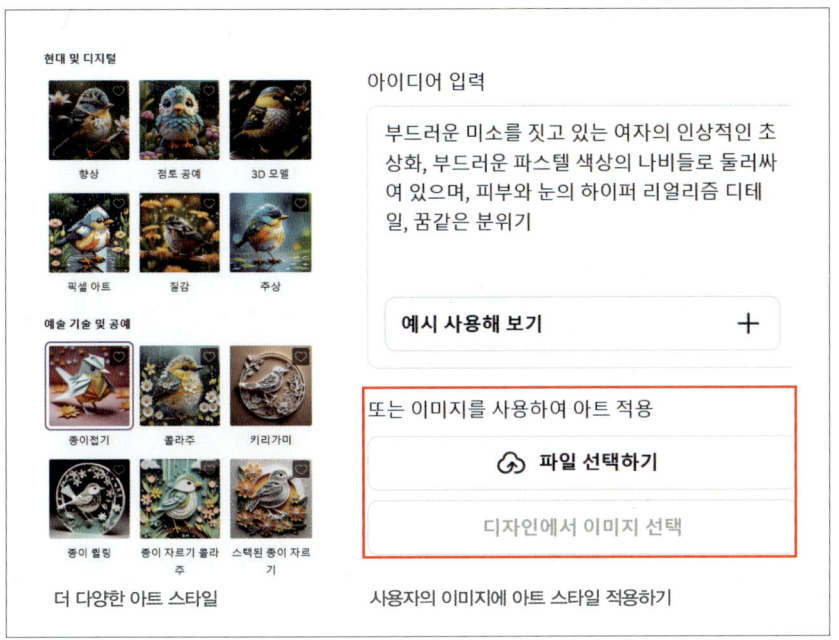

더 다양한 아트 스타일 / 사용자의 이미지에 아트 스타일 적용하기

다음은 사용자의 이미지에 '종이접기' 아트 스타일을 적용한 사례입니다.

사용자 이미지 / '종이접기' 아트 스타일 적용 예시

[Vision] 메뉴에서는 다음과 같은 아트 스타일을 적용하여 이미지를 생성할 수 있습니다. 보다 더 입체적이고 생동감 있는 이미지를 생성하는 것에 특화되어 있습니다.

[Vision] 아트 스타일

'아이디어 입력'에 '땋은 머리와 머리에 꽃을 꽂은 아름다운 여성, 생동감 있는 현실적인 색상'을 입력하고 [Vision] 메뉴의 아트 스타일(판타지 아트, 애니메이션, 3D아트)을 적용한 예시입니다.

마지막으로 [QR] 메뉴를 활용하면 단순한 QR 코드에 색과 이미지를 입혀 주어 눈에 더 잘 띄는 QR 코드를 생성할 수 있습니다. 다음

과 같이 아이디어 입력, QR 스타일과 아트 스타일을 선택하고 링크를 입력하면 QR 코드가 생성됩니다. 예시는 아이디어에 '파스텔 톤, 친환경, 나무, 꽃, 강, 물, 깨끗함'을 입력하고 두 번째 QR 스타일과 '디지털 아트' 스타일을 선택한 결과입니다.

[QR] 메뉴 활용 1   [QR] 메뉴 활용 2   [QR] 생성 결과

4 Emoji [🤪]

[Emoji] 앱을 사용하면 다양한 이모티콘을 디자인에 활용하여 디자인에 개성을 더할 수 있습니다. 그리고 협업 과정에서 서로의 의견에 이모티콘을 사용하면 더 직관적으로 피드백을 주고받을 수 있겠죠? 또, 생성된 이모티콘의 크기와 위치도 자유롭게 변경할 수 있다는 장점이 있습니다.

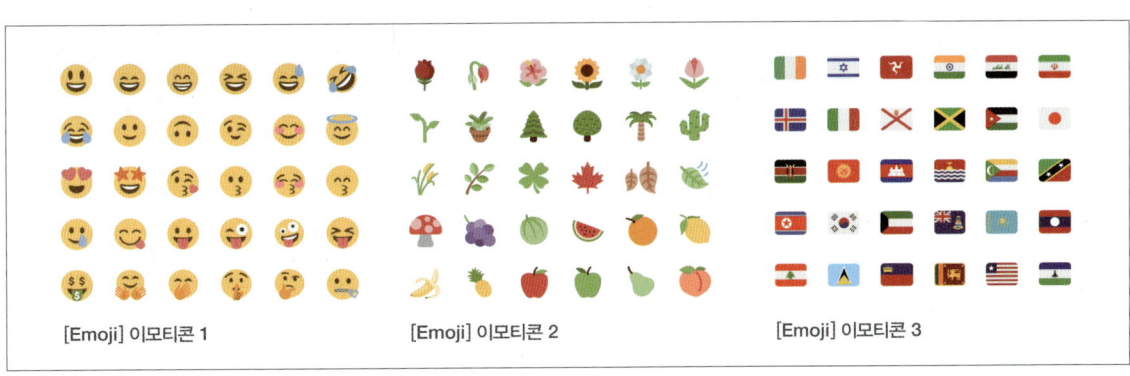

[Emoji] 이모티콘 1   [Emoji] 이모티콘 2   [Emoji] 이모티콘 3

5 Logo maker [ ] *부분 유료

'로고'란 기업, 단체나 개인을 상징적으로 표현하는 시각적 요소입니다. [Logo maker]에서는 들어갈 글자, 주제, 색, 모양 등을 간단히 입력하면 인공지능이 멋진 로고를 금방 만들어 줍니다.

[Logo maker] 앱을 검색하고 실행하면 다음과 같은 입력창이 뜹니다. 한글로 원하는 주제어를 작성해도 되지만 더 자세하고 정확한 결과를 얻으려면 영어로 입력하는 것을 추천합니다. 다음 예시는 입력창에 'include 'Tiger team', tiger, rainbow color, circle shape'를 입력한 결과입니다.

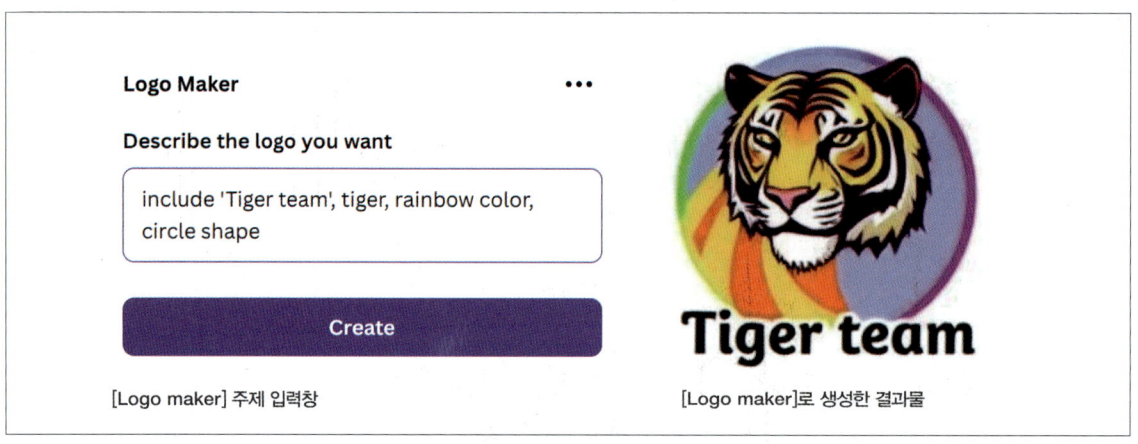

[Logo maker] 주제 입력창 　　　　　　　　　　[Logo maker]로 생성한 결과물

TIP
[Logo maker]는 부분 유료로 하루에 3번까지 무료로 사용이 가능합니다. 이후에는 결제를 한 뒤 사용해야 하니 참고해 주시기 바랍니다.

캔바 앱 추천 – 디자인 추천 앱

생산성 향상 추천 앱

1 공유 드라이브 앱 [, ,]

캔바는 앱을 통해 공유 드라이브들과 연동되어 있어 외부의 사진, 영상, 소리 등의 파일을 쉽게 가져올 수 있다는 장점이 있습니다. 캔바에서 제공하는 공유 드라이브 앱은 [Google drive], [Google photo], [Dropbox]가 있습니다.

공유 드라이브 앱 중 [Google drive] 사용법을 예시로 보여 드리겠습니다. 먼저 [Google drive] 앱을 검색하여 실행하면 다음과 같이 ❶계정 연동 화면이 뜹니다. 계정을 연동한 후 공유 드라이브에 접근하여 ❷사용하고자 하는 파일을 선택하면 ❸편집 중인 디자인에 바로 적용이 됩니다. 또한, 반대로 ❹[Save to Google Drive]를 클릭하면 편집 중인 디자인을 링크나 파일(PNG, PPT 등)의 형태로 Google drive에 저장할 수 있습니다.

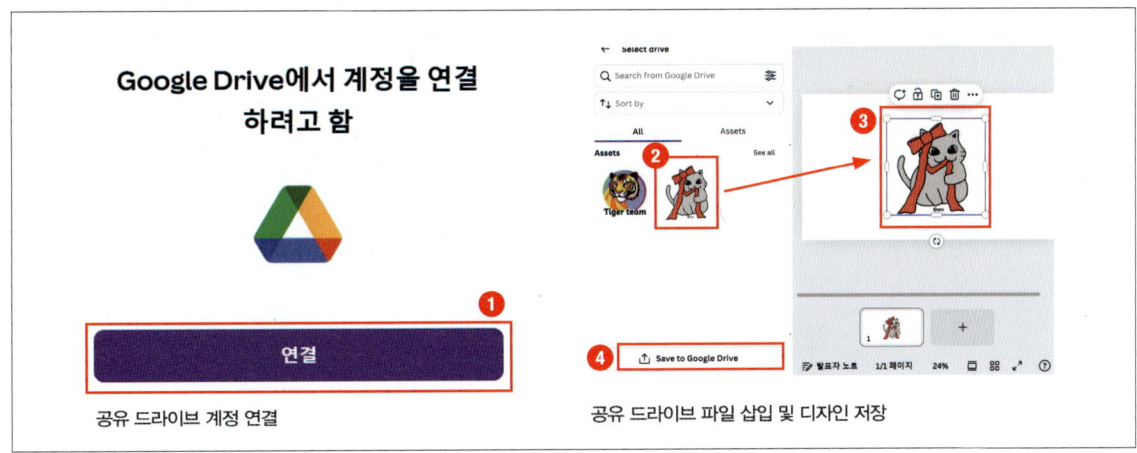

공유 드라이브 계정 연결   공유 드라이브 파일 삽입 및 디자인 저장

2 Todo App [ ]

[Todo app]은 디자인을 제작하고 완성하는 과정에서 사용할 수 있는 '할 일 목록' 앱입니다. 해야 할 일을 목록화하고 진행 중인 것과 완료된 할 일 리스트를 구별하여 볼 수 있습니다. 디자인 제작 과정에서 수정 및 추가 해야 하는 부분을 잊지 않도록 적어 둘 수 있다는 장점

이 있어 생산성 향상에 큰 도움이 됩니다.

앱 검색창에 [Todo App]을 검색하고 실행합니다. ❶내가 해야 할 일을 입력창에 입력하고 엔터를 누르면 ❷아래에 할 일 리스트가 생성됩니다. ❸완료된 리스트는 박스를 클릭하여 체크 표시를 합니다. 현재 진행 중인 리스트는 [Ongoing] 메뉴에서, 완료된 리스트는 [Completed] 메뉴에서 모아 볼 수도 있습니다.

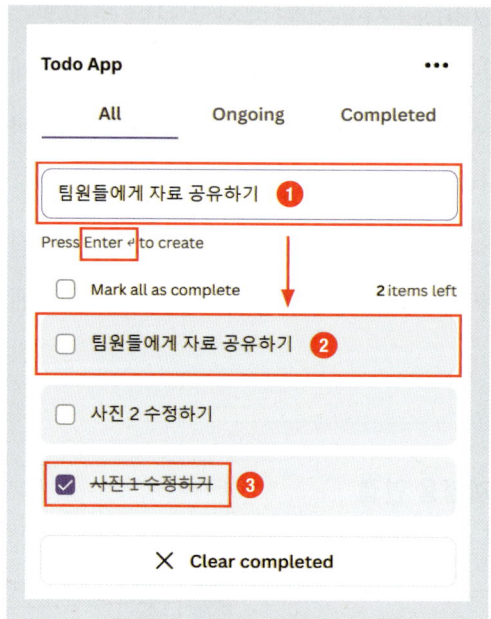

[Todo app] 활용 방법

음악, 소리 생성 앱

1 AI Music [🎵]

발표 자료나 영상을 제작할 때 시각적 요소만큼이나 중요한 것이 바로 청각적 요소, 즉 배경음악(BGM)입니다. 적절한 배경음악은 발표나 영상의 분위기를 살리고 메시지를 더 효과적으로 전달하는 데 큰 역할을 합니다. 하지만 주제와 완벽하게 어울리는 음악을 찾기 어려울 때가 있습니다. 이럴 때 AI Music의 도움을 얻을 수 있습니다.

AI Music은 사용자의 필요와 선호에 따라 음악을 자동으로 생성하는 앱입니다. 사용자가 원하는 스타일, 장르, 분위기, 길이 등을 지정하면 AI가 이를 분석해 맞춤형 음악을 제작합니다. 예를 들어, 비즈니스 프레젠테이션에는 집중력을 높여 주는 차분한 배경음악을, 역동적인 홍보 영상에는 에너지가 넘치는 비트 음악을 AI가 빠르게 제공할 수 있습니다.

먼저, [AI Music] 앱을 검색하여 실행합니다. ❶원하는 음악의 '스타일 및 분위기'를 선택합니다. 선택할 때는 하나뿐만 아니라 여러 개를 선택할 수 있습니다. 그리고 ❷'음악 매개변수'를 조정하고 마지막으로 ❸'길이'를 설정하고 제작하면 생성된 음악이 디자인 안에 삽입됩니다.

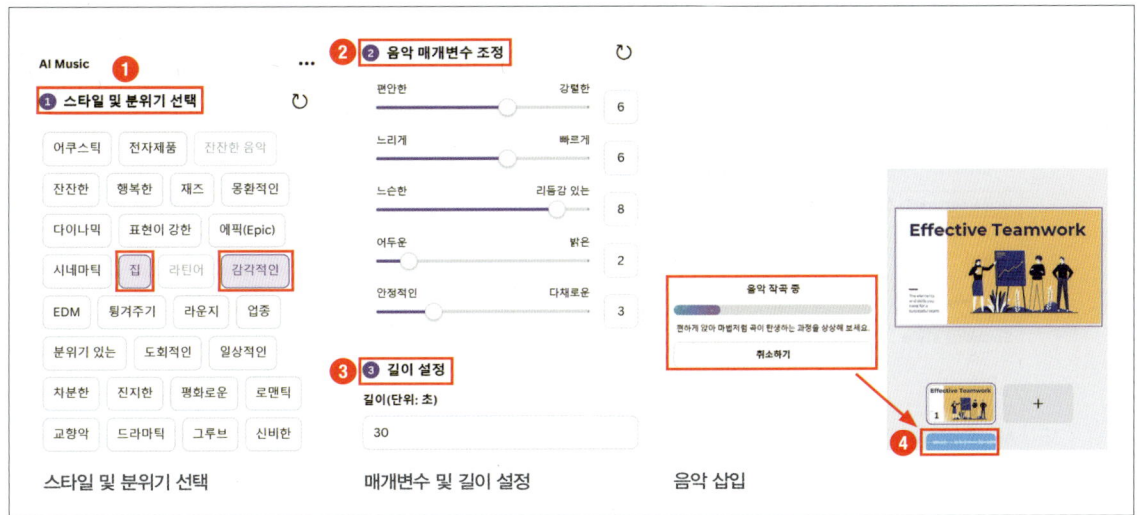

2 Voice Studio [🎵] *부분 유료

영상이나 발표 자료를 제작하다 보면 음성 내레이션이 필요할 때가 있습니다. 그러나 직접 녹음을 하려면 전문 장비, 스튜디오, 성우 섭외 등 많은 시간과 비용이 소요될 수 있습니다. 게다가 녹음한 음성이 영상의 분위기와 잘 어울리지 않을 경우 다시 작업해야 하는 번거로움이 따릅니다. 이럴 때 [Voice Studio]를 활용하면 이러한 문제를 손쉽게 해결할 수 있습니다. 다만, 무료로 사용할 수 있는 것은 4000글자로 이후 더 사용하고 싶다면 추가 결제가 필요합니다.

먼저, [Voice Studio] 앱을 검색하여 실행합니다. ❶[Voices] 메뉴에서 원하는 내레이션 AI 성우를 고르고 ❷[Voice settings]에서 속도와 스타일을 설정합니다. 한국어가 보이지 않는다면 ❸[See all]을 클릭하고 'Korean'을 검색하여 한국어 AI 음성을 찾을 수 있습니다.

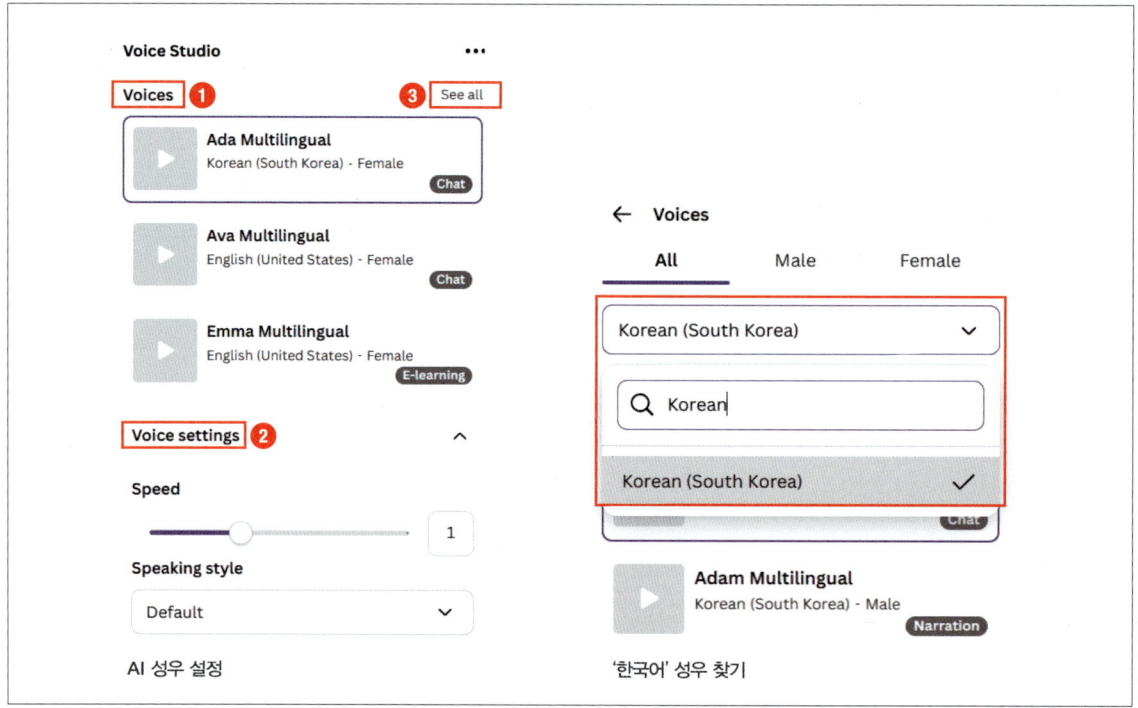

AI 성우 설정 / '한국어' 성우 찾기

다음으로, AI 성우가 읽을 대본을 정합니다. [Manual]에서는 ❶직접 [Script]에 대본을 입력하여 내레이션을 생성합니다. ❷[Add text to design]을 클릭하면 [Script]에 입력된 대본이 텍스트 형태로 디자인에 삽입됩니다. 이는 내레이션 자막을 디자인에 넣고 싶을 때 활용합니다. 대본을 완성하고 ❸[Generate voice]를 누르면 완성된 내레이션이 디자인에 삽입됩니다.

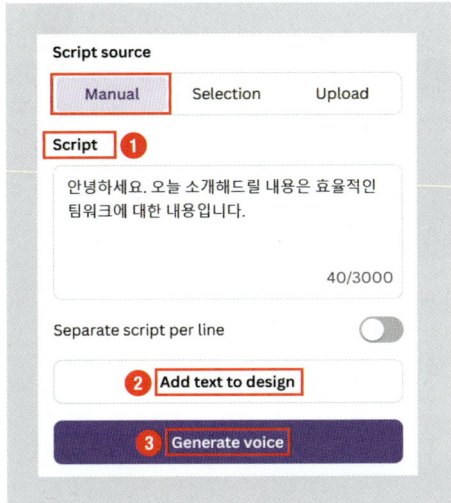

대본 설정 [Manual]

그리고 [Selection]에서는 이미 디자인에 있는 텍스트를 선택하여 내레이션을 선택할 수 있고, [Upload]에서는 외부 파일을 업로드하여 내레이션을 생성할 수 있습니다.

대본 설정 [Selection]   대본 설정 [Upload]

저자 직강 **영상 과외**

캔바 앱 추천 – 생산성 향상 & 음악, 소리 생성 추천 앱

CHAPTER 6 캔바 AI와 스마트한 활용법으로 생산성 업그레이드

POINTS

- 캔바 내에서 디자인을 편집할 때 사용할 수 있는 유용한 도구인 '캔바 앱'!

- 프레젠테이션 추천 앱

  Youtube [▶] – 디자인 안에 'Youtube' 영상 삽입

  QR code [▦] – QR 코드 생성

  Google Maps [📍] – 디자인 안에 '구글맵' 삽입

- 디자인 추천 앱

  GIPHY [▫] – GIF 모음

  Character Builder [😊] – 캐릭터 제작

  MOJO AI [🌀] *부분 유료 – AI 이미지, QR 생성

  Emoji [🤪] – 이모티콘 모음

  Logo maker [🦁] – 주제어 입력으로 로고 생성

- 생산성 향상 추천 앱

  공유 드라이브 앱 [△ , 🌀 , ▦] – 드라이브 내 파일 사용 및 디자인 업로드

  Todo App [✓≡] – 할 일 목록

- 소리, 음성 제작 앱

  AI Music [🎵] – 배경음악 제작

  Voice Studio [〰] *부분 유료 – 내레이션 제작

토막 꿀팁 ⑥

문서/시트 작업도 가능한 올인원 툴, 캔바

캔바에서도 Google docs, MS Word, 한글 프로그램처럼 문서 작업이 가능하며 Google Spreadsheet, MS Excel처럼 시트 작업도 가능합니다. 물론 문서와 시트에 최적화된 툴처럼 기능이 많지는 않지만 디자인 툴인 캔바의 장점을 살려 디자인이 예쁘고 공유가 간편하다는 장점이 있습니다. 캔바 문서와 시트를 간단하게 살펴보겠습니다.

캔바 메인 페이지에서 [Doc]를 클릭하면 캔바에서 문서를 제작할 수 있습니다.

캔바 Doc

캔바 Doc에서는 '/'로 대부분의 작업이 가능합니다. 캔바 Doc 내부를 클릭하고 /를 입력하면 문서 내에 제목 크기의 텍스트, 체크리스트, 표, 차트 등을 만들 수 있습니다. [Magic Write]는 앞에서 다룬 것처럼, 원하는 텍스트를 AI가 생성해 줍니다.

캔바 Doc 기능들

> **TIP**
> 캔바 Doc은 세로로 길이 제한이 없어, 다른 문서 프로그램처럼 원하는 만큼 세로로 길게 작성할 수 있습니다.

디자인 툴인 캔바의 장점이 있기 때문에 좌측 [디자인]에서 템플릿을 선택하여 편집할 수도 있고, [요소]를 활용해 꾸미기도 가능합니다. 물론 완성한 디자인을 링크로 간단히 공유하거나, 다른 사람들과 협업도 간단합니다.

캔바 Doc 템플릿   캔바 Doc 활용 예시

토막 꿀팁 6

다음으로는 시트 작업입니다. 시트 작업을 위해서는 캔바 메인페이지에서 [시트]를 클릭합니다. 숫자와 항목을 입력하면 3-3 124쪽에서 다룬 것처럼 차트를 자동으로 그려주는 [Magic Chart]가 가능합니다. /를 클릭해 드롭다운을 추가하거나 각종 페이지와 링크를 걸 수도 있고, 셀 내에 이미지를 추가할 수도 있습니다.

캔바 시트

캔바 Doc과 마찬가지로 시트도 셀을 클릭하고 /를 입력하면 시트 내에 각종 기능을 사용할 수 있습니다. 3-3 117쪽에서 다뤘던 차트를 만들어 주고 인사이트를 제공하는 [Magic Chart]와 [Magic Insigts]도 가능하며, 6-2 288쪽에서 다뤘던 [대량 제작], 6-5 303쪽에서 다뤘던 [자동 번역]도 가능합니다. 대량 제작과 자동 번역은 이전에 다뤘던 것과 100% 같은 기능입니다. 게다가 Google Spreadsheet처럼 드롭다운을 만들 수도 있으며, 링크 삽입도 가능합니다.

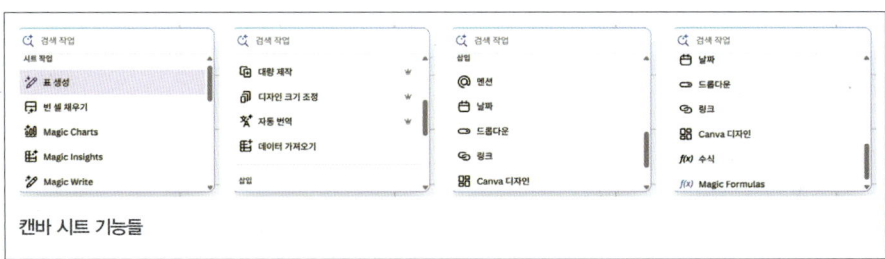

캔바 시트 기능들

[표 생성]을 클릭하고 프롬프트를 입력 후 [생성]을 클릭하면 AI가 프롬프트의 내용도로 표를 만들어 줍니다. [삽입]을 클릭하면 시트 내에 삽입됩니다. 그대로 쓰기는 어렵겠지만, 기본 틀에서 수정하여 쓰기에 좋습니다.

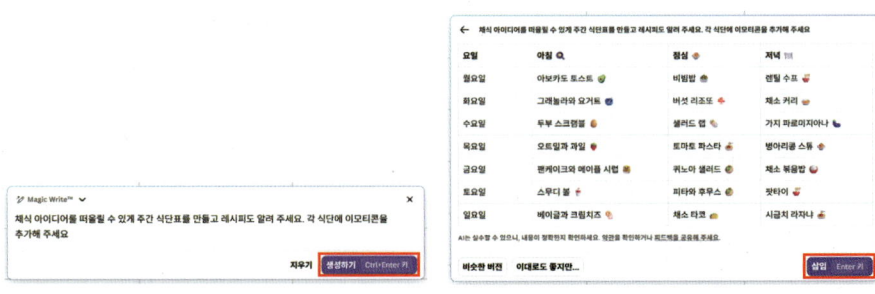

캔바 표 생성

문서/시트 작업도 가능한 올인원 툴, 캔바

또한 캔바 시트도 Doc과 마찬가지로 디자인 툴인 캔바의 장점을 활용하려면, 템플릿을 선택하여 활용하도록 합니다. 좌측에서 [디자인]을 클릭하면 다양한 템플릿 중에 원하는 디자인을 선택할 수 있습니다.

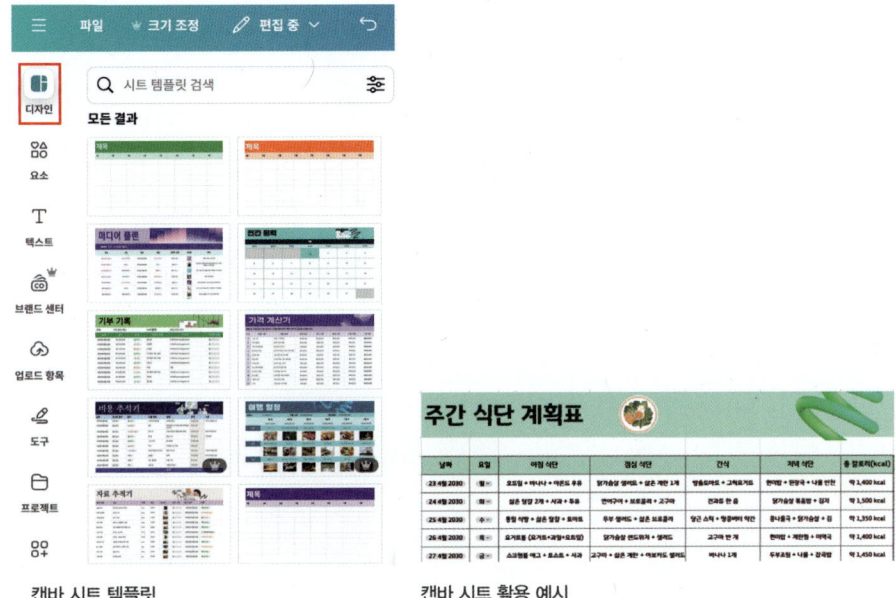

캔바 시트 템플릿   캔바 시트 활용 예시

시트와 문서 작업까지 가능한 캔바, 올인원 툴이라고 해도 손색없겠죠?

CHAPTER 7
수업에서 캔바 활용하기

캔바는 직장인, 일반인 뿐만 아니라 전국의 선생님들과 학생들에게도 매력적인 도구입니다. 캔바를 활용하면 학생들에게 지금까지 경험하지 못했던 학습 경험을 제공할 수 있습니다. 마지막 7장에서는 교사와 학생이 함께하는 공간을 관리하고 수업을 진행하는 방법을 알아보겠습니다.

1 교사 인증하고 캔바 Pro 기능 무료 이용하기

교사 인증 신청하기

캔바는 쉽고 간단한 디자인 툴로서의 역할 뿐만 아니라 훌륭한 수업 도구가 될 수 있습니다. **만약 초중고등학교에 재직 중인 교사라면 캔바 Pro 요금제의 기능을 무료로 사용하실 수 있습니다. 심지어 교사 인증이 완료되면 선생님의 팀에 초대된 학생들까지도 모두 Pro 요금제의 템플릿과 요소를 무료로 사용할 수 있습니다.** 다만, Magic Edit 등 일부 기능은 '학생' 역할로 설정된 계정에서는 사용이 불가능합니다. 팀원 역할 설정은 355쪽에서 다루도록 하겠습니다. 7장에서는 교육용 캔바를 이용하는 방법과 수업을 위한 환경 설정, 그리고 구체적인 수업 활용 사례까지 알아보도록 하겠습니다.

먼저 교육용 캔바를 무료로 사용하기 위해 교사 인증을 받는 방법을 알아보겠습니다.

1. 먼저 캔바에 로그인을 합니다. 화면 왼쪽 하단의 [프로필]을 누르고 [요금제]를 선택합니다.

설정 창으로 이동

2   화면 상단의 [교육용] - [교사 및 학교]를 선택합니다.

교육용 캔바 안내 사이트로 이동

3   교사 인증을 진행하기 위해 선생님 항목에서 [인증받기] 버튼을 클릭합니다.

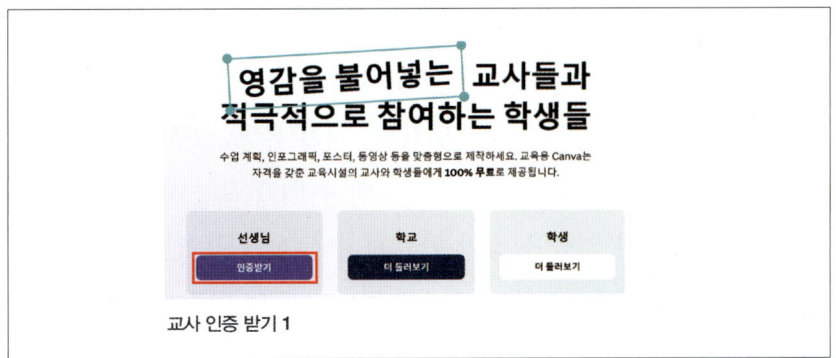

교사 인증 받기 1

4   선생님의 이름과 성, 학교 이름, 학교 주소 및 웹사이트를 입력합

니다. 정확하게 입력하지 않으면 인증이 제대로 이루어지지 않을 수 있습니다. 모두 입력했으면 [계속]을 누릅니다.

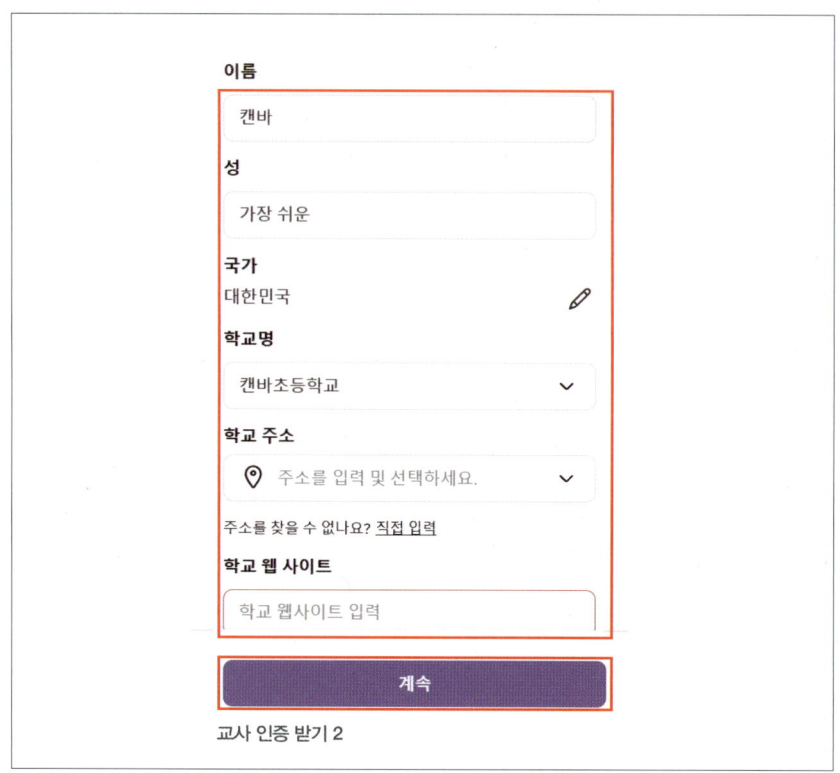

교사 인증 받기 2

5   이제 가장 중요한 단계입니다. **선생님이 교사라는 것을 인증할 수 있는 증빙서류를 제출해야 합니다.** 문서 종류를 선택하고 [파일 선택하기]를 클릭해 서류를 추가할 수 있고, [다른 문서 추가]를 눌러 증빙 서류를 추가할 수 있습니다. **여기에는 교원자격증, 공무원증, 재직 증명서, 1급 정교사 자격증** 등의 서류를 스캔 후 PDF 또는 이미지 파일로 첨부하면 교사 인증 신청이 완료됩니다. 신청 후 인증을 받을 때까지는 약 3일에서 7일 정도 소요됩니다. **만약 인증에 실패했다는 메일을 받게되는 경우 아래 팁을 참고해 다시 인증 신청을 하고 인증을 다시 신청한다는 내용으로 회신하시기를 추천합니다.**

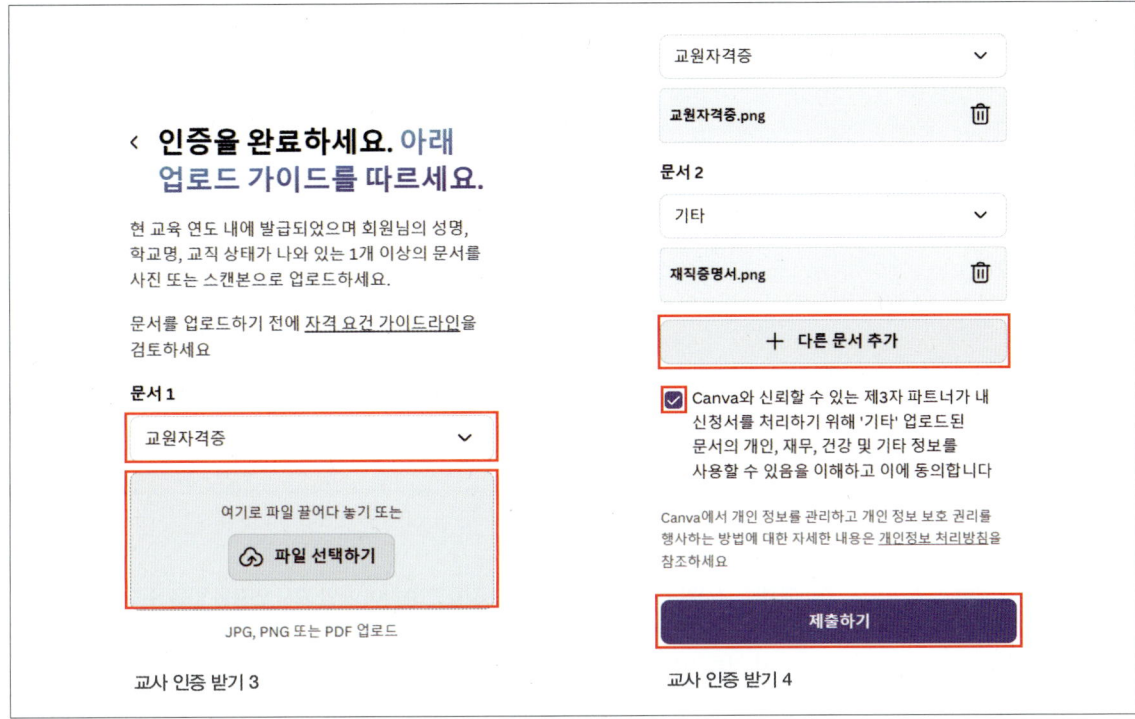

TIP

교사 인증 한 번에 끝내기

캔바라는 기업은 '교육'의 가치를 무엇보다 중요하게 여기고 있습니다. 이로 인해 교사와 학생들에게 무료로 Pro 요금제에 해당하는 서비스를 제공하되, 인증 절차를 철저히 하고 있습니다. 제출된 서류에 결함이 있다고 판단될 경우 교사 인증이 이루어지지 않는 경우가 있습니다. 교사 인증을 한 번에 성공하기 위해서는 제출하는 서류 위에 포스트잇 등으로 소속 학교와 담당하는 학년을 기재하여 함께 스캔하면 교사 인증이 한 번에 이루어질 확률이 높아집니다. 제출된 서류가 기준에 맞는다면 3일~7일 내에 교사 인증 절차가 완료됩니다.

교사 인증이 완료되면 다음 그림과 같이 우측 상단의 프로필 위에 '교육용'이라는 텍스트가 보이게 됩니다. 이는 선생님의 계정이 '무료 팀'에서 '교육용 팀'으로 전환이 되었다는 것을 의미합니다. '교육용 팀'으로 전환이 되면 학생들을 선생님의 '교육용 팀'으로 초대할 수 있고, 교육용 팀에 소속된 교사 및 학생 계정은 캔바 Pro 요금제와 같은 서비스를 이용할 수 있습니다. 캔바의 모든 템플릿과 유료 요소들을 활용할 수 있으니 멋진 학급 환경 자료나 수업 자료를 제작할 수 있겠죠?

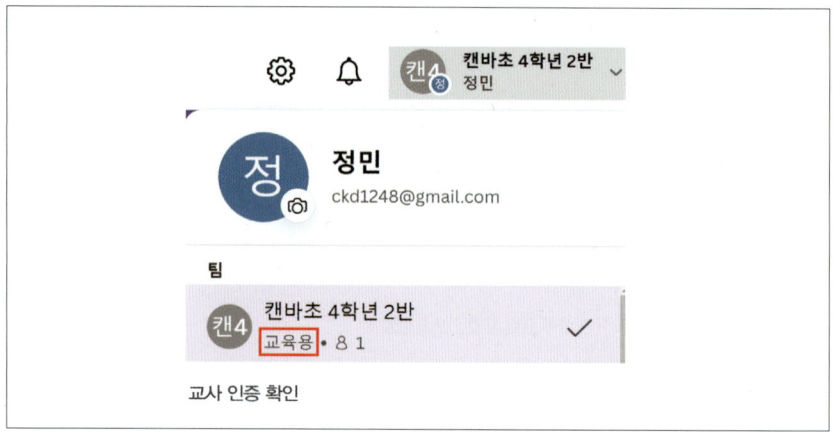

TIP

교사 인증 vs 학교 인증

캔바에서는 교사가 본인이 현직 교사라는 것을 인증하여 개인 교사 인증을 받을 수도 있지만, 학교 단위로 인증을 받을 수도 있습니다. 다만 굳이 학교 인증을 받는 것을 추천하지는 않습니다. 왜냐하면 교사 인증 계정과 학교 인증 계정의 기능상의 차이점이 거의 없고 학교 인증 절차가 교사 개인 계정 인증 절차보다 훨씬 까다롭고 복잡하기 때문입니다.

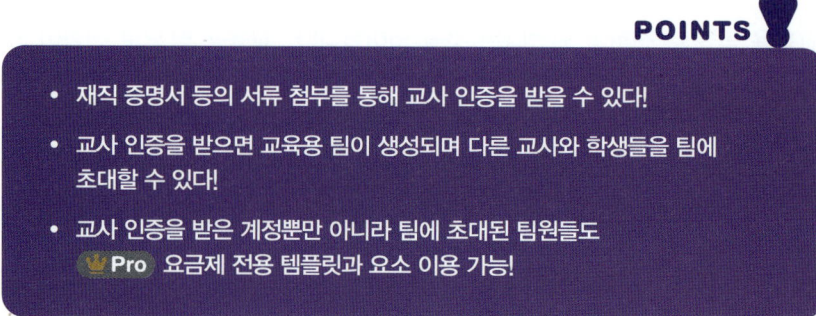

- 재직 증명서 등의 서류 첨부를 통해 교사 인증을 받을 수 있다!
- 교사 인증을 받으면 교육용 팀이 생성되며 다른 교사와 학생들을 팀에 초대할 수 있다!
- 교사 인증을 받은 계정뿐만 아니라 팀에 초대된 팀원들도 Pro 요금제 전용 템플릿과 요소 이용 가능!

2 캔바 활용 수업하기

캔바가 학습 도구로 사랑받는 이유는?

교사 인증이 완료된 후 학급 환경 자료나 수업 자료를 제작해 보며 캔바의 기초적인 사용법을 연습해 보는 것도 좋은 방법입니다. 하지만 캔바를 제대로 활용하기 위해서는 캔바를 활용하여 학생들과 함께 수업을 해 봐야겠죠? 캔바를 활용한 수업의 장점을 정리해 보면 다음과 같습니다.

① 쉬운 활용법에 비해 매우 뛰어난 결과물

캔바에서 제공하는 수많은 템플릿과 그래픽 요소 등을 활용하면 미술 표현에 자신이 없는 학생들도 멋진 작품을 완성할 수 있습니다. 결과물이 만족스러우면 아이들도 더 적극적으로 수업에 참여하게 되겠죠?

② 모든 교과에서 활용 가능

캔바가 디자인 툴이라고 해서, 미술 교과에만 활용된다고 생각하면 오산입니다. 학습한 내용을 여러 시각 자료로 표현할 때 캔바를 활용한다면, 교과나 학습 주제와 관계없이 학생들이 학습 내용과 관련된 멋진 작품을 제작할 수 있습니다.

③ 협업 및 과제 관리의 편리함

캔바는 한 디자인 내에서의 동시 접속 및 작업을 지원하기 때문에 원활한 모둠 협력 학습이 가능합니다. 이뿐만 아니라, 교사가 학생들의 작품을 실시간으로 관찰하고 피드백을 줄 수 있으며, 원하는 경우에는 학습지 형식의 템플릿을 제공할 수도 있습니다. 학생들의 활동이 끝나면 학습 결과물을 깔끔하게 정리하여 보관하기에도 편리합니다.

이러한 캔바의 장점 덕분에 캔바는 최근 교사와 학생 모두에게 사랑받는 학습 도구로 자리 잡고 있습니다. 그럼 캔바를 활용해 학생들과 수업할 준비를 해 보겠습니다.

교육용 팀으로 학생 초대하기

먼저 기본적으로 필요한 준비 사항은 다음과 같습니다.

① (일반 교실에서 수업 시) 태블릿 or 크롬북 or 노트북 등의 디지털 기기 사용과 Wi-fi 연결 / 혹은 컴퓨터실 사용
② 학생용 구글 계정(교육용 워크스페이스 계정 발급 추천-교육용 워크스페이스 계정을 모르는 경우 각 학교 담당자, 정보 부장, 담당 실무사에게 문의)
③ 크롬 브라우저에 구글 계정 미리 로그인(아이디, 비밀번호 입력이 가능한 학생들의 경우에는 생략 가능)

위와 같은 준비 사항이 완료되었다면 교사 인증을 받은 후 만들어진 교육용 팀에 학생들을 초대해 수업 환경을 구축해 보겠습니다.

1 먼저 왼쪽 하단의 [프로필]을 누르고 [설정]을 눌러 설정 창으로 이동합니다.

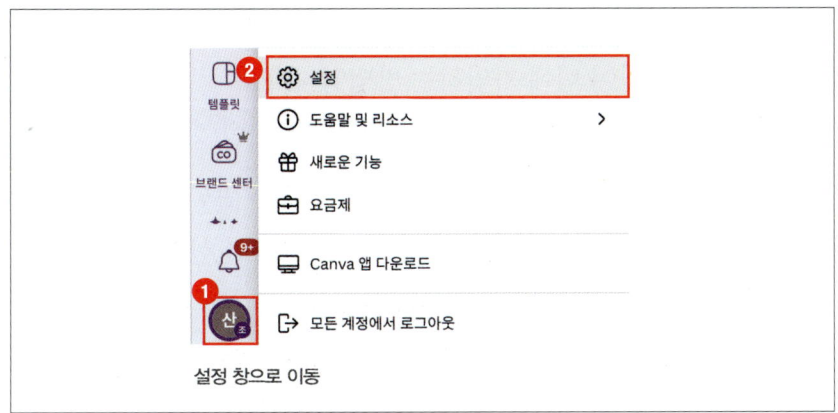

설정 창으로 이동

2   왼쪽 메뉴 중 ❷[팀원] 탭을 클릭합니다. 이 탭에서 팀에 소속된 계정을 관리할 수 있습니다. 상단에 있는 ❸[사용자 초대] 버튼을 누릅니다.

팀원 초대하기 1

3   사용자를 초대하는 방법은 세 가지가 있습니다.

첫 번째 방법인 ❶[공유 링크를 통해 초대]가 가장 편리합니다. ❷복사 버튼을 눌러 **구글 클래스룸이나 패들렛 등의 보드 프로그램을 이용하거나, QR 코드를 생성하여 학생들이 카메라 앱으로 QR 코드를 인식하게 하여 교육용 팀으로 초대할 수 있습니다.**

두 번째 방법으로 ❸[코드를 통해 초대]는 학생들이 캔바 접속 후 직접 코드를 입력 하여 팀에 가입하는 방법입니다.

마지막으로 ❹[이메일로 초대]는 학생들의 이메일(학생들이 구글 계정으로 로그인했다면, G-mail)로 팀 초대 링크를 발송하는 방법입니다. 학생들은 디지털 기기에 구글 계정으로 로그인 한 뒤, G-mail 앱에서 초대 메일 속의 링크를 클릭해, 캔바에 접속할 수 있습니다.

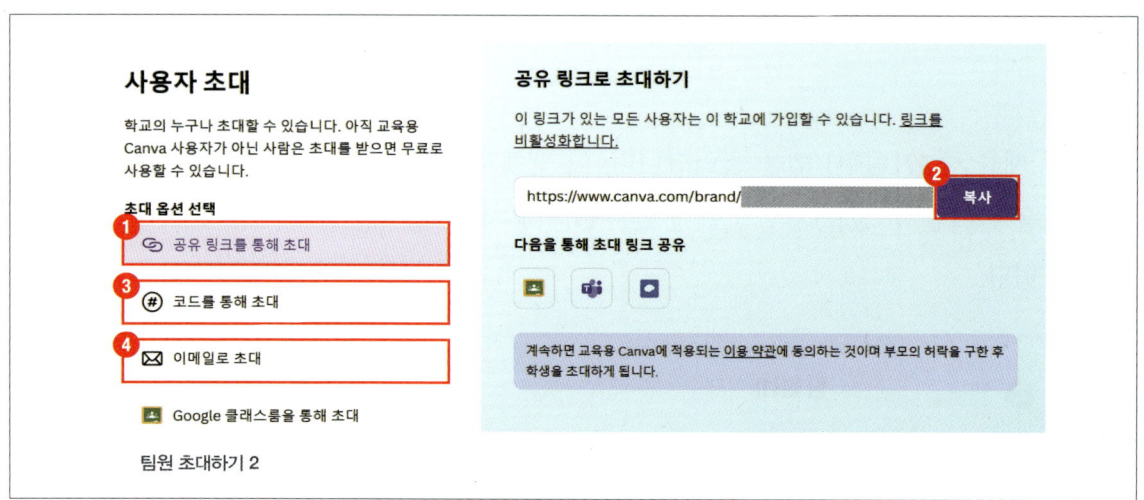

팀원 초대하기 2

4 학생 입장에서 초대 링크를 통해 교육용 팀으로 들어가 보겠습니다. 이때 반드시, 학생들이 '크롬 브라우저'를 통해 접속할 수 있도록 지도해 주셔야 합니다. 크롬 브라우저로 접속하면 아이디와 비밀번호를 반복해서 입력하지 않아도 되고, 오류도 적습니다. 스마트 기기의 기본 브라우저를 '크롬 브라우저'로 설정해 놓으면 더욱 편리하겠죠? ❶이용 약관에 동의한 뒤, ❷[동의 및 계속하기]를 클릭하고 구글 계정으로 접속하기 위해 ❸Google로 계속하기를 선택합니다. 다음 화면은 학생이 보게 되는 화면으로, 7장에서는 학생이 보게 되는 화면인 경우 캡션과 우측 상단에 '학생 입장'이라고 표시했습니다.

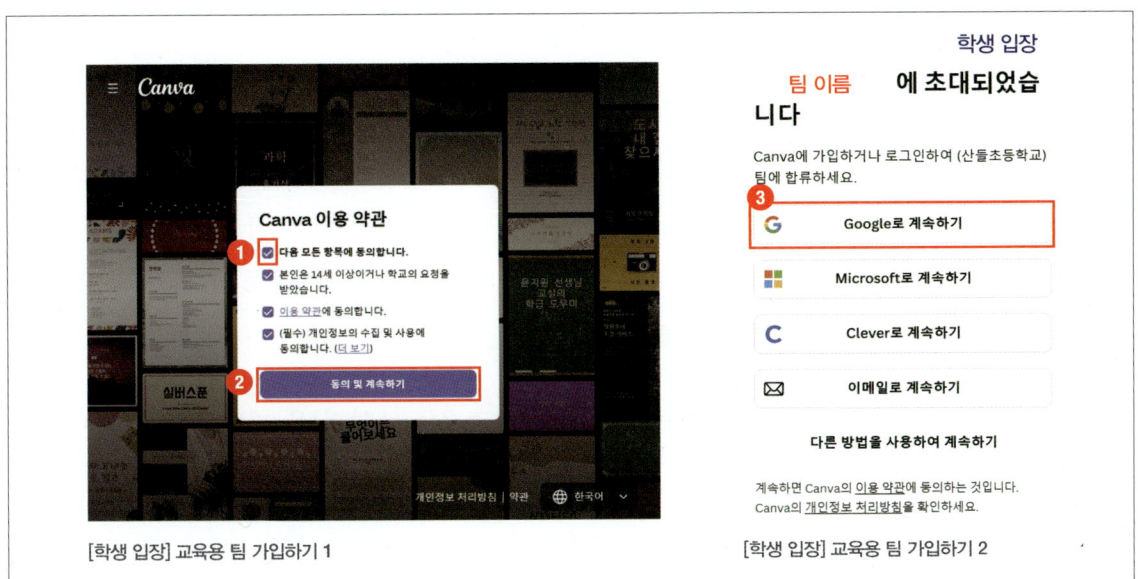

[학생 입장] 교육용 팀 가입하기 1
[학생 입장] 교육용 팀 가입하기 2

5. 크롬 브라우저에 미리 로그인된 ④구글 계정을 선택합니다. 만약 로그인이 되어 있지 않다면, 학생들이 직접 이메일과 비밀번호를 입력해야 합니다. 이런 순서에 따라 로그인하면 소속된 팀의 이름이 보입니다. ⑤시작하기를 누르면 팀 가입이 완료됩니다.

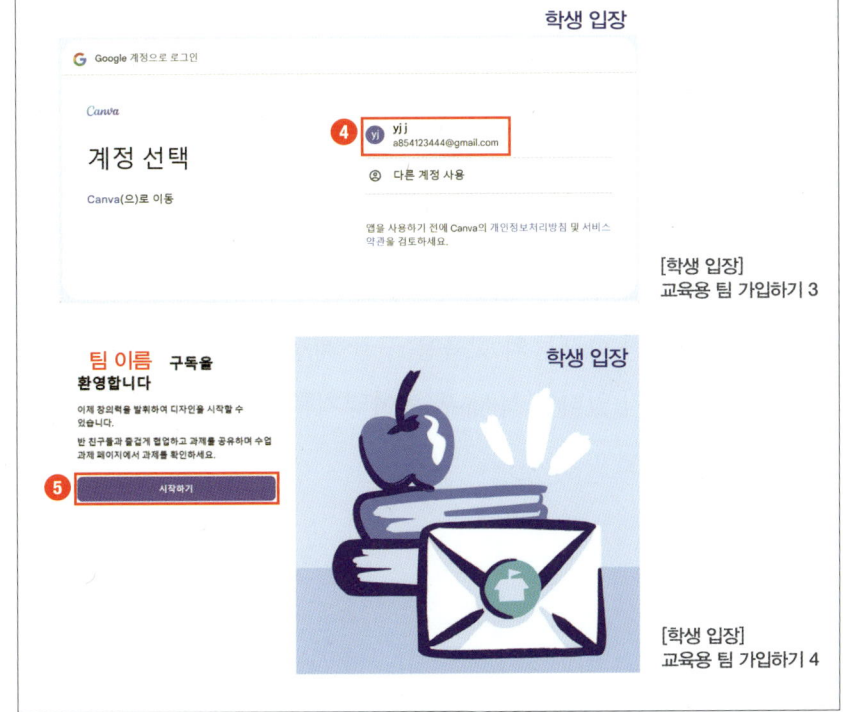

[학생 입장] 교육용 팀 가입하기 3
[학생 입장] 교육용 팀 가입하기 4

TIP

교실에서 캔바 앱이 아닌 크롬 브라우저를 사용하는 이유

교실에서 크롬 브라우저 또는 태블릿 PC 설정 화면에서 구글 계정을 한 번만 로그인하면 간단하게 캔바를 비롯한 여러 웹사이트에서 구글 계정으로 로그인할 수가 있습니다. 또한 캔바를 사용하면서 다른 웹사이트를 함께 이용할 때에도 크롬 브라우저를 사용하는 것이 훨씬 편리하기 때문에, 교실에서 학생들과 캔바로 수업을 할 때는 캔바 앱을 설치하지 않고 크롬 브라우저를 이용하는 것이 좋습니다.

학급별 그룹(또는 수업) 생성하기

여러 학급을 대상으로 수업하는 중등 교사나 초등 전담 교사의 경우, 학생들을 학급별로 구분할 필요가 있습니다. 교사 개인 계정의 경우에는 '그룹'을, 학교 계정의 경우에는 '수업'을 통해 학생들을 구분해 놓을 수 있습니다. <mark>한 학급을 대상으로 수업하는 초등 담임 교사의 경우에는 이 과정이 필요하지 않습니다.</mark>

1 그룹을 만들기 위해 ❶우측 상단 [설정]을 클릭하고 왼쪽 메뉴에서 ❷[그룹] 탭을 클릭한 뒤 ❸[그룹 생성]을 클릭합니다.

그룹으로 학급 구분하기 1

2 학급 이름을 입력합니다. 그리고 학생들의 이메일 또는 이름을 입력하여 추가해 주시면 됩니다. 이 과정이 생각보다 번거로울 수 있습니다. 만약 학생들의 교육용 구글 계정이 기록된 엑셀 파일이나 구글 시트가 있다면 복사 후 붙여넣기를 할 수 있습니다.

그룹으로 학급 구분하기 2

TIP

학교 계정에서 수업 만들기

교사 인증이 아니라 학교 계정으로 인증을 받은 경우에는 캔바의 설정 창에 [그룹]이 아닌 [수업] 탭이 보입니다. 이때는 [수업] 탭에 접속한 뒤 앞에서 학생들을 팀원으로 초대했던 것처럼 공유 링크를 통해 학생들을 수업으로 초대하면 됩니다.

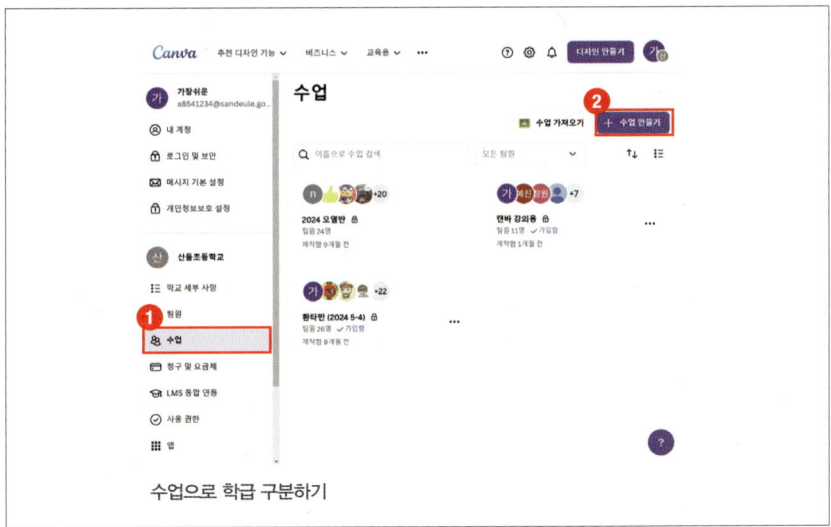

수업으로 학급 구분하기

캔바를 활용한 수업 진행 방법 비교

학생들을 교육용 팀으로 초대했다면 이제 본격적으로 학생들과 수업을 해 봐야겠죠? 교실에서 캔바를 활용한 수업을 진행할 수 있는 여러 방법 중 다음 2가지 방법을 추천합니다.

CHAPTER 7 수업에서 캔바 활용하기

[방법 1]은 폴더를 만들어 전체 학생의 작품을 관리하는 방법이고, [방법 2]는 학생들이 각자 디자인을 완료한 뒤 완성된 파일만 공유하는 방법입니다. 두 방법의 특징과 장단점을 정리하면 다음과 같습니다.

	방법 1	방법 2
예시	첫 번째 수업 방법 예시 1 첫 번째 수업 방법 예시 2	두 번째 수업 방법
설명	[프로젝트] - [폴더]를 통해 수업 폴더를 만든 뒤 학생들이 폴더 안에서 디자인을 만들게 하는 방법	학생들이 개별적으로 디자인하고, 최종 완성된 파일을 다운로드하여 보드 프로그램 등으로 공유하는 방법
장점	- 교사가 학생들의 작품을 실시간으로 피드백하고 수정할 수 있음. - 날짜별로 수업 결과물이 정리됨. - 모둠 협력 수업을 할 때 매우 편리함.	- 수업 준비 시간이 절약되고, 학생들이 작품을 만드는 데 시간을 조금 더 쓸 수 있음. - 학생들이 다른 학생의 작품을 볼 수 없음.
단점	- 교사뿐만 아니라 폴더를 공유받은 학생들이 다른 학생의 작품을 볼 수 있어 수업 전 지도가 필요함. - 매 수업 전 폴더 생성 과정이 필요함.	- 학생들이 디자인을 완성하기 전에는 교사가 피드백을 할 수 없어 학생들이 수정하기도 어려움. - 모둠 협력 수업 시 작품별로 링크 공유가 필요하기 때문에 다소 불편함. - 보드 프로그램 등 타 프로그램을 함께 사용해야 함.
추천	- 학생들의 수업 집중도가 낮거나 지속적인 피드백이 필요한 경우 - 모둠별 협력 학습이 필요한 경우	- 학생들의 수준이 높고 수업 집중도가 좋은 경우 - 제작 시간이 짧은 간단한 활동을 하는 경우

그럼 지금부터 캔바를 활용한 수업 방법을 알아볼까요?

[방법 1] 프로젝트 – 폴더 만들어 전체 학생 작품 관리하기

수업용 폴더를 만들어 전체 학생들의 작품을 실시간 관리하는 방법입니다.

1. 먼저 캔바 메인페이지에서 왼쪽 메뉴 중 [프로젝트] 탭을 클릭하고 상단 메뉴 중 [폴더]를 선택합니다. 여기에서 선생님과 학생들의 작품을 폴더별로 모아서 확인할 수 있습니다.

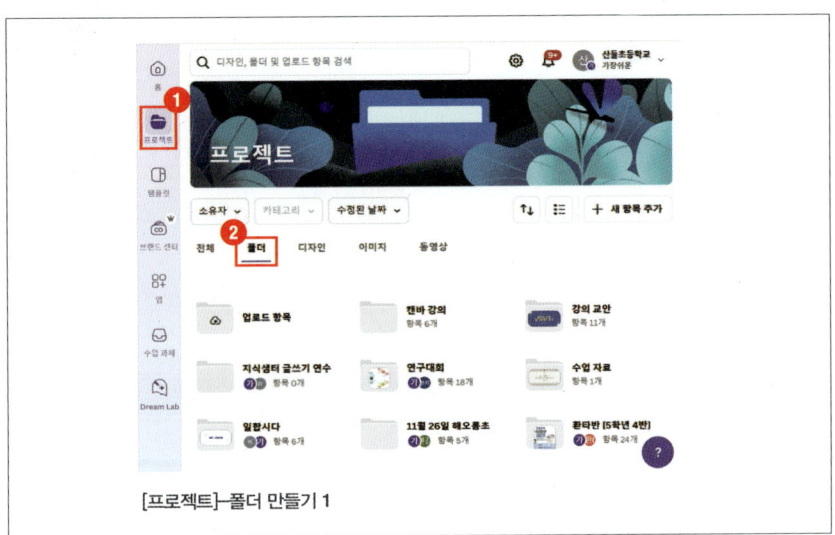

[프로젝트]-폴더 만들기 1

2. 우측 상단에 [새 항목 추가] – [폴더]를 눌러 새 폴더를 추가해 줍니다.

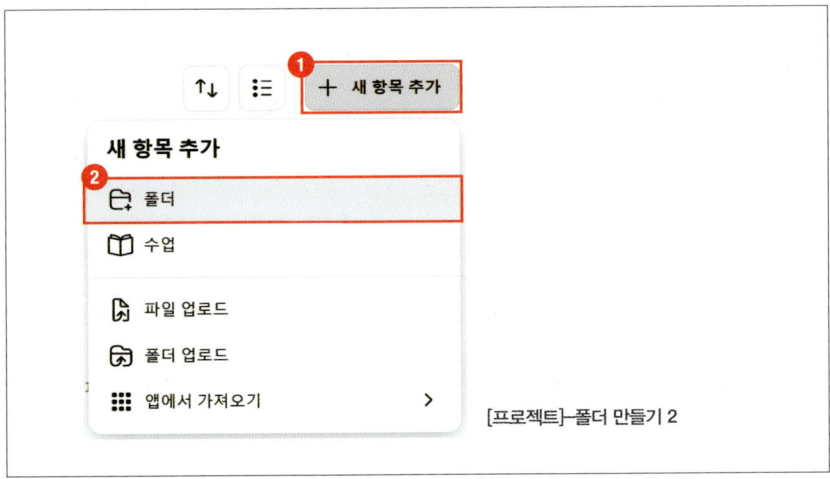

[프로젝트]-폴더 만들기 2

3 먼저 ❶수업 날짜와 주제에 맞게 폴더 이름을 입력합니다. ❷그리고 선생님의 교육용 팀 이름 오른쪽에 보이는 공유 설정 버튼을 누르고, ❸[편집 가능]으로 수정해 학생들이 폴더 안에서 디자인을 만들 수 있게 합니다. ❹[계속]을 누르면 폴더가 만들어집니다.

폴더 공유 설정하기 1

4 특정 학급의 학생들과 함께 작품을 공유하기 위해선 폴더 이름 밑에 회원 초대란에서 학급별로 설정한 그룹 또는 수업의 이름을 입력한 뒤 선택해주면 됩니다.

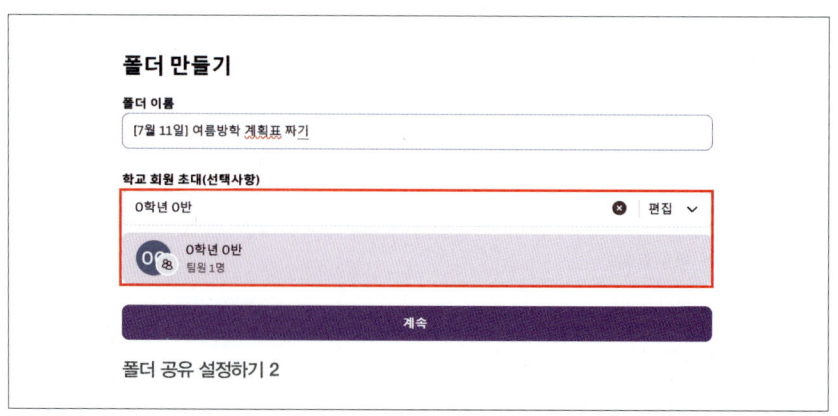

폴더 공유 설정하기 2

수업을 위한 폴더가 만들어졌다면, 학생 입장에서 폴더에서 디자인을 만드는 방법도 살펴보겠습니다. 학생들도 교사가 만든 폴더에서 디자인을 만들어야만 교사가 디자인을 관리할 수 있기 때문입니다.

학생 입장에서 폴더에서 디자인을 만드는 방법

학생 입장에서도 마찬가지로 ❶메인화면 왼쪽 메뉴에서 [프로젝트] 탭을 클릭한 뒤 ❷상단 메뉴 중 [폴더] 탭을 클릭합니다. ❸그럼 선생님께서 만들어 주신 수업 폴더를 확인할 수 있습니다. 여기에 들어가서 ❹[새 항목 추가] – ❺[디자인]을 눌러 템플릿을 선택한 뒤 디자인을 시작하면 됩니다.

[학생 입장] 폴더에서 디자인 만들기 1

[학생 입장] 폴더에서 디자인 만들기 2

그런데 수업을 하다 보면 학생들이 교사가 만든 폴더에서 디자인을 해야 하는 것을 잊어버리고, 메인 화면에서 템플릿을 선택해 디자인을 만들어 버리는 경우가 있습니다. 혹은 수업 폴더를 만들기 전에 혼자 만들었던 작품을 폴더에 옮겨야 하는 경우도 있습니다. 이럴 땐 디자인을 수업 폴더로 옮기는 방법을 알아야 합니다.

❶먼저 작품으로 들어간 뒤 왼쪽 상단 [파일]을 클릭합니다. 그리고 ❷[폴더로 이동]을 선택한 뒤 ❸수업 검색을 통해 ❹수업 폴더를 찾아줍니다. 마지막으로 ❺[폴더로 이동]을 클릭하면 디자인한 작품이 수업 폴더로 이동하게 됩니다.

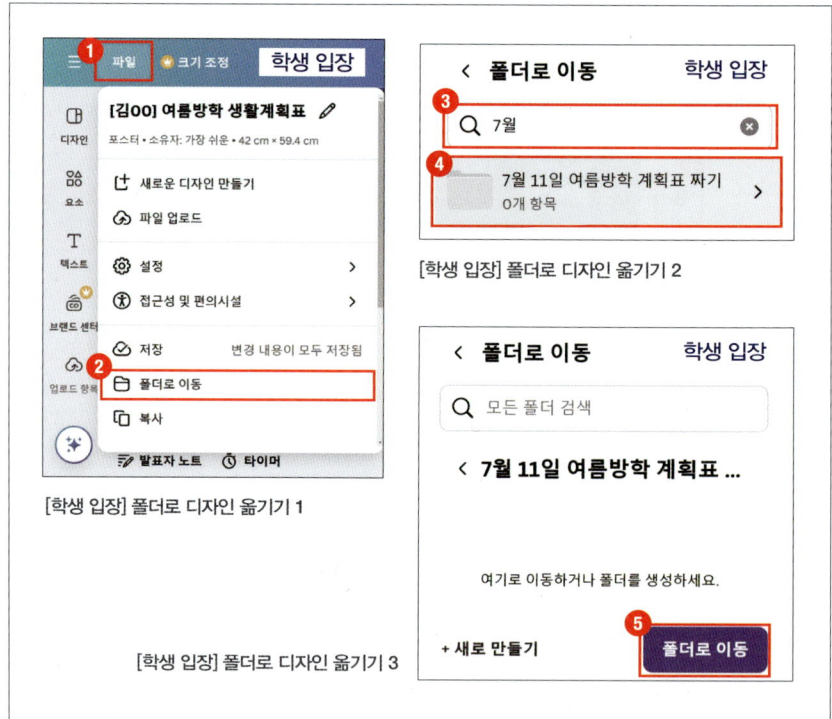

[학생 입장] 폴더로 디자인 옮기기 1

[학생 입장] 폴더로 디자인 옮기기 2

[학생 입장] 폴더로 디자인 옮기기 3

TIP

학생 작품 관리

선생님 계정에서 수업 폴더로 들어가면 학생들이 편집 중인 디자인에 접속할 수 있습니다. 디자인에 접속한 후에는 댓글 기능을 이용해 피드백을 줄 수도 있고, 직접 수정을 할 수도 있습니다. 교실을 순회하지 않아도 학생들의 실시간 학습 관리가 가능합니다. 다만 선생님뿐만 아니라 폴더를 공유하는 다른 학생들도 동료 학생들의 작품에 접속할 수 있습니다. 이러한 단점을 보완하기 위해 수업 전 다른 친구의 작품에 접속하지 않도록 지도하시는 것을 추천합니다. [방법 1]이 학생 작품 관리의 편리함보다 단점의 염려가 더 크다면 [방법 2]를 이용하셔야 합니다.

폴더에서 학생 작품 관리하기

[방법 2] 개별 작품 제작 후 결과물만 공유하기

[방법 2]는 복잡한 절차 없이 <mark>학생들이 메인 페이지에서 [디자인 만들기]를 클릭하여 바로 디자인을 만들거나 템플릿을 검색하여 개별적으로 디자인을 한 뒤 파일만 공유하는 방법입니다.</mark> 파일을 공유할 때는 당연히 구글 클래스룸이나 패들렛 등의 보드 프로그램, 혹은 구글 드라이브를 사용해야 합니다. 이 방법은 디자인하는 동안 교사가 학생들의 개별 디자인 파일을 확인할 수 없다는 단점이 있지만, [방법 1]에 비해 훨씬 간편한 방법입니다.

다운로드 후 파일만 공유하기

템플릿 링크 만들어 배포하기 Pro

학생들이 작품을 만들 때, 템플릿을 직접 고르게 하거나 빈 템플릿을 사용할 때도 있지만 **선생님이 학습지 등의 특정 템플릿을 배부해야 하는 경우가 있습니다. 이때는 [템플릿 링크] 기능을 사용하면 됩니다.** 템플릿 링크 기능은 Pro 기능이지만 교사 인증을 받은 선생님들의 경우엔 무료로 이용이 가능합니다.

먼저 학생들에게 배부할 템플릿을 만들어 보겠습니다. 학습지 템플릿은 '학습지' 또는 'worksheet'라고 검색하면 다양한 학습지 템플릿을 확인할 수 있습니다. 템플릿을 선택했으면 요소와 텍스트를 편집하여 학생들에게 배부할 템플릿 양식을 완성해 봅니다. 본 도서에서는 학생들이 삼국시대 역사에 관해 학습한 뒤 각 국가의 문화유산을 조사하여 정리해 보는 활동을 가정하여 학습지를 제작해 보았습니다. 학습지 제작은 4장에서 배운 도형 편집 기능과 프레임 기능을 활용하시면 됩니다. 학습지 등 수업자료 제작의 자세한 과정은 369쪽의 '캔바로 고퀄리티 수업 자료 만들기' 영상 과외를 참고해 주시기 바랍니다.

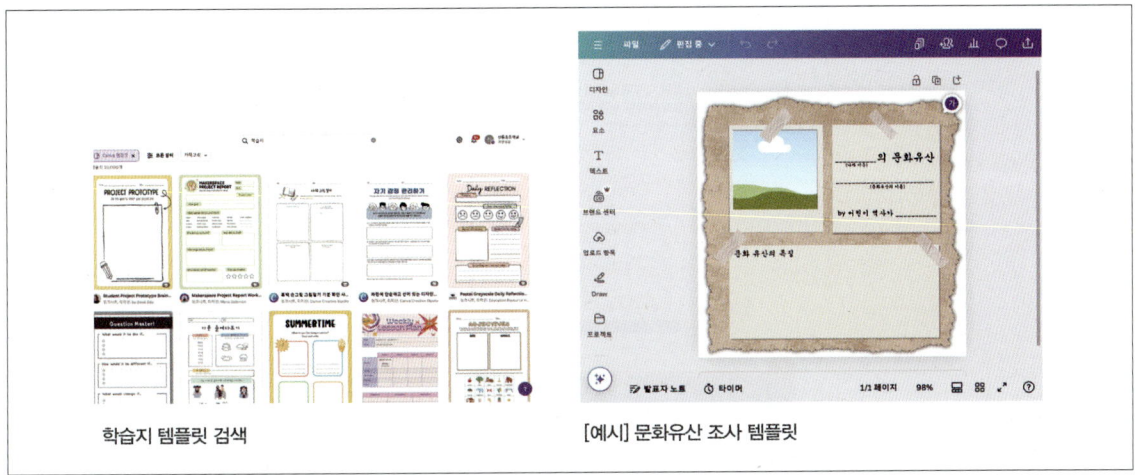

| 학습지 템플릿 검색 | [예시] 문화유산 조사 템플릿 |

1 먼저 ❶우측 상단에서 [공유] 버튼을 누른 뒤 ❷[모두 보기]를 선택합니다. 그럼 첫 화면에서 보이지 않던 여러 공유 방법이 보이게 되는데 이 중에서 ❸[템플릿 링크]를 클릭합니다.

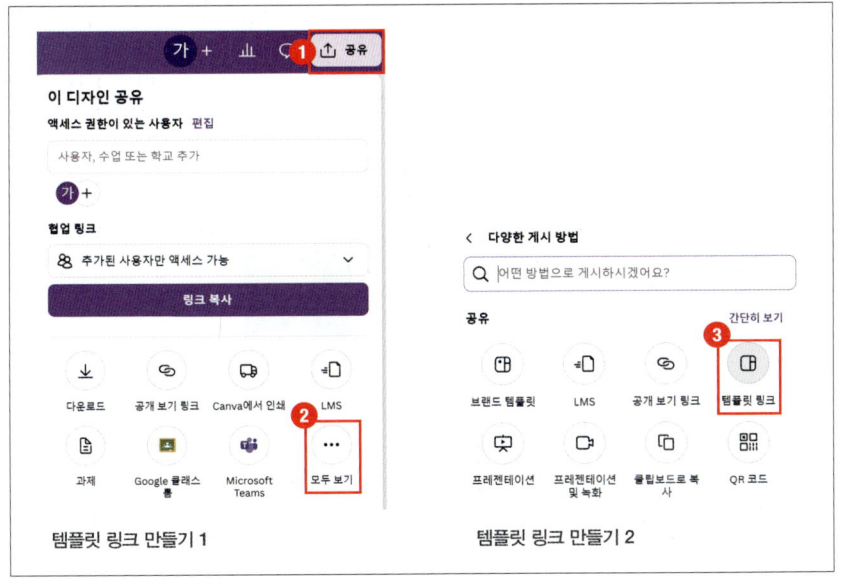

| 템플릿 링크 만들기 1 | 템플릿 링크 만들기 2 |

2 ❹[템플릿 링크 만들기]를 클릭하면 템플릿 링크가 생성되고, ❺[복사] 버튼을 눌러 링크를 구글 클래스룸이나 QR 코드로 학생들에게 배부합니다.

CHAPTER 7 수업에서 캔바 활용하기

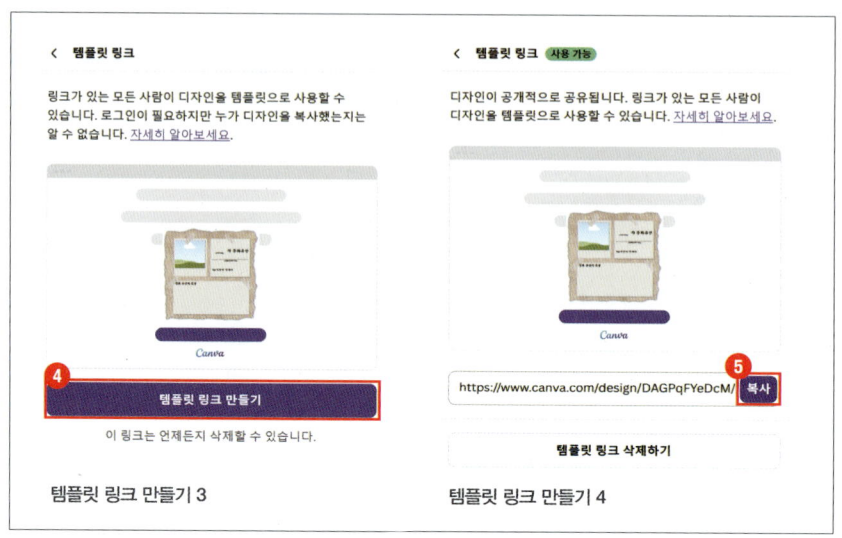

템플릿 링크 만들기 3   템플릿 링크 만들기 4

3 학생들이 링크를 주소창에 입력하게 되면 템플릿이 공유되었다는 메시지와 함께 편집할 템플릿이 보입니다. 하단의 [템플릿을 사용해 새 디자인 만들기]를 누르면 선생님이 공유하신 템플릿을 학생들이 각자 복사한 뒤 사본에서 작업할 수 있게 됩니다. '구글 문서'의 '사본 만들기 링크'와 같은 기능이라고 생각하시면 됩니다.

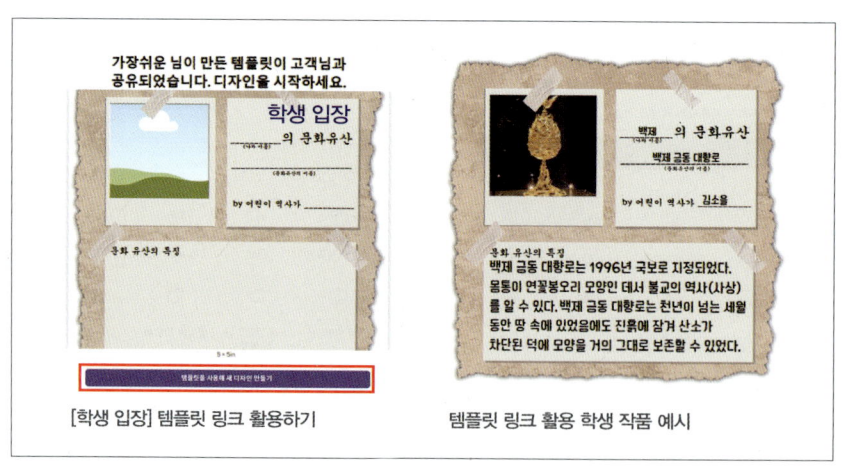

[학생 입장] 템플릿 링크 활용하기   템플릿 링크 활용 학생 작품 예시

TIP
학생들이 편집하지 않아도 되는 부분은 [잠금] 설정을 한 후 템플릿 링크를 공유하시는 것을 추천합니다. 추가적으로 템플릿 링크를 만든 이후에 원본 파일을 수정하면 템플릿 링크도 변경됩니다.

팀원 역할 관리하기

교육용 팀을 만든 후 팀원의 역할을 변경해야 하는 경우가 있습니다. 본인의 팀에 소속된 팀원을 관리하는 방법을 알아보겠습니다. **교육용 팀이 아닌 유료로 사용하는 단체[팀]용 캔바 요금제에서도 똑같은 방법으로 팀원 관리를 하면 됩니다.**

먼저 팀원의 역할을 변경하는 방법을 알아보겠습니다. 다음 그림처럼 메인화면 ❶좌측 하단의 프로필을 눌러 ❷설정 창에 들어갑니다. ❸왼쪽 메뉴에서 [팀원] 탭을 클릭합니다. 그리고 ❹팀원 이메일 옆의 ❺[역할] 버튼을 눌러 ❻역할을 변경해 줍니다.

팀원 역할 변경 1

팀원 역할 변경 2

'교사' 역할이 되면 팀에 새로운 학생을 추가하거나 그룹이나 수업을 만들어 학생을 구분할 수 있습니다.
'학교 팀 관리자'가 되면 팀원을 팀에서 제외하고 브랜드 키트를 관리할 수 있습니다. '학교 팀 관리자' 역할은 학교 팀으로 교사 인증을 받은 경우에만 설정이 가능하며, 교사 개인 인증을 받은 계정에서는 교사 역할은 여러 명에게 줄 수 있지만 팀 소유자 외에 팀 관리자 계정을 추가할 수 없습니다.

❶ 팀원 역할 오른쪽 체크박스에 체크한 뒤, ❷ 하단의 휴지통 모양 아이콘을 누르면 팀에서 제외됩니다. 실수로 팀에서 삭제하였다면 다시 초대할 수 있습니다.

> **TIP**
> '학생' 역할로 설정된 계정에서는 Pro 요금제 전용 템플릿이나 요소 등은 자유롭게 사용할 수 있지만, Magic Edit 등 일부 기능은 지원하지 않습니다.

팀에서 팀원 제외하기

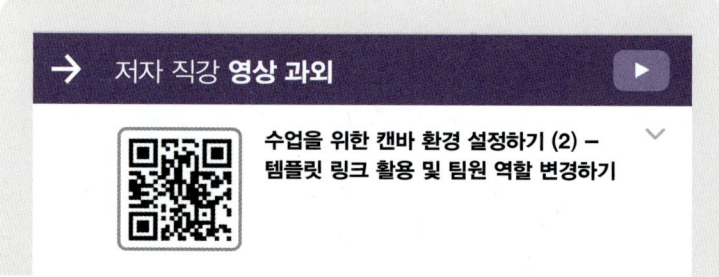

수업을 위한 캔바 환경 설정하기 (2) – 템플릿 링크 활용 및 팀원 역할 변경하기

POINTS

- 회원 초대 링크나 메일을 통해 학생들을 팀에 쉽게 초대할 수 있다!
- 교사 개인 인증 계정은 [그룹]으로 / 학교 인증 계정은 [수업]으로 학급별 학생 구분 가능!
- [프로젝트] – [폴더]를 활용하면 학습 주제별로 학생 작품 정리 및 보관 가능!

3 교실 속 캔바 활용 사례 알아보기

캔바 활용 수업 계획하기

캔바는 누구나 쉽게 여러 형태의 결과물을 제작할 수 있는 뛰어난 디자인 도구입니다. 이러한 캔바를 수업에 활용하면 수업에 다양성과 창의성을 더하며, 학생들의 학습 경험을 보다 흥미롭고 풍부하게 만들어 줄 수 있습니다. 캔바를 활용한 수업도 일반적인 수업을 계획하는 절차와 크게 다르지 않습니다. 다음은 필자가 추천하는 캔바 활용 수업 계획 방법입니다.

첫 번째로, 캔바를 활용하여 수업할 **학습 주제를 선정**합니다. 이때, 내용을 이해하는 데 중점이 되는 주제보다는, 학습 내용에 대한 자신의 생각이나 학습한 내용을 정리하여 표현할 수 있는 주제가 좋습니다. 예를 들자면, '인권 존중을 위한 공익광고 제작하기' 또는 '자신의 관점을 담아 매체 비평 자료 제작하기' 등의 주제를 다루는 수업에서 활용할 수 있습니다.

두 번째는, 결과물의 형태를 구상합니다. 가장 난이도가 낮은 형태의 작품은 '포스터'입니다. 유사한 형태로 '만화', '뉴스 기사', '신문', 'PPT',

'마인드맵' 등이 있습니다.

학교 안전 규칙 포스터

과학 단원 정리 만화

세 번째는, 작품 만들기를 시작하도록 안내합니다. 이때 학생들에게 주제와 형식을 안내하고 교사가 템플릿을 직접 제공(352쪽 참고)하거나, 학생들이 템플릿 검색을 하도록 합니다. 만약 학생들의 수준이 높고 캔바 활용 능력이 어느 정도 갖춰져 있다면, 결과물의 형태를 제한하지 않고 학습 주제만 제시할 수도 있습니다. 필자의 경우 학기 초에는 주제와 형식 모두를 제한해서 과제를 제시하지만, 학기 말에는 학습 주제만 제시하기도 합니다.

캔바 활용 수업 지도를 위한 팁

캔바를 처음 지도할 때는 학생들과 함께 간단한 자료를 제작하면서 기능을 익히도록 하는 것이 가장 좋은 방법입니다. 기능이 간단하기 때문에 초등 고학년 기준으로 '템플릿 선택 - 요소 추가 및 수정 - 텍스트 추가 및 수정'의 기본 기능을 익히는데 약 20분 정도면 충분합니다. 예를 들어

'환경 보호'라는 주제의 공익광고 포스터를 만드는 수업을 가정하여 지도 과정을 살펴보겠습니다.

1   347쪽의 [방법 1]이나 351쪽의 [방법 2]처럼 학생들이 디자인할 파일에 접속했다면 가장 먼저 해야 할 것은 디자인의 제목을 적는 것입니다. 우측 상단의 제목을 클릭하고 본인의 이름을 넣어 디자인의 제목을 적어 보도록 지시합니다.

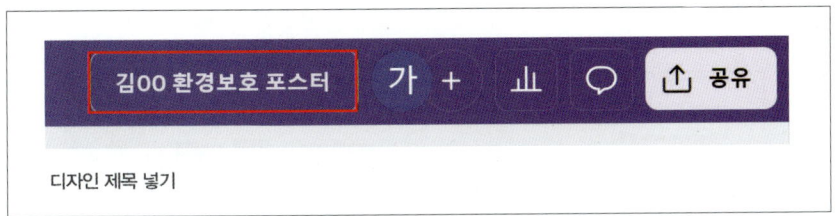

디자인 제목 넣기

2   다음으로 템플릿 검색 팁을 안내합니다. 처음에는 메인화면에서의 템플릿 검색 팁을 알려 주는 것보다 디자인 창 안에서 템플릿을 검색하는 팁을 알려 주는 것이 더 효율적입니다.

템플릿 검색

3 다음으로는 사진, 그래픽, 텍스트 등의 요소를 추가하고 편집하는 방법을 설명합니다. 특히 텍스트 편집 방법은 다룰 내용이 많으니 한 단계씩 지도하는 게 좋습니다. 본 도서의 2장 내용을 참고하시면 도움이 됩니다. 요소를 추가하는 방법을 설명했다면, 삭제, 복사, 되돌리기 하는 방법까지 안내합니다.

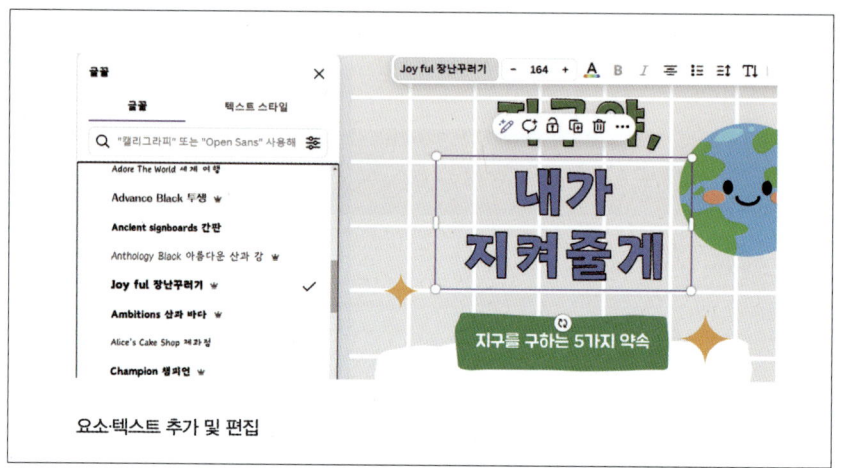

요소·텍스트 추가 및 편집

4 3단계까지만 지도해도 학생들이 창의력을 발휘하여 여러 형태의 작품을 제작할 수 있습니다. 이후에는 학생 수준에 따라 레이어, 도형, 서식 복사 등 부가적인 기능을 설명할 수 있습니다.

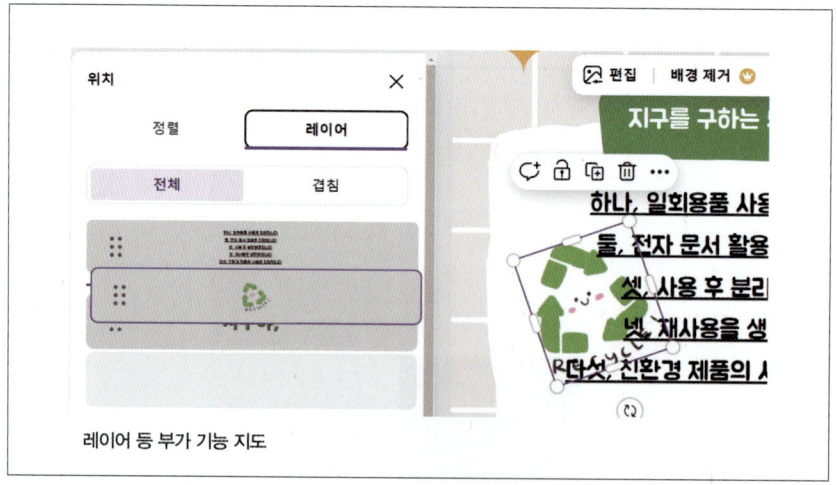

레이어 등 부가 기능 지도

TIP

한 번에 너무 많은 기능을 가르쳐 주면 학생들이 기억하기 어렵습니다. 첫 활동에서는 3단계까지의 기초 기능만 다루고, 새로운 작품을 제작할 때마다 한두 가지의 부가 기능을 설명한 뒤 작품 제작을 하도록 안내하는 것을 추천합니다. 예를 들어 스마트 기기로 사진을 찍어 캔바에 업로드하여 작품을 제작하는 활동을 할 때, 프레임 기능과 배경 제거 기능을 설명할 수 있습니다.

5 작품 제작을 완료하였다면 교사에게 보내기 및 다운로드를 설명하고, 패들렛이나 구글 클래스룸 등을 활용하여 작품을 공유하도록 안내합니다.

교사에게 보내기·다운로드 지도

TIP

기능적인 측면 외에 디자인적인 측면의 피드백은 학생들이 작품 제작을 모두 완료한 뒤, 교사가 작품을 직접 수정하면서 설명하면 좋습니다. 캔바를 처음 다룰 때 텍스트의 가독성이 떨어지거나, 요소 간의 간격을 맞추는 것 등을 지도하면 이후에 학생들이 제작하는 작품의 퀄리티가 높아집니다.

캔바 활용 수업 사례 살펴보기

캔바를 활용하면 다양한 교과에서 다양한 주제의 활동을 할 수 있습니다. 지금부터 캔바를 활용한 학생들의 수업 결과물을 보며 수업 사례를 살펴볼까요? 초등학교 중·고학년 학생들의 작품 예시입니다.

역사 인물 조사하기

문화유산 조사하기

먼저 역사 인물이나 문화유산을 조사하여 소개 자료를 제작할 수 있습니다. 학습자 수준이 더 높다면 더욱 구체적인 내용을 조사하여 PPT를 제작할 수도 있습니다.

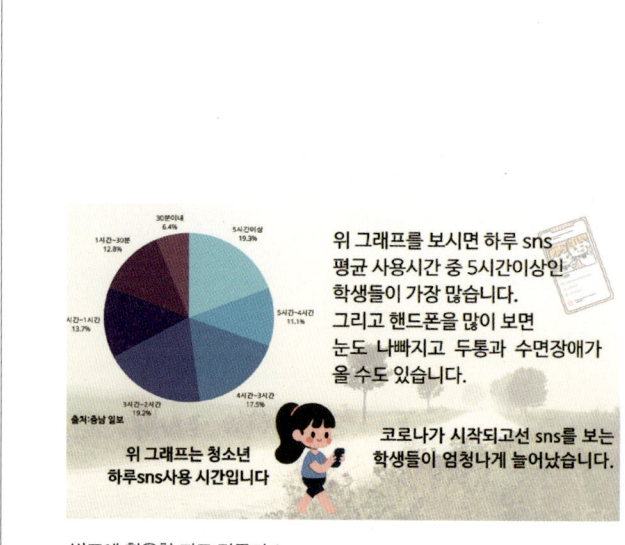

발표에 활용할 자료 만들기 1   발표에 활용할 자료 만들기 2

특정 주제와 관련된 통계 자료와 기사를 검색하고 [요소]-[차트] 기능을 활용하여 자신의 주장을 뒷받침할 근거 자료로 사용할 수 있습니다.

자기 이해 및 진로 활동과 관련하여 나의 특성이나 장래 희망 등을 이용하여 나만의 로고를 제작하는 활동을 할 수도 있습니다.

교과와 상관없이 한 단원을 끝내고 교과서와 노트를 보며 단원에서 학습한 내용을 마인드맵이나 만화 등으로 정리하는 활동을 할 수도

있습니다. 평소에 단원 정리 활동을 지루해하던 학생들도 즐겁게 참여하는 모습을 볼 수 있습니다.

간판 꾸미기 1   간판 꾸미기 2

미술 시간에 캔바를 활용한다면 '간판 꾸미기' 또는 '그림 문자 꾸미기' 등의 디자인 활동에서 활용할 수 있습니다. 디자인과 관련된 학습 주제에 캔바를 활용하면 그림을 그리는 것에 자신이 없는 학생들도 멋진 작품을 완성할 수 있어 학생들의 만족도가 높습니다.

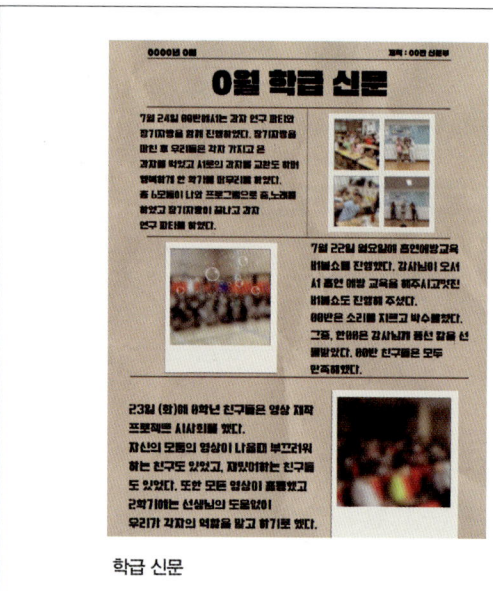
학급 신문

선생님 사용 설명서

학급 자치 활동으로 학급 신문을 제작하거나, 선생님들이 학기 말에 많이 하시는 '선생님 사용 설명서' 같은 자료도 캔바를 활용해 제작할 수 있습니다.

[그리기] 탭 활용   직접 그린 그림 가져오기

TIP
아이들이 직접 그림을 그리고 싶어 할 땐 캔바의 [그리기] 탭을 사용해도 좋고, '이비스 페인트' 등 다른 도구로 그림을 그려 [업로드 항목]에서 그림을 가져올 수도 있습니다.

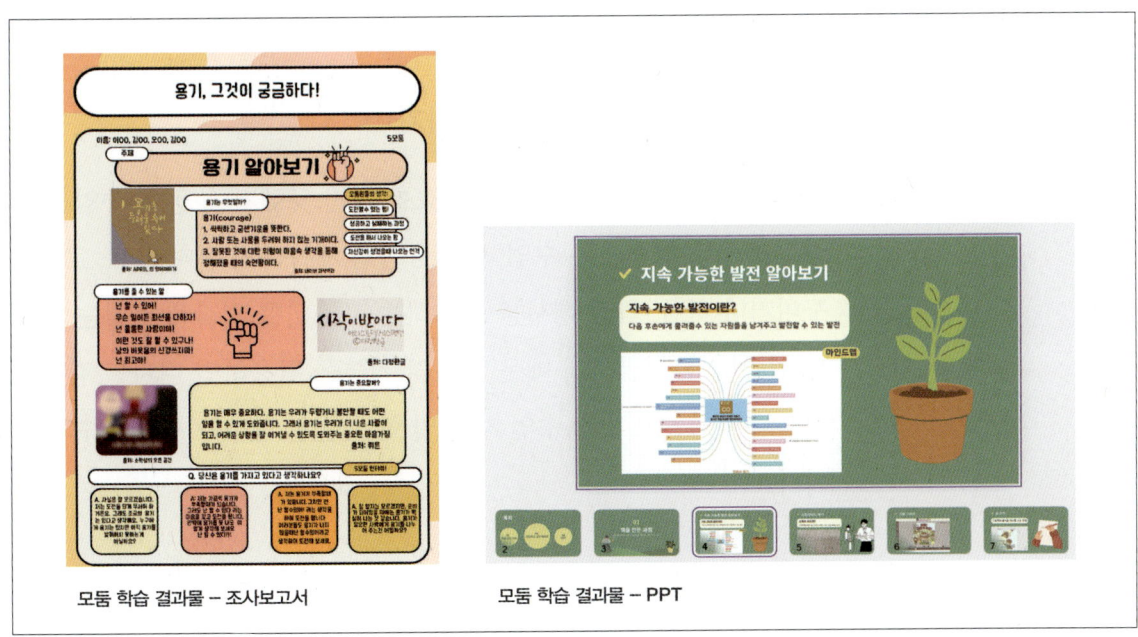

모둠 학습 결과물 – 조사보고서   모둠 학습 결과물 – PPT

캔바는 동시 작업을 진행할 수 있으므로 모둠 학습을 통해 조사 보고서를 작성하게 하거나 PPT를 만들어 발표하는 활동을 진행할 수도 있습니다.

> **TIP**
> 모둠 학습을 할 때는 수업 전 교사가 프로젝트 - 폴더를 만든 뒤 (347쪽 참고) 각 모둠별 파일을 미리 만들어 놓은 후 학생들이 자신의 모둠에 맞는 파일로 접속하게 하는 것이 가장 편리합니다.

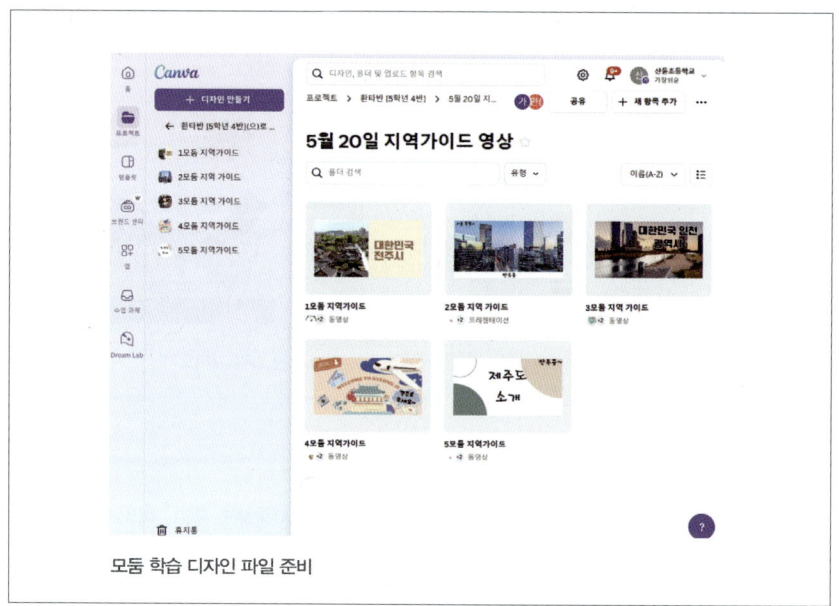

모둠 학습 디자인 파일 준비

캔바 활용하여 수업 자료 제작하기

인터넷에서 마음에 드는 수업 자료를 찾지 못했거나, 공개 수업을 준비하는 경우에는 보통 수업 자료를 직접 제작하게 됩니다. 또 교실을 꾸미거나 학급·학교 행사를 안내하는 포스터를 제작해야 하는 경우도 있습니다. 지금까지 배운 캔바의 기능을 활용하면 디자인 감각이 없는 선생님들도 멋진 수업 자료 및 학급 환경 자료를 제작할 수 있습니다.

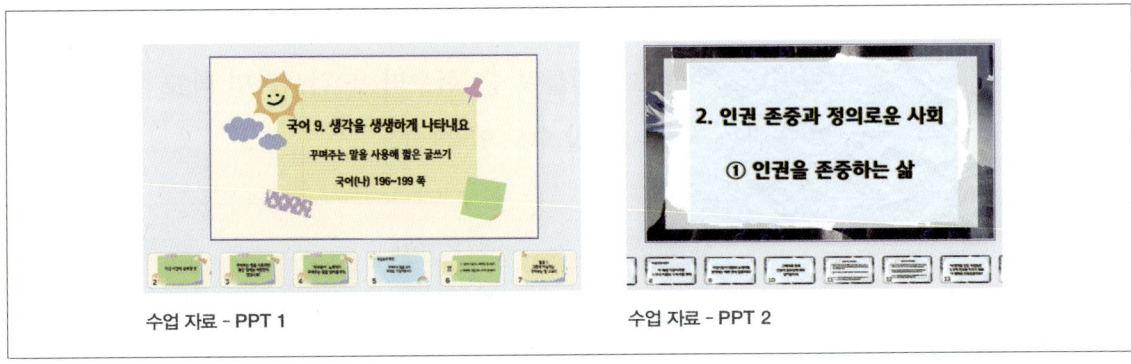

수업 자료 - PPT 1   수업 자료 - PPT 2

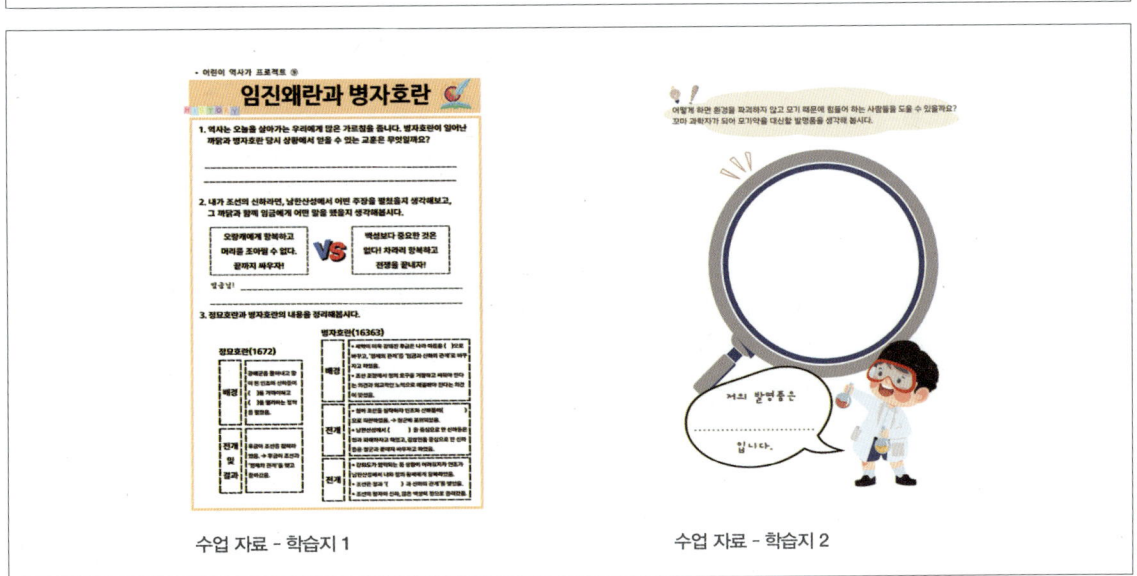

수업 자료 - 학습지 1   수업 자료 - 학습지 2

3장에서 배운 PPT 기능을 활용해 수업용 PPT를 제작하거나, 4장에서 배운 도형 편집 기능을 활용하면 수업용 PPT나 활동지를 쉽게 제작할 수 있습니다.

행사 포스터 1   행사 포스터 2

CHAPTER 7 수업에서 캔바 활용하기

다양한 요소를 활용하여 학급 및 학교 행사에 필요한 포스터를 제작할 수도 있습니다. 템플릿 중 '현수막'을 검색하면 학교 행사를 위한 현수막을 직접 제작할 수도 있습니다.

자리 배치도   학급 규칙   시간표

학급 문집 1   학급 문집 2   학급 문집 3

학급 경영을 위한 자료 제작에도 캔바가 유용하게 쓰일 수 있습니다. [요소] - [표] 기능을 이용해 시간표를 제작하거나, [요소] - [프레임]을 활용해 학급 문집을 만들 수도 있겠죠?

TIP

다른 에듀테크들은 수업의 목적이 되는 대상이지만 캔바는 수업의 도구입니다. 선생님의 수업 콘텐츠를 담을 수 있는 도구이므로 너무 많은 기능을 배우는 데 집중하기보다, 배운 내용을 정리하거나 학생의 생각을 표현하는 도구로 활용하는 것을 추천합니다.

→ 저자 직강 **영상 과외**

캔바로 고퀄리티 수업 자료 만들기

POINTS

- 초등학생들도 캔바의 템플릿과 요소를 적절히 활용하여 수준 높은 작품을 완성할 수 있다!
- 다양한 교과와 학습 주제에 맞추어 여러 형태의 디자인을 제작함으로써 풍부하고 흥미로운 학습 경험 제공!
- 디자인 능력이 부족한 선생님들도 캔바를 통해 멋진 수업 자료를 제작할 수 있다!

토막 꿀팁 7

명함이나 전단지, 행사 포스터 등 인쇄물을 제작할 때는 보통 전문 인쇄 업체에 제작을 요청하게 됩니다. 하지만 인쇄 업체에서 제시하는 시안이 마음에 들지 않거나, 인쇄 비용이 지나치게 비싼 경우가 있습니다. 캔바를 활용하면 이러한 문제를 쉽게 해결할 수 있습니다. [Canva에서 인쇄] 기능을 통해 인쇄물을 제작하고 배송할 수 있습니다.

1. 먼저 템플릿 검색을 활용해 인쇄물의 디자인을 제작합니다.
2. ❶우측 상단의 [공유] – ❷[모두 보기]를 선택합니다.

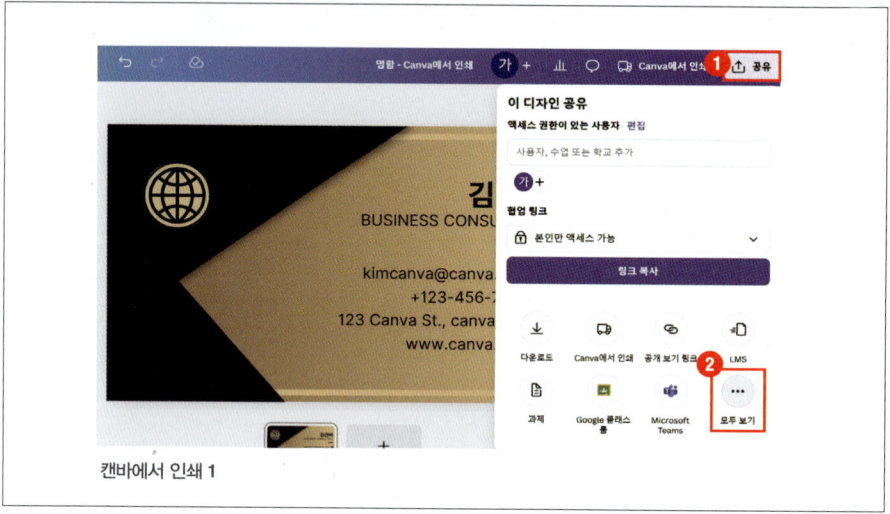

캔바에서 인쇄 1

3. 스크롤 휠을 내려 ❸[Canva에서 인쇄]를 찾아 클릭합니다.

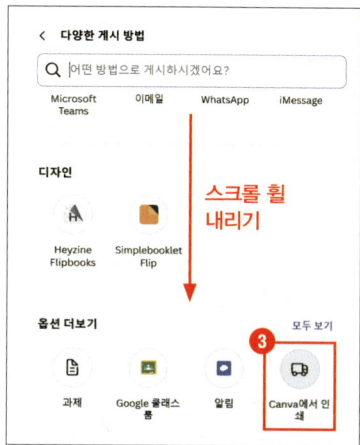

캔바에서 인쇄 2

4. ❹인쇄물의 종류를 선택합니다.

캔바에서 편리하게 명함·전단지 등 인쇄물 제작하기

캔바에서 인쇄 3

이후에는 종이의 종류, 인쇄 매수 등을 선택하고 주소 입력 및 결제를 진행하면 고급스러운 인쇄물이 배송됩니다. 명함과 전단지뿐만 아니라 삼단 팸플릿, 엽서, 상품권도 제작이 가능합니다.

캔바에서 인쇄 4

TIP

명함, 전단지 등 디자인에 따라 선택할 수 있는 옵션(용지, 마감 유형 등)이 달라집니다.